第二批国家级一流本科课程配套教材
高等院校物流专业"互联网+"创新规划教材

供应链管理

主　编　陈建岭
副主编　桑惠云　王　锟

北京大学出版社
PEKING UNIVERSITY PRESS

内 容 简 介

供应链管理是当今备受企业瞩目的一种管理方式。本书适应创新型应用人才培养的要求，以理论为基础，注重实际应用。全书共 11 章，第一章主要介绍供应链管理的基本概念、特征、内容和发展趋势；第二章主要介绍供应链需求预测的方法；第三章介绍供应链网络设计的理论知识，特别引入了不确定条件下的网络优化建模方法；第四章介绍供应链协调管理，重点是常用契约设计的原理；第五章讲解供应链合作伙伴关系的选择与评价；第六章介绍供应链管理信息技术，重点是把握信息技术对供应链管理的重要作用；第七章讲述供应链管理环境下的企业生产计划与控制，该章引入了 ERP 理论；第八章介绍供应链库存管理，包括集配中心模式、循环取货调达模式等库存管理模式；第九章是供应链企业组织结构和业务流程再造；第十章讲述供应链绩效评价，重点是平衡计分卡模型、SCOR 模型以及有关的指标体系；第十一章介绍了供应链风险管理的相关理论。

本书提供了非常有价值的供应链管理案例和习题，以供读者阅读、训练和操作使用。

本书既可作为高等院校物流管理与工程相关专业本科生、研究生的教材，也可作为企业和社会培训人员的参考书籍。

图书在版编目(CIP)数据

供应链管理/陈建岭主编. —北京：北京大学出版社，2016.6
（高等院校物流专业"互联网+"创新规划教材）
ISBN 978-7-301-27144-5

Ⅰ.①供… Ⅱ.①陈… Ⅲ.①供应链管理—高等学校—教材 Ⅳ.①F252

中国版本图书馆 CIP 数据核字（2016）第 105756 号

书　　　名	供应链管理 GONGYINGLIAN GUANLI
著作责任者	陈建岭　主编
策划编辑	刘　丽
责任编辑	李瑞芳
标准书号	ISBN 978-7-301-27144-5
出版发行	北京大学出版社
地　　　址	北京市海淀区成府路 205 号　100871
网　　　址	http://www.pup.cn　新浪微博：@北京大学出版社
电子信箱	pup_6@163.com
电　　　话	邮购部 62752015　发行部 62750672　编辑部 62750667
印　刷　者	北京虎彩文化传播有限公司
经　销　者	新华书店
	787 毫米×1092 毫米　16 开本　19.25 印张　457 千字 2016 年 6 月第 1 版　2023 年 7 月第 2 次印刷
定　　　价	49.00 元

未经许可，不得以任何方式复制或抄袭本书之部分或全部内容。
版权所有，侵权必究
举报电话：010-62752024　电子信箱：fd@pup.pku.edu.cn
图书如有印装质量问题，请与出版部联系，电话：010-62756370

前　言

当前，供应链管理已经成为备受瞩目的一种管理方式。21世纪的竞争不是企业与企业之间的竞争，而是供应链与供应链之间的竞争。企业对供应链管理相关人才的需求日益增长。一本优秀的供应链管理教材要求既能够引领初学者步入供应链管理的殿堂，又能够启迪和激励入门者努力探求未知。遗憾的是，目前既有理论性又有实践性的供应链管理教材还不多见。编者根据多年教学和企业实践经验，力求编写一部理论与实用兼具的教材，既能寓供应链基本原理、方法于其中，又能紧跟时代前沿；既紧密结合供应链管理实践，又有助于培养学生的管理思维和管理个性。

本着"易读、好教"的写作目的，本书在章节设计上做了以下尝试。

(1) 教学目标与要求。每一章的开头都列出本章的学习目标。其目的是想告诉学生在学完本章后应该达到的学习要求，有助于学生在学习过程中有的放矢，提高学习效率。

(2) 本章知识结构框架。每一章的开头都有一个本章知识结构框架，做到提纲挈领，这样有助于学生把握各章的重点，理清章节之间的联系，也便于教师抓住授课要点。

(3) 本章小结。每一章内容后设计了本章小结和关键术语。小结围绕章首的学习目标做了关键性的总结。

(4) 习题。每一章都设计了一定数量的选择题、讨论题等，它们都是从各章的内容中提炼出来的，可供学生测试和练习之用。

(5) 案例应用与问题。每一章包括了一个案例分析。通过阅读和分析案例并讨论案例后的问题，可以检验学生综合应用本章知识解决实际问题的能力。

本书具有以下特色。

(1) 在理论的基础上，本书通过丰富的图、表和案例资料、灵活的逻辑性组织来增强知识的可读性。

(2) 为了体现实践性与应用性，本书不仅在各章安排了案例分析，还在章节中穿插了适量案例供学生研读；每章后附有一定的习题，便于考查学生探究知识的能力与思考能力；加深学生对理论知识的理解。

(3) 为了便于学生对知识的掌握及扩展，本书不仅在章节结构上体现了教学重点、知识架构、关键术语，还以二维码的形式嵌入了供应链管理研究的最新进展，以拓展学生视野，丰富其知识范围。

(4) 为了便于教师安排教学进度，本书给出了专业必修课与相关专业选修课的课时建议，见下表。

章 节	必 修 课		选 修 课	
	理论课时	实验课时	理论课时	实验课时
第一章 供应链管理概述	2		2	
第二章 供应链需求预测	6	2	4	2
第三章 供应链网络设计	6	2	4	2
第四章 供应链协调管理	4	2	4	2
第五章 供应链合作伙伴关系	2		2	
第六章 供应链管理信息技术	2		2	
第七章 供应链企业生产计划与控制	4		2	
第八章 供应链库存管理	4	2	2	2
第九章 供应链企业组织结构和业务流程再造	2		2	
第十章 供应链绩效评价	4		2	
第十一章 供应链风险管理	4		2	
合 计	40	8	28	8
	48		36	

　　本书由陈建岭担任主编,提出编写大纲并负责统稿。桑惠云、王锟担任副主编,对本书提出了修改意见。第二、三、四、六章由陈建岭编写,其余章节由陈建岭、桑惠云和王锟共同编写,研究生田文宝参与了书稿的撰写与整理工作。

　　本书在编写过程中,参阅了大量专家、学者的有关著作、教材,引用了其中的相关概念及国内外一些企业的实例,已尽可能在参考文献中列出;另外,编者通过互联网学习并借鉴了一些公司网站的信息和相关报道资料,在此一并对相关资料的作者表示衷心的感谢!

　　由于编者的学识水平和实践经验所限,书中难免会有疏漏之处,敬请广大读者批评指正。

编　者
2016 年 2 月

【精彩汇总】

目　　录

第一章　供应链管理概述 1
第一节　供应链的内涵 3
一、供应链的概念 3
二、供应链的特征 4
第二节　供应链的分类 5
一、根据研究对象划分 5
二、根据网络结构划分 6
三、根据产品种类划分 7
四、根据动力因素来源划分 9
第三节　供应链管理的主要内容 10
第四节　供应链管理的发展趋势 13
本章小结 16
习题 17

第二章　供应链需求预测 20
第一节　预测概述 22
一、预测在供应链中的作用 22
二、预测的特征 23
三、预测的方法 23
第二节　需求预测的基本步骤 25
一、理解预测的目的 25
二、将需求规划和预测结合 26
三、识别影响需求预测的主要因素 26
四、理解和识别顾客群 27
五、采用适当的预测方法 27
六、确定预测效果的评估方法和误差的测度方法 27
第三节　静态方法 27
一、预测需求水平和需求趋势 29
二、预测季节性需求 31
第四节　适应性预测法 31
一、移动平均法 32
二、单一指数平滑法 33
三、需求趋势修正后的指数平滑(Holt 模型) 34
四、需求趋势和季节性需求修正后的指数平滑(Winter 模型) 35
第五节　预测误差的测定方法 36
本章小结 38
习题 38

第三章　供应链网络设计 43
第一节　供应链网络需求分析 45
一、制造商对供应链网络的需求 45
二、分销商对供应链网络的需求 45
三、零售商对供应链网络的需求 45
四、物流服务商对供应链网络的需求 46
第二节　供应链网络设计的影响因素 46
一、战略性因素 47
二、技术因素 48
三、宏观经济因素 48
四、政治因素 49
五、基础设施因素 49
六、竞争性因素 50
七、顾客需求响应时间和地方设施 50
八、物流设施成本 51
第三节　供应链网络设计的步骤 51
一、分析市场竞争环境 51
二、分析企业现状(现有供应链分析) 52
三、提出供应链网络设计目标和策略 52
四、分析和评价可能性 52
五、设计和产生新的供应链 52
六、检验新的供应链 53
第四节　供应链网络建模研究概况 53
一、现有供应链网络模型的特征 53

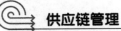

二、供应链网络设计的复杂性 55
三、供应链网络设计模型的发展
趋势 56
第五节 设施布局和能力配置模型 56
一、重心法选址模型 57
二、确定条件下的供应链网络优化
模型 58
三、不确定条件下的供应链网络
规划模型 62
本章小结 65
习题 66

第四章 供应链协调管理 69
第一节 供应链运作不协调的表现及
解决方法 70
一、供应链需求变异放大效应 70
二、曲棍球棒现象 72
三、双重边际效应 74
四、提高供应链协调性的方法 74
第二节 供应链运作协调研究概况 76
一、供应链契约设计研究 76
二、供应链信息对称性研究 77
三、供应链决策权分配研究 77
四、供应链整合研究现状 77
第三节 典型契约设计及价值分析 78
一、一部线性契约$(w, 0)$ 78
二、二部线性契约(w, L) 79
三、二部非线性契约$[w(q), L(q)]$ 80
四、价值分析 80
第四节 不确定需求条件下的供应链契约
设计 81
一、批发价格契约 81
二、回购契约 83
三、收入共享契约 84
四、数量柔性契约 85
本章小结 86
习题 87

第五章 供应链合作伙伴关系 89
第一节 供应链合作伙伴关系概述 90

一、供应链合作伙伴关系的定义和
特点 90
二、供应链合作伙伴关系与传统
交易关系的区别 91
三、供应链合作伙伴关系的实现
过程 92
四、供应链合作伙伴关系建立的驱
动力 93
第二节 供应链合作伙伴关系的演化和
定位 95
一、供应链合作伙伴关系的演化 95
二、基于产品类型的合作关系定位 99
第三节 供应链合作伙伴的选择与
评价 100
一、供应链合作伙伴选择与评价的
要素 100
二、供应链合作伙伴选择与评价的
流程 101
三、供应商的选择与评价 104
第四节 供应链合作伙伴关系的协调
管理 105
一、供应链企业在合作中存在的
问题及其影响 106
二、供应链合作伙伴关系协调管理
的含义及其内容 107
三、供应链中的信息共享及其
方式 108
本章小结 110
习题 110

第六章 供应链管理信息技术 113
第一节 信息技术对供应链管理的影响
和要求 114
一、信息技术对供应链管理的
影响 115
二、供应链管理信息化的新要求 116
第二节 供应链管理信息平台 118
一、以 Intranet 为核心的内部信息
平台 118

二、以 Internet 为核心的外部商务
　　　　平台 119
　　三、基于信息流的信息共享平台 121
　　四、防止外部入侵的安全平台 121
第三节　供应链信息管理的新技术及
　　　　软件 124
　　一、供应链信息管理技术 124
　　二、供应链管理软件 126
　　三、供应链管理信息化的发展
　　　　趋势 129
第四节　EPC 在供应链管理中的应用 130
　　一、EPC 的概念 130
　　二、EPC 的工作流程 131
　　三、EPC 在供应链管理过程优化中
　　　　的作用 131
本章小结 133
习题 134

第七章　供应链企业生产计划与控制 138

第一节　ERP 理论基础 139
　　一、ERP 理论的形成与发展 139
　　二、物料需求计划 147
　　三、能力需求计划 151
第二节　供应链企业生产计划与控制 154
　　一、供应链企业生产计划的问题 154
　　二、供应链企业生产计划的制订 155
　　三、供应链企业生产控制的特点 156
第三节　供应链生产计划与控制系统
　　　　总体模型 158
　　一、供应链企业生产计划与控制
　　　　总体模型 158
　　二、供应链生产控制模式的特点 160
第四节　供应链企业的生产策略 163
　　一、精益生产体系与策略 163
　　二、大量定制生产及延迟技术
　　　　应用 166
　　三、敏捷制造 169
本章小结 170
习题 171

第八章　供应链库存管理 173

第一节　供应链管理环境下的库存
　　　　问题 175
第二节　供应链的不确定性与安全
　　　　库存 177
　　一、供应链的不确定性 177
　　二、供应链的不确定性与库存的
　　　　关系 178
　　三、安全库存 179
第三节　供应商管理库存 182
　　一、VMI 的概念 182
　　二、VMI 的基本思想 183
　　三、VMI 系统的构成 183
　　四、VMI 的技术支持 184
　　五、VMI 的实施方法与步骤 185
　　六、VMI 的实施形式 186
第四节　集配中心作业模式及其改进 187
　　一、集配中心作业模式 187
　　二、循环取货调达模式 188
　　三、基于甩挂运输和循环取货融合
　　　　的入厂物流模式 189
第五节　多级库存优化与控制 190
　　一、多级库存优化与控制概述 190
　　二、基于成本优化的多级库存
　　　　控制 191
　　三、基于时间优化的多级库存
　　　　控制 195
本章小结 196
习题 197

第九章　供应链企业组织结构和业务
　　　　流程再造 202

第一节　企业的组织结构 203
　　一、组织结构的基本类型 203
　　二、企业组织结构创新的基本
　　　　趋势 208
第二节　企业业务流程再造 210
　　一、业务流程再造的提出 210
　　二、业务流程再造的基本目标 211

三、业务流程再造的原则 212
四、基于流程的组织建设 213
五、业务流程再造的实施步骤 215
六、实施流程再造应注意的问题 216
第三节 供应链企业业务流程管理 217
　一、供应链管理环境下的企业业务流程的主要特征 217
　二、两种供应链业务流程管理框架——GSCF 和 SCOR 218
本章小结 225
习题 225

第十章　供应链绩效评价 232
第一节　供应链绩效评价概述 233
　一、绩效评价的概念及特点 234
　二、供应链绩效评价的作用及原则 235
　三、供应链绩效评价的内容 236
　四、供应链绩效评价与企业绩效评价的异同 237
第二节　供应链绩效评价的因素 238
　一、供应链绩效评价的外部因素 238
　二、供应链绩效评价的内部因素 239
　三、供应链绩效评价的侧重角度 240
第三节　供应链绩效评价模型 242
　一、平衡计分卡 242
　二、供应链运作参考模型 246
　三、标杆法 247
　四、物流计分卡模型 248
第四节　供应链绩效评价指标体系 248

一、指标体系构建的原则 248
二、指标选取的过程 249
三、供应商绩效评价指标 249
四、分销商绩效评价指标 252
五、核心企业绩效评价指标 255
本章小结 259
习题 259

第十一章　供应链风险管理 263
第一节　供应链风险管理的概念 264
　一、供应链风险的概念 264
　二、供应链风险的特征 266
　三、供应链风险管理的内容 267
　四、供应链风险管理与企业风险管理之间的区别 268
第二节　供应链风险辨析 269
　一、供应链风险识别 269
　二、供应链风险分析 271
第三节　供应链风险评估 276
　一、供应链风险评价 276
　二、供应链风险评估要注意的问题 279
第四节　供应链风险管控 287
　一、供应链风险处理方式 287
　二、供应链风险的具体应对措施 288
　三、评价实施结果改善管理体系 291
本章小结 293
习题 293

参考文献 296

第一章 供应链管理概述

【学习目标】
- 了解供应链管理产生的背景和发展趋势;
- 理解供应链的概念、特征和分类;
- 掌握供应链管理的主要内容。

供应链管理

【知识架构】

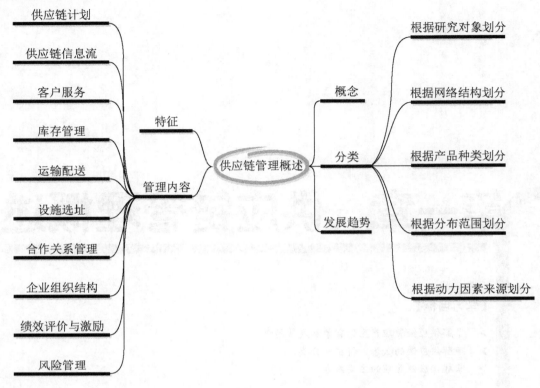

 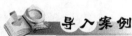

宝洁与沃尔玛演绎的供应链管理

20世纪80年代初,美国宝洁公司接到密苏里州圣路易市一家超级市场的要求,说能不能自动补充架子上的产品,不必每次再经过订货的手续,只要架子上的商品一卖完,新货就到,可以每月付一张货款的支票。宝洁公司的经理经过筹划,把两家公司的计算机连接起来,做出一个自动连续补充商品的系统,这样,自动化的供应链管理也就由此开始了。

当时,有两家大型百货零售连锁店试用该系统,其中一家就是沃尔玛。随后,沃尔玛正式购买了宝洁公司的"商品连续补充"系统,然后充分运用系统的特点,引导企业发展成为拥有4 400家大卖场的全球最大百货零售企业。现在,宝洁公司的产品占了沃尔玛商品的17%,而且份额还在继续增长。

宝洁公司和沃尔玛的合作,改变了两家企业的营运模式,实现了双赢。与此同时,他们合作的四个理念,也演变成供应链管理的标准。

第一,合作。零售商与供货商共同以零售店顾客的满意度为最高目标,在此基础上通力合作,就可让双方都成为赢家。这样的合作是长期的、开放的。

第二,规划。两家企业合作,要规划的事情很多。例如,在营运上有产品的类别、品牌、项目;在财务上有销售、价格策略、存货、安全存量、毛利等。规划可以维系共同目标的实现。

第三,预测。供货商可能对某类商品预测得准确,而零售商店可以根据实际销售对某项商品预测得准确,但双方必须制定出统一的预测方法。

> 第四，补充。补充是供应链管理的重要程序。销售预测，可以换算成订单预测，而供货商的接单处理时间、待料时间、最小订货量等因素，都需要列入考虑范围之内。
>
> 沃尔玛快速成长，得益于供应链管理的高度运用。有历史学者认为，沃尔玛是影响美国经济最有力的一家企业，它持续维持低价的日用品，对稳定美国通货膨胀起到了一定的积极作用。截至2005年，沃尔玛在美国有传统连锁店1 702家，超市952家，山姆俱乐部商店479家，街区市场杂货店20家，另外，在其他国家还有1 088家连锁店，组成了一个强大的沃尔玛帝国。沃尔玛商店出售的物品从家用杂货、男女服装、儿童玩具到饮食、家具等，应有尽有。
>
> （资料来源：http://www.zxyunbao.com）

21世纪，随着经济全球化、市场国际化和电子商务的发展，企业所处的竞争环境发生了根本性的改变。著名供应链管理专家马丁·克里斯托弗指出，真正的竞争不是企业与企业之间的竞争，而是供应链和供应链之间的竞争。面对用户需求以及经济的不确定性，任何一个企业只有建立有效的供应链系统才能取得市场竞争的主动权。不仅如此，供应链对国家经济发展和安全也影响甚大，受到许多国家包括我国的重视。党的十九大提出，要在供应链领域培育新增长点，形成新动能。党的二十大进一步提出，要着力提升产业链供应链韧性和安全水平。由此可见，供应链管理是培育企业核心竞争力、维护产业链安全、支撑经济高质量发展、适应时代之需的战略选择。

本章的主要内容包括供应链的内涵、分类；供应链管理的主要内容，以及供应链管理的发展趋势。

第一节　供应链的内涵

一、供应链的概念

"供应链"这一词汇源于英文的"Supply Chain"，那么，供应链的真实含义是什么？下面以到社区附近的超市去购买啤酒为例来说明。当然，购买啤酒可以去附近的酒类专卖店，也可以去超市、便利店、折扣店等处。陈列于零售店的啤酒，在消费者取到手之前是经过怎样的途径到商店的？啤酒制造商生产啤酒，首先要采购大麦、啤酒花等原材料，并进行酿造。酿造出来的啤酒为了保持鲜度，需要通过各种流通渠道，快速地运送到零售商店。小规模的超市通过批发商进货，大型连锁零售商则不通过批发商，而直接从制造商进货。通常，某一商品从生产地到达消费者手中，有如下的厂商及相关人员依次参与：供货商、制造商、批发商、零售商、消费者。这些与供货密切相关的企业和人员的衔接便是供应链。从另一个角度出发，供应链也有其他称谓。例如，从商品的价值是在业务连锁中渐渐增值的角度看，可称为"价值链"(Value Chain)；另外，从满足消费者需求的业务连锁角度看，也可称之为"需求链"(Demand Chain)。

早期的观点认为，供应链是生产企业中的一个内部过程，它是指把从企业外部采购的原材料和零部件，通过生产转换和销售等活动再传递到零售商和用户的一个过程。传统供应链概念局限于企业内部操作层次，注重企业自身资源的利用，并没有注意到与之相关的企业。

随着供应链观念的发展,有些学者把供应链的概念与采购、供应管理相关联,用来表示与供应商之间的关系,这种观点得到了研究合作关系、JIT关系、精细供应、供应商行为评估和用户满意度等问题的学者的重视。但这样一种关系也仅仅局限在企业与供应商之间,而且供应链中的各企业独立运作,忽略了与外部供应链其他成员企业的联系,往往会造成企业之间目标的冲突。

后来供应链的概念开始涉及与其他企业的联系和供应链的外部环境,认为它是一个"通过链中不同企业的制造、组装、分销、零售等过程将原材料转换成产成品,再到最终用户的转换过程",这是更大范围、更为系统的概念。例如,美国的史迪文斯认为:"通过增值过程和分销渠道控制从供应商到用户的流就是供应链,它开始于供应的源头,结束于消费的终点。"伊文斯认为:"供应链管理是通过前馈的信息流的反馈的物料流及信息流,将供应商、制造商、分销商、零售商直到最终用户连成一个整体的模式。"这些定义都体现了供应链的完整性,考虑了供应链中所有成员操作的一致性(链中成员的关系)。

当今,供应链的概念更加注重围绕核心企业的网链关系,如核心企业与供应商、供应商的供应商乃至与一切上游企业的关系,与用户、用户的用户及一切下游企业的关系。此时对供应链的认识形成了一个网链的概念。哈里森进而将供应链定义为:"供应链是执行采购原材料,将它们转换为中间产品和成品,并且将成品销售到用户的功能网链。"这些概念都同时强调供应链的战略伙伴关系问题。菲利普和温德尔认为供应链中的战略伙伴关系是很重要的,通过建立战略伙伴关系,可以与重要的供应商和用户更有效地开展工作。根据美国供应链管理专业委员会(the Council of Supply Chain Management of Professionals,CSCMP)的定义,供应链起始于原材料采购,结束于最终产品的运送,将所有销售企业、服务企业以及客户连接在一起。

马士华认为,供应链是围绕核心企业,通过对信息流、物流、资金流的控制,从采购原材料开始,制成中间产品以及最终产品,最后由销售网络把产品送到消费者手中的将供应商、制造商、分销商、零售商直到最终用户连成一个整体的功能网链结构模式。我国国家标准《物流术语》(GB/T 18354—2021)在充分吸收相关定义和观点的基础上,将供应链被表述为:生产及流通过程中,围绕核心企业的核心产品或服务,由所涉及的原材料供应商、制造商、分销商、零售商直至最终用户等形成的网链结构。"

二、供应链的特征

(1) 复杂性。供应链是一个范围更广的企业结构模式,从原材料的供应开始,经过链中不同企业的制造加工、组装、分销等过程直到最终用户,涉及多个企业,比一般单个企业的结构模式更为复杂。

(2) 动态性。供应链管理因企业战略和适应市场需求变化的需要,其中的节点企业需要进行动态的更新和调整,这就使得供应链具有明显的动态性。

(3) 面向用户需求。供应链的形成、存在、重构,都是基于一定的市场需求而发生的,并且在供应链的运作过程中,用户的需求拉动是供应链中信息流、产品流、服务流、资金流运作的驱动源。

(4) 交叉性。节点企业可以是这个供应链的成员，同时也可以是另外一个供应链的成员，大多数的供应链形成交叉结构，增加了协调管理的难度。

(5) 角色相对性。在这个网络中，每个贸易伙伴既是其客户的供应商，又是其供应商的客户。

(6) 风险性。受自然灾害、政治、经济等因素影响，供应链系统存在中断风险。

此外，供应链不仅是一条连接供应商到用户的物料链、信息链、资金链，而且是一条增值链，物料在供应链上因加工、包装、运输等过程而增加其价值，给企业带来收益。

第二节　供应链的分类

一、根据研究对象划分

史蒂芬·纽将供应链管理的研究对象分为企业供应链、产品供应链和基于供应链合作伙伴关系的供应链三种类型，这三种类型分别对应供应链管理的三种研究方法。

这里所说的供应链管理的研究对象是指供应链所涉及的企业及其产品、企业的活动、参与的成员和部门。随着对供应链管理问题日益引起关注，相关的研究也越来越多。由于考察角度不同，人们对其进行研究时侧重点也不尽相同，有些着眼于整个供应链，而另一些则注重其中的某些部分、某些企业之间或内部的问题。有些企业职能部门往往更注重该部门与其他企业部门的联系。例如，采购部门可能认为供应链管理就是管理供应商，因为最初供应链是由其供应功能决定的，供应链管理要求供应商能够以适当的形式、时间、地点、数量和效用提供客户或企业所需要的产品和服务就可以了。另外一种考察角度是着眼于供应链管理所包括的职能部门的活动。供应链管理的职能主要有：信息系统的一体化、供应链的计划和控制活动。也有人认为，在市场研究、促销、销售和信息采集、研究与发展、产品设计和总体价值分析等方面，供应链成员之间的合作也应包括在供应链管理范围内，比如一些率先实施供应链管理策略的企业，如 3M、惠普、施乐等公司，都将产品开发、运作管理、生产管理、客户服务管理包括在供应链管理策略中。

1. 企业供应链

企业供应链管理是就单个公司所提出的含有多个产品的供应链管理，该公司在整个供应链中处于主导者地位，不仅考虑与供应链上其他成员合作，也较多地关注企业多种产品在原料购买、生产、分销、运输等技术资源的优化配置问题，并且拥有主导权，如我们经常提到的生产企业主导的供应链(如海尔公司的供应链)、大型零售企业主导的供应链(如沃尔玛特公司的供应链)等。在这样的供应链中，必须明晰主导者的主导权，如果主导权模糊不清，不仅无助于供应链计划、供应链设计和供应链管理的实施，而且，也无法使整个供应链建立起强有力的组织和有效的运作。这里主导权是能否成为统一整个供应链理念的关键要素。这里供应链的概念更加注重围绕核心企业的网链关系,如核心企业与供应商、供应商的供应商乃至一切前向的关系,与用户、用户的用户乃至一切向后的关系。这里的单个公司通常指供应链中的核心企业(Core Company),它是对整个供应链起关键影响作用的企业。从核心企业来看,供应链包括其上游的供应商及其下游的分销渠道。供应链包括对信息系统、采购、生产调度、订单处理、库存管理、仓储管理、客户服务、包装物及废料的回收处理等一系列的管理活动。供应商网络包括所有为核心企业直接或间接提供投入的企业。

2. 产品供应链

产品供应链是与某一特定产品或项目相关的供应链,如某种品牌饮料的供应链,又如,一个生产汽车公司的供应商网络包括上千家企业,为其供应从钢材、塑料等原材料到变速器、刹车等复杂装配件等多样的产品。基于产品供应链的供应链管理是对由特定产品的顾客需求所拉动的整个产品供应链运作的全过程的系统管理。采用信息技术是提高产品供应链的运作绩效、新产品开发以及完善产品质量的有效手段之一。在产品供应链上,系统的广告效应和行业的发展会引起对该产品的需求。而仅仅在物流运输、分销领域进行供应链管理的改进是收效甚微的。比如,衬衣制造商是供应链的一部分,它的上游是化纤厂和纺织厂,下游是分销商和零售商,最后到消费者。按定义,这条供应链的所有企业都是相互依存的,但实际上它们却彼此并没有太多的协作,要关注的是围绕衬衣所连接的供应链结点及其管理。

3. 基于供应链合作伙伴关系(供应链契约)的供应链

供应链合作伙伴关系主要是针对这些职能成员之间的合作进行管理。供应链管理是对供应商、制造商、分销商、顾客等组成的网络中的物流、信息流、资金流(成本流)进行管理的过程。供应链的成员可以定义为广义的买方和卖方,只有当买卖双方组成的结点之间产生正常的交易时,才发生物流、信息流、资金流(成本流)的流动和交换。表达这种流动和交换的方式之一就是契约关系,供应链上的成员通过建立契约关系来协调买方和卖方的利益;另一种形式是供应链合作伙伴关系建立在与竞争对手结成的战略合作基础上的供应链。

以上三种供应链管理的对象是彼此相关的,在一些方面是相互重叠的,然而这对于考察供应链和研究不同的供应链管理方法是有帮助的。

二、根据网络结构划分

供应链根据网络结构可划分为发散型的供应链网("V"形供应链)、会聚型的供应链网("A"形供应链)和介于上述两种模式之间的供应链网("T"形供应链)。

1. "V"形供应链

物料是以大批量的方式存在,经过企业加工转换为中间产品,如石油、化工、造纸和纺织企业,提供给其他企业作为它们的原材料。生产中间产品的企业往往客户要多于供应商,呈发散状,以其为核心的供应链结构类似"V"型。"V"形供应链是供应链网络结构中最基础的结构。这类供应链在产品生产过程中每个阶段都有控制问题。在这些发散网络上,企业生产大量的多品种产品使其业务非常复杂。为了保证满足客户服务需求,需要库存作为缓冲,用来确保工厂满足不确定需求和确保工厂有能力生产,这样会占用大量的资金。这种供应链常常出现在本地业务而不是为了全球战略，其计划和调度主要依赖于对关键性内部能力的合理安排，它需要供应链成员制订统一、详细的高层计划。

2. "A"形供应链

当核心企业为供应链网络上的最终用户服务时，它的业务本质上是由订单和客户驱动的。在制造、组装和总装时，会遇到一个与"V"形结构供应链相反的问题，即为了满足相对少数的客户需求和客户订单时，需要从大量的供应商手中采购大量的物料。这是一种典型的会聚型的供应链网，即形成"A"形。如航空工业(飞机制造)、汽车工业、重工业等企业，这些企业是受服务驱动的，精力集中放在重要装配点上的物流同步。企业资源计划(Enterprise Resource Planning, ERP)成了这些企业进一步发展的阶梯。来自市场缩短交货期的压力，迫使这些组织寻求更先进的计划系统来解决物料同步问题。这类企业拥有策略性的由需求量预测决定的公用件、标准件仓库。这种结构的供应链在接受订单时考虑供应提前期并且能保证按期完成的能力，因此关键之处在于精确地计划和分配满足该订单生产所需的物料和能力，考虑工厂真实可用的能力、所有未分配的零件和半成品、原材料和库中短缺的关键性物料，以及供应的时间等。

3. "T"形供应链

介于上述两种模式之间的许多企业通常结成的是"T"形供应链。这种情形在医药保健品、汽车备件、电子产品、食品和饮料等行业很普遍；在那些为总装配提供零部件的公司也同样存在，如为汽车、电子器械和飞机主机厂商提供零部件的企业。这样的公司从供应商处采购大量的物料，并给大量的最终用户和合作伙伴提供构件和套件。这种"T"形的企业根据现存的订单确定通用件，并通过对通用件的制造标准化来减少复杂性。"T"形供应链是供应链管理中最复杂的，预测和需求管理是此类供应链网络节点成员重点考虑的工作。这类企业往往投入大量的资金用于供应链，需要尽可能限制提前期(Lead Time)来稳定生产而无须保有大量库存。这种供应链管理需要考虑多种因素，如在哪里生产最好，在哪里开展促销活动，采取什么决定影响分销成本等。处理这种组织的最好方法是减少产品的品种和运用先进方法，或是利用先进的计划工具来维护和加强供应链控制水平。

三、根据产品种类划分

根据产品的生命周期、需求稳定程度及可预测程度等可将产品分为两大类，即功能型产品(Functional Products)和创新型产品(Innovative Products)。

功能型产品一般用于满足用户的基本需求，变化很少，具有稳定的、可预测的需求和较长的寿命周期，但它们的边际利润较低，如日用百货。创新型产品对市场来说很新，因此需求的不确定性很高，需求一般不可预测，寿命周期也较短，如时装。创新型产品一旦畅销，其单位利润就会很高，随之会引来许多仿造者，基于创新的竞争优势会迅速消失，因此，这类产品无论是否畅销，其生命周期均较短。为了避免低边际利润，许多企业在式样或技术上革新以寻求消费者的购买，从而获得高的边际利润。正因为这两种产品的不同，才需要有不同类型的供应链去满足不同

供应链管理

的管理需要。

1. 功能型供应链

对于功能型产品,由于市场需求比较稳定,比较容易实现供求平衡。对各成员来说,最重要的是如何利用供应链上的信息协调他们之间的活动,以使整个供应链的费用降到最低,从而提高效率。重点在于降低其生产、运输、库存等方面的费用,即以最低的成本将原材料转化成产品。

2. 创新型供应链

对创新型的产品而言,市场的不确定性是问题的关键。为了避免供大于求造成的损失,或供低于求而失去的机会收益,管理者应该将其注意力集中在市场调解及其费用上。管理者们既需要利用供应链中的信息,还要特别关注来自市场的信息。

这类产品的供应链应该考虑的是供应链的响应速度和柔性,只有响应速度快、柔性程度高的供应链才能适应多变的市场需求,而实现速度和柔性的费用则退居其次。

对于一种产品来说,特别是功能型产品,从其生产投放市场直到过时淘汰,一般都要经历几个典型的生命阶段,即引入期、成长期、成熟期、衰退期四个阶段。在产品生命周期的各个阶段,产品有其明显区别于其他阶段的特征,对供应链的要求相应有所不同。因而对同一产品在生命周期的不同阶段,要注意控制内容和侧重点,采取相应的供应链策略,如表 1.1 所示。

表 1.1 不同产品生命周期阶段的供应链策略

产品生命周期	特　征	供应链策略
引入期	无法准确预测需求量;大量的促销活动;零售商可能要提供销售补贴的情况下才同意储备新货;订货频率不稳定且批量不大;缺货将大大抵消促销努力;产品未被市场认同而夭折的比例较高	供应商参与产品的设计开发;在产品投放市场前制订完善的供应链支持计划;原材料、零部件的小批量采购;高频次小批量的发货;保证高度的产品可得行和物流灵活性;避免缺货发生;避免生产环节和供应链末端的大量库存;建立安全追踪系统;及时消除安全隐患;追回问题产品;供应链各环节信息共享
成长期	市场需求稳定增长;营销渠道简单明确;竞争性产品开始进入市场	批量生产;需大批量发货;较多存货;以降低供应链成本和战略性的顾客服务承诺进一步吸引顾客;确定主要顾客并提供高服务水平;通过供应链各方协作增强竞争力;服务于成本的合理化
成熟期	竞争加剧;销售增长放缓;一旦缺货将被竞争性产品所代替;市场需求相对稳定;市场预测较为准确	建立配送中心;建立网络式销售渠道;利用第三方物流公司;降低供应链成本并为顾客增加价值;通过延期制造、本地化生产来改善服务;减少成品库存
衰退期	市场需求急剧下降;价格下降	对是否提供配送支持及支持力度进行评价;对供应链进行调整以适应市场的变化,如供应商、分销商、零售商等数量的调整际关系的调整等

四、根据动力因素来源划分

根据供应链的推动力来源可以划分为推动式供应链和拉动式供应链。推动式供应链管理的出发点是从原材料推到产成品、市场，一直推至客户端。拉动式供应链管理的出发点是以客户及客户满意度为中心的管理，以客户需求为原动力的管理。传统的供应链模式为推动模式，即根据商品的库存情况，有计划地将商品推销给客户。推动式供应链管理以ERP为核心，要求企业按计划来配置资源。制造商领导的推动式供应链，要求高度多样化，庞大的备用存货。而现今流行的供应链模式是客户需求拉动模式，客户是该供应链中一切业务的原动力。比如，在家电商场的收款台前，扫描器采集到客户所购商品的确切信息，触发商品出库指令，库存数据实时传送给制造商，制造商将调整补货计划和采购计划，同时更新生产计划，以便原材料供应商改变他们相应的交货计划。

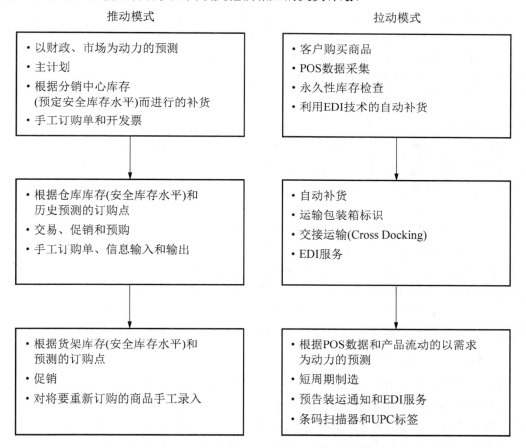

图 1.1　推动式供应链与拉动式供应链的比较

供应链的动力因素对商业战略正施加着巨大压力。公司不应只在质量或价格上获得竞争优势，而应依靠适物、适量、适时的发货能力占领市场。有效的供应链管理需要做到以下几点：①使企业快速、准确地收集客户需求；②尽可能以最低的成本满足客户需求；③从原材料采购到制造、组装产品的所有决策在整个供应链中应是开放的；④将成品分销到客户手中并收集必要的款项。

第三节 供应链管理的主要内容

供应链管理主要涉及供应链不同主体之间的供应链计划、协作、运行和控制，这也是供应链管理的关键和难度所在。供应链管理怎样才能管理供应链上的商流、物流、信息流、资金流及增值服务，怎样使供应链上的成员都能分享到适时、适质、适量、适价的服务，直接关系到供应链的综合集成效果。当一些厂商还停留在供应接管理的局部应用时，处于世界领先水平的供应链管理供应商，已成功地实现了供应链管理与企业生产系统、仓库管理系统、运输管理系统、ERP 系统和客户关系管理(Customer Relationship Management，CRM)系统等的集成。

供应链成员企业正是通过整合客户需求信息、实时制造信息、仓储和运输及配送信息，以及企业的资金和客户信息等，实现物流、资金流、信息流在整个供应链上的共享与优化，在更高的战略层次上形成竞争优势。由于不同主体在供应链中所处的地位、作用不同，具体的供应链管理内容会有较大差别，一般而言，供应链管理的主要内容应当包括以下几个方面。

1. 供应链计划

供应链计划在整个供应链系统中处于中心位置，是连接所有相关的供应链企业制造系统与外部市场的枢纽，是供应链管理中最重要的关键要素之一。供应链计划一般由核心企业主导，它的主要功能有以下 3 项。

(1) 定义供应链。

(2) 规划供应链：即供应链企业对客户订货的承诺能力(Available to Promise)、多供应商物料计划、分销需求计划、集中与分散交货计划、压缩订单交付周期的计划等。

(3) 制订主生产计划：包括需求预测和需求管理、主生产计划编制、面向按订单生产(Make to Order，MTO)的支持、减少库存资金占用、高级模拟功能、项目制造支持等。整个供应链都按照它发出的指令运行。供应链计划着眼于优化整个供应链，因此涉及从原材料供应、产品制造、订单交付、配送发运直到最终顾客的全过程的计划管理。

2. 供应链信息流

信息流是供应链上各种计划、订单、报表、库存状态、生产过程、交付过程等指令和其他关键要素相互之间传递的数据流，包含了整个供应链中有关库存、运输、绩效评价与激励、风险防范、合作关系、设施和顾客的信息和对信息的分析。由于信息流直接影响着物流、资金流、商流及其他关键要素的运行质量，所以它是供应链性能改进中最重要的要素。对信息流的有效管理为供应链企业对市场需求响应更快、资源运用效率更高提供了保证。

信息技术的发展进步增强了企业应用供应链管理的效果。成功的企业往往通过应用信息技术来支持和发展其经营战略，它对于整个供应链将会产生重大的影响。这种影响主要表现在：①有助于建立新型的客户关系管理体系，更好地了解顾客和市场需求；②有利于进一步拓宽和开发高效率的营销渠道；③有助于改变供应链的构成，使得商流与物流达到统一；④重新构筑企业或企业联盟之间的价值链。

3. 客户服务管理

供应链管理的产生就是为了应对当今社会高新技术迅猛发展、市场竞争日益激烈、寿命周期缩短和产品结构越来越复杂、用户需求的不确定性和个性化增加的复杂环境，供应链管理必然也是以客户为导向的。

为了提高"客户满意度"，企业必须将潜在客户和现有客户都作为管理的中心，将企业供应链运营围绕着客户来进行。企业必须要完全掌握客户信息，准确把握客户动态，快速响应个性化需求，为客户提供便捷的购买渠道、良好的售后服务与经常性的客户关怀等，始终如一地为客户提供优质、可靠的服务。

4. 库存管理

供应链管理中库存的功能，是通过维持一定量的库存来克服由于市场需求变化和供应的不确定性风险对供应链带来的不利影响。

供应链管理的主要目的是保证供应链中物流和信息流的有效流动。但在企业的实际管理活动中，经常由于出现各种不确定性问题而导致物流和信息流的流动出现障碍，如原材料延迟到达、机器故障、交货延期、订单取消等。这些不确定因素都会使企业管理者被迫提高库存水平以缓冲这些因素带来的损失，管理者试图通过建立一定容量的物料、工件和最终产品的库存来克服这种不确定性。因此，长期以来，企业为了提高客户订单准时交付率，常常要准备足够的库存量(安全库存)。这样，即使供应链上的某个企业出现了问题也不致过于影响整个供应链的服务水平。然而，增加库存水平必然导致成本上升，也会削弱供应链的竞争力。根据大量的实际调查，库存费用通常占库存物品价值的 20%～40%。因此，过高的库存水平对供应链效率与响应速度都有巨大影响，因此如何控制好供应链中的库存水平，一直是供应链管理的重要组成部分。

5. 运输管理

运输的功能是通过供应链物理链路——物流网络，借助于运输工具把产品/物料快速、高效地送到客户手中。如果供应链的物理链路出现中断，那么整个供应链系统将会发生瘫痪，根本无法运作。因此，保证供应链物理链路运输状况处于正常状态是供应链运行的关键。

运输是物流管理中的重要活动之一，是把供应链中的各种物料从一点移到另一点。运输可以采取多种模式，根据每一种模式的性能和特点，结合供应链管理的需要进行选择和管理。运输的一个基本决策问题就是要在运送指定产品的成本(效率)和速度(响应)之间做出选择。运输管理对供应链来讲是十分重要的，这种重要性主要体现在对其供应链成本、响应速度和工作质量一致性的影响上。同其他供应链管理的关键要素一样，运输模式的选择对供应链响应和效率有很大的影响，因此，在供应链管理的研究与实践上，都将运输管理作为重要内容。

6. 设施选址决策

设施，是指生产和运作过程得以进行的硬件手段，通常是由工厂、车间、设备、仓库、配送中心等物质实体构成。供应链管理中的设施选址，是指运用科学的方法确定设施的数量、地理位置、规模，并分配各设施所服务的市场(服务对象)范围，使之与供应链的整体经营运作系统有机结合,以实现有效、经济的供应链运作。设施选址对设施建成后的设施布置,以及投产后的生产经营费用、产品和服务质量及成本都有极大而长久的影响。无论哪种类型的设施,有关定位、能力及设施柔性的决策对供应链效率与响应速度都有很大的影响,保证设施选址决策的合理性和正确性是供应链运行的前提。

7. 合作关系管理

为了降低供应链总成本、降低供应链上的库存水平、增强信息共享水平、改善相互之间的交流,以及保持战略伙伴相互之间操作的一贯性,必须着重构建供应链企业之间的战略合作关系。供应链上每个节点企业要想实现财务状况、质量、产量、交货、用户满意度以及业绩的改善和提高,必须着眼于与其合作的企业建立起战略合作关系,而不能仅停留在一般的交易关系上。只有供应链的整体竞争力提高了,每个企业才能从中获得成长。因此,供应链的绩效是以供应链成员企业相互之间充分信任和相互合作为基础的,可以说,供应链管理就是合作伙伴关系管理。

8. 供应链企业的组织结构

现代企业管理学认为企业组织创新是企业的核心能力构成要素之一,是提高企业的组织效率、管理水平和竞争能力的有效措施。今天,随着 Internet 及其相关技术的出现,企业供应链管理的内涵再一次地发生变化。目前,世界上不少企业为了提高供应链的效率与响应速度,对企业供应链管理模式,特别是企业的组织结构形式进行了不断的研究、探索与实践。供应链组织创新是企业组织优化的重要组成部分,而且这种优化超越了企业的边界,连结起供应链的上、下游企业,致力于形成一种现代的、能够支持整个供应链管理的全新组织体系,不仅对提高供应链的竞争能力起着非常重要的作用,而且创造了新的组织管理理论。

9. 供应链绩效评价与激励机制

从系统分析角度来看,供应链绩效评价与激励是供应链管理中的一项综合性活动,涉及供应链各个方面的情况。供应链绩效评价的目的主要有两个:一是判断各方案是否达到了各项预定的性能指标,能否在满足各种内外约束条件下实现系统的预定目标;二是按照预定的评价指标体系评出参评方案的优劣,做好决策支持,帮助管理者进行最优决策及选择系统实施方案服务。供应链激励的目标主要是通过某些激励手段,调动合作双方的积极性,兼顾合作双方的共同利益,消除由于信息不对称和败德行为带来的风险,使供应链的运作更加顺畅,实现供应链企业共赢的目标。

通过建立供应链管理绩效评价与激励机制,围绕供应链管理的目标对供应链整体、各环节(尤其是核心企业)运营状况以及各环节之间的营运关系等所进行的事前、事中和事后分析评价。如果供应链绩效评价与激励机制设置不当,那么将会造成系统无法正确判断供应链运行状况,以及不利于各成员合作关系的协调。因此,保证供应链绩效评价与激励机制的合理性和一致性是供应链运行的关键。

10. 供应链风险管理

在供应链管理的实践中,存在着很多导致供应链运行中断的风险。例如,2000 年 3 月美国新墨西哥州飞利浦公司第 22 号芯片厂一个车间发生火灾,2001 年 9 月 11 日在美国发生的"9·11"恐怖事件,2003 年中国爆发的"SARS"疫情,2011 年日本福岛核泄漏事件等，都曾经导致供应链运行的中断，给企业、国家和世界的经济造成了很大的创伤，甚至致命的打击。因为企业的供应链是环环相扣的，任何一个环节出问题，都可能影响供应链的正常运作。而这些事件的发生具有极大的不确定性和偶然性，是无法预知的。因此，供应链风险防范机制是企业管理者必须充分重视的内容。

供应链的风险防范机制的功能相当于微机安装的防火墙软件，主要起着不时地对系统的数据进行备份和拦截外界病毒的袭击，使系统能良好运行的作用。也就是说供应链管理通过风险防范机制，能快速地应付无法预测的风险的发生，以最低成本、最有效地保证供应链依然能正常运行。如果微机的防火墙不能运行，或者运行不好的话，一旦外界病毒攻入，系统将会受到致命的破坏，甚至会发生瘫痪，根本无法运行。因此，供应链的风险防范机制设置的合理性和灵活性是供应链正常运行的保证。

第四节 供应链管理的发展趋势

随着市场环境的改变，不断发展和完善供应链管理已成为企业提高自身市场竞争力的新型手段。供应链管理也在实践中出现了一些新的发展趋势。

1. 全球化供应链

经济全球化的浪潮使国际市场竞争日益激烈，企业面临着严峻的生存和发展问题，以往那种企业与企业之间单打独斗的竞争形式已不复存在，取而代之的是以协同商务、协同竞争和双赢原则为商业运作模式的，由消费者、供应商、研发中心、制造商、经销商和服务商等合作伙伴组成的供应链与供应链之间的竞争，或者是一个跨国集团和一个跨国集团之间的竞争。在这种趋势下，全球化供应链管理越来越受到重视。

全球化供应链管理就是要求以全球化的观念，将供应链的系统延伸至整个世界范围，在全面、迅速地了解世界各地消费者需求偏好的同时，对供应链进行计划、协调、操作、控制和优化，在供应链中的核心企业与其供应商以及供应商的供应商、核心企业与其销售商及至最终消费者之间，依靠现代网络信息技术支撑，实现供应链的一体化和快速反应运作，达到物流、价值流和信息流的协调通畅，以满足全球消费者需求。

全球化供应链管理包括市场与行销策略、价格策略、全球采购策略、产品与制造管理、虚拟制造、就地组装、全球补货策略与体系、快速反应系统、电子商务、策略联盟、合同管理、配送策略等。它包含物流运转中心、物流系统设计与综合性服务、共同配送系统、顾客需求支援系统等，范畴较宽，是一种综合性的、跨国跨企业集成化的管理模式，也是适应全球化下企业跨国经营的管理模式。

党的二十大明确提出，要"加快建设贸易强国""推动共建'一带一路'高质量发展""维护多元稳定的国际经济格局和经贸关系"，这为提升企业的供应链管理水平指明了方向，必将推动全球化供应链的快速发展。

2. 敏捷化供应链

敏捷供应链的提出是在20世纪90年代末期。所谓敏捷供应链，是指以核心企业为中心，通过对资金流、物流、信息流的控制，将供应商、制造商、分销商、零售商及最终消费者(用户)整合到一个统一的、无缝化程度较高的功能网络链条，以形成一个极具竞争力的战略联盟。

敏捷供应链以增强企业对市场需求的适应能力为导向，以动态联盟的快速重构为基本着眼点，致力于支持供应链的迅速结盟、优化联盟运行和联盟平稳解体。强调从整个供应链的角度考虑、决策和绩效评价，使企业与合作者共同降低产品价格，并追求快速反映市场需求，提高供应链各环节边际效益，实现利益共享的双赢目标。

敏捷供应链是一种全新理念，它在以下几个方面为企业带来全新竞争优势。

(1) 速度优势。网络经济时代，企业实行敏捷供应链战略的一个重要竞争优势就在于速度。企业如果按敏捷供应链观念组织生产，其独特的订单驱动生产组织方式，在敏捷制造技术支持下，可以最快速度响应客户需求。

(2) 顾客资源优势。企业在实行敏捷供应链战略过程中，会通过对客户的电子商务环节开办个性化订购服务，客户可在网页上根据公司对产品组件和功能介绍，自己选择零部件，自己设计产品的款式、颜色、尺寸，顾客的需求信息直接反映到产品设计、规划阶段，成为企业最直接也是最有价值的信息资源。企业应尽量迅速、准确地满足顾客个性化、多样化的需求，不断地培养并提高顾客忠诚度，从而拥有较为稳定的顾客资源。

(3) 个性化产品优势。依靠敏捷制造技术、动态组织结构和柔性管理技术三个方面的支持，敏捷供应链解决了流水线生产方式难以解决的品种单一问题，实现了多产品、少批量的个性化生产，使个性化产品生产成为现实。

(4) 成本优势。通常情况下，产品的个性化生产和产品成本是一对负相关目标，从事传统产业经营的人员对这一点体会更为深刻。然而在敏捷供应链战略的实行中，这一对矛盾却得以成功解决，在获得多样化产品的同时，由于零库存成本和零交易成本，使企业获得了低廉的成本优势。

3. 绿色化供应链

党的二十大报告指出，要"加快发展方式绿色转型""实施全面节约战略""发展绿色低碳产业""倡导绿色消费，推动形成绿色低碳的生产方式和生活方式"。实施绿色供应链管理(Green Supply Chain Management，GSCM)，将"绿色"或"环境意识"理念融入整个供应链管理过程，使得整个供应链的资源消耗和对环境的负面影响最小，是现代企业实现可持续发展的一种有效途径。

绿色供应链的概念由美国密歇根州立大学的制造研究协会1996年提出，并将绿色供应链作为一个重要的研究内容。1996年，国际标准化组织(ISO)开始推出ISO 14000系列标准，促使绿色供应链管理的研究更加活跃。

绿色供应链是指从社会和企业的可持续发展出发，引入全新的设计思想，对产品从原材料购买、生产、消费，直到废物回收再利用的整个供应链进行生态设计，通过链中各个企业内部部门和各企业之间的紧密合作，使整条供应链在环境管理方面协调统一，达到系统环境最优化。目前，国外一些汽车制造商(如大众、通用等)正在重新整合传统的供应链，要求供应商按"绿色"模式进行供货，来重建新型供应链——绿色供应链。

实施绿色供应链管理应该遵循共生原理、循环原理、替代转换原理与系统开放原理等。一般来说，绿色供应链可以产生以下管理优势：①可从经营战略上加强企业的竞争优势；②有利于规避绿色技术贸易壁垒；③有利于从源头上解决生产制造对环境的影响；④有利于资源的合理高效配置。

绿色供应链管理的体系结构应是绿色供应链管理目标、实施对象和支撑系统等多方面的集合，应能给人们研究和实施绿色供应链管理提供多方位的视图和模型。

4. 柔性化供应链

供应链管理中存在高度的不确定性，从市场情况、消费需求的多变到系统内部的各项运作管理，都是管理的难点。其中有一些因素是可以通过人为的努力将其化解的，而另一些则是无法预测的，只能采取一些措施和设计相应的管理模式加以规避，以取得最好的效果。在这种情况下，则要求供应链的管理要灵活、开放、有效、动态和敏捷，而建立柔性供应链(Flexible Supply Chain，FSC)就是解决问题的重要途径之一。

所谓柔性是指企业快速地响应变化的环境的能力。柔性管理是以柔性理论为基础，通过提高企业各种资源的柔性实现灵活、敏捷的经营机制。以柔性的组织管理、柔性的人员和柔性的生产系统提高企业的市场竞争能力。在供应链管理的环境下，柔性策略的运用将使系统的运作更能适应快速变化的市场需求。

供应链应有如下三种柔性：产品柔性、时间柔性和数量柔性。其中，产品柔性是指供应链在一定时间内引进新产品的能力；时间柔性是指供应链响应顾客需求的速度；数量柔性是指供应链对顾客需求数量变化的能力。

构建柔性供应链应该首先从供应链链条上的各个节点企业内部抓起，通过建立以需求为导向的企业战略和与之相适应的组织结构，采用先进的生产和管理技术，加强企业内部各个部门的信息共享和沟通，不断提高各个企业自身实力和柔性。其次，要加强供应链各个节点之间的连接。建立可靠的信息共享平台，选择信誉好、具有竞争优势的供应商进行合作，避免供应链连接环节出现问题。最后，供应链上的各个企业都应有系统的观点，从系统论的角度来分析、解决供应链中发生的问题，用共赢、多赢的思想来共同促进有效信息共享，加快物流配送速度，使供应链高效运作。

在供应链管理过程中，应当采用的柔性包括技术柔性、人力资源柔性、供应链运营的柔性化、融资柔性、战略管理的柔性等。

5. 电子商务供应链

按照世界贸易组织电子商务专题报告的定义，电子商务即通过电信网络进行生产、营销、销售和流通活动，它不仅指基于 Internet 的交易，也指所有利用电子信息技术来解决问题、降低成本、增加价值和创造高级的商务活动，包括通过网络实现从原材料查询、采购、产品展示、订货到出品、储运以及电子支付等一系列的贸易活动。

企业建立自己的内部网络，再将其扩展到企业外部，与供应商和客户连接就可以从事电子商务。电子商务对企业供应链具有以下影响。

(1) 企业内部供应链。企业内部通过 Internet 自动处理商务操作及工作流,增加对重要系统和关键数据的存取,共享经验,共同解决客户问题,并保持组织之间的联系。因而可以提高商务活动的敏捷性,对市场变化做出更快的反应,更好地为客户提供服务。

(2) 企业与合作伙伴之间。电子商务中,企业之间可以通过电子形式将关键的商务处理构成连接起来,形成一个虚拟企业。信息的畅通有利于合作伙伴之间高度的信息共享,共同为整体供应链提供增值服务。

(3) 企业与客户。企业开设网上商店,使客户与企业提供双向交互通信,节省了客户和企业双方的时间和空间,提高了交易效率。更为重要的是 Internet 和电子商务也将使供应商与客户的关系发生重大的改变,其关系将不再仅仅局限于产品的销售,更多的将是以服务的方式满足客户的需求来替代将产品卖给客户。越来越多的客户不仅以购买产品的方式来实现其需求,而且更看重未来应用的规划与实施、系统的运行维护等,本质上讲他们需要的是某种效用或能力,而不是产品本身,这将极大地改变供应商与客户的关系。企业必须更加细致、深入地了解每一个客户的特殊要求,才能巩固其与客户的关系,这是一种长期的有偿服务,而不是产品时代的一次或多次性的购买。

由此可见,电子商务带来了供应链管理的变革。它运用供应链管理思想,整合企业的上下游的产业,以中心制造厂商为核心,将产业上游供应商、产业下游经销商(客户)、物流运输商及服务商、零售商以及往来银行进行垂直一体化的整合,消除了整个供应链网络上不必要的运作和消耗,促进了供应链向动态的、虚拟的、全球网络化的方向发展。

6. 可视化供应链

提高供应链的可视性能够为供应链管理带来很大的便利,提高库存和运输资源管理效率,进而改善需求响应性。利用物联网技术,我们将供应链中的每一个"物品"贴上电子标签(Electronic Product Code,EPC),标签里包含该物品的所有相关信息,通过红外感应技术、信息采集技术和视频监控技术,让每个人通过信息系统都可以追溯产品的成本、生产厂址及日期、加工过程、流通详情以及生产该产品的原资料来源。这种价值信息链通过互联网在企业内部网络 Intranet 以及外部网 Extranet 进行共享和交换,从而实现了供应链管理的可视化。随着新一代信息技术的应用普及,云计算、大数据和人工智能已经成为供应链解决方案中的一部分。移动计算和移动设备由于即时响应性特点,在供应链管理中发挥越来越重要的作用。更有价值的是,这些技术将 ERP 和运营系统更好地整合,以多样化的形式实现数据共享。未来,供应链将向全面数字化、智能化方向进一步演化,实现数据驱动、业务连续、供需平衡和绿色生态。

本 章 小 结

本章首先从概念、特征角度分析了供应链的内涵,强调了它是一个跨越企业边界,集成各项商业流程的模式,它将供应商、制造商、销售商以及物流服务商连接在一起,形成一条价值链。其次,从研究对象、网络结构、产品、分布范围以及动力因素方面介绍了供应链的类型,重点要把握基于按照产品和动力因素划分的供应链的特点。然后,阐述了供应链管理所涉及的主要内容,这也是构成供应链管理理论体系的主体。目前,供应链管理策略、建模技术以及协调机制也是理论界和企业界关注的热点。最后,结合供应链发展的动态,总结了其发展的主要趋势。

 关键术语

供应链 Supply Chain
供应链管理 Supply Chain Management
价值链 Value Chain
企业资源计划 Enterprise Resource Planning,ERP
承诺能力 Available to Promise
绿色供应链管理 Green Supply Chain Management
客户关系管理 Customer Relationship Management,CRM
推式供应链 Push Supply Chain
核心企业 Core Company

功能型产品 Functional Products
创新型产品 Innovative Products
需求链 Demand Chain

提前期 Lead Time

按订单生产 Make to Order,MTO
拉式供应链 Pull Supply Chain
柔性供应链 Flexible Supply Chain,FSC

习 题

一、填空题

1. 供应链不仅是一条连接供应商到用户的物料链、_____、_____,而且是一条_____,物料在供应链上因加工、包装、运输等过程而增加其价值,给相关企业带来收益。
2. 供应链的特征有_____、_____、_____、_____。

二、判断题

1. 供应链是一个静态系统。   (   )
2. 供应链管理中的各个节点企业都是相互独立的,不能形成一个整体。   (   )
3. 供应链管理的目标在于提高用户服务水平和降低总的交易成本,并且寻求两个目标之间的平衡。   (   )
4. 供应链管理是对从最终客户直到原始供应商的关键业务流程的集成,它为客户和其他有关者提供价值增值的产品、服务和信息。   (   )

三、简答题

1. 简述物流和供应链的关系。
2. 供应链管理有哪些特点?
3. 简述推式供应链和拉式供应链的特点。

四、思考题

根据生物链和工业生态学知识,分析绿色供应链的要求。

"宜家"背后的整个供应链运转

1. "宜家"的背后

宜家家居(IKEA)于1943年创建于瑞典。目前,瑞典宜家集团已成为全球最大的家具家居用品商家,主要销售座椅/沙发系列、办公用品、卧室系列、厨房系列、照明系列、纺织品、炊具系列、房屋储藏系列、儿童产品系列等约9 500款产品。宜家家居在全球27个国家和地区拥有315个商场,雇用了14万名员工,成为全球最大的家居商品零售商,还赢得了Interbrand营销研究机构排列的全球100名最有价值品牌(第44名)的荣誉。宜家集团2014年销售总额达287亿欧元。

如今,宜家的价值已经远远不是表面看到的那些摆着精致又便宜的KLIPPAN沙发和BILLY心书柜等家居商品的连锁店,它的背后是一整套难以仿制的高效精良的商业运作系统,它维持了这个机构一直高效率、低成本的商业价值链条,那才是值得全球连锁零售公司学习的真实的宜家。

2. 管理内核

商店开到哪里,宜家服务集团就把一整套的管理模式和组织形式复制到哪里。这些管理和保障职能包括财务、零售、物流、物业、风险管理、法律、社会环境、公关通信和人力资源等。宜家的商店在这个"大管家"的协助下,维持每天的运转。宜家支持机构则为商店提供专业的服务支持,包括IT、餐厅、设备供应、原料采购、目录册、配件供应、货运方案、公务旅行等。整个组织被完全"扁平化"。如果北京的商店想改变"样板间"的设计,就要征求宜家内务系统的意见;需要法律服务则由宜家服务集团安排;需要新的产品目录册,就需要宜家支持系统帮助;需要商品,则由宜家贸易公司协调,当然这一切交易都需要支付费用。在宜家的管理系统中,设计、生产、采购、销售的每个环节,都可能发生有关联的管理协议或交易,但是却被安排得井井有条。这有利于这家公司在不同的国家协调资金周转和合理避税。

在这种极度扁平和权力分散的管理架构下,谁也休想完整地享受宜家的全部管理乐趣,更不要说控制它了。

3. 供应链条

这种周密的管理体系更重要的作用是让宜家拥有了高效率、低成本运转的供应链,这是宜家可以像沃尔玛那样在零售领域出色的特征之一。

为了让自己可以控制产品的成本、取得最初定价权,并且控制产业链的上游,宜家一直坚持自己设计所有产品并拥有专利,所有的设计师在设计新产品的时候竞争激烈,竞争集中在同样价格的产品"谁的设计成本更低",这甚至包括是否多用了一颗螺丝钉或一条麻绳,或者更经济地利用一块塑料板等。

所有的产品设计确定之后,设计研发机构将和宜家在全球33个国家设立的40家贸易代表处共同确定哪些供应商可以在成本最低而又保证质量的情况下生产这些产品。2 000多家供应商会展开激烈的竞争,得分高的供应商将得到"大订单"的鼓励。通常,宜家为了更大量地销售某种产品,会降低价格,这必然会进一步降低生产成本,许多供应商当然也会被迫提高生产效率,压低生产成本。所以,劳动力成本更加低廉的供应商,会大量出现在宜家的名单上。

所有的供应商接到宜家贸易机构下达的订单之后,都会努力工作并保证按时交货。实际上,宜家为其所有的供应商设定了不同的标准和等级,并且时常去考核它们。

宜家严格地控制着物流的每一个环节,以保证最低成本。1956年开始推行至今的"平板包装"就是为了降低运输成本和提高效率,而且节省了大笔产品组装成本。为了进一步降低运输成本,宜家还不断在产品上做文章,这包括适合用托盘大量运输的杯子,或者抽掉空气的枕头。宜家把全球近20家配送中心和一些中央仓库大多集中在海、陆、空的交通要道,以便节省时间。

这些商品被运送到全球各地的中央仓库和分销中心，通过科学的计算，决定哪些产品在本地制造并销售，哪些出口到海外的商店。每家"宜家商店"根据自己的需要向宜家贸易公司购买这些产品，通过与这些贸易公司的交易，宜家可以顺利地把所有商店的利润吸收到国外低税收甚至是免税收的国家和地区。

因此，整个供应链的运转，从每家商店提供的实时销售记录开始，反馈到产品设计研发机构，再到贸易机构、代工生产商、物流公司、仓储中心，直至转回到商店。当然这套供应链的运转，是在宜家服务集团的支持下才能完全奏效的。供应链的高效率和低成本成为明显的优势，这直接决定了宜家可以在必要的情况下降低价格，促进销量。

4. 销售引擎

宜家有很多的"销售引擎"，吸引着越来越多的顾客走进宜家的商店购物。

价格是这个致力于"为大众提供买得起的家具"的公司的重要手段。宜家对价格是天生敏感的，这可以解释为什么英格瓦要坐经济舱来中国，又会在北京秀水街为一条100元的裤子讨价还价，这可不是"作秀"。"定价"算得上是宜家的精髓，它直接决定着销售状况。

但是，宜家可不能像沃尔玛超市或者其他的家居零售商那样随时降价促销。因为所有的商品都是宜家自己专利并委托生产的，只要生产出来，它永远都是宜家的资产了；没有退货的说法，如果卖不掉，就只能计作损失。所以，合理的"定价"是确保销售的核心手段。宜家的定价机制是："先设计价签，再定产品"。宜家的设计人员参考了所有宜家商店的销售记录，以及同类竞争产品的状况，按照"价格矩阵"设计产品，并且保证这个产品的价格是最有利于销售的，比如低于市场价格30%。

在宜家的商店里，没有"销售人员"，只有"服务人员"。他们不被允许向顾客促销某件产品，而是由顾客自己决定和体验，除非顾客需要向其咨询。它靠什么促进销售呢？宜家为每一件商品制定了精致的"导购信息"，顾客可以自己了解每一个产品的几乎所有信息(价格、功能、使用规则、购买程序等)。商店还设立了各式样板间，把各种产品进行组合。样板间成为宜家的"产品模特"，它在销售方面功不可没。由于控制了销售渠道，许多时尚消费品公司看中了宜家，他们希望把自己的产品摆在宜家的全球商店的样板间里进行展览，这包括苹果电脑公司、飞利浦电子等著名公司的产品。这不但有利于宜家销售自己的家居产品，而且赚取了一笔可观的收入。

另外的问题是，许多不买东西或者只买打折、甩卖产品的顾客光顾宜家，他们不能给商店带来利润，相反却增加了商店的运营负担。索性放弃这些顾客吗？当然不是。宜家在所有的商店设立了餐厅，这些顾客很可能会消费一把，宜家餐厅全球的年收入高达16亿美元。另外，这些顾客客观上帮助宜家进行产品的销售测试，因为宜家许多摆放展览产品在展览时接受了电子检测仪器的测试，记录这种产品的抗疲劳能力，比如抽屉开关的次数、沙发的承载力等。

由于集团内部管理权限的复杂，并为了保证对产品价格、销售记录以及专利权的维护，宜家拒绝批发其产品，坚持由商店直销，对大宗购买客户也不提供"让利"服务。

但是，据说宜家也打算完善它的销售手段，这包括网上销售、大客户一站式采购、电话销售、合作销售等方式，这可能会让这台"销售机器"更加灵活。不过，宜家否认它会凭借自己强劲的销售渠道控制其他非家居产品的销售。

实际上，这个全球最大的家居用品零售商并不满足于仅仅控制全球最大的家居产品渠道，最终覆盖全球的不仅是宜家专有的商店，更包括宜家专利的产品，以及宜家机构的品牌。从这个意义上说，宜家是全球唯一这么干并且取得成功的营销机构。另外，宜家也不仅仅是销售家居产品的公司，它还有金融、房地产和自己的铁路公司，赢利状况也都不错。谁知道未来它的"胃口"有多大呢！

讨论题：

1. 宜家高效率低成本的商业价值链条带给我们哪些重要启示？
2. 分析宜家的"销售引擎"对供应链管理的启发意义。

第二章　供应链需求预测

【学习目标】
➢ 了解供应链中的需求特点；
➢ 理解供应链需求预测的作用；
➢ 掌握常见需求预测的方法和步骤；
➢ 能够根据供应链需求特点灵活选择合适的需求预测方法。

【知识架构】

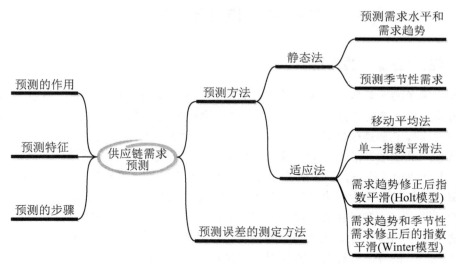

如何实施 CPFR 协同、计划、预测与补货?

行业数据显示,消费品行业 50%的缺货现象都是因为零售订货和补货、预测流程的不到位造成的,25%是由于总体需求计划和上游的短缺引起的,还有 25%是因为货物上架和补货等店内流程的不足引起的。在手机行业中,精确预测是至关重要的。缺货所产生的成本会给企业带来极为负面的影响。大约有一半的缺货现象都会导致销售收入的损失。

M 公司在全球范围内同时有 120 个型号的产品在销售。但想知道哪些类型的手机共生产和销售多少就有困难了。零售商货架上的精确补货显得至关重要。如果一个消费者相中了 M 公司的某款手机,但在零售商那里没有货的话,消费者更有可能去购买一家竞争对手的产品,而不是 M 公司的手机。在这种情况下,M 公司会面临永远失去这位顾客的风险。更何况,一个手机型号可能会因为 GSM、颜色、配置的不同而出现多个 SKU 包装,因此精确预测的难度就变得更高了。此外,新产品的快速推出也增加了复杂性:手机的生命周期平均只有一年多一点,有一些甚至只有 6 个月。

M 公司的手机部门开始利用协同计划、预测和补货(CPFR)同零售商一道来改进销售表现。CPFR 方案的实施几乎立刻就使预测的准确率发生了很大的变化。平均绝对百分比错误率(MAPE)现在只是以前的一小部分。零售商配送中心的存货也因 CPFR 而迅速减少,因为对缓冲存货的需求更少了。缺货率现在则只有以前的 1/3。

(资料来源: http://www.wtoutiao.com/p/mfbocl.html)

预测未来的需求,对于供应链管理者制定决策和规划流程都十分重要。在这一章中,我们将阐释如何利用历史上的需求数据来预测未来的需求。同时,我们要描述需求预测和预测准确性评估的几种方法。学完本章后,你将能够:理解预测在供应链中的作用;识别需求预测的组成部分;已知历史需求数据,运用时间序列法预测供应链需求;分析需求预测,估计预测误差。

第一节 预测概述

一、预测在供应链中的作用

对未来需求的预测构成了供应链中所有战略性和规划性决策的基础。让我们来看看在第一章讨论的供应链的"推/拉观点",所有推动流程都是根据对顾客需求的预测来运行的,而所有拉动流程又都是根据对市场需求的反应来运行的。对于推动流程来说,供应链管理者必须规划产品的生产能力;对于拉动流程而言,供应链管理者必须提高产品供给需求的水平。在上述两种情况下,供应链管理者采取的第一个步骤,就是预测顾客未来的需求量。

以戴尔计算机公司为例来分析。戴尔公司根据顾客订单生产个人电脑,它又根据对顾客需求的预测来订购零配件并安排生产线。生产经理必须保证公司根据对顾客需求的预测来订购适当数量的零部件。他还必须确保生产线具备能满足装配需要的生产能力。要做出上述两种决策,供应链管理者都需要对未来需求进行预测。

供应链管理者对所有供应链活动的规划都是以预测顾客最终购买行为发生的时间为基础的。在戴尔公司的案例中,供应商(如英特尔公司)为戴尔公司的个人电脑提供处理器。英特尔公司需要几周的时间来生产这些处理器,但是,戴尔公司不能等那么久,因为顾客已经下了订单。顾客要求在几天内(而不是几周内)拿到计算机。因而,英特尔公司必须在顾客订货之前就生产出处理器——这就需要戴尔和英特尔公司预测未来对处理器的需求,并以此制订生产计划。英特尔的生产是对其供应商的需求——他们也必须预测未来的需求并据此安排生产,来满足英特尔公司生产计划的要求。

除了生产和分销决策外,供应链"推动阶段"的其他决策也要以对未来需求的预测为基础。以需求预测为基础的重要决策主要有以下几项。

(1) 生产决策——日程安排、库存管理、总体计划。
(2) 营销决策——销售资源配置、促销、新产品开发。
(3) 财务决策——生产线(设备)的投资和预算规划。
(4) 人事决策——雇员计划、雇用、解雇。

理想状态下,供应链中的这些决策不应被各个领域分割开来。因为它们是互相影响的,最好结合起来考虑。例如,可口可乐公司正在考虑下一个季度的需求预测和何时进行各种促销活动。促销的信息可以用来更新需求预测。在预测的基础上,可口可乐公司将为下一个季度制订生产计划。该计划需要额外的投资、雇用新劳动力或者将生产外包出去。可口可乐公司必须以生产计划和现有生产能力为基础,在实际生产开始之前做出这些决策。从这个例子中我们可以看到,所有的决策都是互相联系的。拥有稳定需求的"成熟"产品最容易预测,如超市的日常用品(牛奶、纸巾等)。当原材料的供给与最终产品的需求变化幅度较大时,预测和与相应的管理决策就变得十分困难。具有季节性需求变化的产品的一个例子就是巧克力——大多数巧克力销售都是在接近假期的时候。另一些例子包括滑雪设备、园艺设备、浴衣和除雪设备。对于这些产品而言,好的预测十分重要,原因在于其销售季节非常短,如果公司生产过剩或者不足,恢复的机会就非常小,供给也很难满足需求。

二、预测的特征

公司的供应链管理者应该认识到预测的以下特点。

(1) 预测经常会出错，因而要包括预期价值和对误差的测量。为了理解预测误差的重要性，我们来看一看两个汽车交易商。其中一个预计销售范围是 100～1 900 个单位，而另一个预计是 900～1 000 个单位。尽管这两个交易商预计的平均销售量都是 1 000 个单位，但由于预测准确性的不同，每个交易商所采取的策略各不相同，因而，预测误差(或者需求的不确定性)必须在供应链规划中被考虑进去。

(2) 长期预测通常没有短期预测精确，原因是相对于短期预测而言，长期预测误差的标准差要大一些。日本的 7-11 公司已经利用这一关键特征来改善自己的经营业绩，公司建立了一个补给流程，在数小时之内就能对顾客订单做出反应。例如，如果商店经理在 10：00 以前发出订单，这批货会在同一天 19：00 以前送到。于是，这个经理必须在实际销售之前 12 小时内预测出当晚的销售量。这个案例中的预测可能比商店经理提前一周做出的预测准确得多。

(3) 综合预测通常要比独立预测准确得多，因为综合预测相对于均值的标准差较小。例如，以小于 2%的误差预测美国在既定年度的国内生产总值(GDP)要容易一些。然而，以少于 2%的误差预测一家公司的年收入要困难得多，而以相同的误差预测给定产品的需求更加困难。以上预测的区别就在于其综合性不同。国内生产总值是对多个公司综合计算的结果，公司的年收入是对若干条生产线综合计算的结果。综合程度越高，预测就越精确。

三、预测的方法

预测通常是很困难的，特别是对未来的预测。然而，公司可以做出有用的预测，但这要以能够正确解释过去为前提。对顾客过去购买行为的了解，有助于公司预测顾客将来采取的行动，并对该行动做出适当的反应。需求不是凭空产生的，而且，顾客需求受多种因素的影响。公司只有处理好这些因素的现有价值和未来需求之间的关系，才能预测这些因素。在好的需求预测中，公司首先要识别影响未来需求的因素，然后确定这些因素与未来需求之间的关系。

当预测需求时，公司必须平衡主观和客观两方面因素。日本的 7-11 公司为连锁店经理们进行需求预测提供了一套"艺术状态"决策支持系统，由这个系统做出一项预测并提供一个建议性的订单。商店经理只是负责做出最后的预测并下达订单，这是因为只有他(她)才知道那些通过历史需求数据也得不到的市场条件信息。对市场条件的了解将有助于改进预测精度。下面我们以冰激凌的需求为例，说明人为因素的重要性。如果商店经理知道明天可能会下雨或变得很冷，那么他(她)就能利用这个信息，来削减冰激凌的订购数量，即使前几天天气很热，需求量很大。在这个例子中，市场条件(天气)的变化是不能通过历史数据得到的。公司可以深刻体会到定性分析对改进其需求预测的好处。因而，在供应链管理中，适当的人为干预对预测效果十分重要。

在公司选择预测方法之前，它必须明确地知道供应链的反应时间，因为这将决定何时进行预测。例如，如果一家邮购公司要利用预测来决定某种特定产品的订购数量，那么它就必须知道供应链响应这个订单的时间有多长。如果需要 6 个月，那么公司必须在需要产品之前的 6 个月就对需求量做出预测。

公司还必须了解下列可能影响需求预测的因素：①过去的需求；②计划的广告或营销策略；③在产品目录中的排列位置；④经济状况；⑤计划的价格折扣；⑥竞争对手已经采取的行动。

公司在选择一个合适的预测方法之前，必须了解上述因素。例如，公司过去可能有过这样的经历：10 月份市场的需求量少，而 12 月份的需求大。如果公司决定在 10 月份削价出售，情况可能会发生变化，因为未来需求的一部分可能会提前到 10 月份发生，公司在进行预测时必须考虑这个因素。

<u>预测的方法</u>可以分为以下 4 类。

1. 定性法

定性预测法基本上是主观的：它们依赖于人们的判断和意见做出预测。在缺少历史数据或专家关于市场的见解时，定性方法就很适用。对于一个新产业来说，要对未来几年的需求进行预测，这种方法必不可少。起初互联网的需求预测通常采用定性法，因为互联网可供预测的历史数据很少。

2. 时间序列法

时间序列法利用历史数据来预测未来需求。它依赖于这样一个假设——历史时期的需求是对未来需求的一种很好的暗示。当外界环境稳定、基本需求模式年度变动不大时适合用这种方法。这是一种最简便可行的方法，它可以作为需求预测的一个好的起点。

时间序列法基本可以分为两类：静态法和适应法。

(1) 静态法。在静态预测法中，公司只对需求中系统需求部分的各个要素(需求水平、需求趋势、季节性需求)预测一次，今后就算有新的需求也不更新这些预测值。静态法将预测误差看作随机需求的一部分。因而，它不会根据观察到的新需求来更新系统部分的需求。

(2) 适应法。在适应性预测方法中，公司根据观察到新的需求更新对系统需求部分的各个要素(需求水平、需求趋势、季节性需求)的预测。这种方法假定：一部分误差将会导致对系统需求部分预测的不准确，而另一部分误差将会影响随机需求部分。因而，这种方法会在每一次对需求的预测后，更新对系统需求部分的预测。

静态预测法包括找出需求趋势和季节性需求的均值(或得到回归估计)。适应性预测方法包括移动平均、指数平滑和进行需求趋势和季节性需求修正后的指数平滑。我们将在后面几节中讨论这些方法。

3. 随机法

随机预测法假定预测的需求与有关外界因素(如经济环境、利率等)高度相关。随机预测法发现需求和外界因素的这种关系，因而利用对外界因素的预测，来预测未来需求。比如，产品定价与需求高度相关，因此公司可以利用随机法，分析价格上升对需求的影响。

4. 模仿法

模仿预测法通过模仿消费者的选择来进行需求预测。利用这种方法，公司可以将时间序法和随机法结合起来考虑以下问题：价格促销会带来什么影响？一个竞争者在附近开了一家店会有什么影响？当低价位的机票卖完后，航空公司会模仿消费者购买行为来预测高价值机票的需求。

公司可能很难决定哪种方法适合用来进行预测。实际上，很多研究显示，运用复合型的预测方法进行预测，并将各种预测结果结合起来作为最终的预测结果，这将会比单独运用某种方法更为有效。

当未来需求会沿袭历史发展模式时，运用时间序列法最为合适。当公司试图根据历史数据预测需求(确切地说，当前的需求)时，任何历史增长模式和季节性变动模式都会影响公司对需求的预测。另外，运用这种方法时，常常存在一种随机因素，它既不能用当前的需求变动所解释，也不能被历史或季节趋势来说明。因此，任何被考察的需求都可以分为系统需求部分和随机需求两部分。

$$被考察需求(O)=系统需求(S)+随机需求(R)$$

系统需求衡量期望的需求价值，它由以下几部分组成：需求水平——扣除季节因素影响后的目前需求；需求趋势——下一时期需求的增长或衰减率；季节性需求——可预测需求的季节性变动。

公司可利用历史数据预测需求的需求水平、需求趋势和季节性需求。以此求得系统部分的需求。随机需求是指偏离系统需求的那部分需求，公司不能也不必预测随机需求。公司能预测的只是估计的需求规模和变化，这些可用来衡量预测误差。随机因素还意味着公司不能预测这部分的变动方向。一般来说，一个好的预测方法的误差和随机需求的大小有关。如果哪个预测方法被认为没有误差，公司经理在预测时就要抱着怀疑的态度来对待这种方法。在这种情况下，该方法已经将历史随机因素融入系统需求中来。结果，这种预测方法运用起来就不够理想。预测的目的是要剔除随机因素的影响，估计出系统部分的需求。预测误差是用来衡量预测需求和实际需求之间的差值。预测以对系统部分的衡量为基础，而随机部分的预测又是以预测误差为基础的。

第二节 需求预测的基本步骤

预测方法的选择只是需求预测工作的一个组成部分。供应链中的各个环节应该对预测的假设、技术和最终的预测值达成一致。这样，供应链中的所有规划将会协调一致，也就能够互相支持。需求预测的基本步骤有六步。

一、理解预测的目的

公司要做的第一步就是明确预测的目的。每一个预测的目的都是支持以预测为基础的决策，因而公司必须明确这些决策。所有受供应链决策影响的各方应该明确决策和预测之间的关系。例如，如果沃尔玛公司计划 7 月份通过降价进行洗涤剂促销，那么，生产商、承运商和其他有关各方必须知道这个信息，并就促销量达成一个共同的预测结果，再以此为基础出台一个行动方案。

如果这些共同决策出现失误，它将会导致供应链在各个阶段拥有过多或过少的产品。它也可能导致运输和仓储环节的混乱，因为这两个环节没有得到关于促销的信息，也不知道促销对规划阶段需求量会产生什么影响。在这一阶段，公司应详细说明它是否要求在地理位置、产品、顾客群或总体规划的基础之上进行预测。

预测期限是从做出预测到预测事件发生的时间间隔。公司还应该明确指出想要的预测期限。例如，如果预测是用来决定公司要分配给某个既定生产环节的资源量，同时规定改变生产能力的时限为两个月，那么预测应该在改变生产能力两个月之前做出。

二、将需求规划和预测结合

公司应该将预测与供应链中所有使用预测或影响需求的规划活动联系起来。这些活动包括生产能力计划、生产计划、促销计划和购买等活动。这种联系应该建立在信息系统和人力资源管理层次上。由于许多职能都会受到规划结果的影响。将这些职能纳入预测过程是十分重要的。下面这种尴尬的局面是很常见的：营销部门制订了预测促进销售，而生产部门则为生产计划制订了一套完全不同的预测。营销部门可能为下一年的特定时间制订了一个大的促销计划。同时，生产部门都依赖历史数据进行预测，而这些数据没有包含任何促销计划。结果，公司可能将促销的影响纳入总体规划，并最终导致不理想的客户服务。

公司应建立一支跨部门的团队来进行预测工作，它的成员来自各个与需求预测有关的部门。一般说来，这是一个好的创意。公司还应该在预测队伍中加入一些负责预测和规划阶段的方案实施的人。这样做就能确保预测和规划阶段的所有运行问题被考虑在内。

三、识别影响需求预测的主要因素

公司必须识别影响需求预测的主要因素，而对这些因素的恰当分析是做出合理预测的关键。影响预测的主要因素包括需求、供给及与产品有关的一些因素。

从需求方面讲，公司必须弄清楚需求是否在增长、减弱或是有季节性变动规律。这些预测必须以需求而不是以销售数据为依据。例如，一家超市于2015年7月对一个品牌的谷类食品进行促销。结果是，消费者对这种品牌的谷类食品的需求很高，而对其他品牌的谷类食品的需求却很低。超市不应据此推测这种品牌的产品需求在2016年7月仍会很高。因为只有当2016年7月仍对这种品牌进行促销而其他品牌的反映与2015年一样时，这个结论才能成立。当进行预测时，超市必须知道在没有促销的情况下的需求有多少，同时理解促销是如何影响需求的。假设2016年也进行同样的促销活动，那么上述两条信息的结合，才会使超市管理者对2016年的产品需求做出预测。

公司还应明确不同产品之间是否存在某种联系(互补或替代)。如果对一种产品的促销会导致对另一种产品需求的下降，公司在预测时就必须考虑这个因素。最后，公司还必须考虑供货期内任何预计变动和服务政策以及它们对需求的影响。

从供给方面讲，公司必须考虑可利用的供给资源以确保预测的准确性。如果可替代的供给资源在短期内可用，那么高度准确的预测就显得不那么重要。但是，如果在较长的供货期内只有一种可用的资源，那么，准确的预测就非常有价值了。

从产品方面讲，公司必须知道产品在销售期间的变量有多少。这些变量是否可互相替代或补充。如果一种产品的需求影响另一种产品的需求或被其影响。那么对于这两种产品的预测就应该合二为一。例如，当公司开发出一种既有产品的改进型产品时，顾客会购买改进型产品，而可能会导致对原产品的需求减少。尽管对原有产品需求的减少不能通过历史数据显示，公司仍能利用历史数据来预测两种产品的需求总和。很明显，对这两种产品的需求应该联系起来进行预测。

四、理解和识别顾客群

为了理解和识别顾客群，必须将顾客按照他们在服务要求、需求数量、订货频率、需求可变性和季节性上的相似性将他们分为各个顾客群。通常来说，公司针对不同的客户群，可以采取不同的预测方法。对顾客群的理解，有助于采用准确和简便的方法进行需求预测。

五、采用适当的预测方法

在选择一个适当的预测方法时，公司需要首先明确和预测有关的要素范围，包括地理区域、产品组和顾客群。公司应该知道在每一个范围内需求的区别。对于不同的范围，最好选用不同的预测方法。在这一阶段，公司在前面提到的 4 种方法(定性法、时间序列法、随机法和模仿法)中进行选择。正如前面所述，将这些方法结合起来运作是最有效的方法。

六、确定预测效果的评估方法和误差的测度方法

公司必须确定明确的效果评估方法，来评价预测的准确性和时效性，这些方法应该和公司预测基础上制定的经营目标密切相连。下面，我们分析一下邮购公司利用预测值从供应商那里订货的例子。供应商在两个月的供货期内提供货物，然后公司将货物卖出。订购活动的目的是给公司提供一个数量限额。它能使销售季末剩余产品的数量最小化，同时剔除货源不充足所导致的销售损失。邮购公司必须保证能在销售季开始之前两个月做出预测。这是因为供应商需要两个月的时间才能供货，在销售季末，公司必须比较实际需求和预测需求，估计预测的准确性。预测到的准确性也应该与希望的准确性相比较，用两者的差值来确定公司内应该采取的修正方案。当然，在现有的订货和履约过程中，也许达不到希望的准确性。在这种情况下，公司会发现：将一些早先的产品目录发给某些选定的客户，会提供大量前瞻性的信息，这将有助于提高预测的准确性。

第三节 静态方法

静态预测法假定，对系统需求中的需求水平、需求趋势和季节性需求的估计，不随观测到的新需求而变动。在这种情况下，我们以历史数据为基础估计这些参数，然后用相同的数值进行未来的预测。在这一节中，我们将讨论当需求有一个变动的需求趋势以及季节

性变动规律时静态预测法的运用。假定系统需求部分是混合型的，即

$$\text{系统需求}=(\text{需求水平}+\text{需求趋势})\times\text{季节影响因子}$$

定义：

$L=$ 基期的预计需求水平(对基期剔除季节性影响后的需求的预测)；

$T=$ 预计需求趋势(每个时期需求的上升或下降)；

$S_t=$ 预计时期 t 的季节影响因子；

$D_t=$ 实际观测的时期 t 需求；

$F_t=$ 预测时期 t 需求。

在静态预测法中，在 t 期预测 $t+l$ 期的需求的计算公式为

$$F_{t+l}=[L+(t+l)T]S_{t+l} \tag{2.1}$$

现在介绍一种预测 3 种参数(即需求水平、需求趋势和季节影响因子)的方法。例如，我们考察一下新的用户对天然气的需求。天然气在线公司利用现有的管道设施供应天然气，同时满足各个分销商的网上紧急订购需求。该公司自 2011 年第二季度成立以来，需求一直在增长。计划年度将从某给定年度的第二季度开始，并延续到下一年的第一季度。公司正在规划其必备的生产能力及从 2022 年第二季度到 2023 年第一季度的天然气购买量，它还将预测下一年度的季节性需求。它预计需求趋势和下一年度的增长将和观测到的过去 3 年的需求趋势和增长相同。过去 3 年的季节性需求见表 2.1 和图 2.1。

表 2.1　天然气在线公司的每季度需求量

年　份	季　度	时期 t	需求量 D_t
2019	2	1	8 000
2019	3	2	13 000
2019	4	3	23 000
2020	1	4	34 000
2020	2	5	10 000
2020	3	6	18 000
2020	4	7	23 000
2021	1	8	38 000
2021	2	9	12 000
2021	3	10	13 000
2021	4	11	32 000
2022	1	12	41 000

从图 2.1 可看出，天然气的需求是季节性的，需求量从给定年度的第一季度到下一年的第一季度一直在增长。每年的第二季度的需求量都是在这一年中各个季度中最低的。这样的周期持续 4 个季度，而需求的规律性变动年复一年地重复进行。需求也有上升的趋势，同时公司的销售量在 3 年中也在不断上升。公司预计，下一年增长仍会继续。下面进行 3 个参数——需求水平、需求趋势和季节性需求的预测。我们有必要采取以下两个步骤：①剔除季节性需求的影响，用线性回归法来预测需求水平和需求趋势；②预测季节影响因子。

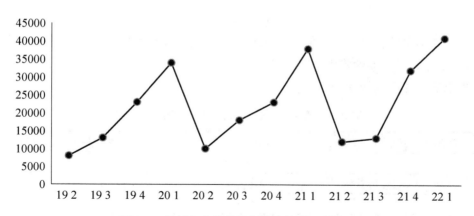

图 2.1 天然气在线公司每季度的需求量变化

一、预测需求水平和需求趋势

在预测需求水平和需求趋势之前,我们必须对需求数据进行处理,以剔除季节性需求的影响。时期数 p 是一个表示时期数的数字,在周期内包括的所有时期之后,季节性周期将重复进行。对于天然气公司的需求来说,需求规律每年重复。假设我们以季节为基础预测需求,则表 2.1 中的需求时期数 p 为 4。

为了保证在剔除季节性需求后每一个季节都占有相同的权重,我们采用连续几个时期周期的平均值作为对应时期的需求 p,从 $l+1$ 到 $l+p$ 这段时期的平均需求是 $l+1(p+1)/2$ 时期剔除季节性影响后的需求。如果 p 是奇数,这种方法给出了当前一个时期剔除季节性影响后的需求;如果 p 是偶数,这种方法给出了在 $l+(p/2)$ 和 $l+1+(p/2)$ 之间某一点剔除季节性影响后的需求。通过对从 $l+1$ 到 $l+p$ 时期和从 $l+2$ 到 $l+p+1$ 时期剔除季节性影响后的需求取平均值,我们得到 $l+1+(p/2)$ 时期剔除季节性影响后的需求。剔除季节性影响后的需求可用下面的公式(给定一个周期 t)计算。

$$\bar{D}_t = \begin{cases} \dfrac{\left[D_{t-\left(\frac{p}{2}\right)} + D_{t+\left(\frac{p}{2}\right)} + \sum_{i=t+1-\left(\frac{p}{2}\right)}^{t=l+\left(\frac{p}{2}\right)} 2D_i\right]}{2p}, & \text{如果}p\text{为偶数} \\ \dfrac{\sum_{i=t-\left(\frac{p}{2}\right)}^{l+\left(\frac{p}{2}\right)} D_t}{p}, & \text{如果}p\text{为奇数} \end{cases} \quad (2.2)$$

在我们的例子中,$p=4$ 是偶数。对于 $t=3$,我们利用公式(2.2)获得剔除季节性影响后的需求。如下式所示:

$$\bar{D}_3 = \left\{D_{t-(p/2)} + D_{t+(p/2)} + \sum_{i=t+1-\left(\frac{p}{2}\right)}^{t-1+\left(\frac{p}{2}\right)} 2D_i\right\}/2p = \left\{D_1 + D_5 + \sum_{i=2}^{t} 2D_i\right\}/8$$

利用该方法,我们可以获得时期 3 和时期 10 之间的剔除季节性影响后的需求,如表 2.2 和图 2.2 所示。一旦剔除了季节性影响,需求就以一个固定的比率增长或减少。因而在剔除季节性影响后的需求与时间 t 之间存在一个线性关系。这种关系可用公式表示为

$$\bar{D}_t = L + tT \quad (2.3)$$

从公式(2.3)中可看出，我们用 $\bar{D}_t$ 表示在时期 t 内剔除季节性影响后的需求，而不是时期 t 的需求；L 表示基期的需求水平或基期剔除季节性影响后的需求；T 表示剔除季节性影响后的需求增长速度或需求趋势。

表2.2 天然气在线公司剔除季节影响后的需求

时期	需求	剔出季节影响后的需求
1	8 000	
2	13 000	
3	23 000	19 750
4	34 000	20 625
5	10 000	21 250
6	18 000	21 750
7	23 000	22 500
8	38 000	22 125
9	12 000	22 625
10	13 000	24 125
11	32 000	
12	41 000	

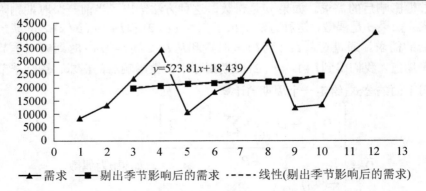

图2.2 天然气公司剔除季节影响后的需求

我们可以将剔除季节性影响的需求作为因变量，将时间作为自变量，通过两者之间的线性回归来预测 L 和 T 的值。以天然气公司为例，得到 $L=18\ 439$ 和 $T=524$。在这个例子中，任何时期 t 内剔除季节性影响后的需求可用下述公式求出

$$\bar{D}_t = 18\ 439 + 523.8t \quad (2.4)$$

可以发现，通过对初始的需求数据和时间进行线性回归，来预测需求水平和需求趋势，这种做法是不合适的。这是因为，初始的需求不是线性的，因而线性回归的结果也将是不准确的。在进行线性回归之前，要剔除季节性需求的影响。

二、预测季节性需求

利用公式(2.4)获得各个时期剔除季节性影响后的需求。季节影响因子 S_t (时期 t 内)是实际需求 D_t 与剔除季节性影响后的需求 $\bar{D}$ 之间的比率。如下式所示：

$$S_t = D_t / \bar{D}_t \tag{2.5}$$

给定一个时期数 p，我们可以通过将相似时期的季节影响因子加以平均来得到某一时期的季节影响因子。举个例子，如果 $p=4$，时期 1、5 和 9 有相似的季节性需求，将上述 3 个时期的季节性需求加以平均就得到了这些时期的季节影响因子。假定数据中有一个 r 的季节性循环，对于所有以 p_t+i，$1 \leqslant i \leqslant p$ 为形式的时期，得到以下季节影响因子：

$$\overline{S_i} = (\sum_{j=0}^{j=r-1} S_{jp+i})/r \tag{2.6}$$

以天然气公司为例，总共 12 个时期，时期数 $p=4$，表明数据中的季节性循环 $r=3$。利用公式(2.6)我们可以得到以下季节影响因子：

$$\overline{S_1} = (S_1 + S_5 + S_9)/3 = (0.42 + 0.47 + 0.52)/3 = 0.47$$
$$\overline{S_2} = (S_2 + S_6 + S_{10})/3 = (0.42 + 0.47 + 0.52)/3 = 0.47$$
$$\overline{S_3} = (S_3 + S_7 + S_{11})/3 = (0.42 + 0.47 + 0.52)/3 = 0.47$$
$$\overline{S_4} = (S_4 + S_8 + S_{12})/3 = (0.42 + 0.47 + 0.52)/3 = 0.47$$

在这一阶段，我们已经预测出需求水平、需求趋势和季节影响因子。能利用公式(2.1)得到接下来 4 个季度的需求预测值。

$$F_{13} = (L+13T)S_{13} = (18\,439 + 13 \times 524) \times 0.47 = 11\,868$$
$$F_{14} = (L+14T)S_{14} = (18\,439 + 14 \times 524) \times 0.68 = 17\,527$$
$$F_{15} = (L+15T)S_{15} = (18\,439 + 15 \times 524) \times 1.17 = 30\,770$$
$$F_{16} = (L+16T)S_{16} = (18\,439 + 16 \times 524) \times 1.67 = 44\,794$$

第四节 适应性预测法

在适应性预测法中，对需求水平、需求趋势的预测在每一次观测需求之后都要更新。我们现在讨论一些能用来进行适应性预测的基本框架和几种方法。系统性需求包含需求水平、需求趋势和季节性需求，这是一般情况下的框架。我们这里所指的框架特指系统性需求是混合型的情况。但是，它可以轻而易举地被修改成另外两种情况。框架也可以指这样一种情况，即系统需求不包含季节性需求或需求趋势。我们假定有一组 n 时期的历史数据，需求的季节性周期为 p，也就是说，每隔 p 时期季节需求趋势就变动一次。如果数据是每季度的，这时需求趋势每年变动一次，这里的时期数就是 $p=4$。

定义：

$L_t = t$ 时期末的预计需求水平；

$T_t = t$ 时期末的预计需求趋势；

$S_t = t$ 时期末的预计季节影响因子;

$F_t = t$ 时期的预计需求(在 $t-1$ 期或更早以前制订的);

$D_t = t$ 时期实际观测的需求;

$E_t = t$ 时期的预测误差;

$A_t = (t = E_t)$ 期的绝对偏差;

MAD = 平均绝对偏差 = A_t 的平均值。

在适应性方法中,在 t 期预测 $t+l$ 期的需求为

$$F_{t+l} = (L_1 + lT_t)S_{t+l} \qquad (2.7)$$

在适应性需求预测框架中,要采取以下4步。

(1) 自动创建。计算机从给定的数据中自动创建需求水平(L_0)、需求趋势(T_0)和季节影响因子(S_1, …, S_p)。这和前文的静态预测法是一样的。

(2) 预测。利用公式(2.7),根据对 t 期的预计,来进行 $t+1$ 期的预测。第一个预测是针对第一期的,它是通过对第0期需求水平,需求趋势和季节性需求的预测完成的。

(3) 预测误差。记录下期的实际需求,然后计算 $t+1$ 期的预测误差 E_{t+1},也就是实际需求与预测值之间的差额。$t+1$ 期的误差可由下式求出:

$$E_{t+1} = F_{t+1} - D_{t+1} \qquad (2.8)$$

(4) 修正误差。用已知的预测误差 E_{t+1},对需求水平(L_{t+1})、需求趋势(T_{t+1})和季节性需求 S_{t+p+1} 的预测进行修正。如果实际需求低于预测值,最好将预测值降低;反之,如果实际需求高于预测值,则提高预测值,经过修正的结果就会更接近实际值。

修正后的 $t+1$ 期的预测值,接下来会被用来预测 $t+2$ 期的需求,然后重复(2)、(3)和(4)步,直到用完第 n 期的历史数据。第 n 期的预测又被用来进行未来的需求预测。

我们现在来看看各种适应性预测方法。方法合适与否取决于需求的特征和系统需求的组成部分。在下面的情况中我们都假设时期为 t 期。

一、移动平均法

当需求没有可观测的需求趋势或季节性变动时,我们用移动平均法来预测。在这种情况下,运用下面的公式:

系统需求=需求水平

这种方法将最近 N 期的需求平均值作为 t 期的需求水平。这里的平均是 N 期的移动平均。因而,得出下式:

$$L_t = (D_t + D_{t-1} + \cdots + D_{t-s+1}) / N \qquad (2.9)$$

在这里,对未来各期的预测是一样的,都是以现在的需求水平为基础的。预测公式如下:

$$F_{t+1} = L_t \text{ 和 } F_{t-a} = L_a \qquad (2.10)$$

当预测完 $t+1$ 期的需求后,把预测值作以下修正:

$$L_{t+1} = (D_{t+1} + D_t + L + D_{t-N+2}) / N, \quad F_{t+2} = L_{t+1}$$

这就是说,为了计算新的移动平均值,只加入最新的观测值而放弃旧的观测值。修正

后的移动平均值是为下一个预测服务的。移动平均法给过去 N 期数据同样的权重,同时忽略所有比新的移动平均数据陈旧的数据。当我们增加 N 的数值时,移动平均数就越和最新的观测需求值无关。以例 2-1 来说明移动平均法的运用。

【例 2-1】 根据表 2.1 中的天然气在线公司的需求数据,用 4 期的移动平均来预测第 5 期的需求。

解:我们在第 4 期来预测第 5 期的需求。因此,假定现期 $t=4$,我们的第一个目标是预测第 4 期的需求水平。利用公式(2.9)(假定 $N=4$),得到下面的式子:

$$L_4 = (D_4 + D_3 + D_2 + D_1)/4 = (34\,000 + 23\,000 + 13\,000 + 8\,000)/4 = 19\,500$$

第 5 期的需求预测[利用公式(2.10)]可表示如下:

$$F_5 = L_4 = 19\,500$$

因为第 5 期的需求 D_5 为 10 000,第 5 期的预测误差为:

$$E_5 = F_5 - D_5 = 19\,500 - 10\,000 = 9\,500$$

我们得到第 5 期的需求观测值后,修正第 5 期的需求水平得到:

$$L_5 = (D_5 + D_4 + D_3 + D_2)/4 = (10\,000 + 34\,000 + 23\,000 + 13\,000)/4 = 20\,000$$

二、单一指数平滑法

当需求没有可观测的趋势或季节性变动时,采用单一指数平滑法最合适。在这种情况下,运用下面的公式:

$$系统需求 = 需求水平$$

因为需求没有可观测的趋势或季节性变动,对需求水平的最初预测 L_0 就被认为是所有历史数据的平均值。假定需求数据从 1 期到 n 期,得到下面的公式:

$$L_0 = \frac{1}{n}\sum_{i=1}^{n} D_i \tag{2.11}$$

当前对未来各期需求的预测等于对当前需求水平的预测,表示为

$$F_{t+1} = L_t \text{ 和 } F_{t+n} = L_t \tag{2.12}$$

当我们结束对 $t+1$ 期的需求 D_{t+1} 的观测后,对需求水平预测值作以下修正:

$$L_{t+1} = \alpha D_{t+1} + (1-\alpha)L_t \tag{2.13}$$

式中,α 为需求水平的平滑常数,$0 < \alpha < 1$。修正过的需求水平是 $t+1$ 期的需求水平观测值 D_{t+1} 和 t 期需求水平估计值 L_t 的加权平均数。公式(2.13)表明,既定期间内的需求水平是当期需求和过去需求水平的函数。将公式(2.13)写为

$$L_{t+1} = \sum_{n=0}^{t} \alpha(1-\alpha)^n D_{t+1-n} + (1-\alpha)^{t+1} L_0$$

对当期需求水平的估计值是过去需求观测值的加权平均(当前观测值的权重要大于过去观测值的权重)数。α 值越高,说明预测值和最近的观测值相关;相反,α 值越小,说明预测值与观测值的关系越小。这里 α 值小代表一种稳定的预测,以例 2-2 来说明指数平滑法的运用。

【例 2-2】 根据表 2.1 中的天然气在线公司的需求数据,用指数平滑法来预测第 1 期的需求。

解:在这个例子中,有 12 期的数据。利用公式(2.11),得到需求水平的最初预测值:

$$L_0 = \frac{1}{12}\sum_{i=1}^{12} D_t = 22\,083$$

利用公式(2.12)，我们得到第1期的需求预测，如下式所示：

$$F_t = L_0 = 22\,083$$

第1期的需求观测值是 $D_1=8\,000$，第1期的预测误差如下：

$$E_1 = F_1 - D_1 = 22\,083 - 80\,000 = 14\,083$$

假定平滑常数 $\alpha = 0.1$，利用指数平滑公式(2.13)，我们得到对第1期需求水平的修正，如下所示：

$$L_t = \alpha D_t + (1-\alpha)L_0 = 0.1 \times 8\,000 + 0.9 \times 22\,083 \approx 20\,674$$

我们发现，第1期的需求水平要高于第0期的需求水平，这是因为第1期的实际需求要低于第1期的预测需求。

三、需求趋势修正后的指数平滑(Holt 模型)

当系统需求被假定有需求水平和需求趋势而没有季节性变动时，运用这种方法最为合适。在这种情况下，得到下式：

系统需求=需求水平+需求趋势

在需求 D_t 和时间 t 之间进行线性回归，就得到了对水平和需求趋势的初始预测，如下式所示：

$$D_t = at + b$$

在这个例子中，由于假设需求有趋势但没有季节性变动，在需求和时间之间进行线性回归是合适的。这里隐含的意思是说，需求和时间之间是线性关系。常数 b 可以衡量第0期的预计需求和预计初始需求水平 L_0。斜率 a 衡量每期需求的变化率以及需求趋势 T_0 的初始预测值。

在 t 期，需求水平 L_t 和需求趋势 T_t 给定，对未来需求的预测可表示如下：

$$F_{t+1} = L_t + T_t \text{ 和 } F_{t+n} = L_t + nT_t \tag{2.14}$$

观测完 t 期的需求后，对需求水平和需求趋势做以下修正：

$$L_{t+1} = \alpha D_{t+1} + (1-\alpha)(L_t + T_t) \tag{2.15}$$

$$T_{t+1} = \beta(L_{t+1} - L_t) + (1-\beta)T_t \tag{2.16}$$

式中，α 是需求水平的平滑常数，$0 < \alpha < 1$；β 是需求趋势的平滑常数，$0 < \beta < 1$。我们发现，在每一次的修正中，修正过的预测值(需求水平或需求趋势)是观测值和过去预测值得加权平均数。我们用例 2-3 来说明这个模型的应用。

【例 2-3】 根据表 2.1 中的天然气在线公司的需求数据，利用需求趋势修正后的指数平滑法，来预测第1期的需求。

解： 第一步，利用线性回归得到初始需求水平和需求趋势的预测值。将需求和时间进行线性回归(利用 Excel 工具中的回归工具/数据分析/回归)。

对初始需求水平 L_0 的预测以截取系数的形式得到，需求趋势 T_0 以变量 X 系数(或斜率)的形式得到。以天然气公司为例，得到下面的结果：

$$L_0 = 12\,015 \text{ 和 } T_0 = 1\,549$$

用公式(2.14)，得到第1期的需求预测，表示如下：

$$F_1 = L_0 + T_0 = 12\,015 + 1\,549 = 13\,564$$

第 1 期的需求观测值是 8 000，第 1 期的预测误差如下式所示：
$$E_1 = F_1 - D_1 = 13\,564 - 8\,000 = 5\,564$$

假定平滑常数 $\alpha = 0.1$，$\beta = 0.2$，利用公式(2.15)和公式(2.16)，采用需求趋势修正后的指数平滑法，对第 1 期的需求水平和需求趋势进行修正，得到
$$L_1 = \alpha D_1 + (1-\alpha)(L_0 + T_0) = 0.1 \times 8\,000 + 0.9 \times 13\,564 \approx 13\,008$$
$$T_1 = \beta(L_1 - L_0) + (1-\beta)T_0 = 0.2 \times (13\,008 - 12\,015) + 0.8 \times 1\,549 \approx 1\,438$$

我们发现，初始的预测过多地估计了第 1 期的需求。结果，更新的数据将第 1 期的预测需求水平从 13 564 降为 13 008，预测需求趋势也从 1 549 降为 1 438。利用公式(2.14)，得到第 2 期的预计需求：
$$F_2 = L_1 + T_1 = 13\,008 + 1\,438 = 14\,446$$

四、需求趋势和季节性需求修正后的指数平滑(Winter 模型)

当系统需求被假定包含有需求水平，需求趋势和季节性需求时，使用该方法最为合适。这里给出以下等式：

系统需求=(需求水平+需求趋势)×季节影响因子

采用静态预测法，假定需求的时期数为 p，我们先要进行需求水平(L_0)，需求趋势(T_0)和季节影响因子($S_1 \cdots S_p$)的初始预测。

在 t 期，给定需求水平 L_0、需求趋势 T_1 和季节影响因子 $S_t \cdots S_{t-p+1}$ 的预测，未来各期的预测如下式所示：
$$\begin{aligned} F_{t+1} &= (L_t + T_t)S_{t+1} \\ F_{t+n} &= (L_1 + nT_1)S_{t+n} \end{aligned} \quad (2.17)$$

对于 $t+1$ 期的观测需求，我们对需求水平、需求趋势和季节性需求的预测作如下修正：
$$L_{t+1} = \alpha(D_{t+1}/S_{t+1}) + (1-\alpha)(L_t + T_t) \quad (2.18)$$
$$T_{t+1} = \beta(L_{t+1} - L_t) + (1-\beta)T_t \quad (2.19)$$
$$S_{t+p+1} = \beta(D_{t+1}/L_{t+1}) + (1-\gamma)S_{t+1} \quad (2.20)$$

式中，α 是需求水平的平滑常数，$0 < \alpha < 1$；β 是需求趋势的平滑常数，$0 < \beta < 1$；γ 是季节性需求的平滑常数，$0 < \gamma < 1$。我们发现，在每一次的修正中，修正过的预测值(需求水平、需求趋势或季节性需求)是观测值和过去预测值的加权平均数。用例 2-4 来说明这个模型的应用。

【例 2-4】 根据表 2.1 中的天然气在线公司的需求数据，用需求趋势和季节性需求修正后的指数平滑法来预测需求。

解：和静态分析一样，得到需求水平、需求趋势和季节性需求的初始预测，表示如下：
$$L_0 = 18\,439,\ T_0 = 524,\ S_1 = 0.47,\ S_2 = 0.68,\ S_3 = 1.17,\ S_4 = 1.67$$

用公式(2.17)，得到第 1 期的预测，如下所示：
$$F_1 = (L_0 + T_0)S_1 = (18\,439 + 524) \times 0.47 \approx 8\,913$$

第 1 期的需求观测值是 8 000。第 1 期的预测误差为
$$E_1 = F_1 - D_1 = 8\,913 - 8\,000 = 913$$

假定平滑常数 $\alpha = 0.1$，$\beta = 0.2$，$\gamma = 0.1$，利用需求趋势和季节性需求修正后的指数平滑

法[运用公式(2.18)~公式(2.20)]，我们得到第1期修正的需求水平和需求趋势以及第5期的季节性需求，如下式所示：

$$L_1 = \alpha(D_1/S_1) + (1-\alpha)(L_0+T_0) = 0.1 \times \left(\frac{8\,000}{0.47}\right) + 0.9 \times (18\,439+524) \approx 18\,769$$

$$T_1 = \beta(L_1-L_0) + (1-\beta)T_0 = 0.2 \times (18\,769-18\,439) + 0.8 \times 524 \approx 485$$

$$S_5 = \gamma(D_1/L_1) + (1-\gamma)S_1 = 0.1 \times (8\,000/18\,769) + 0.9 \times 0.49 \approx 0.48$$

利用公式(2.17)，我们得到第2期的需求预测，如下所示：

$$F_2 = (L_1+T_1)S_2 = (18\,769+485) \times 0.68 \approx 13\,093$$

我们将前面讨论的几种方法和适用情况总结，如表2.3所示。

表2.3 几种方法和适用情况的总结

预测方法	适用的情况
移动平均法	需求没有呈现趋势或季节性变动
单一指数平滑法	需求没有呈现趋势或季节性变动
Holt 模型	需求呈现趋势但没有季节性变动
Winter 模型	需求呈现趋势和季节性变动

另外，对预测误差的衡量也很重要，因为误差是对需求中的随机需求部分的估计。它还有助于识别预测方法运用不恰当的情况。

第五节 预测误差的测定方法

正如前面所介绍的，每一个需求都包含有随机需求部分。一种好的预测方法应该反映系统需求部分而不是随机需求部分。随机需求部分会以预测误差的形式表现出来。预测误差包含有重要的信息，应该进行认真的分析。管理者要对预测误差进行彻底分析，主要原因有以下两个。

(1) 管理者可以利用误差分析，来看看目前的预测是否准确地预测了系统需求部分。例如，如果预测误差持续出现正值，管理者据此可以判断出预测方法过高地预测了系统需求，然后采取恰当的修正方法予以修正。

(2) 由于误差要用来解释意外事件，管理者应该估计误差。例如，一家邮购公司在亚洲有一家供应商(提前两个月订货)，在本地也有一家供应商(提前一个星期订货)。本地供应商的价格较高，而亚洲供应商的价格较低。如果需求超过了亚洲供应商的供给，邮购公司则与当地的供应商签订一个合同——由这个供应商提供额外的供应商的供给。关于与当地供应商签多少数量的合同的决策与预测误差密切相关。

只要观测到的误差值在历史数据的误差范围内，公司可以继续使用现在的预测方法。如果公司发现预测误差大大超过了这个范围，就说明预测方法已经不再适用。如果公司的所有预测总是低估或高估了需求，这可能就是另外一个信号，说明公司应该改变现在的预测方法了。

正如前面所定义的，t 期的预测误差用 E_t 表示，有下式成立：

$$E_t = F_t - D_t$$

这就是说，t 期的误差是该期预测需求与实际需求的差值。对管理者来说，在采取预测的行动前估计误差值是十分重要的。例如，如果预测是用来决定订货数量的，而供应商的供货期是 6 个月，那么经理就要比需求产生提前 6 个月估计出误差是多少。在这种情况下，提前 1 个月估计误差是没有意义的。

预测误差的一个衡量方法就是平均方差(Mean Squared Error，MSE)，其计算公式为

$$\text{MSE}_n = \frac{1}{n}\sum_{t=1}^{n} E_t^2 \tag{2.21}$$

MSE 表示误差的离散程度。

将 t 期的绝对离差(Absolute Deviation)A_t 定义为 t 期误差的绝对值，可由下式求出：

$$A_t = |E_t|$$

将平均绝对离差(Mean Absolute Deviation，MAD)定义为各期绝对离差的平均值，可由下式求出：

$$\text{MAD}_n = \frac{1}{n}\sum_{t=1}^{n} A_t \tag{2.22}$$

假定随机需求部分是正态分布的，MAD 可以用来预测随机需求部分的标准差。在这种情况下，随机需求的标准差可表示为

$$\sigma = 1.25\text{MAD} \tag{2.23}$$

接下来我们可以估计出随机需求的平均值为 0，标准差是 6。

平均绝对百分比误差(Mean Absolute Percentage Error)MAPE 是平均绝对误差与需求的比值，计算公式为

$$\text{MAPE}_n = \frac{\sum_{t=1}^{n} \left|\frac{E_t}{D_t}\right|100}{n} \tag{2.24}$$

为了判断预测方法是否持续低估或高估了需求，我们可以利用预测误差之和来衡量偏差(bias)，其计算公式为

$$\text{bias}_n = \sum_{t=1}^{n} E_t \tag{2.25}$$

如果误差真是随机的，不朝这个或那个方向偏离，偏差就为 0。在理想情况下，如果我们将所有的误差绘成点图，从误差点中穿过的直线的斜率应该为 0。

路径信号(TS)是偏差与 MAD 的比值，可表示为

$$\text{TS}_t = \frac{\text{bias}_t}{\text{MAD}_t} \tag{2.26}$$

如果任何一个时期的 TS 在+6 或-6 的范围之外，就说明预测出现了偏差，说明低估(TS 小于-6)或高估(TS 大于+6)了需求。在这种情况下，公司可以考虑采用一种新的方法来预测。当需求呈现一个上升的趋势且管理者采用移动平均法来预测时，TS 就会出现一个比较大的负值。由于他没有考虑需求趋势，历史需求的平均值通常低于未来需求。这时负的 TS 会给管理者发出一个信号，提醒他预测方法低估了需求。

本 章 小 结

所有供应链的设计和规划决策都是以顾客的需求预测为基础的。这些决策包括工厂和设备投资、生产计划、销售人员配置和员工雇用。因此，好的需求预测对供应链的运营业绩有重大影响。

需求由系统需求和随机需求两部分组成，系统需求部分衡量需求的预期值。随机需求部分衡量需求偏离预期值的波动。系统需求部分由需求水平、需求趋势和季节性需求组成。需求水平衡量的是剔除了季节性影响后的需求，需求趋势衡量的是需求目前增长或减少的百分点。季节性需求表示可预测的需求的季节性变动。

预测的时间序列法可分为静态法或适应法两种。在静态预测法中，参数和需求形式的预测并不随新需求数据的变动而变动。静态预测法包括回归法。在适应法预测法中，上述预测要随新需求数据的变动而变动。适应性预测法包括移动平均法、单一指数平滑法、Holt 模型和 Winter 模型。当需求没有表现出需求趋势和季节性变动时，利用移动平均法和单一指数平滑法最为合适；当需求表现出趋势但没有季节性变动时，应用 Holt 模型最为合适；当既有需求趋势又有季节性变动时，应用 Winter 模型最为合适。

预测误差是衡量需求的随机需求部分的。因为误差可以反映预测准确性，并且影响到公司对意外情况的处理，所以误差的预测很重要。平均绝对离差(MAD)和平均绝对百分比误差(MAPE)是用来衡量预测误差大小的。

关键术语

需求预测 Demand Forecast　　　　　　平均方差 Mean Squared Error
季节性需求 Seasonal Demand　　　　　需求趋势 Demand Trend
平均绝对百分比误差 Mean Absolute Percentage Error
绝对离差 Absolute Deviation　　　　　　移动平均法 Moving Average Method
平均绝对离差 Mean Absolute Deviation　指数平滑法 Exponential Smoothing

习　题

一、选择题

1. 不属于定量预测方法的是(　　)。
　　A．简单移动平均法　　　　　　B．加权移动平均法
　　C．特尔菲法　　　　　　　　　D．都不是
2. 需求没有呈现趋势或季节性变动，可用(　　)方法预测。
　　A．移动平均法　　　　　　　　B．单一指数平滑法
　　C．Holt 模型　　　　　　　　　D．Winter 模型

3. 如果用路径信号(TS)衡量预测偏差,下列( )说明出现了偏差。
   A. TS 大于+6
   B. TS 小于-6
   C. TS 在(-6,+6)范围内
   D. TS > 0
4. 系统需求包括( )。
   A. 需求水平
   B. 需求趋势
   C. 季节性需求
   D. 随机需求
5. 下列说法正确的是( )。
   A. 系统需求可以预测,随机需求不可预测
   B. 系统需求不可以预测,随机需求不可以预测
   C. 系统需求不可以预测,随机需求可以预测
   D. 系统需求可以预测,随机需求可以预测
6. 下列说法正确的是( )。
   A. 静态法能够持续更新系统需求
   B. 适应法能够持续更新系统需求
   C. 静态法认为误差属于系统需求的一部分
   D. 适应法认为误差属于系统需求的一部分

二、讨论题

1. 在像戴尔这样的生产商供应链中,预测起什么作用?
2. 在巧克力的需求中,系统需求部分和随机需求部分分别是什么?
3. 为什么当预测者声称预测了历史需求而没有误差时,管理者会感到怀疑?
4. 举几个需求表现出季节性变动的例子。
5. 当管理者用上一年的销售数据而不是需求数据预测来年的需求时,会出现什么问题?
6. 静态预测法与适应性预测法有什么区别?

三、练习题

1. 考虑表 2.4 中 ABC 公司的每月需求,利用静态预测法预测 2023 年每月的需求。评价偏差、路径信号(TS)、平均绝对离差(MAD)、平均绝对百分比误差(MAPE)和平均方差(MSE)。然后,评价预测的质量。

表 2.4 ABC 公司的每月需求

月份 \ 年份 销售	2018	2019	2020	2021	2022
1	2 000	3 000	2 000	5 000	5 000
2	3 000	4 000	5 000	4 000	2 000
3	3 000	3 000	5 000	4 000	3 000
4	3 000	5 000	3 000	2 000	2 000

续表

月份\年份\销售	2018	2019	2020	2021	2022
5	4 000	5 000	4 000	5 000	7 000
6	6 000	8 000	6 000	7 000	6 000
7	7 000	3 000	7 000	10 000	8 000
8	6 000	8 000	10 000	14 000	10 000
9	1 000	12 000	15 000	16 000	20 000
10	12 000	12 000	15 000	16 000	20 000
11	14 000	16 000	18 000	20 000	22 000
12	8 000	10 000	8 000	12 000	8 000
总计	78 000	89 000	98 000	115 000	113 000

2．热比萨(Hot Pizza)公司的比萨饼的周需求量如表 2.5 所示。

表 2.5　比萨饼需求量

星期	需求	星期	需求	星期	需求
1	108	5	96	9	112
2	116	6	119	10	102
3	118	7	96	11	92
4	124	8	102	12	91

利用 4 周移动平均法和单一指数平滑法($\alpha=0.1$)预测下 4 周的需求。在每种情况下评价 MAD、MAPE、MSE、偏差和 TS。哪两种方法你最喜欢？为什么？

3．一个批发商每季度的鲜花销售额如表 2.6 所示。

表 2.6　鲜花销售额

年份	季度	销售额/千美元	年份	季度	销售额/千美元
2019	Ⅰ	98	2021	Ⅰ	138
	Ⅱ	106		Ⅱ	130
	Ⅲ	109		Ⅲ	147
	Ⅳ	133		Ⅳ	141
2020	Ⅰ	130	2022	Ⅰ	144
	Ⅱ	116		Ⅱ	142
	Ⅲ	133		Ⅲ	165
	Ⅳ	116		Ⅳ	173

利用单一指数平滑法($\alpha=0.1$)和 Holt 模型($\alpha=0.1$，$\beta=0.1$)，预测 2023 年每季度的销售额。哪两种方法你最喜欢？为什么？

4．考虑表 2.4 中 ABC 公司每月的需求，利用移动平均法、单一指数平滑法、Holt 模型和 Winter 模型，预测 2023 年每月的需求。在每一种情况下评价偏差、TS、MAD、MAPE 和 MSE。哪种方法你最喜欢？为什么？

案例分析

特殊包装材料制造公司

当朱利耶·威廉姆斯离开特殊包装材料制造公司(SPC)的会议室时，她想了很多东西。她的部门经理告诉她，她的生产厂要负责加工过程中的原材料的管理，所有与这些材料存储有关的成本要计入工厂下一年度的成本。作为设施生产计划经理，她的责任是使生产总成本最小化——这包括在加工的原材料的储存。到这时为止，公司的管理费用已经包括运输和所有原材料的储存费用。作为计划的制订者，朱利耶的目标是使工厂的生产效率最大化，同时不需考虑库存的需要。新结构要求她为在加工原材料的管理和储存制订一个低成本的规划，最直接的目标就是预测后 3 年中每季度对最终产品的需求。这些信息将会帮助她制订原材料管理计划。

1. 特殊包装材料制造公司

SPC 将聚苯乙烯树脂转化为食品工业使用的可回收的容器。聚苯乙烯是以树脂小球这种商品的形式购入的。树脂从大型铁路集装箱或公路拖车卸下来后，就装入储藏的密室。制作食品容器有两个步骤。第一，树脂被传送到印模压制机，用压制机将聚苯乙烯薄片做成一卷。塑料以两种形式出现：透明的和黑色的。一卷塑料或者直接用来制作容器，或者储藏起来。第二，卷形塑料被装入热熔定型器中，它将薄片做成容器，然后修整容器。这两个步骤如图 2.3 所示。

在过去的 5 年中，塑料包装行业增长很快。对透明塑料做成的容器的需求来自于食品店、烧烤店和餐馆。对黑色塑料的需求来自于那些用它们做包装和托盘的餐馆和食品店。对透明塑料的需求在夏天达到高峰，而对黑色塑料的需求在秋季达到高峰。印模压制机的生产能力不足以满足塑料薄片在旺季的需求。结果，生产线只能被迫按照预期的需求将各种薄片储存起来。表 2.8 显示了历史上每季度对两种类型容器(透明的和黑色的)需求。

2. 预测

对生产过程中原材料储存的需求依赖于生产计划和需求量。而生产计划本身要依赖于对 2019—2021 年需求的预测。作为决策的第一步，朱利耶要预测 2019—2021 年两种不同容器的季节性需求。根据历史数据，需求一直要增长到 2021 年，之后保持平稳。她必须选择一个最恰当的预测方法，并预测可能出现的误差，她会选择哪种方法呢？

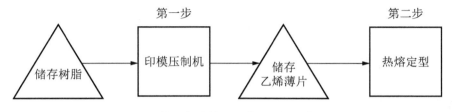

图 2.3　特殊包装材料制造公司的生产流程

表2.8 透明和黑色容器的每季度历史需求

年 份	季 度	黑色塑料的需求	透明塑料的需求
2014	I	2 250	3 200
	II	1 737	7 658
	III	2 412	4 420
	IV	7 269	2 384
2015	I	3 524	3 654
	II	2 143	8 680
	III	3 459	5 995
	IV	7 056	1 953
2016	I	4 120	4 742
	II	2 766	13 673
	III	2 556	6 640
	IV	8 253	2 737
2017	I	5 491	3 486
	II	4 382	13 186
	III	4 315	5 448
	IV	12 035	3 485
2018	I	5 648	7 728
	II	3 696	16 591
	III	4 843	82 361
	IV	13 097	3 316

(参考资料:[美]森尼尔·乔普瑞,彼得·梅因德尔.供应链管理:战略、规划与运营[M].李丽萍,等译.北京:社会科学文献出版社,2006.)

第三章 供应链网络设计

【学习目标】

➢ 了解供应链不同角色的企业对网络的需求；
➢ 理解供应链网络设计的影响因素；
➢ 掌握供应链网络设计的步骤；
➢ 掌握供应链网络设施布局和能力配置的建模方法。

供应链管理

【知识架构】

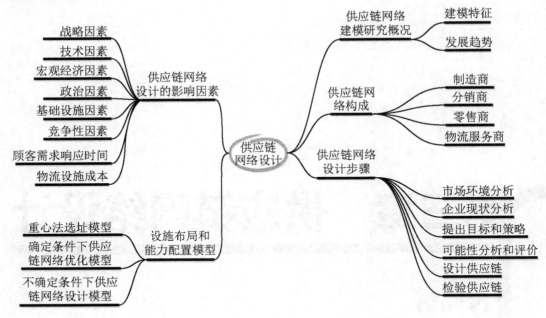

导入案例

百事可乐瓶装集团(PGB)网络优化

百事可乐瓶装集团(PGB)在 2005 年时的年销售额在 140 亿美元,主要业务是生产、销售和配送百事可乐的饮料产品。PGB 在北美洲拥有 57 个生产厂,有 1 200 多个 SKU 产品需要配送到 360 个配送中心。随着消费者习惯的变化(例如从碳酸饮料向非碳酸饮料转变)、环保意识的提高(例如铝包装产品比例减少)导致超过一半的新产品生产线在高峰时超过产能负荷。当时 PGB 需要从全局重新规划其产能布局,通过改变原来的静态生产网络布局策略来适应市场变化趋势。

整个项目分为了以下 3 个阶段。

第一阶段:完成了 PGB 中央区业务部的优化,中央区包含了 3 个生产厂、22 个配送中心、400 个 SKU。

第二阶段:完成了美国东区的网络优化,包括 21 个生产厂、145 个配送中心和 780 个 SKU。

第三阶段:开始为 PGB 的 2007 财年计划进行整体网络优化,包含了 50 个生产厂、280 个配送中心、1 000 个 SKU 的全年规划,引入了财务、运输、生产、IT 和供应链战略等各部门协同参与。

为了能更好地反映市场旺淡季的需求的变动,PGB 把全年 52 周分为 3 个大时段进行产能规划(即前 16 周、中 20 周、后 16 周)。为了降低模型计算的复杂度和减少累积误差,所有的需求以包(Package)/品类(Category)为单位做聚合。

由于是全局网络规划,就不能仅仅考虑某个环节的最优化,需要从全链层面进行取舍权衡,例如需要权衡预生产与库存、运输与仓储、自生产与外包等之间的关系。

基于网络规划和优化项目的结果,PGB 还对它的生产采购策略、组织架构和流程进行的调整。这一系列的工作所产生的投资回报是非常惊人的。原材料和供应库存,从原来的 2.01 亿美元减少为 1.95 亿美元;分销的运输里程降低 2 个百分点,相当于当年销售额的 7%;资产回报率从 7.6%提升到 7.8%;降低了成品仓库的缺货率,相当于额外提供了 1 230 万箱饮料的供应量。

(资料来源:http://www.56products.com)

第一节 供应链网络需求分析

一、制造商对供应链网络的需求

制造商面临的供应链物流问题有时是与原料、配件供应紧密联系的，但更多、更重要的往往是与最终消费者息息相关的。

在供应链网络中，制造商关心的主要问题是销售网络部分：应该在什么时候生产什么产品；选择什么样的方式、什么样的渠道把生产好的商品按照客户的要求在适当的时间交付到客户手上。

制造企业供应链的节点包括供应商的仓库、制造商的工厂以及销售商的商店、仓库、零售商店等，在外包物流条件下，还包括第三方物流服务商的仓库、中转仓储、配送作业点等。企业在确定销售网络时，往往是根据产品销售市场的定位、各地的销售量确定业务点。制造商若将产品定位于高档产品优先选择大城市时，则销售网点以中心城市为网络节点；若定位于中低档产品，则销售网络以中小城市为销售网络节点。一些大型企业自办物流，中小企业则利用第三方物流服务商的公共物流设施为节点。由于供应链由消费者驱动，所以首先是销售网络节点的选择、布局与运作。为了形成较大且稳定的销售网络，有的制造厂家还在相关中心城市设置分公司管辖业务点。

二、分销商对供应链网络的需求

供应链网络中分销商大致可以分成两类：一类是纯粹为某一个生产厂商做分销的企业，具有强烈的排他性，如欧莱雅化妆品就是和当地的分销商合作的，这类分销商只起中间分销产品的作用；另一类是为多个厂商做产品分销，销售网络具有兼容性，同时满足不同产品的需要。

对供应链分销渠道来讲，分销商主要关心以下问题。

(1) 把商品分销业务做得越多越好、越大越好，其前提就是分销商必须了解下游零售商的要求，零售商到底要什么货，什么人、什么地区会要这个货，然后才可以组织做分销。

(2) 分销商的商品存货量越少越好、销售周转越快越好。

三、零售商对供应链网络的需求

零售是供应链网络中经营主体和客户交互的最末端环节，零售商所关心的是产品的销售和使用。其中主要包括以下问题。

(1) 应该进什么样的商品，应该卖什么样的商品，选择的商品的组合不仅能带来营业额，而且要带来效益。

(2) 怎样使客户所需要的商品能够在商店里适时适量地得到，货进多了成本就高，可能卖不出去，货进早了、进晚了都不行，都无法满足客户的需求。

(3) 零售商向什么样的厂商、什么样的分销商去采购更合适。

(4) 实行连锁经营的企业通过大批量采购和销售来降低成本，需要了解每个分散的连锁店每天动态的销售情况和缺货情况，从而在其物流中心选择给不同的商场补货、配货，并保证成本最低。因为零售商出售多个厂家的商品，采购环节相对来说对其更重要，哪家的商品好卖，哪家的商品提供得及时，这是零售商最关心的。

连锁经营是把若干商店联合起来进行统一经营，实行统一进货、统一运输、统一储存、统一形象的商业经营模式。销售商主要根据销售量分布状况再结合其他因素，诸如配送等确定节点。配送中心是从事配送业务的物流场所或组织，是这类经营网络中典型的节点。它一般符合以下要求：主要为特定的用户服务，配送功能健全，具有完善的信息网络，作业辐射范围小；主要进行多品种、小批量物流配送作业，以配送为主、储存为辅。

连锁经营通过配送中心与供应商、制造商和连锁店的关系支撑起完整的供应链网络。上海华联、联华、农工商连锁集团等都建立了自己的配送中心，并利用外部力量形成连锁经营供应的配送体系，支持连锁经营的供应链运作。

四、物流服务商对供应链网络的需求

第三方物流服务商是供应链物流专业化、网络化、高级化的服务提供者。由于第三方物流服务商本身没有货物、商品经营，必须依托于客户的供应链提供其所需要的系统的、个性化的物流服务，注重与客户建立长期合作关系才能获得生存与发展，因而关心以下问题。

(1) 客户后勤保障的主要问题是什么？如何利用第三方物流服务的长处满足客户需要等。

(2) 解决物流成本攀升的关键问题是什么？高库存产生的费用、规模不经济原因、物流管理过程质量差造成的损失等。

(3) 所服务客户的客户满意度下降的原因是什么？不能准时交付商品、库存缺货等原因以及如何去解决。

(4) 客户销售停滞时，应用什么方式协助解决分销渠道不畅、供应链缺乏竞争力、对新的区域市场缺乏渗透力等问题。

第三方物流网络节点一般有三层结构：全国物流中心、区域物流中心(或配送中心)和客户销售(仓储)点。其典型的网络节点是物流中心。物流中心是从事物流活动的场所或组织，一般应符合如下要求：主要面向社会服务，物流功能健全，完善的信息网络，辐射范围大，进行少品种、大批量物流作业，存储、吞吐能力强，物流业务统一经营、管理等。

第二节　供应链网络设计的影响因素

宏观经济因素、政治因素、战略因素、技术因素、基础设施、竞争性因素及物流和运营因素，都会影响供应链的网络设计决策。接下来我们将详细讨论这些因素。

一、战略性因素

一个企业的竞争战略对供应链的网络设计决策有重要影响。强调生产成本的企业，趋向于在成本最低的地区布局生产设施，尽管这样做会使生产工厂远离其市场。例如，20世纪80年代前期，许多服装生产厂为了降低成本而将工厂迁到了美国以外的其他国家，因为那儿的劳动力成本比较低廉。

强调反应能力的企业，趋向于在市场附近布局生产设施。如果这种布局能使他们对市场需求变化迅速做出反应，他们甚至不惜以高成本为代价。意大利的服装生产厂家已经开发了弹性生产设施，使他们能够迅速提供种类繁多的服装。注重反应能力的公司不惜以较高的成本，来购进意大利生产厂家的服装。

便利连锁店力求接近消费者，这是其竞争战略的一部分。因此，便利店网络在某区域范围内往往开有很多家商店，尽管每家商店都不大。相反，像森斯俱乐部之类的折扣店，实施的是提供廉价价商品的竞争战略。因此，会员店往往比较大，顾客要找到一家会员店往往要走一段距离。一家健身俱乐部会员店的服务区内常有许多家便利店。

全球化的供应链网络，通过在不同国家布局不同职能设施，能更好地支持其战略目标的实现。比如，耐克公司在亚洲很多国家都建有工厂，在中国和印度尼西亚的厂家注重节约成本，着眼于大批量生产廉价产品。而在韩国的厂家则注重反应能力，着眼于价格较高的新产品生产。这些差异化使得耐克能够满足变化的市场需求，并获得高额利润。

设计全球网络的过程中，明确每一设施的使命和战略作用非常重要。弗尔道斯(Ferdows)将全球供应链网络设施分为以下几类。

(1) 沿海设施——以出口为目的地的低成本生产工厂。对于布局有同样工程的国外市场而言，沿海工厂起到了低成本供应源的作用。沿海工厂的区位选择，必须考虑劳动力和其他耗费的价格，以保证低成本。如果工厂的产品全部用于出口，亚洲发展中国家将不征收其进口关税。因此，这些国家成为沿海工厂的最佳选择。

(2) 原料地设施——着眼于全球的低成本工厂。原料地设施的首要目标仍然是低成本，但其战略作用比沿海工厂扩大了。原料地工厂通常是整个全球网络的主要生产基地。原料地工厂倾向于布局在生产成本比较低、基础设施较好且熟练劳动力充足的地方。良好的沿海工厂要经历一段时间才能演化为原料地工厂。一个很好的例子便是耐克在韩国的生产厂。两个地方的生产起初都是由于劳动力成本地而设置的沿海工厂。然而，一段时间以后，随着新产品的开发和生产，产品销往世界各地，从而这些生产工厂发展成为原料地工厂。

(3) 隔离性设施——地区性生产厂。隔离性生产厂的目标是为当地市场服务。其出现的原因是税收减免、满足地方性需求、关税壁垒或者高昂的外地采购成本。20世纪70年代后期，日本铃木公司与印度政府合作建立了马鲁帝公司。起初，该公司是作为一个隔离性生产基地建立的，只为印度市场生产汽车。该基地的产品使用铃木商标，规避了在印度进口汽车的高额关税。

（4）贡献者设施——拥有技术开发能力的地区性生产基地。贡献者设施服务于当地市场。但同时也承担着产品地方化、进行改进性加工、产品修正和产品开发的责任。大多数隔离性设施经过一段时间的发展后，会成为贡献料生产设施。马鲁帝在印度的生产工厂现在为印度和海外市场开发了许多新产品，已经从一个隔离性设施发展成为一个贡献者设施。

（5）前哨型设施——为获取地方技术而建立的区域性生产基地。前哨型设施主要是为了获取可能存在于区域内的知识和技术而布局的生产基地。考虑到它的选地，它也起着一个隔离基地的作用。其主要目标仍是作为整个网络的知识和技术的发源地。

许多全球化公司不顾较高的成本，在日本设立生产基地，其中绝大多数基地都起着前哨型生产基地的作用。

（6）领先型设施——在技术开发和加工中起先导作用的生产基地。领先型设施为整个网络创造出新产品、新工艺和新技术。领先型设施通常布局在便于获取熟练劳动力和技术资源的地区。

二、技术因素

产品技术特征对网络设计有显著影响。如果生产技术能带来显著的规模经济效益，布局少数大容量的设施是最有效的。电脑的芯片生产就是这样，它需要很大一笔投资。因此，大多数公司都建立数量极少但规模很大的芯片生产厂。

相反，如果设施建设的固定成本较低，就应该建立为数众多的地方性生产设施，因为这样做有助于降低运输成本。比如说，可口可乐瓶的生产厂固定成本较低，为了减少运费，可口可乐在世界各地都建有可口可乐瓶的生产厂，每一生产厂能满足周围地区的市场需求。

生产技术的灵活性影响到网络进行联合生产的集中程度。如果生产技术很稳定，而且不同国家对产品的要求不同，产品就必然在每一个国家建立地方性基地为该国的市场服务。相反，如果生产技术富有灵活性，在较少的几个大基地进行集中生产，就显得简单易行。

三、宏观经济因素

宏观经济因素包括税收、关税、汇率和其他一些经济因素。这些因素是独立于单个企业的外部因素。随着贸易的增长和市场的全球化，宏观经济因素对供应链网络的成败产生了很大影响。因此，这迫使企业在进行网络设计决策时必须考虑这些因素。

1. 关税和税收减让

关税是指当产品或设备经过国界、州界和城市边界时必须支付的税收。关税对供应链网络布局决策有很大影响。如果一个国家的关税高，企业要么放弃这个国家的市场，要么就在该国建设生产厂以规避关税。高关税导致供应链网络在更多的地方进行生产，配置在每个地方的工厂生产能力都较小。随着世界贸易组织的成立和地区性协议(如北美洲的 NAFTA 和南美洲的 MERCOSUE 等)，关税已经下降，企业现在可以通过建立在一国以外的厂家向该国提供产品而无须支付高额的关税。因此，企业开始集中布局其生产和配送基地。对全球企业来说，关税降低导致了生产基地的减少和生产基地能力的扩大。

2. 汇率和需求风险

汇率波动对服务世界市场的供应链的利润有显著影响。一家公司在美国销售其在日本生产的产品，就面临着日元升值的风险。在这种情形下，生产的成本用日元衡量，而收益却用美元衡量。因此日元升值将造成生产成本的增加，从而减少企业的利润。20 世纪 80 年代，日元升值时许多日本厂商都面临着这一个问题，那时它们的生产力大部分布局在日本并服务于广阔的海外市场。日元升值减少了它们的收益，利润也随之下降。为此，大多数日本厂商需要在世界各地建立生产基地，来对日元升值做出回应。

人们可以运用金融工具化解汇率风险，因为金融工具可以限制或规避汇率波动带来的损失。然而，设计良好的供应链网络，提供了利用汇率波动增加利润的机会。一个有效的方法是，在网络中配置一定冗余生产能力，以使生产能力具有灵活性。从而能满足不同市场的需求。这种灵活性使企业可以在供应链中改变产品的流向，并在当前汇率下成本较低的基地生产更多的商品。

公司还必须考虑到由于经济波动而导致的需求波动。举例来说，亚洲经济在 1996—1998 年增速放缓，在亚洲拥有生产基地的企业，如果供应链网络中毫无灵活性，那么这些企业在亚洲地区的大量生产基地就会闲置。而生产基地中具有较大灵活性的企业，却能利用这部分生产能力来满足其他地区的高需求。1997 年之前丰田在亚洲的装配线只能为当地市场提供产品，而亚洲危机促使丰田让自己的生产基地能用来满足别的国家的市场需求。

在进行供应链设计时，企业必须使之具有灵活性，以应付汇率波动和不同国家的经济波动。

四、政治因素

政治稳定因素的考虑在布局中起着重要作用。企业倾向于将企业布局在政局稳定的国家，这些国家的经济贸易规则较为完善、法制较为健全。这容易使得公司在这些国家投资建厂。政治稳定很难量化，所以企业在设计供应链时只能进行主观的评价。

五、基础设施因素

良好的基础设施是在特定区域进行布局的先决条件。糟糕的基础设施使得在这一区域进行商务活动的成本增加。全球化的大企业在中国上海、天津和广州附近安家，尽管这些地区的劳动力成本不菲、地价较高，但这里基础设施较为完善。关键的基础设施因素包括场地的供给、劳动力的供给、靠近运输枢纽、铁路服务、靠近机场和码头、高速公路入口、交通密集和地方性公共事业等。

六、竞争性因素

设计供应链时,公司必须考虑到竞争对手的战略、规模和布局。一项基本的决策是:企业是邻近还是远离竞争对手布局。决定这一决策的因素包括企业如何进行竞争以及诸如原材料和劳动力等外部因素是否迫使其相互靠近等。

1. 企业之间的积极外部性

积极的外部性是指许多企业邻近布局使他们均受益。积极外部性促使企业相互靠近布局。比如说,汽油店和零售店倾向于靠近布局,因为这样增加了总需求,使双方都受益。通过在一条商业街上集中布局相互竞争的零售店,方便了顾客,使他们只需要驾驶车到一个地方,就可以买到他们所需要的所有东西。这增加了这条商业街顾客到访的人数,增加了所有布局在那里的商店的总需求。

另一个积极外部性的例子是,在一个待发展地区,一个竞争者的出现将会使合适的基础设施得到发展。比如说在印度,铃木公司是第一家在此设立生产基地的汽车厂家。这家公司费了很大力气才建立了地方性供应网络。考虑到铃木公司在印度建设的良好供应基础,其竞争对手在那里也建立了装配厂,因为他们发现在印度生产汽车比从国外进口更合算。

2. 为抢占市场而布局

在积极外部性不存在时,企业也可以集中布局,以攫取最大可能的市场份额。

当企业不能控制价格,而只是在与客户距离的远近上互相竞争时,他们就能通过互相接近的布局获取最大的市场份额。假设客户均匀地分布在 (0, 1) 这个区间上,两个企业通过与客户距离的远近进行竞争。客户总是光顾最近的一家企业,而且与两家企业距离相等的客户则在二者之间平均分配。如果总需求为 1,企业 1 布局在点 a,企业 2 布局在点 $1-b$,那么两个企业的需求 d_1 和 d_2 分别为

$$d_1 = \frac{1-b+a}{2}; d_2 = \frac{1+b-a}{2}$$

显然,如果两家企业能更近地布局,最终使得 $a=b=1/2$ 时,两家企业就能将自身的市场份额最大化。

如果企业在价格上进行竞争,而且承担向客户送货的成本,那么最优的布局可能是二者尽可能离得远些。相互远离的布局模式减少了价格竞争,有利于企业瓜分市场,实现利润最大化。

七、顾客需求响应时间和地方设施

设计供应链网络时,企业必须考虑到客户要求的响应时间。企业的目标客户若能容忍较长的反应时间。那么企业就能集中力量扩大每一设施的生产能力。相反,如果企业的客户群认为较短的反应时间很重要,那么它就必须布局在离客户较近的地方。这类企业就应当设立许多生产基地,每个基地的生产能力很小,由此来缩短响应客户的时间。

举例来说,如果便利店距离客户较远,顾客可能就不会光顾。因此,便利店最

好能在区域内分散布局,以便让更多的人靠近。相反,购买较多东西的顾客可能会上超市,尽管需要走很长一段路才能找到一家。因此,超级市场一般比便利店规模要大,而分布上也不那么密集。大多数情况下,便利店的数目都比超级市场多。

八、物流设施成本

当供应链中的设施数量、设施布局和生产能力配置改变时,就会发生物流和设施成本。进行供应链网络设计时,企业必须考虑库存、运输和其他成本。

1. 库存成本

当供应链设施数量增加时,库存及由此引起的库存成本就会增加。为减少库存成本,企业经常会尽量合并设施,以减少设施数量。

2. 运输成本

进货运输成本是指向设施远近原材料时发生的成本。送货运输成本是指从设施送出货物时发生的成本。单位送货成本一般比单位进货成本高,因为进货量一般较大。举例来说,在进货方面,亚马逊公司的仓库收到整车装运的书,但送货时却只向顾客寄出一个小包裹,一般只有几本书。增加仓库数量就能更接近顾客,从而减少送货距离。因此,增加设施数量就能减少运输费用。但是,如果设施数量增加到一定数目,使得批量进货规模很小时,设施数量的增加也会使运输费用增多。随着自身的发展,亚马逊网上书店已经在其供应链网络中增加了仓库的数量,以便节省运费,缩短反应时间。

如果随着加工过程的深化,原材料的重量和体积显著减小,那么能在靠近原材料供应地处布局生产点将比靠近消费者布局好。比如说,利用铁矿石炼钢,产品重量只是投入铁矿石的很小的一部分。因此,在原料供应地附近布局炼钢厂就更好了,这样减少了大量铁矿石需要运输的距离。

3. 设施建设和运营成本

任何企业在设施内消耗的成本分为两类:固定成本和可变成本。建设成本和租赁成本被当作固定成本,因为短期内它们并不随着通过设施的货流量的改变而改变。与生产或仓库运营相关的成本随加工数量的变化而变化,因此被看作可变成本。设施成本随着设施放量的减少而减少。

第三节 供应链网络设计的步骤

一、分析市场竞争环境

分析市场竞争环境就是要分析目前市场(要具有全球市场的战略眼光)急需什么产品、需求有多大,决定是开发功能性产品还是开发革新性产品。如果开发功能性产品,则要进行竞争对手分析,包括了解谁是对手,对手的实力如何,对手能做什么、正在做什么和将要做什么,以及本产品未来可能的市场占有率等;如果开发革新性产品，则要注重分析客户需求偏好。这个环节是供应链网络设计的第一步，它需要花费相当大的人力、财力和时间。在市场分析中，要善于利用先进的数据处理软件，如<u>经营环境扫描</u>、技术跟踪软件包等，在复杂的市场环境中发现具有前瞻性的规律。分析的输出是按需求量排列的产品类型和每一产品按重要性排列的市场特征，同时对市场不确定性和需求变化趋势应做出分析和评价。

二、分析企业现状(现有供应链分析)

分析企业现状主要是分析企业当前的管理状况。如果企业本身已在供应链中，则重点分析所处的供应链状况，包括供应链的管理、效率和所带来的利润，以及供应链的发展前景，如现有的供应链能否实现最优化的客户响应(如灵活性)、最小化的成本、最佳化的效率和最优化的资产使用结构。此外，还要分析企业在供应链中的地位、企业自身的适应能力和发展能力。如果对一个企业来说，它加入某个供应链比不加入该供应链更糟糕，或者某个供应链可以用另外一个更好的供应链来替代，那么可以认为，该供应链的现状是令人不满的。

三、提出供应链网络设计目标和策略

供应链一旦构建完成，应在一定时期内具有稳定性。为此，应当预先提出明确的设计目标。供应链的设计目标主要包括：①进入新市场；②开发新产品；③客户关系管理；④市场营销分析；⑤降低成本等。

但这并不意味着供应链网络设计完成后我们就可万事大吉。在竞争激烈的市场环境下，为了向客户提供差异性产品以获取利润，供应链的变动和发展在所难免。目标设计好后，要根据特定的目标要求制定相应的策略。

四、分析和评价可能性

在制定了新供应链网络设计目标和策略后，要结合企业的实力，对新的方案进行可行性分析。这是一个决策的过程，如果认为可行，则继续往下执行；如果认为不可行，则要反馈到上一个环节重新设计供应链的目标和策略。

五、设计和产生新的供应链

在设计供应链网络过程中，主要解决以下问题。

(1) 供应链的成员结构，包括供应商、制造商、分销商和用户的选择和定位，供应链模型结构的确定等。

(2) 用户需求和产品销售能力分析。

(3) 原材料的采购，包括供应商、数量、价格、运输的确定等。

(4) 生产设计，主要是生产工艺流程、生产能力、生产计划、作业计划、库存管理等的确定。

(5) 信息系统设计。供应链是通过信息系统而集成的一个整体，信息系统是产品从原料到生产到用户的全流程畅通无阻的保障。

六、检验新的供应链

供应链网络设计出来后,应通过一定的方法和技术路线进行测试、检验、试运行,如果发现结果与设计方案不一致,则重新进行设计。如果没有问题,则可以用于实践。

以上各步骤(包括新旧供应链的比较和决策)的实施,都会用到相应的信息工具和技术,信息技术的发展为供应链的设计打下了良好的基础。另外,在供应链网络设计过程中的每一步,都要不断地与现有的供应链进行比较,通过这种反馈,保证供应链网络设计的先进性、前瞻性和经济性。供应链网络规划设计流程如图3.1所示。

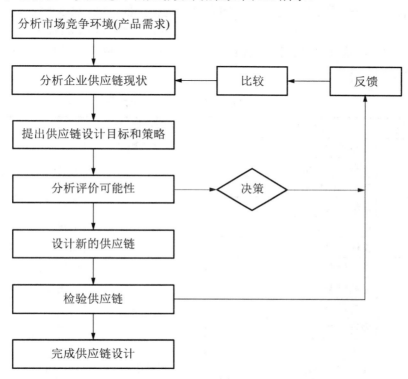

图 3.1　供应链网络规划设计流程

第四节　供应链网络建模研究概况

一、现有供应链网络模型的特征

战略网络设计的主要目标与很多方面有关,如不同的国家、计划期、产品、客户、卖方和供应商、生产和配送设施以及运输设备。

战略供应链网络决策反映了特定计划期内特定设施或某种关系的状况,以及特定计划期内产品在供应链中流动和存储的情况。

例如,如果二元变量 y_{jlt} 等于 1,这表明第 t 期在 j 处建起 l 类型的一座设施。与之类似,连续变量 x_{ijmpt} 可能表示第 t 期产品 p 使用运输方式 m 从设施 i 流动到设施 j。各变量之间的关系通常都相当简单，且呈线性。

供应商的供货能力就是将运往不同目的地、通过所有外运渠道的产品数量汇总，以保证其低于供应商该段时间该产品的生产量。虽然每个决策变量和每个限制条件都不复杂，但变量和限制条件的数量却造成模型公式、数据收集和模型求解中的巨大困难。

综合性的战略供应链模型可能包括数千个二元变量、数百万个连续变量，并受到数千个限制条件的约束。对于容量很大的、多期(Multi-period)、多层次(Multi-echelon)、多产品(Multi-commodity)的网络流程问题，所需的符号与注释将使得供应链模型结构变得相当复杂。

表3.1总结了单一国家供应链模型或国内供应链模型的特征，表3.2则概括了国际供应链模型的特征。从根本上讲，国际供应链模型的特征、变量和约束条件与单一国家供应链的模型是一样的，但除此之外，国际供应链模型还将汇率、税率、税收、关税和当地法律问题包括在模型中。

表 3.1　MIP 战略产销模型的主要特征

模型特征	具体描述	模型特征	具体描述
随机特征	物料需求	多产品模型	
	物料供给提前期	目标函数	成本最小化
	产品和配件需求		利润最大化
	运输时间		多目标函数
	汇率	考虑非线性成本	非线性DC成本
	供应商可靠性		凹的生产成本
动态模型	单期模型		非线性运输成本
	多期模型		非线性采购成本
	动态需求	层级数	
设施状况	固定数量、状况和选址	固定成本	固定生产成本
	固定选址		固定设施成本
	连续的设施选址		供应商固定成本
			运输渠道固定成本
产能	工厂的生产能力	部分限制条件	生产线成本
	供应商的生产能力		物料单
	运输渠道的能力		开设设施数量限制
	配送中心(DC)的生产能力		其他限制
	生产线的生产能力	客户服务特征	/
	其他产能	客户需求满意度	
单一货源	由DC供货的客户数	满足客户需求的最长时间/最远距离	/
	每种产品的客户数		
	供应商的工厂数	现有库存满足率	/

续表

模型特征	具体描述	模型特征	具体描述
库存特征	在途库存	求解方法	Benders 分解法
	设施内经常性库存		有目标限制的分解法
	安全库存		变形 Benders 分解法
国际特征	税收和关税		因素法
	补偿要求		启发式算法
	本地化要求		商业化 MIP 解法
			二元线性规划法

表 3.2　全球供应链模型的主要国际问题

国际问题	特征描述	国际问题	特征描述
随机特征	汇率波动	通用因素	生产技术选择
	供应商可靠性		各国产品差异
	运输方式可靠性		物料单
	提前期		规模经济影响
	随机设施固定成本		额外生产能力确定
	随机需求		财务决策
	市场价格不确定性		基础设施模型
	政治环境		现金流量模型
	随机的客户服务水平		信息流模型
税收	税收和关税		全球供应链协调
	利润模型		竞争者行为模型
	退税和关税减免		联盟模型
	调拨价格模型		
贸易壁垒	配额		
	本地化要求		
	补偿要求		
	补贴		

二、供应链网络设计的复杂性

　　Ballou 和 Masters 曾先后两次针对供应链设计决策支持系统进行了调查。他们认为，特殊而有效的计算方法已经发展到可以解决供应链系统空间或地理位置方面的问题，而那些专业化的或通用的模拟模型却只能用于解决时间方面的问题，如策略性库存和生产计划。几乎没有模型能将供应链的空间维度和时间维度结合起来考虑或融为一体。基于对当前模型和软件包的调查，他们发现模型变得综合性了，并且开始将一些策略性因素包括在里面。但全球性特征(如税收、关税和汇率)仅包括在少量模型中。

　　目前，三种因素导致全球供应链设计模型非常复杂，且很难求出最优解。首先，全球模型中的税收、关税以及本地化要求和法规、条例都导致非齐次定义域的出现，导致供应链非常复杂。例如，实际利润可能由于税率的不同而有所差异，或者同一种产品因其原产地不同而不同。全球供应链模型将需要更多的变量来跟踪产品，而这些产品仅仅是整个生产历史不同。在短期内，企业只能通过改变供应链中的实物流或改变内部调拨价格来应对这些规定。使用调拨价格会导致非线性(双线性)模型，这时的求解过程比相应的线性混合整数模型的求解过程更加困难。

第二个因素是供应链中产品周转速度的提高和生命周期的缩短。由于全球供应链涉及的距离和时间更长，所以上述情况导致模型的限制条件更加严格。某一种产品从介入期，到需求超过生产能力，再到退出市场可能仅过了 6 个月的时间。这意味着供应链模型必须缩短计划期的长度，并且加入更多的策略型，甚至是运作型特征。其中最重要的是将在选库存、经常性库存和安全库存结合在一起。典型的战略供应链模型将其自身限定为所谓的线性安全库存策略，即安全库存为平均需求的一定比例，比例数取决于客户服务水平的限制、需求的变化和补货提前期。

第三个因素是全球供应链要求在同样时间内：一方面对当前的一系列经济条件模型应该非常有效率；另一方面还要有足够的灵活性和活力，使其能够应对突发的意外事件和变化，且能够适应不断变化的产品、客户和供应商。为了确定最好的供应链，模型应作不同的情景假设，每个假设都包括各种各样的变量和限制条件，有一定的发生概率。这也会成倍(等于假设数的倍数)增加变量和限制条件的数量。一个中型的战略决策表达式可能包含 50 000 个连续的流动变量，而含有 30 种假设情景的相应随机表达式将包括 1 500 000 个连续的流动变量。显然，如此巨大的线性和混合整数公式需要使用分解法。然而，执行和完成分解法比单纯运行商业 MIP 软件包需要更多的数学编程方面的知识和经验。

三、供应链网络设计模型的发展趋势

基于以上因素，未来供应链网络战略设计将呈现如下趋势和特点：模型将变得更庞大复杂，并且不会使用标准的线性混合整数结构。人们将发现特殊的求解方法和启发式算法以便能在合理的计算时间内对模型求解。同时，企业已经意识到少许偏离最优解也会造成财务上的很多问题，因此要求有更多的最优解。

模型的复杂化、对接近最优解的要求、在可接受时间内求解的困难都对模型开发和求解算法上的技术提出了更高的要求。甚至计算机处理速度的提高和内存的增大都不足以促使人们使用一般非专业性的求解技术。很少有企业有技术人员可以建立和求解自己的模型，大多数企业将依赖第三方来提供这种服务。

第五节　设施布局和能力配置模型

管理者进行设施布局和容量配置的目标应当是使整个供应链网络利润最大化。在制定这一决策前，应当获取以下信息。

(1) 供应源和市场的位置。
(2) 潜在的设施地点的区位。
(3) 市场需求预测。

(4) 每一地点的设施成本、劳动力成本和原材料成本。
(5) 任两个设施布局地点之间的运输成本。
(6) 每一地点的库存成本及其与设施数量的关系。

假设已经拥有这些信息，就可以运用重力区位模型和网络优化模型进行网络设计了。

一、重心法选址模型

重心法选址模型用于选择这样一些区位：该区位能使从供应商处运来原材料的运输成本和向市场运送最终产品的运输成本之和最小。重力模型假定无论是市场还是供应源都可以在坐标系中用点表示出它们的位置，所有两点之间的距离都可以像坐标系中两点之间的距离一样计算出来。而且假定运费随着运量的增加呈线性增加。我们运用重心法模型为某一生产厂选择区位。这一生产厂从供应商处获得原材料供应，并向市场运送最终产品。这一模型要求输入以下数据。

X_n 和 Y_n ——市场或供应源 n 的坐标。
F_n ——在供应源 n 或市场与工厂之间每单位货物每英里的运输成本。
D_n ——供应源 n 或市场与工厂之间的运量。
TC——总运输成本。

如果(x, y)是为工厂选定的位置，则在点(x, y)布局的工厂与供应源或市场 n 之间的距离为

$$d_n = \sqrt{(x-x_n)^2 + (y-y_n)^2} \tag{3.1}$$

则总运输成本可以表示为

$$TC = \sum_{n=1}^{k} d_n D_n F_n \tag{3.2}$$

通过循环进行以下三步，就可以得到总运输成本 TC 最小的区位。工厂的坐标(x, y)是进行每一循环的出发点。

(1) 利用公式(3.1)计算工厂到每一供应源或市场 n 的距离 D_n；
(2) 为工厂求得一个新的区位(x', y')，其中：

$$x' = \frac{\sum_{n=1}^{k} \frac{D_n F_n x_n}{d_n}}{\sum_{n=1}^{k} \frac{D_n F_n}{d_n}} \qquad y' = \frac{\sum_{n=1}^{k} \frac{D_n F_n y_n}{d_n}}{\sum_{n=1}^{k} \frac{D_n F_n}{d_n}} \tag{3.3}$$

(3) 如果新区位(x', y')与原区位(x, y)几乎相同，则停止运算。否则，令$(x, y)=(x', y')$，重新从第一步开始。

【例 3-1】 钢铁设备公司是生产高质量的冰箱和厨房用具的生产商，它在丹佛附近有一个装配厂，该装配厂的生产能满足全美国的市场需求。由于市场需求迅速增长，这家公司决定建立一个新厂，以满足东部市场的需求。首席执行官要求供应链管理者为新厂选一个合适的区位。3 个配件厂分别位于纽约州的布法罗、田纳西州的孟菲斯和密苏里州的圣路易斯，它们将向新工厂提供配件。新工厂将为亚特兰大、波士顿、杰克逊威尔、费城和纽约的市场提供产品。表 3.3 给出了每一个区位的坐标、每一个市场的需求量、从每一配件厂的进货以及供应源或市场到工厂的运费情况。

表 3.3 钢铁设备公司供应源和市场区位

供应源/市场	运输成本 F_n /(美元/吨英里)	需求量 D_n /吨	坐标 x_n	y_n
供应源				
布法罗	0.9	500	700	1 200
孟菲斯	0.95	300	250	600
圣路易斯	0.85	700	225	825
市场				
亚特兰大	1.5	225	600	500
波士顿	1.5	150	1 050	1 200
杰克逊威尔	1.5	250	800	300
费城	1.5	175	925	975
纽约	1.5	300	1 000	1 080

供应链管理者利用重心法模型进行工厂区位决策。他以(0，0)作为工厂初始位置，进行第一轮计算，得到(x',y')=(585，762)，与初始位置不同，则将该点作为新一轮计算的初始位置，重复(1)~(3)步骤，最后得到使总运费最小的工厂区位坐标(681，882)。从地图上可以看出，这一坐标点的位置靠近加利福尼亚州北部与弗吉尼亚州交界处。重心法模型得到的最佳区位也许在实际中并不可行。但通过找到一个比邻的位置，它接近于这一模型得出的结果，管理者就可以将工厂布局于此。

二、确定条件下的供应链网络优化模型

供应链网络设计通常有几个阶段，包括供应商、生产厂、配送中心和市场，还可能有联合中心和转运点之类的中介设施。典型的供应链网络如图 3.2 所示。

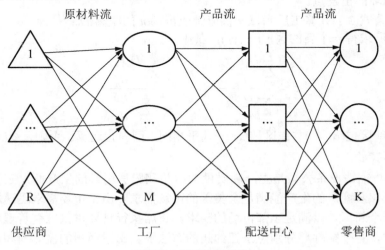

图 3.2 供应链网络图

除了进行设施布局以外，管理者还需考虑市场在仓库之间的划分以及仓库在工厂之间的分配。配置决策将随着不同成本变化和市场发展而进行有规则的调整。进行网络设计时，

区位决策和配置决策是联合进行的。每一设施都涉及与设施、运输和库存相关的不变成本和可变成本。固定成本指与产量和货运量无关的成本耗费。可变成本则是指在给定设施中那些与产量和运量成比例变化的成本耗费。可变成本、运费和库存成本通常具有规模经济。随着工程产量的上升,边际成本将会下降。但在我们考虑的模型中,所有可变成本随产量或运量呈现线性变化,即不考虑规模经济。

1. 需求分配模型

【例 3-2】 计算 6 个发货点 8 个收货点的最小费用运输问题。产销单位运价如表 3.4 所示。

表 3.4　产销平衡表

单位运价＼客户＼工厂	B_1	B_2	B_3	B_4	B_5	B_6	B_7	B_8	产量
A_1	6	2	6	7	4	2	5	9	60
A_2	4	9	5	3	8	5	8	2	55
A_3	5	2	1	9	7	4	3	3	51
A_4	7	6	7	3	9	2	7	1	43
A_5	2	3	9	5	7	2	6	5	41
A_6	5	5	2	2	8	1	4	3	52
需求量	35	37	22	32	41	32	43	38	

参数和变量定义:

n——工厂数目;

m——客户数目;

D_j——客户 j 的需求量;

K_i——工厂 i 的生产能力;

C_{ij}——工厂 i 到客户 j 的运输成本;

vol_{ij}——工厂 i 向客户 j 运输的产品量,该变量为决策变量。

根据题意,则有以下线性规划模型:

目标函数:

$$\min \sum_i \sum_j C_{ij} \text{vol}_{ij}$$

需求平衡条件:

$$\sum_i \text{vol}_{ij} = D_j \quad j=1,\cdots,m \tag{3.4}$$

产能约束条件:

$$\sum_j \text{vol}_{ij} = K_i \quad i=1,\cdots,n \tag{3.5}$$

2. 工厂布局——生产能力既定的布局模型

当企业打算对现有供应链网络调整归并时,需要对其中节点是否关停以及运输分配进行决策,以保证整个供应链收益最大。

【例 3-3】 候选工厂数 3 个；开办成本 F= 91，70，24；生产能力 K=39，35，31；客户数 4 个；客户需求 D=15，17，22，12；运费矩阵 $C = \begin{bmatrix} 6 & 2 & 6 & 7 \\ 4 & 9 & 5 & 3 \\ 8 & 8 & 1 & 5 \end{bmatrix}$，确定工厂布局和运输分配。

参数和变量定义：

y_i——工厂开/关决策变量，如工厂 i 开设，则 y_i=1；否则为 y_i=0；

n，m，D_j，K_i，C_{ij}，vol_{ij} 含义同例 3-2 定义，本例决策变量为 y_i 和 vol_{ij}。

根据题意，建立以下整数模型：

$$\min z = \sum_{i=1}^{n} F_i y_i + \sum_{i=1}^{n}\sum_{j=1}^{m} c_{ij}\text{vol}_{ij}$$

$$\sum_{i=1}^{n}\text{vol}_{ij} \geq D_j, j = 1,2,\cdots,m \tag{3.6}$$

$$\sum_{j=1}^{m}\text{vol}_{ij} \leq y_i * K_i, i = 1,2,\cdots,n \tag{3.7}$$

$$y_i \in \{0,1\}, i = 1,2,\cdots,n \tag{3.8}$$

目标方程是使供应链网络建设和运营总成本(包括固定成本和可变成本)最小化。公式(3.6)的限制条件保证所有需求能得到满足。公式(3.7)确保每一工厂的生产产品量不得超过其生产能力。显然，如果工厂被关闭，则生产能力为 0；如果工厂运营，则生产能力为 K_i。$y_i K_i$ 恰当地表明了这一点。公式(3.8)的限制条件将工厂分为运营(y_i=1)或关闭(y_i=0)两类。这一解决方案将明确哪些工厂继续运营，并将市场需求划分到这工厂。

如规定每个客户的需求只能由一家工厂满足，则上述模型可修改为

$$\min z = \sum_{i=1}^{n} F_i y_i + \sum_{i=1}^{n}\sum_{j=1}^{m} c_{ij}\text{vol}_{ij}$$

$$\sum_{i=1}^{n}\text{vol}_{ij} \geq D_j, j = 1,2,\cdots,m$$

$$\sum_{j=1}^{m}\text{vol}_{ij} \leq y_i * K_i, i = 1,2,\cdots,n$$

$$\sum_{i=1}^{n} x_{ij} = 1, j = 1,2,\cdots,m \tag{3.9}$$

$$x_{ij} \leq y_i, i = 1,2,\cdots,n; j = 1,2,\cdots,m \tag{3.10}$$

$$\text{vol}_{ij} \leq M * x_{ij}, M \text{ 为足够大的整数} \tag{3.11}$$

$$x_{ij}, y_i \in \{0,1\}, i = 1,2,\cdots,n \tag{3.12}$$

其中 x_{ij} 为 0-1 决策变量，表示工厂 i 为客户 j 服务；否则工厂 i 不为客户 j 服务。

3. 工厂和仓库同时布局

如果要设计从供应链到顾客的整个供应链网络，就要考虑更一般的工厂布局模型了。我们看看这样一个供应链网络：供应商向工厂提供原材料，工厂设有为市场服务的仓库，我们必须为工厂和仓库同时做出布局和容量配置决策。同样假设供应商每 1 单位的投入能

产出 1 单位的最终产品。定义参数和变量为

m——市场或需求点的数量；

n——潜在工厂区位数量；

l——供应商数量；

t——潜在仓库区位数量；

D_j——客户 j 的年需求量；

K_i——区位在 i 处的工厂生产能力；

S_h——供应商 h 的年供应能力；

W_e——布局在 e 点的仓库存储能力；

F_i——布局在 i 点的工厂的年固定成本；

f_e——布局在 e 点的仓库的年固定成本；

C_{hi}——从供应商 h 到工厂 i 的运输成本；

C_{ie}——从工厂 i 到仓库 e 的运输成本；

C_{ej}——从仓库 e 到客户 j 的运输成本。

这一模型的目标是确定工厂和仓库的区位以及不同地点之间的运输数量，以减少总的固定成本和可变成本，定义以下决策变量：

$y_i \in \{0, 1\}$，如果工厂布局在 i 点为 1，否则为 0；

$y_e \in \{0, 1\}$，如果仓库布局在 e 点为 1，否则为 0；

x_{ej} 为每年从 e 点的仓库运送到客户 j 的货物数量；

x_{ie} 为每年从 i 点的工厂运到 e 点的仓库的货物数量；

x_{hi} 为每年从 h 点的供应商运到 i 点的工厂的原材料数量。

据此可构建整数模型为

$$\min \sum_i f_i y_i + \sum_e f_e y_e + \sum_h \sum_i C_{hi} x_{hi} + \sum_i \sum_e C_{ie} x_{ie} + \sum_e \sum_j C_{ej} x_{ej}$$

$$\sum_i x_{hi} \leq S_h \quad h = 1, \cdots, l \tag{3.13}$$

$$\sum_h x_{hi} - \sum_e x_{ie} \geq 0 \quad i = 1, \cdots, n \tag{3.14}$$

$$\sum_e x_{ie} \leq K_i y_i \quad i = 1, \cdots, n \tag{3.15}$$

$$\sum_i x_{ie} - \sum_j x_{ej} \geq 0 \quad e = 1, \cdots, t \tag{3.16}$$

$$\sum_j x_{ej} \leq W_e y_e \quad e = 1, \cdots, t \tag{3.17}$$

$$\sum_j x_{ej} = D_j \quad j = 1, \cdots, m \tag{3.18}$$

$$y_i, y_e \in \{0,1\} \tag{3.19}$$

目标函数是使总的固定成本和可变成本最小。公式(3.13)表明，从供应商运到工厂的原材料不能超过供应商的生产能力。公式(3.14)表示，工厂运出货物的数量不能大于原材料的输入量。公式(3.15)表明，工厂的产量不能超过其生产能力。公式(3.16)的限制表明，仓库的发货量不能越过来自工厂的货物总量。公式(3.17)说明，经过仓库的货物总量不能超过其仓库容量。公式(3.18)的限制条件表明，所有的客户需求都将得到满足。公式(3.18)表明工

厂或仓库要么关闭要么运营。

三、不确定条件下的供应链网络规划模型

经济的全球化、信息技术的飞速发展,为企业构建供应链提供了战略选择。然而,这同时也增加了企业日常运作的不确定性。来自网络设计、供应、制造、销售等内部运作的不确定性,来自自然灾害、生产事故、国际经济环境变化等外部突发事件的不确定性,都直接影响到供应链系统的正常运行。因此,在供应链网络设计中,必须充分考虑这些不确定情形。

近年来,鲁棒性问题的研究已引起自然科学和社会科学多个领域的关注。鲁棒性是系统的一个基本属性,伴随不确定性问题普遍存在。供应链的鲁棒性,是系统在受到内部运作和外部突发应急事件等不确定性干扰下,仍然能保持供应链收益和持续性运行功能的能力。研究不确定条件下鲁棒性供应链网络的设计策略和方法,构建具有高度鲁棒性的供应链网络,对于抵御供应链运作风险具有重要的作用,对于国家经济安全也具有重要的战略意义。

【例 3-4】 考虑在需求不确定情形下,供应商、制造商、配送中心、零售商所构成的供应链系统如何合理规划产供销方案。假设存在 L 个候选供应商、M 个制造商、J 个候选配送中心、K 个零售商(客户)、R 种物料、I 种产品。物流方向为:原材料从供应商到制造商,制造商生产产品,产品由制造商运送到配送中心,再经配送中心配送到零售商。所要解决的问题包括:

(1) 供应链节点选择。主要涉及供应商、配送中心的选择。考虑到尽可能规避供应风险,不允许单源采购,即每个生产厂家至少选择两家供应商。配送中心选择考虑固定成本影响。

(2) 产供销方案。确定供应商原材料供应计划、制造商生产计划、制造商运输计划、配送中心配送计划。对于配送中心规定其服务范围与其设计最大允许能力成正比。

(3) 在需求不确定情形下,考虑配送中心固定成本、库存成本、各环节运输成本及零售商缺货成本影响,确定以供应链总成本最低优化目标的鲁棒供应链设计方案。

建模过程:

1) 参数和变量定义

索引:

l:供应商编号,$l \in L = \{1,2,\cdots,L\}$;$m$:制造商编号,$m \in M = \{1,2,\cdots,M\}$;
j:配送中心编号,$j \in J = \{1,2,\cdots,J\}$;$k$:零售商编号,$k \in K = \{1,2,\cdots,K\}$;
i:产品编号,$i \in I = \{1,2,\cdots,I\}$;$r$:原材料编号,$r \in R = \{1,2,\cdots,R\}$;
ξ:情景编号,$\xi \in \Omega = \{1,2,\cdots,S\}$。

决策变量:

0-1 变量:X_l=1,供应商 z 被选择进入供应链系统,否则 X_l=0;
Z_j=1,配送中心 j 被选择修建,否则 Z_j=0;
X_{lm}=1,制造商 m 由供应商 l 提供原材料,即连接(l, m)存在,否则 X_{lm}=0;
y_{mj}=1,配送中心 j 由制造商 m 提供产品,即连接(m, j)存在,否则 y_{mj}=0;

$z_{jk}=1$，零售商 k 的需求由配送中心 j 提供，即连接(j, k)存在，否则 $z_{jk}=0$；

$w_{im}=1$，产品 i 由制造商 m 生产，否则 $w_{im}=0$。

连续型变量：

p_{im}——制造商 m 生产产品 i 的数量；

q_{rlm}——供应商 l 为制造商 m 提供的原材料 r 的数量；

δ_{ik}^{ξ}——情景 ξ 下零售商 k 对产品 i 的需求得不到满足的数量；

θ_{ξ}——情景 ξ 下调解变量；

Q_{imj}——制造商 m 为配送中心 j 提供的产品 i 的数量；

Q_{ijk}^{ξ}——情景 ξ 下配送中心 j 为零售商 k 提供的产品 i 的数量；

CD_j——配送中心 j 的能力设置。

常量符号：

p_{ξ}——情景 ξ 发生的概率；

D_{ik}^{ξ}——情景 ξ 下零售商 k 对产品 i 的需求；

β——零售商服务水平；

λ——权重系数；

B_{irm}——制造商 m 生产单位产品 i 所需原材料 r 的消耗量；

CAP_{rl}——供应商 l 可提供的原材料 r 的数量(最大原材料供应量)；

S_l——供应商 l 运营所产生的固定成本；

G_j——候选位置 j 处建立配送中心的固定成本；

C_{rl}^{R}——供应商 l 提供原材料 r 的单位成本；

C_{im}^{FM}——制造商 m 开工生产产品 i 的固定成本；

C_{im}^{VM}——制造商 m 生产加工单位产品 i 的成本；

c_{rlm}——原材料 r 从供应商 l 至制造商 m 的运输费率；

c_{imj}——产品 i 从制造商 m 至配送中心 j 的运输费率；

c_{ijk}——产品 i 从配送中心 j 至零售商 k 的运输费率；

d_{lm}——供应商 l 至制造商 m 的距离；

d_{mj}——制造商 m 至配送中心 j 的距离；

d_{jk}——配送中心 j 距离至零售商 k 的距离；CI_{ij}：产品 i 在配送中心 j 的单位库存持有成本；

$q_{lm}^{\min}$——供应商 l 对制造商 m 供应量的下界；

$q_{rlm}^{\min}$——供应商 l 对制造商 m 供应原材料 r 的最小数量；

$Q_{mj}^{\min}$——制造商 m 对配送中心 j 供应量的下界；

$Q_{jk}^{\min}$——配送中心 j 对零售商 k 供应量的下界；

$p_{im}^{\min}$——制造商 m 生产产品 i 的最小约束；

$p_{im}^{\max}$——制造商 m 生产产品 i 的最大能力约束；

$CD_j^{\min}$——配送中心 j 配送能力的最小约束；

CD_j^{max} ——配送中心 j 配送能力的最大约束。

2) 鲁棒供应链网络设计模型

$$\min[TCF + TCR + TCM + \sum_\xi p_\xi(TCT^\xi + TCI^\xi)] + \lambda \sum_\xi p_\xi[(TCT^\xi + TCI^\xi) - (TCT + TCI) + 2\theta_\xi] + TCSH$$

$$X_l \geqslant x_{lm}, \forall l,m \tag{3.20}$$

$$Z_j \geqslant y_{mj}, \forall m,j \tag{3.21}$$

$$Z_j \geqslant z_{jk}, \forall j,k \tag{3.22}$$

$$\sum_m w_{im} \geqslant 1, \forall i \tag{3.23}$$

$$\sum_i w_{im} \geqslant 1, \forall m \tag{3.24}$$

$$\sum_l x_{lm} \geqslant 2, \forall m \tag{3.25}$$

$$q_{rlm} \leqslant Ma * x_{lm}, \forall l,r,m \tag{3.26}$$

$$\sum_r q_{rlm} \geqslant q_{lm}^{min} x_{lm}, \forall l,m \tag{3.27}$$

$$q_{rlm} \geqslant q_{rlm}^{min} x_{lm}, \forall l,r,m \tag{3.28}$$

$$Q_{imj} \leqslant Ma * y_{mj}, \forall i,m,j \tag{3.29}$$

$$Q_{ijk}^\xi \leqslant Ma * Z_{jk}, \forall i,j,k,\xi \tag{3.30}$$

$$\sum_i Q_{imj} \geqslant Q_{mj}^{min} y_{mj}, \forall m,j \tag{3.31}$$

$$\sum_i Q_{ijk}^{min} \geqslant Q_{jk}^{min} z_{jk}, \forall j,k,\xi \tag{3.32}$$

$$\sum_i p_{im} * B_{imr} = \sum_l q_{rlm}, \forall r,m \tag{3.33}$$

$$\sum_m q_{rlm} \leqslant CAP_{rl}, \forall r,l \tag{3.34}$$

$$P_{im} = \sum_j Q_{imj}, \forall i,m \tag{3.35}$$

$$\sum_m Q_{imj} = \sum_k Q_{ijk}, \forall i,j \tag{3.36}$$

$$\sum_j Q_{ijk}^\xi + \delta_{ik}^\xi = D_{ik}^\xi, \forall i,k,\xi \tag{3.37}$$

$$\delta_{ik}^\xi \leqslant (1-\beta)D_{ik}^\xi, \forall i,k,\xi \tag{3.38}$$

$$p_{im}^{min} w_{im} \leqslant p_{im} \leqslant p_{im}^{max} w_{im}, \forall i,m \tag{3.39}$$

$$\sum_i \sum_k \eta_{ij} Q_{ijk}^\xi \leqslant CD_j, \forall j,\xi \tag{3.40}$$

$$CD_j^{min} Z_j \leqslant CD_j \leqslant CD_j^{max} Z_j, \forall j \tag{3.41}$$

$$(TCT^\xi + TCI^\xi) - (TCT + TCI) + \theta_\xi \geqslant 0, \forall \xi \tag{3.42}$$

$$p_{im}, q_{rlm}, Q_{imj}, Q_{ijk}^\xi, CD_j, \delta_{ik}^\xi, \theta_\xi \geqslant 0, \quad \forall i,r,l,m,j,k,\xi \tag{3.43}$$

$$X_l, Z_j, X_{lm}, y_{mj}, z_{jk}, w_{im} \in (0,1), \quad \forall i,l,m,j,k \tag{3.44}$$

其中：

$TCF = \sum_l S_l X_l + \sum_j G_j X_j + \sum_i \sum_m C_{im}^{FM} w_{im}$，表示包含供应商运营所产生的固定成本，制造商生产产品的开工成本，配送中心的修建成本；

$TCR = \sum_r \sum_l \sum_m C_{rl}^R q_{rlm}$，表示供应商原材料成本；

$TCM = \sum_i \sum_m C_{im}^{VM} p_{im}$，表示制造商生产成本；

$TCT = \sum_r \sum_l \sum_m q_{rlm} c_{lm} d_{lm} + \sum_i \sum_m \sum_j Q_{imj} c_{mj} d_{mj} + \sum_\xi \sum_i \sum_j \sum_k P_\xi Q_{ijk}^\xi c_{ijk} d_{jk}$，表示供应链运输费用；

$TCI = \sum_\xi \sum_i \sum_j \sum_k p_\xi CI_{ij} Q_{ijk}^\xi$，表示配送中心保管成本；

$TCSH = \omega \sum_\xi \sum_i \sum_k p_\xi \delta_{ik}^\xi$，表示供应链缺系统货成本。

约束(3.20)~(3.22)表示供应链网络结构约束，即节点之间的连接存在的前提是节点被选择；

约束(3.23)表示任意产品 i 均被制造商生产，且可能被多家制造商生产；

约束(3.24)规定制造商 m 至少生产一种产品；

约束(3.25)规定每个制造商至少选择两家供应商；

约束(3.26)表示供应商 l 至制造商 m 对原材料 r 的运输存在的前提是连接 (l, m) 的存在；

约束(3.27)规定原材料供应量往往有最小要求量；

约束(3.28)规定制造商向供应商采购原材料量的最低限制；

约束(3.29)~(3.34)规定了制造商和配送中心、配送中心和零售商之间需满足运量与连接关系、最小运输量。

约束(3.35)~(3.39)为物料、产品流量平衡条件；

约束(3.40)配送中心对零售商 k 的服务水平不能低于目标值；

约束(3.41)~(3.42)制造商和配送中心能力限制；

约束(3.43)规定了变量的非负限制。

本 章 小 结

供应链网络设计的目标是实现供应链的长期利润最大化。这一过程始于供应链战略的界定。供应战略必须与企业的竞争战略保持一致。区域设施布局的构架必须考虑供应战略、地区需求、政治制度和竞争环境。必须在将要布局设施的区域内依据基础设施状况，选择潜在的有吸引力的一系列地点。最优构架要从潜在地点中选出，选择过程中要考虑到需求、物流成本、影响因素成本和不同市场的边际效益。

运用重力模型确定的区位，是进货和送货的总运输成本最小点。这种方法简单易行，但没有考虑到其他重要成本。网络优化模型能囊括利润贡献以及生产、运输和库存成本，因而被用来实现利润最大化。这些模型在进行设施布局、容量配置和设施之间的市场非常有用。现实供应链经常面临不确定的条件比如需求和价格等，因此供应链网络设计应当具有一定的弹性，对可能的风险具有防御作用。

关键术语

供应链网络设计 Supply Chain Network Design　　不确定性 Uncertainty
重心法 the Center-of-Gravity Method　　启发式算法 Heuristic Algorithm
随机规划 Stochastic Programming　　能力配置 Capacity Configuration
线性规划 Linear Programming　　混合整数规划 Mixed Integer Programming
生产成本 Production Cost　　固定设施成本 Fixed Facility Cost

习　题

一、填空题

1. 全球供应链网络设施分为沿海设施、_____、_____、_____、_____、_____六类。

2. 影响供应链网络选址的宏观经济因素主要有_____、_____、_____和其他一些经济因素。

3. 供应链的设计目标主要包括进入新市场、_____、_____、_____、_____等。

二、选择题

1. x_{ij} 为 0-1 变量，其值为 1 表示物流中心 j 服务用户 i；否则，不提供服务。Y_j 为 0-1 变量，其值为 1，表示设立物流中心；否则，不设立。则 $x_{ij} \leq y_j (i=1,2,\cdots,n; j=1,2,\cdots,m)$ 不能约束(　　)。

　　A. 物流中心 j 不设立，则不为用户 i 服务

　　B. 如果物流中心 j 设立，则为用户 i 服务

2. x_{ij} 为 0-1 变量，其值为 1 表示物流中心 j 服务用户 i；否则，不提供服务。如果规定 $\sum_{j=1}^{m} x_{ij} = 1 (j=1, 2, \cdots, m)$，则其含义为(　　)。

　　A. 用户 i 的需求由 m 个物流中心满足

　　B. 用户 i 的需求只能由 1 个物流中心满足

　　C. 建设 m 个物流中心

　　D. 物流中心 j 满足 m 个用户

3. x_{ij} 为 0-1 变量，其值为 1 表示物流中心 j 满足用户 i 的需求；否则，不满足。Q_{ij} 表示物流中心 j 向用户 i 提供的货量，M 为一个很大的正数。规定物流中心只向所服务的用户提供货物，则满足该要求的选项是(　　)。

　　A. $Q_{ij} \leq M + x_{ij}$，$i=1,2,\cdots,n; j=1,2,\cdots,m$

　　B. $Q_{ij} \leq Mx_{ij}$，$i=1,2,\cdots,n; j=1,2,\cdots,m$

三、思考题

1. 仓库的区位和规模如何影响像亚马逊网上书店之类的企业运营?当亚马逊公司进行供应链网络设计决策时,它需要考虑哪些因素?
2. 进口关税和税率如何影响供应链中的区位决策?
3. 全球网络中的生产性设施起着哪些不同的作用?
4. 随着亚马逊公司的发展,它增加了仓库的数量。这如何引起供应链成本的变化和反应时间的变化?

四、计算题

D 公司是一家空调生产厂,它的市场需求迅速增长。2001 年全国范围内的需求达到:南部地区 8 万台,中西部地区 12 万台,东部地区 11 万台,西部地区 10 万台。公司的管理者正在设计生产网络。已有 4 个备选区位,分别是纽约、亚特兰大、芝加哥和圣迭戈。生产厂的生产能力有两种选择,要么是 20 万台,要么是 40 万台。在 4 个地点建厂的固定成本及生产每台空调并运送到某个市场的成本见表 3.5。该公司应该在什么地方建立自己的工厂,其规模各为多大?

表 3.5 D 公司的生产和运输成本   单位:美元

	纽约	亚特兰大	芝加哥	圣迭戈
20 万台能力工厂固定成本	600 万	550 万	560 万	610 万
40 万台能力工厂固定成本	1 000 万	920 万	930 万	1 020 万
东部地区	211	232	238	299
南部地区	232	212	230	280
中西部地区	240	230	215	270
西部地区	300	280	270	225

案例分析

体育用品网络公司的增长管理

三济(Sanjay Gupta)于 1996 年创建了体育用品网络公司,其使命是向父母们提供更多的他们能买得起的青少年体育用品。父母们老是抱怨不得不抛弃昂贵的滑冰鞋、滑雪橇、夹克和鞋,因为孩子们很快就已经不能再穿了。三济最初的计划是让公司购买二手运动设备和夹克,以及厂商和零售商多余的设备,并在网上出售这些东西。这一观念很快就被市场接受,需求迅速增长。到 1996 年年底,公司的销售额达到了 8 亿美元。那时公司出售多种多样的新旧产品,而且公司得到了大量的风险基金的投资。

1996 年 6 月,三济在圣路易斯的郊区租用了一间仓库的一部分,以便对大量待出售商品进行加工。供应者将产品送到仓库,顾客的订货在那里进行包装,并通过美国联合包裹公司递送。随着市场需求的增长,公司在那间仓库里租用了更多的空间。到 2000 年年底,该公司已经租用了整个仓库,它的顾客遍及整个美国。为了计划的需要,管理者将美国划分为 6 个区,每个区域 2000 年的顾客需求量见表 3.6。三济估计未来 3 年需求量的年增长率将达到 80%,那以后需求量将呈平稳状态。

表 3.6　2000 年体育用品网络公司地区需求量　　　　　　　　　　　　单位：万件

地　区	需　求　量	地　区	需　求　量
西北	32	中西部南部	22
西南	20	东北	35
中西部北部	16	东南	17.5

该公司的风险资本家对销售额的增加和收入的增长非常满意。但三济和他的员工却能明显地感觉到，如果需求继续增长而供应链网络却不进行重新设计，成本将比收益增长得更快。他们决定分析目前的网络，以便明白如何更好地设计网络，更好地应付未来 3 年的快速增长。

三济和管理人员感觉到，为了应付预测需求的增长，他们需要更大的仓库空间。一种方案是在圣路易斯原来的仓库中租赁更多的地方。别的方案包括在美国的其他任何地方租赁仓库。租赁仓库设计到与仓库大小相关的固定成本和运输成本。确认的 4 个仓库的备选地点包括丹佛、西雅图、亚特兰大和费城。可以租赁小型仓库(大约 10 万平方英尺)，也可以租赁大型仓库(大约 20 万平方英尺)。小仓库每年处理的货流量可达 200 万单位，而大仓库每年可处理的货流量达到 400 万单位。圣路易斯现在的仓库是小型的。大小仓库在不同地区的固定成本和可变成本见表 3.7。

表 3.7　可供选择的仓库的固定成本和可变成本　　　　　　　　　　　　单位：美元/年

地　点	小　仓　库		大　仓　库	
	固 定 成 本	可 变 成 本	固 定 成 本	可 变 成 本
西雅图	300 000	0.2	500 000	0.2
丹佛	250 000	0.2	420 000	0.2
圣路易斯	220 000	0.2	375 000	0.2
亚特兰大	220 000	0.2	375 000	0.2
费城	240 000	0.2	400 000	0.2

三济估计每一仓库的固定成本(不包括仓库费用)大约是 $600\sqrt{F}$，其中 F 代表仓库中每年的货流量单位数。因此，每年处理 100 万单位货物时带来的库存成本为 600 000 美元。

体育用品网络公司每次向顾客送货一律收费 3 美元。平均每位顾客的订单包含 4 个单位的货物。接下来公司与联合包裹递送中心签订送货合同。联合包裹递送中心的价格取决于出发地和目的地，见表 3.8。管理者预计，不论仓库如何布局，从供应者那里进货的运输成本都将保持不变。

表 3.8　联合包裹递送中心送货运费(每 4 单位货物)　　　　　　　　　　　单位：美元

	西北	西南	中西北部	中西南部	东北	东南
西雅图	2.00	2.50	3.50	4.00	5.00	5.50
丹佛	2.50	2.50	2.50	3.00	4.00	4.50
圣路易斯	3.00	3.00	2.50	2.50	3.00	3.50
亚特兰大	4.00	4.00	3.00	2.50	3.00	2.50
费城	4.50	5.00	3.00	3.50	2.50	4.00

(资料来源：Sunil Chopra. 供应链管理：战略、规划与运营[M]. 李丽萍，等译. 北京：社会科学文献出版社，2006.)

讨论题：

1. 如果在圣路易斯租赁仓库，该公司将支付哪些费用？
2. 你主张该公司采用哪种供应网络？

第四章 供应链协调管理

【学习目标】

- 了解供应链运作不协调的表现及原因；
- 知晓供应链运作协调研究的基本内容；
- 理解典型的契约设计原理；
- 掌握不确定需求条件下供应链契约设计的类型和方法；
- 能够针对供应链运作不协调问题提出契约设计方案。

供应链管理

【知识架构】

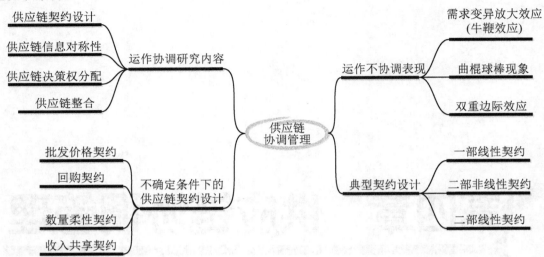

麦当劳和供应商的特殊供应链契约关系

麦当劳的创始人克劳克的理念是麦当劳是与人建立关系而不是与公司建立关系。麦当劳和供应商的所有商务网络,从来不签协议,只以双方握手作为标志。这在一般企业看来,简直是不可思议的事情。然而,这在麦当劳却是沿袭多年的惯例。那么如果遇到纠纷,没有合同如何解决呢?

麦当劳在与全球供应商的长期合作中,这种磨合和淘汰的过程在20年前就解决了。而与中国本土供应商的磨合则通过无合同的量化条款。那些中国本土供应商中不遵守品质控制条款的、可能隐含食品潜在危机的企业则被麦当劳解除了合作。麦当劳的供应商表示,在这种"共生"关系中,双方因为熟悉,从而信任感非常强,麦当劳在利益分配方面会更多地考虑供应商的利益。双方不会因为一时经济困难而改变合作关系。克劳克认为,只有一个方法可以培养供应商对公司的忠诚度,那就是保证这些人可以赚到钱。麦当劳供应商的财务数据对麦当劳是透明的。麦当劳根据供应商的财务数据制定给予供应商的优惠措施,要保证其合理盈利。

(资料来源: http://wenku.baidu.com/)

第一节 供应链运作不协调的表现及解决方法

由于来自供应链系统内部成员之间的目标不一致、信息不对称,来自外部环境的不确定性扰动,供应链在运行过程中经常出现不协调现象,无法做到供应链利益的最大化。下面介绍几种常见的供应链不协调现象,并分析其产生的原因。

一、供应链需求变异放大效应

需求变异放大现象(Bullwhip Effect),又称为牛鞭效应,是对需求信息在供应链中传递被扭曲的一种形象化描述。其基本含义是：当供应链的各节点企业只根据来自其相邻的下游企业的需求信息进行生产或供应决策时，需求信息的不真实性会沿着供应链逆流而上，使订货量产生逐级放大的现象，到达源头供应商时，其获得的需求信息与实际消费市场中的顾客需求信息发生很大的偏差，需求变异将实际需求量放大了。这造成上游供应商往往维持比下游供应商更高的库存水平。这种现象反映了供应链上需求的不同步，说明供应链库存管理中的一个普遍现象：看到的是非实际的。图 4.1 显示了需求变异放大的原理和需求变异加速放大的过程。

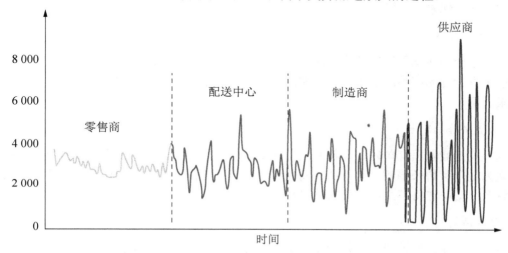

图 4.1 需求变异放大示意图

需求放大效应最先由宝洁公司发现。宝洁公司在一次考察该公司最畅销的产品——一次性尿布的订货规律时，发现零售商销售的波动性并不大，但当他们考察分销中心向宝洁公司的订货时，吃惊地发现波动性明显增大了。有趣的是，他们进一步考察宝洁公司向其供应商(如 3M 公司)的订货时，发现其订货的变化更大。惠普公司在考察其打印机的销售状况时也曾发生过这一现象。

实际上，早在 1958 年，弗雷斯特就开始研究这种工业组织的动态学特性和时间变化行为，通过对一个具有四个环节的渠道研究，发现各自的决策行为导致需求信息被扭曲和放大了。斯特曼在 1989 年通过"啤酒分销游戏"验证了这种现象。在这个实验中，有四个参与者形成一个供应链(图 4.1)，各自独立进行库存决策且不与其他成员进行协商，决策仅依赖其毗邻的成员的订货信息。斯特曼把这种现象解释为供应链成员的系统性非理性行为的结果，或称为"反馈误解"。

美国斯坦福大学的李效良对需求放大现象进行了深入的研究，把其产生的原因归纳为四个方面：需求预测修正、订货批量决策、价格波动以及短缺博弈。在此基础上，人们归纳总结出导致需求放大现象的原因主要有以下几个方面。

1. 需求预测修正

需求预测修正是指当供应链的成员采用其直接的下游订货数据作为市场需求信号时，即产生需求放大现象。举一个简单的例子，当库存管理人员需要决定产品的订货量时，采用一些简单的需求预测方法(如指数平滑法)，使得未来的需求被连续修正，这样传递供应商的需求订单反映的是经过修正的未来库存补给量，与真实需求存在误差。

2. 产品定价销售策略导致订单规模变动性增强

产品的定价策略可以分为两种情况来看待。一种是批量折扣，批量折扣极有可能扩大供应链内订单的批量规模，进而引起供应链上各阶段库存，尤其是安全库存的增加。另一种则是由于批发、预购、促销等因素引起的价格波动。因为如果库存成本小于由于价格折扣所获得的利益，销售人员当然愿意预先多买，这样订货就不能真实反映需求的变化，从而产生需求放大现象。

3. 大批量订购

由于订单处理成本及运输的固定成本很高，同时供应商提供的批量折扣的优惠，下游企业可能大批量订购产品。当大批量订购的产品大大超出需求扩张量时，订单就放大了真实的需求。

4. 补货供给期延长

因为补货企业发出订单时，会将两次供货期间的需求计算在内，如果需求的偶然性变得被误认为是一种增长趋势，订单的变动性将更大。补给供货期越长，计算在内的预测的需求将越多，变动也将越大，牛鞭效益越强烈。

5. 短缺博弈

高需求产品在供应链内往往处于短缺供应状态。这样，制造商就会在各分销商或零售商之间调配这些产品的供给。通用的做法是，当需求量大于供应量时，理性的决策是按照用户的订货量比例分配现有的库存供应量。比如，总的供应量只有订货量的50%，合理的配给办法是所有的用户获得其订货量的50%。此时，用户为了获得更大份额的配给量，故意夸大其订货需求。当需求降温时，订货又突然消失。这种由于个体参与的组织的完全理性经济决策导致的需求信息的扭曲，最终导致需求变异放大。

总之，由于缺少信息交流和共享，企业无法掌握下游的真实需求和上游的供货能力，只好多储备货物。同时，供应商无法实现存货互通有无和转运调拨，只能各自维持高库存，导致牛鞭效应。

造成牛鞭效应的系统原因主要有订货周期和供应链的层次结构。这些系统原因造成的牛鞭效应，可以说是现有供应链自身无法克服的。

造成牛鞭效应的非系统原因众多。非系统原因主要是经营过程中供应链各成员采取的有限理性或非理性行为。一般认为，由于各成员之间信息不能有效共享，所以造成各成员的个体优化的行为。然而对于整条供应链来说，这往往不是最优决策。这些理性或非理性行为包括需求信息处理方式、批量订货决策、订货方式、短缺博弈、价格变化、运营水平等。另外，下游经销商的需求预测修正也是非系统原因之一。利用供应链协调机制和一体化与重构的方法，非系统原因造成的牛鞭效应可以在不改变供应链结构现状的前提下解决。

二、曲棍球棒现象

在供需过程中，存在一种曲棍球棒现象(Hockey Stick Effect)，即在某一个固定的周期(月、季或年)，前期销量很低，到期末销量会有一个突发性的增长，而且在连续的周期中，这种现象会周而复始,其需求曲线的形状类似于曲棍球棒,所以被形象地称为曲棍球棒现象。在许多公司里面,这种现象非常明显,其管理者甚至认为这是他们的供应链所面临的最大问题。这种现象对公司的生产和物流运作都非常不利,在期初生产和物流能力被闲置,但是在期末又会造成能力紧张甚至短缺。

案例 4-1

> 某著名食品公司在大陆设有生产工厂,年产饮料 20 多万吨,产值约 5 亿元。公司将销售区域按地理位置进行了划分,各由一名销售人员负责,每个区域内一般有几个到十几个经销商。公司与行业内的其他公司一样,根据经销商的每月累计订货量向其提供一定的返利,但经销商累计订货量必须达到或超过一个目标订货量,才能拿到相应的返利。公司采用 4-4-5 的统计方式(即每季前 2 个月按 4 周计,第三个月按 5 周计)。

图 4.2 为该厂 2014—2015 年日销售出库量按时间序列绘制的曲线图。从中可以看出,每月月初的销售出库量最低,月中自逐步增加并相对均衡,月底则急剧增加。

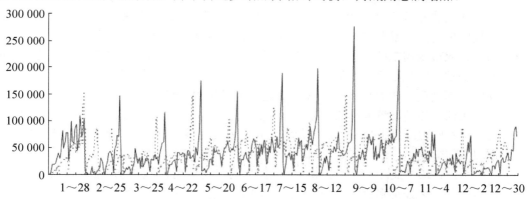

图 4.2　2014—2015 年公司全年每日销售出库量变化趋势图

注:——2014　……2015。

造成曲棍球棒现象主要有以下几个原因。

1. 公司对销售人员的周期性考评及激励政策

在公司的营销系统中,为了激励销售人员努力工作,通常会对他们规定一个固定的工资和一个销量的目标,如果销量超过了这个目标,就能够拿到奖励的佣金,超出目标越多,拿的佣金也越多。如果销量在目标以下,就只能拿固定的工资。销售人员在考核期限不到时,大多不会很努力。快到期末的时候,如果离目标还有一定的距离,他们就会拼命干。大家都拼命干,订单也就会非常多。

2. 总量折扣的价格政策

在营销战略中,折扣往往被公司用来作为提高分销渠道利润和抢占市场份额的利器,在较长的时期,公司主要采用基于补货或订单批量的折扣方式,但是在近十年,基于买方在某一固定周期(月、季、年)的累计购买量的折扣方式(亦即总量折扣)开始流行。在快速消费品行业,为了激励经销商长期、更多地购买,公司主要采用总量折扣的价格政策。

曲棍球棒现象对公司运营造成很多负面的影响，主要表现在以下几方面。

(1) 订单的不均衡使得公司生产计划和组织难度增大，对柔性化生产造成巨大的挑战。

(2) 公司为了保障生产，必须按照每期最大的库存量建设或租用仓库，造成费用比需求均衡时高很多。而且，公司不得不在期末组织人力加班和增加物流费用。

(3) 工作人员差错率增加，公司服务水平下降，造成终端客户流失。

(4) 基于总量折扣的价格政策并不能够增加终端客户的实际需求。经销商增加的订货量大部分被积压在渠道中，延长了终端顾客购买产品的货龄。从而使消费者的福利受损，并增加了供应链的总成本及供应链成员的经营风险。而且，如果经销商的库存太多，或者产品临近失效期，通常采取两种措施：一种是折价销售，这种方式会对市场造成冲击；另一种是迫使公司退货或换货，从而形成逆向物流，增加相关处置费用。

三、双重边际效应

双重边际效应是供应链上、下游企业为了谋求各自收益最大化，在独立决策的过程中确定的产品价格高于其生产边际成本的现象。如果下游企业的定价过高，必然会造成市场需求的萎缩，导致供应链总体收益下降。早在1950年，美国经济学家斯宾格勒就发现了双重边际效应，指出零售商在制定库存订货决策时并不考虑供应商的边际利润，由此导致批量很小而达不到优化的水平。

企业个体利益最大化的目标与整体利益最大化的目标不一致，是造成双重边际效应的根本原因。为了减弱这种效应，就要努力实现供应链的协调性，尽可能消除不协调因素的影响。

另外，20世纪90年代以来，信息技术的广泛运用、客户对产品和服务的需求更加多样化，以及服务竞争和基于时间的快速响应竞争日益加剧，导致企业之间的依存度不断增加。企业单打独斗的局面发生了巨大转变，由众多企业组成的供应链已经成为竞争的主体。实现供应链的协调是供应链成功的关键。然而，供应链的协调并不是以牺牲某一个体的利益去提高其他个体或系统的利益，而是以实现双赢及至多赢为目标，即至少要使得改变后的个体或者系统的利益不低于以前的利益，也就是所谓的帕累托改善。

作为一种能够实现供应链协调的有效机制，供应契约得到了广泛的研究。Pasternack最早提出了契约的概念，他使用单周期报童模型研究了回购契约，指出当供应商允许零售商以部分退款返回所有过剩产品时，可以在一定程度上实现渠道的协调。

随着对契约关注程度的日益增加，越来越多的学者以Pasternack的研究为基础，希望在供应链上、下游之间通过协商达成最佳(或满意)的契约参数，设计合理的供应契约形式，实现供应链的协调。从而有效地解决双重边际效应和牛鞭效应等现象，在最大化供应链的整体利润的同时，优化供应链绩效。

四、提高供应链协调性的方法

供应链作为一种企业内外部资源有效整合的组织模式，其效益发挥的重要前提是供应链成员之间紧密合作与关系协调。一些国际知名的大企业，如宝洁、克莱斯勒等都是因为选择组织了高度透明、紧密协作、彼此信赖的供应链体系而获得业务的稳步增长，但同时也应该看到，即使对于市场经济相对成熟的欧美国家而言，供应链成员之间的合作和协调问题同样困扰着许多企业，大量缺乏合作或利益冲突的具体问题会造成整个供应链效率低下。

通过供应链协调契约设计和供应链整合，在企业内部建立起高效的内部网络，保证信息在企业内部各职能部门之间的畅通，然后再与供应商、经销商、顾客等建立起跨组织的外部网络，并确定各组织单位信息共享的权限范围。这样，供应链系统从生产、分配、销售到用户都不是孤立的行为，不仅可以使供应链企业以较低的成本进行信息交流与沟通，还可以帮助企业了解顾客的购买行为，及时响应顾客的需求。尤其是，通过以核心企业为主的供应链协调机制设计，促进供应链企业之间合作伙伴的建立，将企业间的合作拓展到原材料、组件、技术、资本、设备、市场以及信息等各个方面，在全球范围内整合某一行业分散在世界各地的研究开发、生产加工、资源提供和市场营销等价值增值诸环节上具有特定优势的不同企业，实行分工合作、优势互补、利益共享，使生产要素的流动扩展到世界范围。

下面着重讨论对需求变异放大效应、曲棍球棒现象的改进方法。

1. 缓解"需求变异放大"效应的方法

(1) 提高供应链上企业需求信息的共享性。需求扭曲的原因来源于多级供应链需求信息的传递，每一个节点企业的预测需求均成为上游节点企业订货决策的放大因子，并具有累积效应。消除需求信息扭曲的方法是供应链上的每一个节点企业必须在自身的需求中排除下游节点企业订货决策对上游企业的影响，这就要求供应链上的每个节点企业只能根据最终产品市场的实际需求进行自身的需求预测，此时消费者市场的实际需求信息必须被供应链的每一个环节所共享。

(2) 科学确定定价策略。解决由价格下降导致的牛鞭效应，要求供应商采取每天低价策略和分期供货契约策略，前者通过价格的持续性，后者通过供货的阶段性来抑制市场价格的波动，减少牛鞭效应对上游企业的影响。

(3) 提高运营管理水平，缩短提前期。企业在传统运作方式下通过确定经济订货量来降低成本，而库存相关成本被认为是不能减少的。要缓解因批量订购而出现的牛鞭效应的影响，降低订货成本与运输成本是关键，这对供应链管理提出了新的要求。一是要求需求方通过增加订货次数，以最低的订货成本快速地将需求传递给供应商，通常可以通过 EDI 技术、计算机辅助订单管理技术或订货看板管理技术来实现，但应用这些技术的前提条件是组成供应链系统的企业具有基于网络信息伙伴关系，供应链是稳定的战略联盟。二是要求小批量的物流传递可以通过低成本来完成，实现的方法只能是通过第三方物流的配送优化系统。而在引入第三方物流企业后，存储成本是可以减少乃至消除的。第三方物流企业通过供应链及时、准确、高效的配送体制，使供应链节点企业得以实现最低库存，甚至零库存，从而大大降低成本。

(4) 提高供应能力的透明度。现代供应链企业应通过共享生产能力与库存信息，风险共担、利益共享的策略来应对供应短缺所导致的牛鞭效应。实际上这种策略最终导致联合库存管理的出现。联合库存管理强调多方同时参与，共同制订库存控制计划，使供需双方能相互协调,使库存管理成为供需双方连接的桥梁和纽带,从而降低牛鞭效应。

2. 缓解曲棍球棒现象的方法

为了消除总量价格折扣政策导致的曲棍球棒现象,李效良等人建议的最好办法就是宝洁公司的天天低价。然而,由于商业模式的惯性和市场不成熟,目前在快速消费品行业,基于总量的价格折扣方式仍然盛行,很少有公司运用天天低价的政策。在快速消费品行业,公司通常会经营不同品牌和不同包装规格的多种产品。为了消除曲棍球棒现象,平衡物流,公司可以采用总量折扣和定期对部分产品降价相结合的方式。

假定公司向经销商提供两种规格的产品,当经销商的两种产品月累计进货量达到一定的数量以后,公司根据该数量向经销商提供一定的返利,即批量折扣的价格折扣政策。在具体运用这个政策时,公司可以适当降低返利率,然后在考核周期的初期降低其中一种产品的转让价格,在中期再将其价格调高。在这种政策下,经销商为了投机,会在初期多订降价产品,而在期末为了拿到返利而增加另一种产品的进货,中期则进行正常补货,其订货量将变得相对均衡,从而缓和公司出库中的周期性曲棍球棒现象,使其销售物流更为平稳,以减轻公司库存和物流能力的压力,提高物流运作的效率和效益。这种方式还能使经销商在不同时期的订货比较单一,可以减少双方订单处理的工作量,并增加公司单品的生产批量,从而提高生产的规模效益、减少转产的频次。

除了以上方法,公司可以对不同的经销商采用不同的统计和考核周期,从而让经销商的这种进货行为产生对冲,以缓和公司出货中的曲棍球棒现象。公司通过延长考核周期可以减少曲棍球棒现象出现的频率,而通过缩短考核周期可以减小出库波动的幅度。此外,通过与经销商共享需求信息和改进预测方法,公司能够更准确地了解经销商的外部实际需求,从而在设计折扣方案时,尽可能让折扣点与经销商的外部需求一致或略高,也能够缓和曲棍球棒现象。当然,最好的方法是公司能够根据每期经销商的实际销量提供折扣方案,但由于信息不对称,公司很难了解经销商的实际销售情况,或需要付出很大的人力、物力去调查和统计数据,可能会得不偿失。

第二节　供应链运作协调研究概况

一、供应链契约设计研究

供应链契约作为企业间合作关系研究中的主体,由于有库存理论、委托代理理论等作为其研究的基础,近年来,使得供应链契约方面的研究工作迅速发展。

在 1999 年之前,供应链契约的研究内容主要涉及 8 个方面:①决策权的制定;②定价;③最小采购量承诺;④数量柔性;⑤回购或退货政策;⑥配给规则;⑦提前期;⑧质量控制。这些研究对供应链系统中企业成员的差异性、多成员的竞争与合作关注较少。

近年来，供应链契约研究的内容有所拓展，如多阶段、多成员(供应商、生产商和销售商)的供应链契约协调问题；信息不对称对契约有效性的影响；供应商与买方实施某种契约激励的动因；需求或价格不确定条件下的契约设计；产能约束条件下的供应链协调管理等。

二、供应链信息对称性研究

在供应链管理研究中，大多部假定信息完全，且为链中成员所共有，事实上供应链中各成员都有一些私有信息(市场信息、成本信息等)，这些信息会对供应链及链中成员的经营决策产生重大影响。所以，信息的对称性是供应链管理研究的主要内容，近年来作息对称性方面的研究也取得不断进展。

研究主要包括以下内容。
(1) 信息不对称与契约类型对供应链效率影响。
(2) 信息不对称条件下供应商最优数量折扣策略。
(3) 信息不对称条件下供应链生产策略。
(4) 供应商 POS 数据分享价值。
(5) 市场需求信息分享对供应链绩效的影响。
(6) 柔性契约。

三、供应链决策权分配研究

企业经营决策权、剩余索取权一直是企业、政府与学术界关注的焦点，从企业内部经营决策权、剩余索取权(治理结构)方面研究决策权对企业绩效影响的文献很多，而从权威角度研究企业的本质则相对较少一些。

研究主要包括以下内容。
(1) 企业内部决策权配置研究，涉及决策成本与决策权关系、企业内部决策模式对供应链绩效影响以及实证分析。
(2) 企业外部决策权配置研究，涉及权威对企业之间关系的影响、权威对供应链影响以及权威对产业的影响等。近年来，有学者开始研究订货决策优先权对供应链及供应链成员效益影响。

四、供应链整合研究现状

供应链管理的基本思想是主张每个企业专注核心业务，提高核心竞争力，而将非核心业务或不擅长的业务外包给其他企业，并与之建立战略合作伙伴关系，实现互利共赢。然而，实践证明，供应链上的企业必须从整体利益最大化角度出发，共同制定竞争策略，加强相互之间的资源整合，才能获得持久竞争优势。国外学者对供应链整合的实践已经进行了一定的研究。其主要研究包括以下内容。
(1) 企业之间关系对供应链绩效的影响。
(2) 信息共享对供应链绩效的影响。
(3) 供应链整合对服务水平、竞争能力和绩效的影响。

第三节 典型契约设计及价值分析

在由供应商、制造商、分销商、顾客等组成的供应链中,相邻成员都是一种广义的卖方和买方,当买卖双方组成的节点之间产生合作,进行正常的交易时,就会发生物流、信息流、资金流的流动或交换,实现产品价值的增值。买卖双方进行合作及交易过程中的核心任务之一是设计并签订合作或交易的契约。契约的类型是多种多样的,在供应链管理中,企业之间设计需要用哪种类型的契约才能使得供应链的整体运作效益最优,是需要深入研究的问题。

为此,我们针对由一个供应商和一个销售商组成的单一产品供应链,建立了几种典型的契约模型,分析了供应链中不同契约设计对供应链运行绩效的影响。

图 4.3 为一个供应商 S 和一个销售商 R 组成的单一产品供应链。假定市场需求为确定情形,市场需求函数为 $p=a-bq$,供应商生产成本为 C_S,销售商销售成本为 C_R,零售商订货量为 q,供应商以批发价 w 向销售商供应产品,销售商以零售价 p 卖给用户,a、b 为常数。

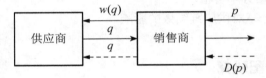

图 4.3 供应链模型

注:◀----表示订货;────▶表示物流;◀────表示资金流。

一、一部线性契约 $(w, 0)$

在此情形下,供应商提出批发价 w,并且 w 是恒定的,与 q 无关。供应商和销售商的收益 Π_S、Π_R 分别为

$$\Pi_S = (w - C_S)q \tag{4.1}$$

$$\Pi_R = (p - w - C_R)q \tag{4.2}$$

解:

$$\begin{aligned}&\text{Max}\,\Pi_S = (w - C_S)q \\ &\text{s.t.}\ \text{Max}\,\Pi_R = (p - w - C_R)q = [(a - bq) - w - C_R]q\end{aligned} \tag{4.3}$$

令 $\dfrac{\partial \Pi_R}{\partial q} = 0$,求得 $q^* = \dfrac{(a - w - C_R)}{2b}$

再将其代入公式(4.1),令 $\dfrac{\partial \Pi_S}{\partial q} = 0$

得到均衡结果为

$$w^* = \frac{1}{2}(a + C_S - C_R) \tag{4.4}$$

$$q^* = \frac{1}{4b}(a - C_S - C_R) \tag{4.5}$$

$$p^* = \frac{1}{4b}(3a + C_S + C_R) \tag{4.6}$$

$$\Pi_S^* = \frac{1}{8b}(a - C_S - C_R)^2 \tag{4.7}$$

$$\Pi_R^* = \frac{1}{16b}(a - C_S - C_R)^2 \tag{4.8}$$

而供应链收益为

$$\Pi_{SC}^* = \frac{3}{16b}(a - C_S - C_R)^2 \tag{4.9}$$

二、二部线性契约(w, L)

在此情形下，供应商制定批发价 w 并给予销售商旁支付 L。当 $L>0$ 时，表示供应商给销售商的折扣；当 $L<0$ 时，表示供应商向销售商收取的特许经营费，w、L 恒定，并与 q 无关。供销双方的收益分别为

$$\Pi_S = (w - C_S)q - L \tag{4.10}$$
$$\Pi_R = (p - w - C_R)q + L \tag{4.11}$$

解：

$$\begin{aligned}&\text{Max}\,\Pi_S = (w - C_S)q - L \\ &\text{s.t. Max}\,\Pi_R = (p - w - C_R)q + L = [(a - bq) - w - C_R]q + L \geqslant \Pi_R^0\end{aligned} \tag{4.12}$$

其中 Π_R^0 为销售商 R 的保留收益值。

解：令 $\dfrac{\partial \Pi_R}{\partial q} = 0$，求得 $q^* = \dfrac{(a - w - C_R)}{2b}$

由于信息的对称性，供应商可取 L 使得 $\Pi_R = \Pi_R^0$，则有

$$L = \Pi_R^0 - [(a - w - C_R) - bq^2] = \Pi_R^0 - \frac{1}{4b}(a - w - C_R)^2$$

将其代入 Π_S，得

$$\Pi_S = \frac{1}{2b}(w - C_S)(a - w - C_R) + \frac{1}{4b}(a - w - C_R)^2 - \Pi_R^0$$

令 $\dfrac{\partial \Pi_S}{\partial w} = 0$，得

$$w^* = C_S \tag{4.13}$$

从而有

$$q^* = \frac{(a - C_S - C_R)}{2b} \tag{4.14}$$

$$p^* = \frac{1}{2}(a + C_S + C_R) \tag{4.15}$$

$$L^* = \Pi_R^0 - \frac{1}{4b}(a - C_S - C_R)^2 \tag{4.16}$$

供应商、销售商以及供应链的收益分别为

$$\Pi_S^* = -L^* = \frac{1}{4b}(a - C_S - C_R)^2 - \Pi_R^0 \tag{4.17}$$

$$\Pi_R^* = \Pi_R^0 \tag{4.18}$$

$$\Pi_{SC}^* = \frac{1}{4b}(a - C_S - C_R)^2 \tag{4.19}$$

三、二部非线性契约$[w(q), L(q)]$

在此情形下，供应商制定批发价 $w(q)$ 并给予销售商旁支付 $L(q)$，$w(q)$、$L(q)$ 都与 q 有关。供销双方的收益分别为

$$\Pi_S = (w - C_S)q - L(q) \tag{4.20}$$

$$\Pi_R = (p - w - C_R)q + L(q) \tag{4.21}$$

解：

$$\begin{aligned}&\text{Max}\,\Pi_S = (w - C_S)q - L(q) \\ &\text{s.t.}\ \text{Max}\,\Pi_R = (p - w - C_R)q + L(q) = [(a-bq) - w - C_R]q + L(q) \geqslant \Pi_R^0\end{aligned} \tag{4.22}$$

其中 Π_R^0 为销售商 R 的保留收益值。

将 $p = a - bq$ 代入 Π_R，令 $\dfrac{\partial \Pi_R}{\partial q} = 0$，$\dfrac{\partial \Pi_S}{\partial q} = 0$ 求得 $q = \dfrac{(a - C_S - C_R)}{2b}$

由于信息的对称性，不论供应商提出的契约$[w(q), L(q)]$为哪种形式，供应商都知道销售商的决策值 $q = \dfrac{(a - C_S - C_R)}{2b}$，与 w 和 L 无关。

考虑供应链虚拟一体化情况，即供应商和销售商合成一个决策主体，决策变量为供货量。这时供应链总收益为：

$$\Pi_{SC} = (p - C_S - C_R)q = (a - C_S - C_R)q - bq^2 \tag{4.23}$$

解 $\dfrac{\partial \Pi_{SC}}{\partial q} = 0$，得最优供货量

$$q^* = \frac{(a - C_S - C_R)}{2b} \tag{4.24}$$

则最大供应链总收益为

$$\Pi_{SC}^* = \frac{1}{4b}(a - C_S - C_R)^2 \tag{4.25}$$

四、价值分析

比较三种契约在供应链中的应用及供销双方的绩效，可以得出以下结论。

(1) 在其他条件不变情况下，不同类型的契约会引起供应商和销售商以及供应链的收益产生显著的差异。

(2) 当供应商和销售商执行二部线性契约(w, L)要比执行一部线性契约$(w, 0)$有更高的供应链总收益，达到了供应链协调的理想结果。

(3) 当供应商和销售商执行二部线性契约(w, L)时，供应商取得了除销售商保留收益以外的所有收益。供应商是契约精细化的最大受益者，而销售商处于被动接受契约条款的地位，契约精细化不能增加其收益。

(4) 当供应商和销售商执行二部线性契约关系(w, L)时，供应链的总收益已达到虚拟一体化时的最大值。这时，契约精细化不能再增加其收益。在总收益一定的情

况下,供应商、销售商及供应链的收益都不可能再增加。所以,二部非线性契约$[w(q), L(q)]$的分析结果与二部线性契约(w, L)的分析结果相同。

第四节 不确定需求条件下的供应链契约设计

不确定需求也就是市场需求随机分布,表现为客户需求量的不确定,以及需求分布在时间、空间上的差异性,需求结构的变动等。不确定需求条件下的供应链协调契约一般以报童问题为基本模型。报童问题又称为报贩问题或单周期问题,就是在随机需求情况中找到最优订货量,使期望利润最大化,它是假设在产品的销售周期末,零售商处理剩余库存。直观地说,如果订货量小于实际需求,零售商将丧失许多获利机会,因此存在机会成本;如果订货量大于实际需求,零售商将承担库存过剩的风险,不得不低价处理商品。正是由于报童模型反映了许多管理实践中的一些短生命周期产品的营销实践(如时装、机票、易腐类的农产品、笔记本电脑及手机等),使人们对单周期问题的研究兴趣与日俱增。对于报童问题下的供应链契约,已有许多学者进行相关的研究,最具有典型性的有四种契约类型:批发价格契约、回购契约、收入共享契约、数量柔性契约。

我们假定供应链系统由一个供应商和一个销售商组成的单一产品供应链(图4.3),产品市场需求是随机的,产品具有季节性,且生命周期比较短,不考虑订货周期的影响。单位产品市场价格为p(由外部因素决定)。供应商单位产品边际成本为C_S,产品批发价格为w,销售商订购量为q,支付给供应商的中间转移价格为T。C_R为销售商单位产品边际成本,C为供应链渠道总成本,并有$C = C_R + C_S$,S为单位产品残值。规定$p > w > C_S > S \geq 0$,以保证零售价高于批发价,批发价高于供应链渠道成本,而产品残值低于供应链渠道成本。市场需求分布函数为F,需求密度函数为f:F连续可微,且单调递增,即$f > 0$。$F(0) = 0$,$\bar{F} = 1 - F$,f服从正态分布,均值为μ,方差为σ。x为产品市场随机需求,为连续变量。$Q(q)$为销售商的期望销售量, $Q(q) = q[1 - F(q)] + \int_0^q x f(x) \mathrm{d}x = q - \int_0^q F(x) \mathrm{d}x$。

供应链成员对待风险的态度,影响着成员在不确定性情况下的行为决策,假定供应商和分销商对风险的类型相同,都为风险中性,且完全理性。产品面对开放的市场,有关产品的售价、需求分布和成本等信息对称,即信息完全,双方在博弈开始时拥有相同信息。根据领导者-追随者博弈理论,供应商是领导者,分销商是追随者,供应商给定一个契约,分销商选择接受或拒绝,假定分销商接受契约,分销商据此确定其最优订货量,供应商生产产品并于季初交付,最后,分销商支付中间转移价格。如果分销商拒绝,则博弈结束。

一、批发价格契约

供应商给定的契约参数为w,中间转移价格$T = wq$。销售商利润函数为
$$\Pi_R(q, w) = pQ(q) - wq - C_R q$$

$\Pi_R(q, w)$为q的凹函数,则必存在唯一的最优解。根据博弈论逆向归纳法,首先分析销售商的订货量决策。

令 $\dfrac{\partial \Pi_R(q,w)}{\partial q} = 0$，则有

$$pQ'(q) - w - C_R = 0$$

因为 $Q'(q) = 1 - F(q)$，代入可求得

$$F(q_R^*) = 1 - \dfrac{(w + C_R)}{p} \tag{4.26}$$

供应链利润函数为

$$\Pi_{SC}(q,w) = pQ(q) - Cq$$

设 q^0 为供应链最优订购量，则其满足

$$Q'(q^0) = \bar{F}(q^0) = \dfrac{C_R + C_S}{p}$$

由于 $Q'(q)$ 为减函数，当其仅当 $w=C_S$ 时，有 $q_R^* = q^0$，即当供应商以边际成本价格作为批发价格，批发价格契约才能使供应链最优，此时供应商的利润为零。因此，供应商倾向于提高的批发价格。由此可得，批发价格契约无法使供应链最优。但是，批发价格契约的可观察性较强，且比较简易，使其应用性较强。当某契约的执行成本高于供应商利润的增加额时，批发价格契约就成为供应商所选择的协调机制。

由上述分析可知，如果分销商先选择订货量，那么，供应商会背离供应链的最优批发价格，其存在不可信行为。因此，不能使用逆推归纳法。下面首先确定供应商的定价决策。

由公式(4.26)可知，w 和 q_R^* 存在一一对应的关系，其关系可以表示为

$$w(q) = p\bar{F}(q) - C_R$$

供应商利润函数为

$$\Pi_S(q,w(q)) = (w(q) - C_S)q \tag{4.27}$$

由 $\dfrac{\partial \Pi_S}{\partial q} = w(q) + qw'(q) - C_S = w(q)\left[1 - \dfrac{qf(q)}{\bar{F}(q) - \dfrac{C_R}{p}}\right] - C_S$，可证明 $\dfrac{\partial \Pi_S}{\partial q}$ 是减函数，则供应商利润函数为 q 的凹函数(详细证明过程略)。

因此，供应商供货量存在唯一最优解 q_S^* 使供应商利润最大。此博弈为供应商先选择批发价格 $w(q_S^*)$，分销商再选择订货量。显然，对于给定 $w(q)>C_S$，供应商愿意生产并交付 q_S^* 数量的产品给销售商。

我们再考察销售商对此批发价契约的执行意愿。供应商选择最优批发价格 $w(q_S^*)$ 后，销售商利润函数可表示为

$$\Pi_R(q,w(q)) = pQ(q) - w(q_S^*)q_S^* - C_R q \tag{4.28}$$

上式对 q 求偏导，有

$$\dfrac{\partial \Pi_R(q,w(q))}{\partial q} = -w'(q)q = pqf(q) > 0$$

由上式可知，销售商利润函数为订货量的增函数。那么，销售商可能会偏离订货量 q_S^*，如果放弃其他产品的机会成本大于 $\Pi_R(q_S^*,w(q_S^*))$，分销商就购买部分或全部其他产品。因

此，对于最优批发价格 $w(q_S^*)$，分销商并非自愿执行。

分销商的偏离对供应商造成潜在的威胁。为缓和威胁，供应商可以通过降低批发价格来提高订货量，以增加分销商的利润，留住分销商。这样做的合理性在于供应商通过努力提高了订货量，使分销商利润增加，同时也使整个供应链的利润趋于最优，从而改善整个供应链的绩效，但这种协调是以牺牲供应商的利润为前提的。

一种缓和威胁的方式是：供应商采用批发价格契约协调利润的同时，可以进行简单的价格折扣策略，假定销售商的实际订货为 q，$q \in (q_S^*, q^0)$，其中前 q_S^* 数量的产品以价格 $w(q_S^*)$ 出售，超出 q_S^* 数量的部分产品以低于批发价 $w(q_S^*)$ 的价格 w_l 出售，且 $w_l > C_S$。

二、回购契约

该契约规定，在销售季末，销售商可以以一定的价格把未出售的产品全部退还给供应商。回购是一种在不确定需求系统协调中常见的契约方式，既能分担风险，又能起到激励的作用。回购的最大特点在于，它能够灵活地消除随机需求下系统的双重边际效应。通过缔结回购契约，供应商与销售商共同分担市场风险，并能够激发销售商努力销售产品的积极性，提高其期望利润。回购契约往往应用于生产周期较长而销售季节较短的商品交易中，在时令商品市场中得到了广泛应用。

供应商给定批发价格 w 和回收价格 b，销售商决定订购量 q；在销售季末，供应商回收销售商的剩余产品。规定 $s<b<w$，以保证产品回收价格高于残值，低于批发价，目的是限制销售商借回收商品谋利，或过度订货而将风险转嫁给供应商。问题：供应商如何确定合理的回收价格，以激励销售商提高订货量，使供应链收益最大化？

销售商和供应商利润函数分别为

$$\Pi_R(q) = pQ(q) - wq - C_R q + b(q - Q(q)) \tag{4.29}$$
$$\Pi_M(q) = (w - C_S)q - (b - s)(q - Q(q)) \tag{4.30}$$

其中，$Q(q) = \int_0^q x f(x) \mathrm{d}x + \int_q^\infty q f(x) \mathrm{d}x$，将其代入式(4.29)，令 $\dfrac{\partial \Pi_R(q)}{\partial q} = 0$，

经化简有 $\int_0^q f(x) \mathrm{d}x = \dfrac{p - w - C_R}{p - b}$，即 $F(q) = \dfrac{p - w - C_R}{p - b}$，则可得到销售商最优订购量为

$$q_R^* = F^{-1}\left(\frac{p - w - C_R}{p - b}\right) \tag{4.31}$$

同理，令 $\dfrac{\partial \Pi_M(q)}{\partial q} = 0$，求得 $\int_0^{q_M} f(x) dx = \dfrac{w - C_S}{b - s}$，即供应商期望的订货量为

$$q_M^* = F^{-1}\left(\frac{w - C_S}{b - s}\right) \tag{4.32}$$

在分散决策情况下，供应商为了激励销售商订购更多的产品，采取批发价契约，零售商根据自身利润最大化原则所确定的最优订购量 $q_R^* \neq q_M^*$。为此，制造商可通过协调批发价格和回收价格使得 $q_R^* = q_M^*$，则有

$$\frac{w-C_S}{b-s} = \frac{p-w-C_R}{p-b}$$

进而求出

$$b = \frac{(p-s)w}{p-C} - \frac{p(C_S-s)+sC_R}{p-C} \tag{4.33}$$

由此可知，$b(w)$ 与需求分布无关。在零售价格为常数且供应商采取回购契约时，供应商可根据公式(4.33)确定合适 b 与 w 的值，使得销售商出于自身利益考虑制定的订购量等于供应链系统的最优订购量，从而使供应链实现协调运作。

在回购契约中，利润在供应商与销售商之间分配，销售商利润占供应链总利润额的 $1-b/p$，而供应商利润占供应链总利润额的 b/p(证明过程略)。

然而，回购契约也可能引起一些问题。

(1) 如果销售商处理剩余库存的残值高于供应商处理剩余库存的残值，回购效率就会降低。

(2) 返回货物将产生运输成本。

(3) 非理性的销售商会过度购买，增加供应链的不确定性。

(4) 零售商推销商品的积极性下降。

(5) 如果供应商有生产能力限制，会引起销售商短缺博弈，从而导致牛鞭效应。

三、收入共享契约

收入共享契约参数为 (w_r, φ)，供应商的品批发价格为 w_r，小于边际成本 C_R，φ 为销售商所占销售收入的份额，则供应商获得销售收入份额的 $(1-\varphi)$。

分销商利润函数为

$$\Pi_R(q,w,\varphi) = \varphi p Q(q) - w_r q - C_R q \tag{4.34}$$

设 λ 为销售商利润占供应链利润的份额，$0 \leq \lambda \leq 1$。为使供应链最优，需满足：

$$\lambda p = \varphi p$$
$$w_r + C_R = \lambda C$$

求得

$$\lambda = \varphi \tag{4.35}$$
$$w_r = \lambda C - C_R \tag{4.36}$$

将以上两式代入式(4.34)，有

$$\Pi_R(q,w_r,\varphi) = \lambda \Pi(q) \tag{4.37}$$

由式(4.37)可知，分销商的最优订货量与供应链的最优订货量一致，即 q^0 为分销商的最优订货量，销售商为自愿执行收入共享契约。

供应商利润函数为 $\Pi_S(q,w_r,\varphi) = (1-\lambda)\Pi(q)$，同理可知其自愿执行收入共享契约。

由公式(4.36)可知，$w_r = \varphi C_S - (1-\varphi)C_R \leq C_S$。这表明，要实现收入共享契约协调，批发价格必须不得过超过供应商生产成本，即供应商在产品销售过程中为亏损，以此换取分销商的部分销售收入。当 $\varphi < C_R/C$ 时，批发价格为负值，特别是当销售商的边际成本很高时，出现这种可能性的更大。此时，销售商的边际收益已经很低，供应商如果想从销售商

处获得更多的销售收入份额,需给销售商一定的成本补贴。更极端的情况是,当 φ 趋近于 0 时,销售商的份额很少,导致销售商偏离整体最优的订货量 q^0 ,而偏离对销售商而言几乎没有任何惩罚,对于供应商则造成很大风险,此时收入共享契约已经不再适用。因此,只有 $\varphi \in (C_R/C, 1]$ 时,也即 $w > 0$ 时,收入共享契约才适用。

根据委托代理理论,供应链成员必须满足各自的个体理性约束,即收入共享契约中供应链成员利润应大于其保留利润,其中保留利润与市场状况和存在的机会成本有关。这使 φ 的有效区间进一步缩小。

在实际执行过程中,供应商的利润依赖于销售收入,这使得供应商必须花费一定的监督成本来观测销售收入的完成情况,而此成本通常在收入分享契约中不予考虑,成为供应商的负担,导致该契约在许多情况下不再适用,而是采较低监督成本的契约。

当供应商的监督成本小于采用收入共享契约的新增利润(收入共享契约中供应商的利润减去批发价格契约中供应商的利润)时,供应商选择收入共享契约,反之,则选择批发价格契约。

回购契约与收入共享契约都可协调供应链,起到供应链利润分配的作用。不同的是,前者协调订货量,而后者协调销售收入。

四、数量柔性契约

数量柔性契约中,契约参数为 (w_q, δ) ,w_q 为供应商批发价格,δ 为剩余存货退款上限比例,$0 \leq \delta \leq 1$ 。规定季初销售商订货为 q ,季末销售商剩余存货大于 δq 时,供应商只对 δq 部分的存货全额退款。销售商剩余存货小于 δq 时,供应商剩余存货全额退款。

销售商利润函数为

$$\Pi_R(q, w_q, \delta) = pQ(q) - w_q \left(q - \int_{(1-\delta)q}^{q} F(x) \, dx \right) - C_R q \tag{4.38}$$

为使供应链最优,销售商的最优订货量应为 q^0 ,即公式(4.37)的一阶偏导数满足

$$\frac{\partial \Pi_R(q, w_q, \delta)}{\partial q} = pQ'(q) - w_q \{1 - F(q) + (1-\delta)F[(1-\delta)q]\} - C_R = 0 \tag{4.39}$$

又 $Q'(q^0) = (C_R + C_S)/p$,则有

$$w_q(\delta) = C_S / \{1 - F(q^0) + (1-\delta)F[(1-\delta)q^0]\} \tag{4.40}$$

对公式(4.38)求导,有

$$\frac{\partial^2 \Pi_R(q, w_q, \delta)}{\partial q^2} = -(p - w_q)f(q) - w_q - (1-\delta)^2 f[(1-\delta)q]\} - C_R < 0$$

由公式(4.38)可知, $w_q(\delta) > C_S$,又 $0 \leq \delta \leq 1$

则 $\lim_{\delta \to 0} w_q(\delta) = C_S$, $\lim_{\delta \to 1} w_q(\delta) = p$

得 $\Pi_R(q, w_q, \delta)$ 为 q 上的凹函数。由此可知,销售商的最优订货量存在且唯一,给定最优批发价格 $w_q(\delta)$,销售商的最优订货量为 q^0 。销售商有意愿执行该契约。

供应商的最优利润函数为

$$\Pi_S(q, w_q, \delta) = w_q \left(q - \int_{(1-\delta)q}^{q} F(x) \, dx \right) - C_R q \tag{4.41}$$

令

$$\frac{\partial \Pi_S(q,w_q,\delta)}{\partial q} = w_q\{1-F(q)+(1-\delta)F[(1-\delta)q]\} - C_S = 0$$

可使 q^0 满足上式，然后再对上式求偏导，有

$$\frac{\partial^2 \Pi_R(q,w_q,\delta)}{\partial q^2} = -w_q\{f(q)-(1-\delta)^2 f[(1-\delta)q]\} \tag{4.42}$$

通过观察上式可以发现，该式二阶导数的符号存在多种情况，无法判断其大于 0 或小于 0，供应商偏离最优订货量 q^0。

因此，可以认为，只有在强制执行的情况下，数量柔性契约才能使供应链最优。

当 $\delta=0$ 时，销售商利润函数为

$$\Pi_R(q,w_q,0) = pQ(q) - w_q q - C_R q$$

供应商利润函数变为

$$\Pi_S(q,w_q,0) = w_q q - C_S q$$

因 $\delta=0$，可得 $w_q = C_S$，此时销售商获得整个供应链的利润，供应商利润为 0。

当 $\delta=1$ 时，销售商利润函数为

$$\Pi_R(q,w_q,1) = pS(q) - w_q Q(q) - C_R q$$

供应商利润函数变为

$$\Pi_S(q,w_q,1) = w_q Q(q) - C_S q$$

因 $\delta=0$，可得 $w_q = C_S/[1-F(q^0)] = C_S p/C$，此时销售商利润函数为 0，供应商获得整个供应链的利润。

可以认为，数量柔性契约的利润分配与剩余存货退款上限比例 $\delta(0 \leqslant \delta \leqslant 1)$ 有关，当 $\delta \in (0,1)$ 时，供应商的利润变化比例范围为 (0，1)，销售商的利润变化比例范围为 (1，0)，且剩余存货退款上限比例 δ 的大小随外部需求的变化而变化。

本 章 小 结

供应链运作是否协调直接影响着供应链的整体效益和竞争力。本章首先介绍了供应链不协调的三种集中表现，即牛鞭效应、曲棍球棒现象和双重边际效应，分析其原因并给出了解决方法。其次，简要总结了供应链运作协调研究的基本状况，主要包括供应链契约设计、信息对称性、决策权分配以及供应链整合方面。然后，讨论了三种典型的契约，包括一部线性契约、二部线性契约和二部非线性契约的模型。在一定的条件下，二部契约优于一部契约，而二部线性契约与二部非线性契约效果相同。针对二部线性契约，在产品价格固定、需求随机的情况下，旁支付激励机制对提高供应链运作效益是有益的。由于供应链经常受到来自系统内外不确定性条件的影响，给运作协调造成困难。因此，本章在最后详细介绍了不确定条件下的几种供应链契约模型。

关键术语

供应契约 Supply Contract
回购契约 Buyback Contract
收入共享契约 Revenue Sharing Contract
数量柔性企业 Quantity Flexible Contract

牛鞭效应 Bullwhip Effect
曲棍球棒现象 Hockey Stick Effect
双重边际效应 Dual Double Marginalization

习 题

一、选择题

1. 下列关于供应链结构特征描述不正确的是(　　)。
   A．层次性　　　　　　　　　B．成员角色相对性
   C．网链结构　　　　　　　　D．封闭性
2. (　　)管理方式将企业管理的边界从内部延伸到外部。
   A．成组技术　　　　　　　　B．MRP
   C．计算机集成制造系统　　　D．敏捷制造
3. 报童每售出一份报纸赚 k 元，如报纸未能售出，每份亏 h 元。每日售出报纸份数 r 的概率 $P(r)$ 为已知，请问报童每日最佳订购报纸份数 Q 应满足(　　)。
   A．$\sum_{r=0}^{Q-1} P(r) < \dfrac{k}{k+h} \leq \sum_{r=0}^{Q} P(r)$　　B．$\sum_{r=0}^{Q} P(r) < \dfrac{k}{k+h} \leq \sum_{r=0}^{Q+1} P(r)$

二、简答题

1. 在市场竞争激烈、顾客化需求日益明显的情况下，供应链企业运作协调有哪些好处？
2. 引起供应链牛鞭效应的原因有哪些？如何缓解？
3. 分析供应链管理环境下导致曲棍球棒现象的原因，并给出解决的方法。
4. 供应契约的本质是什么？这些供应契约是如何达到供应链协调运行的？

沃尔玛公司供应链管理分析

"让顾客满意"是沃尔玛公司的首要目标，顾客满意是保证未来成功与成长的最好投资，这是沃尔玛数十年如一日坚持的经营理念。为此，沃尔玛为顾客提供"高品质服务"和"无条件退款"的承诺绝非一句漂亮的口号。在美国，只要是从沃尔玛购买的商品，无须任何理由，甚至没有收据，沃尔玛都无条件受理退款。沃尔玛每周都有对顾客期望和反映的调查，管理人员根据计算机信息收集信息，以及通过直接调查收集到的顾客期望及时更新商品的组合，组织采购，改进商品陈列拜访，营造舒适的购物环境。

沃尔玛能够做到及时地将消费者的意见反馈给厂商，并帮助厂商对产品进行改进和完善。过去，商业零售企业只是作为中间人，将商品从生产厂商传递到消费者手旦，反过来再将消费者的意见通过电话或书

面形式反馈到厂商那里。看起来沃尔玛并没有独到之处,但是结果却差异很大。原因在于,沃尔玛能够参与到上游厂商的生产计划和控制中去,因此能够将消费者的意见迅速反映到生产中,而不是简单地充当"二传手"或者电话话筒。

供应商是沃尔玛唇齿相依的战略伙伴。早在20世纪80年代,沃尔玛采取了一项政策,要求从交易中排除制造商的销售代理,直接向制造商订货,同时将采购价格降低2%~6%,大约相当于销售代理的佣金数额,如果制造商不同意,沃尔玛就拒绝与其合作。沃尔玛的做法造成与供应商关系紧张,一些供应商为此还在新闻界展开了一场谴责沃尔玛的宣传活动。直到20世纪80年代末期,技术革新提供了更多督促制造商降低成本、削减价格的手段,供应商开始全面改善与沃尔玛的关系。通过网络和数据交换系统,沃尔玛与供应商共享信息,从而建立了伙伴关系。沃尔玛与供应商努力建立关系的另一做法是在店内安排适当的空间,有时还在店内安排制造商自行设计布置自己商品的展示区,以在店内营造更具吸引力和更专业化的购物环境。

沃尔玛还有一个非常好的系统,可以使得供应商们直接进入沃尔玛的系统,沃尔玛称其为零售链接。任何一个供应商可以进入这个系统中来了解他们的产品卖得怎么样,昨天、今天、上一周、上个月和去年卖得怎么样。他们可以知道这种商品卖了多少,而且他们可以在24小时之内就进行更新。供货商们可以在沃尔玛公司的每一个店当中及时了解到有关情况。

另外,沃尔玛不仅仅是等待上游厂商供货、组织配送,而且也直接参与到上游厂商的生产计划中去,与上游厂商共同商讨和指定产品计划、供货周期,甚至帮助上游厂商进行新产品研发和质量控制方面的工作。这就意味着沃尔玛总是能够最早得到市场上最希望看到的商品,当别的零售商正在等待供货商的产品目录或者商谈合同时,沃尔玛的货架上已经开始热销这款产品了。

沃尔玛的前任总裁大卫·格拉斯曾说过:"配送设施是沃尔玛成功的关键之一,如果说我们有什么比别人干得好,那就是配送中心。"沃尔玛第一间配送中心于1970年建立,占第6 000m^2,负责供货给4个州的32个商场,集中处理公司所销商品的40%。在整个物流中,配送中心起中枢作用,将供应商向其提供的产品运往各个商场。从工厂到上架,实行"无缝链接"平稳过渡。供应商只需将产品提供给配送中心,无须自己向各商场分发。这样,沃尔玛的运输、配送以及对订单的处理等所有过程,都是完整网络当中的一部分,可以大大降低成本。

随着公司的不断发展壮大,配送中心的数量也不断增加。现在沃尔玛的配送中心,分别服务于美国18个州约2 500间商场,配送中心约占第100 000m^2。整个公司销售商品85%由这些配送中心供应,而其竞争对手只有约50%~65%的商品集中配送。如今,沃尔玛在美国拥有100%的物流系统,配送中心已是其中一小部分,沃尔玛完整的物流系统不仅包括配送中心,还有更为复杂的资料输入采购系统、自动补货系统等。

供应链的协调运行是建立在各个环节主体之间高质量的信息传递与共享的基础上。沃尔玛投资4亿美元发射了一颗商用卫星,实现了全球联网。沃尔玛在全球4 000多家门店通过全球网络可在1小时之内对每种商品的库存、上架、销售量全部盘点一遍,所以在沃尔玛的门店,不会发生缺货情况。20世纪80年代末,沃尔玛开始利用电子数据交换系统(EDI)与供应商建立了自动订货系统,该系统又称为无纸贸易系统,通过网络系统,向供应商提供商业文件、发出采购指令,获取数据和装运清单等,同时也让供应商及时准确地把握其产品的销售情况。沃尔玛还利用更先进的快速反应系统代替采购指令,真正实现了自动订货。该系统利用条码扫描和卫星通信,与供应商每日交换商品销售、运输和订货信息。凭借先进的电子信息手段,沃尔玛做到了商店的销售与配送保持同步,配送中心与供应商运转一致。

讨论题:
1. 总结沃尔玛供应链管理的成功之处。
2. 沃尔玛是如何强化供应链战略伙伴关系的?
3. 信息化对沃尔玛的供应链的协调运行起了什么作用?沃尔玛为强化供应链信息管理采取了哪些措施?其效果怎样?

第五章 供应链合作伙伴关系

【学习目标】
- 了解供应链合作伙伴关系的特点、类型;
- 掌握供应链合作伙伴关系的周期性演变特点;
- 掌握供应链合作伙伴关系评价的步骤、方法;
- 掌握协调供应链合作伙伴关系的原则、模式和手段。

【知识架构】

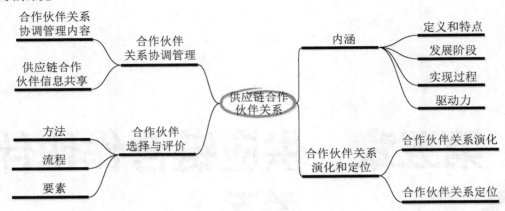

 导入案例

克莱斯勒公司与洛克维尔公司之间的长期合作伙伴关系

克莱斯勒公司与洛克维尔公司达成一项协议，两个公司将在汽车的设计阶段进行紧密合作。洛克维尔公司负责总装厂与零部件厂计算机控制部分的设计。如果计算机控制与汽车的设计不匹配，就会影响到汽车的质量和汽车进入市场的时间。根据协议，洛克维尔公司是为克莱斯勒公司的总装、冲件、焊接、电力设备等部门设计计算机控制的独家公司，他们之间是一种相互依赖的合作关系。他们(汽车制造商与计算机控制供应商)之间的合作是汽车行业内的首例。两个公司的工程师在汽车设计阶段的紧密合作中，洛克维尔公司的工程师设计开发相关计算机控制软件，以便能与克莱斯勒公司的工程师同时设计控制系统和整个汽车。计算机控制是汽车制造过程中的重要部分，合作双方都希望能够尽可能实现降低成本、缩短制造周期等目标，而且缩短进入市场的周期是克莱斯勒公司保持竞争优势的主要目标，以前的周期是26～28周，现在的目标是将它缩短至24周，克莱斯勒公司希望通过与洛克维尔公司的合作能实现这个目标。

(资料来源：http://wenku.baidu.com)

第一节 供应链合作伙伴关系概述

供应链合作伙伴关系(Supply Chain Partnership，SCP)是企业供应链管理的核心，要有效地实现供应链管理就应促进由单次市场交易机制向战略协作机制的快速转变，即在供应链各成员企业之间建立一种长期稳定的合作伙伴关系，从而提高整个供应链的运行效率和竞争能力，促进供应链上企业共同发展，以使企业适应新经济形势的发展需要。

一、供应链合作伙伴关系的定义和特点

1. 供应链合作伙伴关系的定义

供应链合作伙伴关系也就是供应商、制造商、分销商之间的关系，或者称为卖方-买方

关系(Vendor-Buyer)。供应链合作伙伴关系可以确定为供应商与制造商、制造商与分销商(包括经销商和零售商,此时制造商也是一种供应商)之间在一定时期内的共享信息、共担风险、共同获利的协作关系。这样一种战略合作形成于集成化供应链管理环境下,形成于为了特定的目标和利益的供应链企业之间。形成的原因通常是为了降低供应链总成本、降低库存水平、增强信息共享、改善相互之间的关系、保持战略伙伴相互之间操作的一贯性,产生更大的竞争优势,以实现供应链节点企业财务状况、质量、产量、交货期、用户满意度和业绩的改善与提高。

所以合作伙伴关系是指核心企业与供应链上其他节点企业之间的关系,包括与上游供应商的合作关系和与下游分销商的合作关系。

2. 供应链合作伙伴关系的特点

供应链合作伙伴关系是"横向一体化"思想的集中体现,即核心企业利用其他节点企业的资源和技术优势为自己服务,进而达到多赢的目的。其特点如下。

(1) 相互信任的长期、稳定的合作关系。供应链合作伙伴关系是一种基于长远考虑的企业关系,合同或供应协议是长期的,并能够切实得到保证。这种关系意味着超越合作之外的灵活性,每一方都不要求"绝对公平"地完成每次交易,能够承担责任,期望提高供应链的整体竞争力,并最终使自己获益。

(2) 开放和共享,全方位地交流与合作。合作伙伴共同开发单一、共享的消费者需求预测系统,通过共享市场信息,对供应链企业的生产与库存等进行协调,使企业及时调整他们的生产策略,以便在市场上占据主动地位。供应链各企业定期交流产品、工艺、市场、技术和开发问题,通过财务支持、人员参与或提供专门知识、实物等方法提升企业生产能力进行有意识的投资战略。

(3) 共担风险与共享利益,强调供应链的整体效益。供应链合作伙伴采用评估工具认真检查共享的双方,找出成功或失败的相互责任,不断改善合作关系,从而达成一致的方向和行动。经常评价改善的进展情况,在有组织的经常反馈中优化合作关系,提高供应链的整体效益。

在合作伙伴关系中,不但总体生产力提高了,而且得利的部分也可以以各种方式分配到伙伴手中。合作伙伴合力将利润之饼做得更大,而不是在同一块饼上为了谁多吃的部分而喋喋不休。总而言之,利润之饼更大了,合作伙伴最终都能吃到更大的饼,即合作伙伴关系能将"零和游戏"变成一种共享的多赢局面。

二、供应链合作伙伴关系与传统交易关系的区别

供应链合作伙伴关系和传统的交易关系及纵向一体化有明显的区别。从战略上看,传统交易关系与供应链合作伙伴关系之间的差别如表 5.1 所示。

表 5.1 传统交易关系与供应链合作伙伴关系的区别

比 较 元 素	传统交易关系	供应链合作伙伴关系
契约持续时间	一次性	长期的
沟通程度	低	高

续表

比 较 元 素	传统交易关系	供应链合作伙伴关系
能力转移与合作对象转换	容易转换	不经常转换
管理层支持度	低	高
交易态度	利益导向	开发、信任、合作
可视性	程度低	程度高
计划和目标	个人、短期	参与、相互、长期
利益分享	个人、单独	共享、共同
问题解决	权利导向	共同、公正

从运营层面上看，传统的企业之间交易关系与供应链合作伙伴关系也是不同的。传统交易关系的特点是：对供应商的选择强调低价格；供应商的合约是短期的；通过招标进行评价；供应商数目比较多，有一个较庞大的供应商群体；有限的信息沟通；在问题解决、工作的改进和取得利益的分享上都是权利导向。而合作伙伴关系的特点是：对供应商的选择有多个准则；与供应商有长期的合作关系；对供应商采用较深入的附加价值的评估；比较少的供应商数目；信息共享；在解决问题、提高工作业绩、利益的分享上都是基于共同的目标且以协作方式进行。

再将供应链合作伙伴关系和传统的交易关系及纵向一体化三者进行比较，其结果可以用表5.2说明。显然，这三者的差别是显著的，各有适合应用的环境和产品。

表 5.2 不同类型的纵向企业之间关系比较表

比 较 元 素	传统交易关系	供应链合作伙伴关系	纵向一体化
关系紧密程度	不稳定、短暂	密切、文档	内部合作
信息交流	交易信息	计划、生产及技术等高度共享	完全共享
计划	短期	长期、实时	长期
资产所有权	各自独立	部分共享	完全控制
风险与回报	局部理性、系统风险	共担风险共享利益	内部控制、收益共享

三、供应链合作伙伴关系的实现过程

在供应链中，企业之间建立合作伙伴关系的实现主要包括以下过程。

1. 合作伙伴的选择

主导企业在进行伙伴企业选择时，必须权衡各种因素，全面考察潜在的伙伴企业，从中做出最优化的选择。通过对各潜在伙伴企业的特征进行分析、整理、评估，确定一个最优的伙伴企业构成方案。在这一阶段，主导企业根据建立的供应链模型，确定所需要的性能水平、关键经营过程与核心资源；开发供应链运营流程并评价这些过程和性能以进一步确定当前所拥有的核心资源与能力；进行缺陷分析以确定企业核心能力之外所需要的经营能力，以确定选择伙伴企业的领域范围，并进行合作伙伴的初选；通过对潜在的伙伴企业进行多目标综合评价，得到一个最优的合作伙伴集合。

2. 合作伙伴关系的建立

对具有潜在合作伙伴关系的企业进行评价与选择虽然是供应链主导企业单方面的行为，但仍需要在企业之间通过一系列的沟通与协商谈判，最终确立供应链企业之间的合作伙伴关系。

企业之间可以通过一对一的协商谈判机制，来确立供应链中企业之间的合作伙伴关系。比如对某个核心资源拥有垄断地位的单个或少数几个供应商的选择。然而，在大多数情形下，主导企业将面临多个潜在合作伙伴的情形。对于一对多情形下的供应链合作伙伴关系的建立，同样可以采用协商谈判的方式来建立合作伙伴关系。但需要进行协商与谈判的代价过大时，可以采用招标/拍卖的方法进行任务的招标。通过建立合理的招标/拍卖机制，可以快速高效地在多个潜在的合作伙伴中进行选择，使结果朝对双方都有利的方向发展。同时，由于供应链企业之间信息的不对称现象，在供应链企业之间合作伙伴关系的建立过程中，有必要建立约束机制，以最终建立供应链企业之间合作伙伴关系。由于供应链管理中不确定性因素的存在，单一节点的供应源对供应链的运营将导致潜在的风险。因此，有时主导企业会同时与多个具有同样核心资源的企业建立合作伙伴关系，组成供应链组合。

3. 合作伙伴关系的评价与重构

鉴于供应链运营过程中的动态性，有必要在供应链的运营过程中对供应链合作关系进行有效的激励与监督，以确保企业之间合作伙伴关系的稳定。对合作伙伴的监督可通过供应链绩效评价来实现。

四、供应链合作伙伴关系建立的驱动力

供应链合作伙伴关系的形成是很多企业内外因素起作用的结果，比如产品寿命周期的缩短，顾客的需求日益提高等。但起主要作用的是以下三个最基本的驱动力：核心竞争力、不断变化的顾客期望、外包战略。其中，核心竞争力是企业自身的优势保持和发展的内在驱动力，顾客期望的不断变化是合作伙伴关系得以产生的外部压力，合作伙伴关系可以说是外包战略的延伸和深化。

1. 核心竞争力

核心竞争力是建立在企业核心资源的基础之上，企业的技术、产品、管理、文化的综合优势在市场上的反映。核心竞争力是一个组织在自己所从事的生产和服务中具有的一系列互补的技能和知识的结合，它具有一项或多项业务达到竞争领域一流水平的能力，又为顾客提供某种特殊的利益。例如，摩托罗拉公司擅长于生产那些生命周期变化很快的产品(如手机)，就是因为公司具有一系列的、相互促进的技能。核心竞争力不是一种仅存在单个技术或一个小的生产单位的简单的技能，它是技能的组合。企业的核心竞争力有以下独特的特点。

(1) 价值优越性。核心竞争力是企业独特的竞争能力，应当有利于企业效率的提高，能够使企业在创造价值和降低成本方面比竞争对手更优秀。同时，必须对顾客提供"可感知"的价值。核心或非核心就在于它们是否能为顾客带来更多的"可感知"利益。

(2) 差异性。要确定一种技能是否可称为核心竞争力，它还必须是同行业中与众不同

的。这并不意味着它只是本企业所有,但至少应比其他竞争者优越。核心竞争力在企业长期的生产经营活动过程中积累形成,深深打上了企业特殊组成、特殊经历的烙印,其他企业难以模仿。

(3) 难替代性。由于核心竞争力具有难以模仿的特点,因而依靠这种能力生产出来的产品在市场上也不会轻易地被其他产品所替代。

(4) 可延伸性。企业的核心竞争力不仅能为当前市场提供某种特殊的产品或服务,而且还可以帮助企业进一步开发新的产品或进入新的领域。没有前景的技能不能称为核心竞争力。

从长远来看,企业竞争力来源于比竞争对手更低的成本、更快的速度去发展自身的能力,来源于能够生产质量更高的产品、更具强大竞争力的核心能力。由于任何企业所拥有的资源是有限的,不可能在所有的业务领域都能获得竞争优势,因而必须将有限的资源集中在几种核心业务上。供应链合作伙伴关系是保持核心竞争力的有效手段。各节点企业通过合作伙伴关系的保持,把非核心业务交由合作伙伴来完成,自己则可以在核心领域更专注。供应链合作伙伴关系既是保持和增强自身核心竞争力的需要,也是企业在其他领域利用其他企业核心竞争力获取优势地位的手段。

2. 不断变化的顾客期望

顾客需求是企业生产的驱动源,生产的产品只有到达顾客手中,才真正实现了价值。对顾客需求的关注是供应链所有成员的首要任务,随着消费者消费的更理性化和消费品市场的发展,顾客的需求期望也不断变化,主要有以下几点。

(1) 质量和可靠性的提高。质量和可靠性是最基本的产品要求,质量的提高包括产品原料的选用、设计的合理、加工的精密、产品外观等,需要从产品设计到制造的各个环节对质量严格的审核和保证,才能保证最终产品的质量是无懈可击的。

(2) 现有产品范围的更多选择。顾客越来越精明,他们开始希望能直接或间接地影响生产者以更好地让企业提供符合自己需求的产品。厂家不断地推出新品种,从而引起了一轮又一轮的产品开发竞争,结果是产品的品种数成倍增长。为了吸引顾客,许多厂家不得不绞尽脑汁不断增加花色品种。网络技术的发展为顾客的选择提供了方便,质量、价格、服务水平的透明给企业施加不断完善产品的压力。同时,任何产品上的优势都更易于模仿和改进,产品差异化的优势不能得到长久保持,为了保持市场竞争的优势,企业的产品压力加大了。

(3) 产品设计的个性化。随着市场的发展,差别化、个性化的产品越来越受消费者的青睐,企业根据客户的需求量身定做成为企业争取市场的一种手段。产品顾客化的程度,已成了许多企业的战略性决策。个性化产品对企业生产的柔性提出了更高的要求。接近顾客,积极对顾客的需求做出响应,要求企业能够更快、更准确地捕捉市场信息,提高企业对市场的反应能力和生产的柔性。

(4) 更快满足顾客要求。尽管并非所有的市场要求即时反应,但在其他条件相同的情况下,更迅捷的反应能力让顾客印象深刻,将该产品和其他产品区别开来。供应链合作伙伴关系的建立可以有效减少从顾客需求到产品到达顾客手中的时间浪费,使得企业可以以更快的速度满足市场需求,从而获得优势。

(5) 更高的顾客服务水平。顾客通常购买的不仅仅是单个商品,而是连同服务的"混合商品"。在大多数情况下,售后服务和持久维护必须是要具备的。顾客的服务水平是赢得顾客和让其成为终身用户的重要手段,越来越多的企业把提高顾客服务水平当成最基本的产品范畴。

顾客需求期望的不断变化提高,使得任何一家企业很难单枪匹马地满足其要求,正是在这样一种背景下,企业逐渐地开始不局限于自身的力量和资源,与相关的企业取得联系与协作,建立合作伙伴关系。

3. 外包战略

外包就是把不属于自己核心竞争力的业务交给其他企业来完成,而自己专注于核心业务的做法。外包这种新经营理念的兴起将导致企业对现有模式进行重组,增强核心竞争力,外包出去的非核心业务又有可能形成新的商机,成功地将两者结合在一起有极大的好处。外包可使企业将所有资源集中在能使企业取得绝对优势,并能为客户提供无可匹敌价值的核心能力上。很少企业能对其所有的产品或服务的专业水平进行有效的掌握和控制,而外包在成本、柔性、质量、专业、核心竞争力等方面都有其长处。

(1) 成本。生产每一种产品都需要在设备和专业技术上进行重大投资,而专业供应商却拥有这种资源,而且会一直通过产品研究开发来提高生产水平和产品竞争力。因为专业供应商有不止一个购买者,所以他能比任何购买者自己生产都有更大的经济性。

(2) 柔性。企业改变产品组合的时候,就必须重置、增加或转移生产资源,因而要花费更多的时间和精力,而且,需求改变时,企业就会积压产品,需要重新调度。而外包只要向供应商发出订单就解决了问题。

(3) 质量。企业要生产的零部件越多,提高每一个零部件质量的速度就越慢,特别是对那些需要不同技术的零部件而言。企业时间有限,资源有限,不可能同时提高每一个零部件的质量,相反,专业零部件供应商有更多的资源,而且在其专业领域能提供最好的产品。

(4) 专业。通常来说,专业零部件供应商对产品和流程能更好地理解,并能更好地专注新技术。企业能通过外包来共享专业的优势。

(5) 核心竞争力。外包可以使企业把非核心业务交给其他企业,而将精力集中于核心竞争力。

综上所述,外包能够给企业提供较大的灵活性。供应链合作伙伴关系就是某种特定形式的外包战略。在节点上下游直接形成某种形式的外包,比如分销商为零售商管理库存,为制造商寻求销售渠道,就是库存、销售的两种外包形式。

第二节 供应链合作伙伴关系的演化和定位

一、供应链合作伙伴关系的演化

企业由于战略需要,与外界发生关联。当现在的关系不能满足其战略要求时,就有进一步发展关系的动力。关系是逐级发展的,当战略需要满足时,关系不再继续深入。当战略发生改变时,原有的关系也必然会重新调整。因此,从生命周期角度,合作关系可划分为四个阶段进行研究,如图 5.1 所示。

应该看到,关系的发展更多时候是一个连续的逐步提升的过程。因此对这些关系的划分是粗略的。企业根据其战略需要,对其不同业务领域的合作关系进行定位,当目前的关系水平和原来的定位水平不一致时,关系就有演进的可能。关系的演变可以是上升式的,比如从合作萌芽关系发展到合作成长关系,再发展至合作成熟关系,最后有可能变成合作衰退关系。同时,关系的演变也可以是倒退的或者是跳跃的,比如合作成长关系可能因为外部环境的变化而退回合作萌芽关系,也可能直接发展成为合作衰退关系。

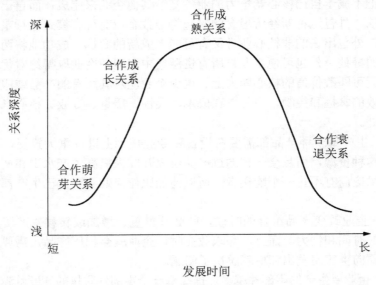

图 5.1　供应链合作伙伴关系类型划分

1. 合作萌芽关系

合作萌芽关系可以传递产品和服务,但它的作用是有限的,更不可能通过流程的再造促进双方的一体化。因此在这个时候,退出的障碍很小,所以双方结束交易关系的转换成本很低。双方的共享信息也很少,这是因为对交易的强调限制了双方的交往内容。这时,企业之间还没有建立信任基础。一般而言,这种关系包括实时现货交易、短期合同和长期合同等市场交易方式。这里的长期合同不是基于合作的,而是基于市场行为的。

合作萌芽关系条件下,供应链中合作企业双方所签订的合同或契约涉及的共同利益部分比较少甚至没有。双方都是从自己的利益出发,在利益分配时仅限于合同规定,可能会存在合作双方中的某一方"以强凌弱",导致利益分配不公平的现象。这种合作关系限于合同约定,当合同结束,合作关系也面临着结束。因此合作关系的重要性对合作双方来说都不重要。相对而言,退出合作关系的风险和障碍也很小,即维持这种关系的成本很低,企业可以随时退出合作关系。

在这种关系类型下,合作双方的沟通不通畅,沟通的内容也仅限于交易内容。通常是一对一的单点联系和沟通,采用传统的沟通方式,例如书信、电话和传真等。在企业内部,员工还没有具备合作所需要的素质，企业组织柔性较差，无法适应合作所需要的迅速变化。由于双方的合作时间较短及合作的领域限于合同规定的范围，因此合作双方缺乏基本的信任。这种合作关系在市场竞争中的影响比较差，外部的环境变化快速，合作者的数量众多，合作双方没有意向建立稳固的合作伙伴关系。

2. 合作成长关系

合作成长关系超越了合作萌芽关系，供应方和采购方之间的合作变得开放了。但这种合作与开放是有所保留的，即信任是有限的，双方都可以得到更多的有用信息，但是不包括一些敏感的信息。

当双方停留在合作萌芽关系阶段时，采购方通过业务交往对供应商的能力和态度进行评价。如果评价结果是令人满意的，通过一段时期的发展双方的关系就可能更深入一步，当发展到一定阶段双方建立比较牢固的合作关系，则进入合作成长关系的阶段。但这并不意味着采购方会把所有的宝押在一个供应商身上。同样，供应商通过一段时间的探询，如果涉及一些价值昂贵的基础设施、设备的交易，企业关系可能直接从探询阶段跳过合作萌芽关系而发展到合作成长关系的阶段。

合作成长关系已经不再是单点联系，已经发展到一种类似于网络的程度，尽管是个相对松散的网络结构。企业之间的联系所涉及的人员和业务的范围比之前的市场交易关系时期更加广泛。尽管有更多的资源投入合作中，但它仍然不属于合作成熟阶段。在合作成长关系中，供应商提供为客户增加价值的机会，采购方则对供应商采取积极的交流态度。采购方可能会确定进一步合作的机会或帮助供应商解决一些问题。但是，在此时，双方退出合作并不是一件很困难的事。供应商对采购方有更多的沟通，在沟通渠道、沟通内容和沟通技术等方面有了增强，这能提供给他们更多的信息以便展开工作，但是信息的交流一般还处于运营层面，而且仅仅局限于合作的领域。双方的关注重点仍集中于合作的部分，倾向于建立长期的合作关系。

合作成长关系条件下，供应链中合作企业双方所签订的合同或契约涉及的共同利益部分较大。双方虽然是从自己的利益出发，但会考虑合作对方的利益，在利益分配时较公平。这种合作关系不限于单次的合同约定，当一次的合同结束后双方的合作关系会因为双方的需求而延续，双方的关注重点集中在对方是否能提供有价值的服务，因此合作关系的重要性对合作双方来说都双较重要。退出合作关系的风险和障碍较大，维持这种关系的成本较高，企业较难退出合作关系。

在这种关系类型下，合作双方的沟通总体上双较通畅，沟通的内容也包含了大量敏感的信息。通常是涉及合作所必要的沟通渠道，采用合作双方各自建立的信息系统进行相互的沟通。在企业内部员工已较适应合作需要，企业组织柔性良好，适应合作所需的变化。由于双方的合作时间较长及合作的领域不局限于合同规定的范围，而是更广泛的合作领域。这种合作关系在市场竞争中的影响比较大，外部的环境变化不大，合作者的数量不会多于两个，因此合作双方倾向于建立稳定的合作伙伴关系。

合作成长关系的特征：这类似于企业生命周期的成长期，双方的关系在市场交易关系的基础上发展，通过双方相互合作，而不是相互怀疑或威胁。这时双方认识到合作能给双方带来的利益，不再常常担心原有的关系破裂。它们已经能够开始了解彼此的经营之道，并且能够预期短期的未来，可以共同讨论需求的前景。

3. 合作成熟关系

合作成熟关系和战术性商品买卖关系之间应该有明显的区分。建立合作成熟关系需要花费时间和精力，并且只能选择少部分最适当的供应商建立这种关系。做得好，供应商就会成为企业资源的外部延伸。将要与合作伙伴共享哪些信息，收益又如何分配，以及如果违背了双方就相互利益和相互依赖关系所达成的谅解，又将会产生什么后果，所有这些都要达成一项系统的协议。另外，由于企业把传统的业务关系看作一种彼此对立的关系，所以要改变这种思想还需要花费大量的时间。

在合作成熟关系的阶段，供应商和采购商都已经明确彼此的重要性。供应商已经成为采购方的唯一选择或者是第一选择。同时采购方已经把供应商看作其外部的战略资源，而不仅仅是战术层面的合作者。此时双方会积极分享敏感信息并且致力于解决共同的问题。虽然它们仍然保持着独立身份，但是在经营中高度整合，如同一个统一体。外部的界线和内部的界线已经趋于消失。在这个阶段，企业明确认识到：高度整合可以使它们实现以前无法实现的业绩。

此时，企业之间的关系往往包括职能合作或项目合作。合作团队可能是基于职能的，或以事务为基础的，或以项目为基础的，但必须是与和双方的战略计划相关的。团队由双方共同组成，会定期会面，有自己的通信网络。它们会集成数据系统，使信息流程合理化并且消除沟通的障碍。它们在诸多领域有着共同的战略利益，制订共同的战略计划，并融入两个企业各自的计划程序中。合作团队着重于处理更具有战略性的事务，以确保双方的经营业务朝着盈利的方向持续发展。

在相互依存的客户关系开始产生的许多利益在此阶段都能够得以实现了。双方对彼此的信任感和责任感不断提升，使得进一步的合作成为可能，比如成本费用透明，甚至相互公开敏感的内容。合作双方相互锁定，退出成本很大。因为它们已经一起或者即将在许多领域建立合作机制，比如共同开发设计、协同配送和联合营销，而拆散这些合作需要付出巨大的代价。双方的伙伴关系已经成熟，并且支持对方从关系中获利。在这种关系下，双方交易的价格是长期而稳定的，甚至可能是固定的或者按照一定公式变化的。这就大大降低了交易费用，消除了经常性的争论和谈判。

在这种关系类型下，合作双方的沟通完全通畅，沟通的内容也包含了大量的战略信息。通常合作双方会为此建立专门的联合团队，以保持高度的协同。合作双方采用共同建立的信息系统进行相互沟通。在企业内部员工已完全适应合作需要，企业组织柔性良好，适应合作所需的变化。由于双方的合作时间较长及合作的领域不局限于合同规定的范围，而是涉及更多敏感的核心领域，而这种合作关系在市场竞争中的影响非常大，外部的环境很稳定，合作对象是唯一的，因此合作双方已经建立稳定的合作伙伴关系。

合作成熟关系的特征：企业相信它们的合作关系非常牢固，相互信任和尊重对方。没有一方预期或考虑中止合作关系，双方都能够采取长期的商业行为。这种关系类似于企业生命周期的成熟期，企业双方的关系已经达到一个稳定而积极合作的关系，形成双赢的局面。双方的沟通已经完全通畅，企业往往建立了专门的合作团队。企业之间的关系已经发展成为一个不存在障碍的内部统一体，企业通过紧密合作挖掘双方的潜能以提升核心竞争力。

4. 合作衰退关系

在合作衰退关系中，企业之间曾经建立的伙伴关系已经被外界或内部的各种因素影响和驱动，合作关系逐渐瓦解。双方更愿意在外部寻求更合适的合作伙伴，但由于曾经建立的伙伴关系仍有部分影响，双方仍存在交易或合作的领域。在这种情况下，采购方仍会愿意与供应商进行交易，同时采购方也会利用提供同样产品或服务的其他供应商，进行价值和价格的对比。

此时，供应商和采购方的关注重点又转移到价格和绩效评估上来，类似于合作萌芽关系阶段。双方的合作都是基于短期目标而产生的短期行为，他们就不再花费更多的时间和金钱投资于维护长期关系，而仅仅倾向于完成订单，同时更多地在外部发掘合作伙伴。

在这个时候，企业双方退出的障碍已经变小，双方的共享信息也逐步减少，这是因为对交易的局限决定了双方沟通的内容。企业之间曾经建立的信任基础已经接近崩溃。所以双方结束交易关系的转换成本很低，也有意向在有更好的选择时解除合作的伙伴关系。

合作衰退关系条件下，供应链中合作企业双方所签订的合同或契约涉及的共同利益部分有限。双方又恢复到合作萌芽阶段或合作成长阶段，考虑自己的利益较多，因此在利益分配时公平性有限。这种合作关系虽然不限于单次的合同约定，当一次的合同结束后双方的合作关系会再次考虑双方的需求而可能会延续，因此合作关系的重要性对合作双方来说较小。退出合作关系的风险和障碍降低，维持这种关系的成本对于企业来说是有限的，企业在此时较易退出合作伙伴关系。

在这种关系类型下，合作双方的沟通中存在单点不通畅的问题，沟通的内容也包含了有限的运营信息。合作双方采用较简单的信息网络进行多点沟通。在企业内部员工素质部分不适应合作需要，企业组织柔性中等，较适应合作所需的变化。由于双方的合作时间较长及合作的领域局限于合同规定的必要领域。这种合作关系在市场竞争中的影响中等，外部的环境略有变化，有少数的合作候选对象可供选择，因此合作双方曾经建立稳定的合作伙伴关系已经面临破裂。

合作衰退关系的特征：这类似于企业生命周期的衰退期，这种关系要求回归到对基本实物交易的满足。企业双方不再努力维护合作伙伴关系而倾向与别的企业建立新的合作伙伴关系。这种情况是已经建立合作伙伴关系的企业双方最不愿意看到的结果，因为一旦进入合作衰退关系，之前为建立合作伙伴关系而付出的金钱、时间和精力等成本将成为沉没成本，而建立新的关系，又需要大量的投入。

二、基于产品类型的合作关系定位

企业之间的关系并不总是从市场交易关系的初阶段开始向上发展的。尽管很难想象相互之间以前没有交往的企业一开始就进入高度合作的阶段，但是确实有一些合作关系是在较高层次上开始的。这取决于行业的环境、产品的特征、合作者的信誉等诸多因素，关键是要有强大的合作驱动力——共同利益和利益分配等。

对于普通式产品，往往是标准式样的。交易价格是关注的焦点，因此交易往往通过市场竞价来进行。此时供应商和客户都不是唯一的，是多对多的供求关系。供应商和客户之间的关系往往从市场交易开始发展，一般它们之间的关系水平较低。

对于定制式产品，客户对产品有特殊的要求，但可以满足这些要求的供应商有可能不止一家。此时，客户需要较为稳定的合作关系，供应商具有不稳定的竞争优势，也需要通过合作来稳定客户群，它们通过合作可以共同拥有部分技术。

对于专利式产品，往往是一家供应商独自拥有技术上的专利，而有许多客户需要它的产品。此时，客户一方非常需要稳定的供应商，它有展开合作的强烈要求，而供应商拥有技术具有竞争优势，它对合作的需要可能没有客户那么强烈。

对于顾客设计式产品，只有极少数的供应商能够满足那些极少数客户的特殊要求，此时双方往往都有强烈的合作愿望，可以通过联合设计等合作方式，来取得共同的竞争优势。

可见如果产品是定制式或顾客设计式的，很可能一开始合作双方就站在一个较高的层次上发展关系。应该看到，关系的发展更多时候是一个连续的、逐步提升的过程。因此对这些关系的划分是粗略的。企业根据其战略需要，对其不同业务领域的合作关系进行定位，当目前的关系水平和原来的定位水平不一致时，关系就有演进的可能。关系的演变可以是上升式的，比如从合作萌芽关系发展到合作成长关系，再发展至合作成熟关系，最后有可能变成合作衰退关系。同时，关系的演变也可以是倒退的或者是跳跃的，比如合作成长关系可能因为外部环境的变化而退回合作萌芽关系，也可能直接发展成为合作衰退关系。

第三节　供应链合作伙伴的选择与评价

供应链管理作为一种新型的企业之间关系的管理模式，合作伙伴的评价选择在其中占据非常重要的地位，其结果直接影响到供应链的效率和稳定。评价与选择本身是两类问题，但在供应链环境下它们几乎总是同时出现：在供应链合作伙伴关系形成阶段，评价的结果是进行伙伴选择的主要依据；在合作伙伴关系维持阶段，对各成员的评价(主要是绩效评价)是供应链对成员企业进行动态淘汰选择的主要依据。可以这样说，评价是选择的基础，选择是评价的结果。下面将对供应链合作伙伴的评价选择问题进一步探讨。

一、供应链合作伙伴选择与评价的要素

供应链合作伙伴的选择问题最终可以归结为一个评价问题。这主要是因为，评价问题比较复杂，需要考虑众多的因素，而评价之后的选择问题则相对较为简单。一个评价问题的基本要素包括以下几个方面。

1. 评价主体

评价主体是一项评价任务过程的执行者，评价主体的意图、建立的评价指标体系和选择的评价方法将直接影响评价的结果。本文的评价主体是供应链中的核心企业或者是在供应链运营中起主导作用的企业。

2. 评价客体

评价客体是一项评价任务的评价对象，即欲加入供应链的企业。评价客体的特征，所提供的信息等也将直接影响评价的结果。本书的评价客体包括供应商和分销商。

3. 评价指标体系

评价指标体系是为了实现评价主体对评价客体的评价,而对主体意图和客体特征以及外部影响因素的综合的一个抽象,它将对评价客体的评价转化为对评价指标的取值和评价。本书分别建立了供应商评价指标体系和分销商评价指标体系。

4. 评价方法

评价方法是评价主体进行任务评价所采取的技术手段。通过对评价方法的运用,可以将评价指标体系中的所有指标取值按照一定的方法进行综合,得到一个总体的评价值,这也是任何一个评价问题要得到的最后结果。

二、供应链合作伙伴选择与评价的流程

供应链合作伙伴的评价选择流程如图 5.2 所示。

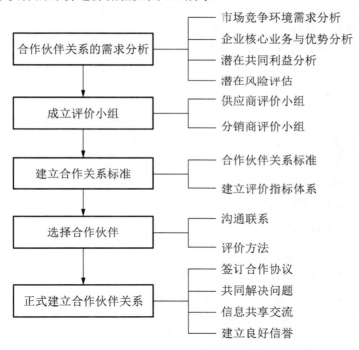

图 5.2 供应链合作伙伴关系建立的流程

1. 合作伙伴关系的需求分析

(1) 市场竞争环境的需求分析。有需求才有建立合作关系的必要。建立基于信任、合作、开放性交流的供应链合作伙伴关系,必须首先分析市场竞争环境。通过搜集有关顾客需求、产品类型和特征以及竞争对手情况等各种市场信息,确认是否有建立供应链合作关系的必要。通过向卖主、用户和竞争者进行调查,掌握准确的数据资料。还应该建立一种市场信息采集监控系统,并开发对复杂信息的分析和决策技术。如果已建立供应链合作关系,则根据需求的变化确认供应链合作关系变化的必要性。

(2) 供应链企业的核心业务和优势分析。当企业专注于自身的核心业务,而把非核心

业务外包时,企业与企业之间的依赖性加强。只有了解自身的核心优势,才能把非核心业务活动正确而不是盲目地委托给其他企业,明确和什么样的企业进行合作,才能与企业建立真正的合作伙伴关系。企业是否具有核心竞争力,在哪方面具有核心竞争力可根据杰恩·巴尼的 VRIO 框架模型和迈克尔·波特的一般价值链模型相结合来分析。

(3) 潜在共同利益分析。合作双方为利益而努力,才有建立合作伙伴关系的愿望。潜在的利益可表现在以下几个方面:①实现共同的期望和目标;②改善相互之间的交流,实现信息共享;③减少外在因素带来的不确定性及其造成的风险;④增强矛盾冲突解决能力;⑤通过减少中间环节,可以在订单、生产、运输上实现规模效益以降低成本;⑥减少库存和积压资金流,减少管理成本;⑦借助来自客户和供应商、分销商的信息进行创新,并可从合作中获得技术资源。

(4) 潜在风险的评估。风险具有客观性、不确定性、不利性等性质,所以评估风险、认识风险才能共担风险,把风险的影响降到最低程度,以谋求最大的收益。那些不成功的合作往往都是因为对合作估计过于乐观,而对风险估计不足。这些风险包括:TI 技术的缺陷,如网络传输速度、软件设计中的缺陷、病毒;管理风格、企业文化,如不同企业文化会导致对相同问题的不同看法,从而存在分歧,影响供应链的稳定;还有诸如过分地依赖一个合作伙伴,可能在合作伙伴不能满足期望要求时造成惨重损失等。

2. 成立评价小组

企业必须分别建立供应商和分销商评价小组以控制和实施合作伙伴的评价,组员以来自与供应链合作密切的部门为主,组员必须有合作团队精神,具有一定的专业技能。例如,供应商评价小组应主要以采购、质检、研发、生产及信息技术等部门为主,而分销商评价小组则主要以销售部门为主。评价小组成立之后应制定合作伙伴的评价标准,建立供应链管理环境下合作伙伴的综合评价指标体系。

3. 建立合作伙伴关系的标准

1) 合作伙伴关系的标准

(1) 兼容性。兼容是一个成功的合作关系所必须具备的重要条件之一。两个进行合作的企业,如果缺少兼容性,那么不管其的业务在战略上多么重要,也不管双方都多么有能力,都将很难经受时间的考验,也很难应付变化的市场和环境。兼容及解决分歧与矛盾的能力是保持合作双方良好关系的基石。兼容并不意味着没有任何摩擦,但只要合作双方有合作的基础并且相互尊重,他们就能解决分歧。兼容包括规模与能力上的兼容,生产和财务上的兼容,销售渠道和分配上的兼容,质量管理的兼容,信息网络的兼容,企业文化的兼容,环境策略的兼容等。

(2) 能力。合作伙伴的能力是另一个非常重要的因素。合作者必须有能力与自己合作,合作才有价值。在评价合作伙伴的能力时,企业应当为每一个潜在合作对象准备一份档案资料,以更好地评价他们的优势和弱点。归纳起来,主要评价以下几点:第一,在拟合作的领域,你与合作伙伴谁更活跃?第二,对方的市场能力如何?第三,对方的技术水平、生产能力、销售网络如何?第四,对方是市场的主导者还是落后者?一般来说,大部分企业都要求他们的合作伙伴具有能够对合作伙伴关系投入互补性资源的能力。合作伙伴关系的建立更需要寻找能够帮助企业克服自己弱点的合作伙伴,从而可以变弱点为优势。

(3) 投入。找一个与自己有同样投入意识的合作者是合作伙伴关系的第三个基石。就算合作伙伴有能力与自己的体系相容，但是，如果对方不愿向合作关系投入时间、精力和资源，合作关系就很难取得预期的效果。所以，在决定建立合作伙伴关系之前，必须了解合作伙伴对合作关系的投入意识。第一，合作关系的业务是否属于合作对象的核心业务范围。如果合作的业务领域对合作对象来说是微不足道的，那么它就有可能不愿投入必要的时间和资源，还有可能很容易就退出合作关系而使对方处于一种进退两难的境地。但如果合作关系涉及合作对象的主要业务，这种风险就会减小。第二，确定合作伙伴退出合作伙伴关系的难度。合作关系面临的风险之一就是合作一方把合作纳入它的发展战略，并且投入了大量的资源和精力，而合作伙伴却突然退出合作关系，从而给对方带来巨大的损失。所以，在决定建立合作伙伴关系之前，必须测试这种可能性有多大，测试合作对象退出合作关系的困难程度。

2) 建立供应链合作伙伴评价指标体系

评价指标体系是选择合作伙伴的客观依据。评价指标体系的设置合适与否直接关系到能否选出理想的合作伙伴。供应链合作伙伴评价指标体系的建立应遵循以下几个原则。

(1) 系统全面性原则。对合作伙伴的评价必须能全面反映合作伙伴目前的综合水平，并包括企业发展前景的各方面指标。

(2) 最小完备性原则。在全面性的基础上，各评价指标之间必须相互独立，即评价指标体系的最小完备性。如果各评价指标的内容互相重叠，就会产生重复评价的情况，从而使评价结果失真。

(3) 简明、科学性原则。评价指标体系的大小必须适宜，也就是说指标体系的设置应有一定的科学性，抓住关键要素。如果指标体系过大、指标层次过多、指标过细，势必将评价者的注意力吸引到细小的问题上；而如果指标体系过小、指标层次过少、指标过粗，又不能充分反映合作伙伴的水平。

(4) 稳定可比性原则。评价指标体系的设置还应考虑到易与现存的其他指标体系相比较。

(5) 灵活可操作性原则。评价指标体系应有足够的灵活性，以使企业能够根据自己的特点以及实际情况，对指标灵活运用。

(6) 公开、公平、公正性原则。对合作伙伴的评价应在公开的环境下公平、公正地进行，避免掺杂个人主观认识。

(7) 动态平衡原则。评价指标体系应该根据实际环境的变化及时调整、修改，对合作伙伴也应该根据实际情况及时、重新进行评价。

此外，还应注意，由于合作伙伴在供应链中所处的位置与功能不同，故对他们建立的评价体系也应不尽相同。以下，从供应商和分销商的个性与共性来说明两者指标体系的异同点。

① 共性分析。不管是供应商还是分销商，他们都是供应链中的节点，作为一个独立的企业，都需要对企业的财务、成本、管理、服务和外部环境进行评价。

② 个性分析。对于供应商，无论他们对核心企业提供的是原材料还是零部件，核心企业主要看重的是产品的质量、成本、生产能力、柔性、交货、技术等因素。而对分销商，因为其自己不生产产品，而是营销产品并提供延伸产品——服务，因此重视的是是否具有通畅、多样化的分销渠道，是否具有良好的促销策略、足够的促销人力和物力投入，即营

销能力如何。另外还要求分销商具有良好的客户需求预测能力、快速的信息反馈速度和低库存控制能力。由于分销商和供应商提供的产品差异,决定了两者评价标准的不同。

4. 合作伙伴参与评选

一旦企业决定进行合作伙伴评选,评价小组应与初选伙伴取得联系,以确认他们是否愿意与本企业建立供应链合作伙伴关系,是否有获得更高业绩水平的愿望,企业应尽可能早地让他们参与到评价体系的设计中来。然而,企业的资源和力量是有限的,企业只能与少数的、关键的伙伴保持紧密的合作,所以参与的伙伴应尽可能少的。在与初选伙伴商量好之后,就可进行对合作伙伴各方面情况的评价,然后运用一定的评选方法(如定性方法、定量方法、定性与定量相结合的方法)确定最后的合作伙伴。

5. 正式建立合作伙伴关系

经过以上四个步骤,企业已经确定了合作的对象,接下来就是与其建立正式的合作伙伴关系,包括签订合作合同,拟定共同解决问题方案,确定双方信息交流/共享的方式,以及如何建立双方合作的良好声誉等。

三、供应商的选择与评价

在供应链中,供应商是物流的始发点,是资金流的开始,同时又是信息流的终点,任何需求信息都要最终分解成供应信息,需求的满足程度则要最终追溯到供应商对订单的实现程度,因此,与供应商的合作显得非常重要,成为供应链各个环节合作的开端。实行 JIT 生产方式的企业,更强调与上游供应商的合作,没有供应商的保质保量的准时供货,就不可能有 JIT 所号称的"在需要的时刻,按照需要的数量,生产真正需要的合格产品"。设想,如果在供应商这一环节出了问题,没有实现准时交货,或者没能交正确交货,那么由于供应链中上游环节都是下游环节的提供者,这将引起连锁反应,最终导致交货的延迟。所以我们看到在日本丰田公司的 JIT 的技术体系构造中,良好的外部合作成为不可缺少的支撑体系之一。供应商合作伙伴关系是供应链合作伙伴关系的重要组成部分。

1. 选择供应商的原则

据有关资料显示,大多数生产制造型企业在开发自己的供应商时一般均依据以下原则:"适时、适质、适地、适量";"货比三家,比质比价,就近购买,同种产品比质量,同种质量比价格,同等价格比信誉";"先厂家,后批发,再市场,择优采购";"计时,完整,优质低价,批量进货";"流通时间短,流通费用低";"货买源头,价比三家"。更有一些企业明确提出合格供应商标准,如有 ISO 9000 认证、有效的证书;是源头厂家,在行业中有一定的技术优势,性价比合理;质量稳定,交货及时,价格合理,售后服务好等。

选择供应商合作伙伴的原则主要包括:①高质量;②低成本;③高效率;④交货灵活;⑤相同或相近的企业价值观及战略思想。

2. 建立供应商综合评价指标体系

根据供应商的评选标准,本书建立包括质量、价格、交货、服务、技术与生产能力、财务状况、外部环境、企业信誉 8 个方面的供应商评价指标体系,如图 5.3 所示。应该指出,企业在选择供应商的时候,应根据自己的目标和需求选择合适的评价指标,区分关键性指标和次要性指标,对供应商进行总体的综合评价,从而选择出最合适的供应商。

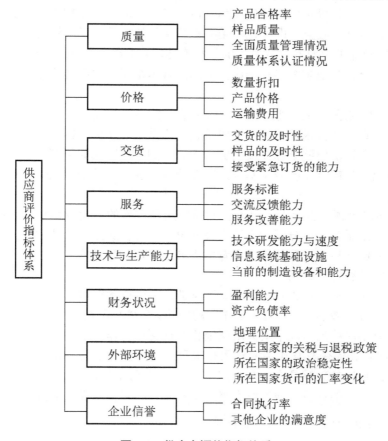

图 5.3 供应商评价指标体系

第四节 供应链合作伙伴关系的协调管理

供应链中每一个节点企业既是后一个节点企业的供应商,同时也是前一个节点企业的采购商,供需关系贯穿于整个供应链。供应链本身的动态性,以及成员企业在合作中由于信息不对称、利益冲突而引起的种种矛盾,注定供应链是一个典型的需要协调的系统,协调的目的就在于使得整个供应链获得的利益大于各成员企业单独获得的利益之和。

一、供应链企业在合作中存在的问题及其影响

1. 供应链企业在合作中存在的问题

从根本上说,相对稳定的供应链合作伙伴关系要满足两个条件:一方面,供应链的总收益要大于各个企业独自经营的收益之和,这就保证了企业加入供应链是有利可图的,也就是说供应链的决策是以实现全局最优为目标;另一方面,企业加入供应链所得的收益要大于其独自经营所得的收益,即存在"帕累托最优"的条件下供应链的新增利润的分配问题。供应链各节点企业是具有独立利益的经济实体,追求自身利益最大化是其固有的本性,因此企业之间的合作在现实中存在着许多问题。具体来说,供应链合作中的实质性问题有以下几个方面。

(1) 利润分配问题。供应链企业在运作中做出自己的贡献,在供应链的运作之中调整自己的经营模式和增加技术投入,每个成员企业都希望能从供应链的整体运作中获得更大的利益。那么,通过供应链全体成员的努力而获得的新增利益如何在各个成员企业之间分配是企业之间保持长期合作的稳定基础,利益的纠纷往往导致企业之间沟通的障碍和其他更严重的后果。

(2) 风险共担问题。实际上,风险和利益问题是挂钩的,企业承担风险必然是希望得到相应的回报。出于对利益分配的不确定性的考虑,许多企业不愿意承担无回报的风险,这就导致了供应链上许多对整体增值和竞争力产生作用的新技术、新方法不能得到应用,直接导致供应链所有企业的利益受损。

(3) 沟通问题。沟通不仅是指运用现代信息、网络技术获得相互有用的信息资源,还包括相互之间通过有效的协商,解决合作问题的能力。信息不对称是沟通问题的最大障碍,企业如何在信息不对称的情况下最大限度地相互理解和协作,是供应链存在的实际问题。

(4) 信任问题。信任在合作中的作用是很重要的。企业之间的信息共享、风险承担、相互之间对彼此目标的理解是企业在合作中解决许多问题的关键。合作伙伴之间可靠诚实、遵守承诺、关心对方的利益,通过协商来解决问题,必然会提高供应链的运营效率。

2. 合作中存在的问题对供应链整体绩效的影响

如果对供应链企业在合作中的问题不加以防范和处理或处理不当,就会引起供应链的失调。所谓的供应链失调是指供应链中各成员企业之间相互冲突,或者虽然不冲突但是供应链的整体效益不佳的现象。在供应链失调的情况下,由于各成员企业的信息不能有效共享,企业只能依据各自独立的需求预测信息确定其运营策略,从而导致供应链整体运营效率不高。

一般说来,供应链失调会导致以下四个方面的典型问题。

(1) 生产成本增加。供应链失调使得各个节点企业把主要的精力都放在如何尽力满足订单上,不合理的产能使用和无谓的物流运输都会导致单位产品的生产成本增加。

(2) 库存成本增加。在一个缺乏协调的供应链中,各个节点企业为了应付下游企业的需求变动,必须保有比"牛鞭效应"存在时还要高的库存水平。高水平的库存还增加了必备的仓储空间和运输压力,从而使整条供应链显得越发笨重。

(3) 降低客户服务水平。在面对快速变化的市场需求时,缺乏协调的供应链节点企业

往往难以安排其生产计划，经常会出现当前生产能力和库存不能满足订单需求的情况，因而会引起供应链中订单的大幅波动。一方面，增加了上游企业满足订单的难度，缺货的概率增大，客户的服务要求不能得到有效满足，降低了客户服务水平。另一方面，大幅度波动的订单，也增加了货物交付时间的控制难度，往往出现订货期延长的问题。客户服务水平的下降，不但影响单个企业的效益，而且影响整个供应链的效益。

(4) 供应链中各节点企业关系恶化。供应链失调会导致供应链各节点企业之间互相埋怨、互不信任，稍有风吹草动就会产生过激反应，往往很少从自身方面寻找原因，而是更多地归罪于其他企业，从而不可避免地产生企业之间的矛盾和冲突，影响企业之间良好关系的建立，使潜在的协调努力变得更加困难。

二、供应链合作伙伴关系协调管理的含义及其内容

1. 供应链合作伙伴关系协调管理的含义

协调是对活动之间依赖关系的管理。管理学中的协调是指同步化与和谐化。一个组织要有成效，必须使组织中的各个部门、各个单位，直到每个人的活动同步与和谐，组织中人力、物力和财力的配备也同样要同步、和谐。

供应链作为一种特殊的组织形式，它的协调与否直接关系到供应链整体的效益。由于供应链是由多个独立的经济利益主体构成的，如何协调各个节点企业之间的利益关系就显得至关重要。供应链关系协调管理就是要对供应链企业之间的关系进行协调，建立解决问题的协调机制和协调渠道或协调平台。即供应链关系协调管理是以合作思想为关系协调的指导思想，广泛采用各种协调理论分析工具和技术实现手段，通过协商、谈判、约定、沟通、交互等协调方式，建立供应链企业关系的协调机制和协调渠道，达到同时改善和优化供应链整体绩效和成员企业绩效的目标。

2. 供应链合作伙伴关系协调管理的内容

供应链关系协调管理的主要对象是供应链企业之间以供需交易关系为主体的一系列关系的总和，包括供应链企业之间物流、资金流、信息流的协调管理和企业之间的合作关系的管理。但从供应链关系协调问题的解决途径和手段来看，供应链关系协调管理的内容可归纳为以下三个层次。

(1) 企业之间的信息共享，协调信息的传递过程。这是供应链关系协调的第一层次。信息共享在供应链的运营中具有举足轻重的作用，也是供应链关系协调管理的一个重要的基础。如果没有信息的有效传递和共享，必然会导致供应链关系的不协调，如牛鞭效应。信息的有效共享是供应链协调的第一步。

(2) 供应链企业之间的经济利益协调，建立合理的供应链利益分配机制。这是供应链关系协调的中间环节。为保证供应链的竞争力，必须防止节点企业片面追求自身利益最大化的行为。但是，由于供应链固有的外部性的限制，不可能要求节点企业无偿地放弃自身利益而维护供应链的整体利益。显而易见，只有供应链整体利益大于不存在战略合作时各企业利益之和时，供应链才可能维持下去。因此，核心企业必须从战略角度出发，挖掘出所处的供应链与其他供应链不同的竞争优势，保证供应链的利益，并将增加的利益进行公平合理的分配。

(3) 建立供应链企业之间的信任。这是供应链协调中的较高层次。供应链中的信任主要有两个方面,一方面是核心企业对其他节点企业的信任,这主要是一种忠诚信任。这种信任可以通过签订约束性的合同或加大其他企业寻找新的战略伙伴的机会成本来实现。另一方面是其他节点企业对核心企业的信任,这主要是一种能力信任,即核心企业有能力在不确定的市场环境下通过构建和领导现有的供应链获得更大的市场份额,提高整体收益,并让各节点企业分享收益。这就要求核心企业不断提高自身的实力。

上述三个层次是一个渐进的过程,只有前面的层次能够实现,后面的层次才有保证。只有建立长久、稳定的战略伙伴关系才能保证供应链的协调和高效率的实现。

三、供应链中的信息共享及其方式

供应链各成员企业是独立的经济个体,加强供应链合作伙伴之间的信息共享可以降低各成员企业获取信息的成本,提高信息运用的效率,进而提高整个供应链对市场的响应速度,提高整个供应链的竞争力。

1. 供应链合作伙伴信息共享的含义及特点

供应链合作伙伴的信息共享是指在供应链环境下,合作企业之间关于供应链运行的各种信息,如客户订单、销售数据、库存报告等,能够从一个企业(部门)开放地、有效地、自动地流向另一个企业(部门),即整个供应链上的企业(部门)可以分享信息资源。信息共享是建立供应链合作伙伴关系的一个重要基础。

非供应链企业在进行生产经营活动时,也会与其他的企业进行信息共享,但这种共享往往是以某一项合作业务为基础的信息共享,共享信息的内容总是围绕着这项业务而展开,同时由于企业追逐利益最大化的特性,非供应链企业之间共享些相关信息,一旦合作业务结束,信息将不再共享。供应链合作伙伴关系是一种新型的企业关系,他们之间的信息共享不同于一般企业间的信息共享。

2. 供应链合作伙伴信息共享的原则

(1) 开放原则。要建立一个开放的信息平台,让所有的企业成员能把自己新的信息(且适合交流与共享的信息)添加到信息平台中去,丰富企业的信息存量,同时必须及时跟踪和利用供应链以外的信息。

(2) 信息的保密与共享之间的平衡关系原则。信息在供应链合作伙伴之间交流、传播、共享与运用的前提是成员必须明确哪些信息属于企业核心的保密信息,保证企业的核心能力和竞争优势;同时也要参与供应链成员之间的信息交流与共享,在交流与共享信息的同时使自己获得新的信息,不断丰富自身的信息库。

(3) 协调原则。供应链的高效率运行要求其成员在信息拥有上具有互补性,在信息存量以及对于信息的学习能力与创造能力等方面具有协调性,在信息共享、交流等方面具有企业文化与经营理念的一致性,因此在建立供应链合作伙伴关系时要充分考虑以上因素选择合格与合适的供应链成员。同时,对于共享过程中发现的信息之间的冲突必须建立有效的解决机制。

3. 供应链合作伙伴信息共享的内容

供应链合作伙伴之间信息共享的内容主要包括以下几个方面。

(1) 共享订单信息。通常，顾客很少知道其商品的状态，因为顾客并不知道供应链的组成，从而也不知道商品何时到货，通常是在到了交货期的时候，才知道能不能按时交货。供应链节点企业相互之间了解各自接受订单的状况，确保在交货期内按时将产品提供给客户，提高决策效率。

(2) 共享生产与配送计划信息。企业的生产决定其对上游企业的需求，也影响到对下游企业的供给。在供应链中，下游企业需要依据上游供应商的生产来决定自己的库存和生产情况；同样，下游企业的生产又决定他对供应商的需求，从而影响供应商的库存和生产计划。所以，制造商可以利用供应商的生产与配送计划来提高自己的计划水准，供应商也可以根据制造商的生产计划来为制造商提供可靠的补给。

(3) 共享库存信息。过高的库存被认为是影响供应链绩效的"万恶之源"，通过共享供应链中各个节点企业的库存信息，可以极大地降低整个供应链的安全库存水平，增加供应链的竞争力。如制造商通过了解分销商的库存信息，可以及时调整生产等。

(4) 共享需求预测信息。供应链中的每一家企业都需要对市场状况进行预测，越是靠近市场的供应链成员越是了解市场，越是可以准确预测市场需求。倘若他们将这些最新预测信息与上游的供应链成员共享，如通过共享最终端的销售数据分析销售趋势、顾客偏好和顾客分布等，从而决定库存水平、货架布置，设计出更准确的生产和供应计划。否则，上游的企业仅仅只是根据自己得到的信息来进行预测，就会放大市场需求波动的方差，从而形成牛鞭效应。

(5) 共享技术支持信息。消费者得到的最终产品的每一次更新进步，都可能是供应链上所有企业共同努力的结果。因为在供应链环境下，每个企业都只专注于小范围内的核心业务，如果一两家企业的技术进步得不到其他企业相应的配套支持，则无法形成最终产品或服务。合作伙伴之间应该提供相关的技术支持信息。

4. 供应链合作伙伴信息共享的模式

为了实现信息共享，企业在供应链管理实践中已经探索出来多种可行方式，如电子数据交换(EDI)、供应商管理库存(VMI)、有效客户响应(ECR)、连续补充计划(CRP)、协同规划、预测和补充(CPRF)等。这些方式的一个共同之处在于，它们都需要依赖于某一种或某几种信息技术。我们可以从信息技术的利用角度将信息共享分成数据传送、数据共享和应用集成三个层次。

(1) 数据传送。数据传送主要是利用 POS/EDI 等系统在节点企业之间实时传递数据，加快整个供应链处理数据的速度，降低处理成本。

(2) 数据共享。数据共享则适用于需要更加紧密协调联系、反复进行信息交换的情况，它一般是由供应链企业在协商的基础上形成一个虚拟的信息中心。信息中心可以提供全方位的信息服务，包括会计、库存平衡、支付、目录管理、销售预测、信用评定等服务，供应链节点企业能够自由地进行数据访问。共享数据可以增加节点企业之间的相互了解，增加预测及计划的整体客观性，也可以减少数据重复传递带来的错误和浪费。

(3) 应用集成。通过一定的技术手段将各节点企业的业务处理逻辑联系起来，确保各节点企业不至于在面对同样的共享数据时却做出差异很大的决策。例如，制造商和分销商同时获得市场的历史数据，但如果双方对数据处理的原则、方法不一致，则预测结果可能会完全不同，同样可能给供应链协调带来困难，也使信息共享失去了意义。当前，基于开放式协议的 Internet，以及基于网络的计算技术、电子商务和电子拍卖等都是实现应用集成的有效手段。

本 章 小 结

面对竞争激烈的外部环境，供应链企业之间必须建立一种长期的战略合作伙伴关系。本章首先介绍了供应链合作关系的定义、特点以及发展过程；指出打造核心竞争力，改善服务客户水平，是企业建立合作伙伴关系的驱动力；根据生命周期对合作关系类型进行分类；阐述了供应链合作伙伴关系建立的流程和常用的评价指标体系；最后指出加强信息共享是合作伙伴关系协调发展的重要手段。

供应链合作伙伴关系 Supply Chain Partnership　　核心竞争力 Core Competence
战略合作伙伴 Strategic Cooperation Partner　　评价指标体系 Assessment Criteria
业务外部 Business Outsource

习　题

一、选择题

1. 供需双方签订回购契约(　　)提供供应链整体经济效益。
   A．能　　　　　　　　　　　　B．不能
2. 供应链战略合作伙伴关系是一种(　　)。
   A．博弈关系　　　　　　　　　B．共同获利、风险共担关系
3. 能保持较高的竞争力和增值率的合作伙伴，可以建立合作关系的类型为(　　)。
   A．普通合作伙伴　　　　　　　B．战略型合作伙伴
   C．技术性合作伙伴
4. 供应链管理与企业内部管理最大的不同之处在于，在供应链中没有组织机构和行政隶属关系作为支撑，只能以强调(　　)作为管理职能实施的基础。
   A．合作和签订契约　　　　　　B．谈判
   C．意愿　　　　　　　　　　　D．激励

二、简答题

1. 供应链合作伙伴关系的定义及其特点是什么？
2. 如何实现供应链合作伙伴关系？
3. 选择供应链合作伙伴时应注意哪些问题？

4. 评价供应链合作伙伴关系要考虑哪些因素？
5. 分析供应链企业在合作中存在哪些问题。

 案例分析

海尔与国美合作关系发展历程

1. 交易型合作关系阶段

在国美与海尔供应链合作关系发展初期，即1999—2001年，国美一直奉行低价经营策略，而海尔早期则主张"只打价值战，不打价格战"的经营理念，双方关系一度僵化。由于担心价格战会打乱海尔稳定的价格体系，破坏现有营销网络，失去渠道话语权，海尔的某些区域市场作出了不与国美直接合作的决定，主要借助专卖店、专营商、大商场、批发商以及国外连锁(沃尔玛)等销售渠道。尽管这期间也出现了间接合作的情况，即通过专卖店给国美供货，但是缺陷也非常明显。随着国美的扩张，海尔迫于市场份额下降的压力，2002年开始与国美展开合作。从2004年开始，海尔调整经营策略，空调等产品改走优质平价路线，与国美的合作不断升级。经过双方的广泛接触，2005年6月，国美与海尔签订了包括空调、冰箱类应季商品在内的全部13大品类，总值高达6亿元的采购订单。此举创造了国美电器有史以来与单一上游电器生产厂商一次性签订采购金额的最高纪录。同时，海尔决定依靠其丰富全面的产品线，全方位与国美电器展开深度合作，双方互相承诺开辟供货和结款等诸多方面的"绿色通道"。例如，海尔方面承诺，在销售旺季出现某一产品品类短缺或物流配送紧张时，将首先保证全国国美系统的供货，同时在残次品、滞销品的退换上也将予以优先保证。而国美则承诺将尽量增大在各门店中对海尔产品的推广力度，同时对于厂家最关心的售后结款问题也将优先予以保证。总体来看，尽管该阶段双方已经有了较为广泛的接触，但是合作的广度和深度还比较有限，主要还是依据价格决定合作规模及内容。

2. 协调型合作关系阶段

2006年，国美和海尔遇到了各自发展的瓶颈期，有进一步深化合作的强大动力。为了应对苏宁、百思买及厂商自建渠道的挑战，国美大力整合供应链、改善"零供"关系。2007年5月11日，国美宣布募资约65.5亿港元，其中40%用于改善与供应商的关系，尤其是缩短应付账周期。经过国美与海尔双方就供应链合作关系的磋商，国美与海尔签署的2007年战略合作协议，订单总金额高达100亿元，创造了我国家电发展史上最大规模的厂商一次性合作项目。与国美一贯对待供应商不同的是，此次与海尔的战略合作，国美承诺将不再向海尔收取合同以外的费用及进场费，逐步实现双方交易透明化；海尔承诺将给国美提供更具市场竞争力和高性价比的商品，并大幅拓展合作领域，双方由单纯的产销关系延伸至市场调研、产品研发与制造、供应链价值提升、信息化建设和物流管理等多个系统领域。同时，海尔在国美渠道中设立100个"海尔旗舰商品展销中心"和200个展示海尔整套家电的"海尔电器园"形象店。为了共同研发适合市场需求的产品，双方决定共同成立"国美海尔事业部"，该事业部将由双方采购、销售、研发、服务以及财务人员共同组成。

3. 战略型合作伙伴关系阶段

近几年，海尔与国美持续推进战略合作伙伴关系建设，挖掘合作潜力，拓展合作领域。"国美海尔事业部"在组织和运作上日趋成熟，双方通过开放式的信息化无缝对接，专门针对目标消费群体开发个性化和人性化的产品，并通过双方物流体系的整合，实现B2B、B2C业务，提升供应链效率。双方合作内容不仅停留在采与销的业务层面，而是深入到共同分析和研究市场，共用研发商品，共同制定市场营销策略，共同制定服务标准，统一服务行为。这种全新的合作关系不仅有利于消费者，也有利于规范行业竞争，更有利于产业的发展和进步。

2010年7月，国美集团与海尔集团签署了一份三年实现500亿销售规模的战略合作协议，协议合作内容主要集中在以下4个方面。

供应链管理

(1) 差异化定制产品。合作协议尤其注重双方共同研发个性化商品。协议规定，在双方对消费需求的共同管理下，海尔每年将为国美提供600款系列商品，其中差异化商品数量不少于300款，并且差异化专供产品将占到双方销售规模的50%。同时，海尔的制造平台将为国美提供其延伸性ODM商品的制造支持。

(2) 高端产品体验店。在双方协议中，国美与海尔将在一、二级市场实施个性化的产品与卖场合作。国美集团拥有国内最完善的渠道网络布局，尤其是在一、二级市场的优势最明显，将为海尔集团提供最佳的展示与销售平台。国美集团作为海尔集团最大的渠道战略合作伙伴，国美集团将在销售终端全力主推海尔全品类产品，这将有助于国美实现向家电及消费电子综合性指向性卖场的转变。

(3) 深耕三、四级市场。目前，国美集团正采取网络扩张与单店效益提升并举的均衡性发展战略，积极扩大三、四级市场。海尔集团在全国三、四级市场推广的物流网、销售网、服务网的"三网合一"工程，正在稳步进行。此次合作中，国美与海尔将强化在三、四级市场网络方面的优势互补，例如，海尔在配送方面的优势资源将全面支持国美电器在三、四级市场的网络扩展，而国美目前拥有最强大的全国性采购平台，将选择适合于三、四级市场的商品，丰富海尔销售网络的商品。

(4) 提升供需链效率。国美集团与海尔集团还专门成立两个层级的组织体系，在双方集团总部组成了经营管理团队，关注商品研发、规划、信息平台对接等。在市场终端划分了60个区域市场，每个区域10人，共计600人，共同执行战略合作的实施与推进。同时双方确定了高层的季度互访制度，以确保战略的无障碍推进。此次合作不仅创造了我国家电业规模最大的合作项目，而且也创造了我国新的商业合作模式。双方的合作不再局限于传统的、一年一度短期的供销双方的利益博弈，双方更注重合作关系的协同性和长期规划，在产品定制、渠道建设、组建经营团队及双方优质资源互补、供应链效率整合等方面展开全面的供需链深度合作，并通过双方的整合更好地服务消费者。这种合作模式标志着双方传统的供应链合作关系已转变为协同型合作关系，双方致力于打造"利益共同体、命运共同体"的战略伙伴关系。

讨论题：
1. 海尔、国美建立战略型合作伙伴关系的成功因素有哪些？
2. 海尔、国美建立战略型合作伙伴关系对彼此有什么影响？

第六章 供应链管理信息技术

【学习目标】

➢ 认识信息对供应链管理的影响与作用；
➢ 了解供应链管理应用的关键信息技术特点及供应链管理软件特点；
➢ 理解供应链管理信息平台的结构类型和特点；
➢ 掌握 EPC 系统的构成及工作原理。

供应链管理

【知识架构】

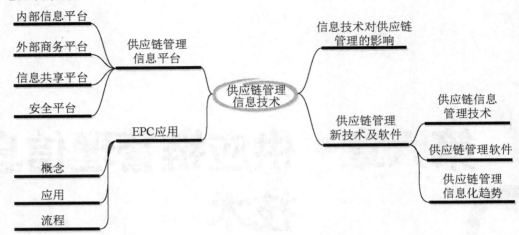

导入案例

物流信息化实现格力智能化配送

格力电器石家庄分公司从规划建厂起,便将信息化建设摆在了重要位置。目前该公司已经形成了以 ERP 为核心的设计开发、内部运营管理、供应系统、客户协同、决策分析五大信息平台、几十个数据系统,涵盖了从研究开发到制造管理、质量管理、客户服务等全业务流程。针对沿用格力总部物流系统和配送模式存在的问题,该公司决定实施物流信息化改革。

该公司新研发的物流配送系统的主要特色有:一是将平板电脑作为数据终端,并应用到实际物流信息传递过程,通过傻瓜式简化设计,设备操作难度大大低于工业 PDA;二是实现了生产物料按需拉动配送模式,实现了一点触发、多点响应、齐套配送;三是实时反馈的物料需求数据结合 MES 实时生产数据,有效地做到了"快生产快备(快配)、慢生产慢备(慢配)、不生产不备(不配)";四是实现了工装统一及配送的定额定量标准化,在此基础上通过系统指导实现物料齐套配送。

该系统在格力工业园区生产线实施以后,直接拉动总装分厂物料需求,克服了信息中间传送环节不受控情况,可极大地提升自动化程度,减少人为干预流程的操作。省去中间环节作业人员 15 名,节约 PDA 等设备 20 台/套,共计每年可直接节约金额约 100 万元。物料信息及时有效传递,极大地避免了以前由于信息传递不稳定而导致的生产线停工情况,还比 2013 年累计节约停线时间 1 000 分钟,间接经济效益在 500 万元左右。

(资料来源:http://articles.e-works.net.cn/scm/article120793.htm)

第一节 信息技术对供应链管理的影响和要求

信息流是供应链管理中的关键要素。普通的信息流往往是在顾客和补给部门的订货、库存管理、收货、发货和配送等过程中产生的。过去,这种信息流是建立在手工和半自动化基础上的,因而导致了效率低下、信息的不可靠性增强以及由于信息的误导而导致的预测不精确，从而增加了库存、运输、退货等成本，降低了顾客满意度。

随着全球经济一体化的形成，企业与企业之间的竞争突破了国与国的范围而日趋剧烈，同时顾客的消费需求也在朝多样化、个性化方向发展。企业要在竞争中取得优势地位，必须改变传统的信息系统，采用先进的信息技术，进行供应链的优化和重组，实现供应链上各个节点的信息共享，从而缩短订货提前期、降低库存水平、提高搬运和运输效率、减少递送时间、提高订货和发货精度以及回答顾客的各种信息咨询等目标，提高供应链整体的竞争力。

信息技术已经被视为提高企业生产效率和获得竞争优势的主要来源之一，企业利用先进的信息技术可以快速获得整条供应链上各个节点的信息，实现信息共享，借此做出精确的预测和决策。当今，信息技术在日新月异、突飞猛进地向前发展，如何利用它重组和优化供应链，降低运作成本，提高客户的服务水平和整条供应链的竞争能力将是一个刻不容缓的问题。

一、信息技术对供应链管理的影响

在当今信息爆炸的时代，企业能不能以及如何采用先进的信息技术，将直接关系到企业的生存与发展，特别是如何在采用供应链管理的同时应用先进的信息技术，更是企业以及理论界需要结合起来共同探索的供应链管理之路。

利用各种的信息技术，通过对供应链的各种信息进行采集跟踪，可以满足企业针对物料采购、生产制造、仓储运输、市场销售、零售管理等全方位的信息管理需求。可以说，信息技术革命正越来越深刻地影响着供应链的发展，信息网络技术已经成为供应链生存和发展的基础。信息往往对整个供应链的运作发挥着引导和优化的作用。信息技术的发展改变了企业应用供应链管理获得竞争优势的方式，成功的企业往往通过应用信息技术来支持和发展其经营战略，它对于整个供应链将会产生重大的影响。

1. 建立了新型的顾客关系，更好地了解顾客和市场需求

信息技术使供应链管理者通过与它的顾客和供应商之间构筑信息流和知识流来建立新型的顾客关系。使得从供应商到顾客的整条供应链双向的、及时的、完整的信息交流成为可能。而互联网等信息技术成为企业获得顾客和市场需求信息的有效途径。例如，供应链的参与各方可以通过信息网络交换订货、销售和预测等各种信息。对于全球化的跨国企业来说，现代化信息技术的应用可以使它们的业务延伸到世界的各个角落。

2. 有利于进一步拓宽和开发高效率的营销渠道

企业利用信息技术，往往可以开展虚拟经营，建立虚拟的销售网络。而互联网的应用使得企业可以与它的经销商协作建立零售商的订货和库存系统，这样便可获知有关零售商商品销售的信息，在这些信息的基础上，进行连续库存补充和销售指导，从而与零售商一起改进营销渠道的效率，提高顾客满意度。

3. 改变供应链的构成，使得商流与物流达到统一

在互联网广泛应用的今天，产品和服务的实用化趋势正在改变它们的流通和使用方式，而产品与服务之间的界限也越来越模糊，例如，3G 公司销售其 MODEMS 商品，信息技术

的发展完全改变了其销售方式,一旦顾客购买了 MODEMS,在产品每次升级的时候,通过互联网直接购买升级版本,排除了传统上的销售产品的供应链。现在,许多产品如音乐、电影、游戏、软件等通过互联网直接向顾客进行销售,无须进行包装、运送等物流作业,从而使商流和物流达到了真正的、高度的统一。

  4. 重新构筑企业或企业联盟之间的价值链

  国内外的许多企业早已采用现代化的电子手段进行信息处理和顾客服务,通过业务外包,整合外部资源为我所用,从而拓展了自己的发展空间,而将有限的资源集中在自己的核心能力上。这样信息技术就开始用来重新构筑企业间的价值链,随着电子商务的兴起和第三方物流的普及,生产厂家和零售商开始利用第三方服务,把物流和管理等业务外包,这样生产厂家、零售商以及第三方服务供应商便形成了一条新的价值链。

  因此,以信息技术为支撑的有效供应链的构建,可以使企业在新的竞争环境中,通过降低库存提高工作效率,提高客户服务水平,达到客户服务水平和低库存投资、低单位成本之间的有效平衡,从而提高企业的竞争能力。

  试想一下,如果缺乏了现代信息技术的支持,各个供应链的环节、部门与企业之间的物流信息难以沟通,供应链运作效率的提高只能依赖于各个企业自身的效率改善,如减少运输时间、降低库存水平等。因此,无论是企业内部,还是企业之间的竞争,都主要是围绕各个企业或者部门的单独活动展开。现代信息技术的核心是使信息传递和共享,能够穿越企业的组织边界,使得供应链各个环节之间形成畅通的信息渠道。这不仅有利于各个供应链环节效率的改善,更为重要的是使不同环节之间的活动得到协调,从而改善了整个供应链系统中的流程运行效率。

  当前的市场竞争已由原来的企业与企业之间的竞争转变为供应链与供应链之间的竞争,由产品与产品之间的竞争转变为服务与服务之间的竞争,信息技术将成为各供应链之间提高其自身竞争力,以便更好地服务于顾客的重要手段。

二、供应链管理信息化的新要求

  20 世纪 90 年代以来,随着计算机技术、通信技术、自动识别技术的日益发展与融合,特别是 Internet 在一系列技术突破支持下的广泛应用和日益完善,信息技术革命的影响已由纯科技领域向市场竞争和企业管理各领域全面转变。这一转变直接对企业供应链管理中的传统观念和行为正在产生巨大的冲击。信息技术革命带来的信息传递和资源共享突破了原有的时间概念和空间界限,将原来的二维市场变为没有地理约束和空间限制的三维市场。信息技术实现了数据的快速、准确传递,提高了仓库管理、装卸运输、采购、配送、订单处理的自动化水平,使订货、包装、保管、运输、流通、加工实现一体化,企业之间的协调与合作在短时间内迅速完成。

  信息技术的发展及应用不但改变了传统企业的经营模式、业务流程,而且使企业内外部供应链的优化与实施均离不开信息技术。只有信息技术和供应链管理思想相结合,相辅相成,才能优化供应链和提高供应链的整体效率。而在信息技术日新月异的发展过程当中,信息技术的变革对供应链管理不断提出新的要求。

1. 利用信息技术给供应链上的每个企业带来不同的变化

首先,我们应当利用信息技术改变企业的组织结构。由于信息技术的发展和应用使得企业中大量的事务处理已完全自动化,同时,企业管理组织内部引入了各种信息系统,使得任何人员在任何时间、任何地点都有可能获得所需要的信息,大大降低了信息的获得成本,拓宽了信息传播渠道。随着信息技术和计算机技术的发展,虚拟企业将是未来企业有效的组织形式。虚拟企业是在网络的环境下,以充分利用外部资源和快速响应市场为目标,由多个企业组成的临时性的组织。

其次,利用信息技术改变企业的业务流程。供应链的物流是指产品从供应商出发,经由制造商、分销商最终到用户手中的物资的运输过程。供应链的信息流是指产品需求、订单传递、生产状况、交货状态、运输情况等信息。供应链的资金流是指伴随着物流而发生的资金的流动过程,包括支付方式、信誉等。传统企业的业务流程通常是跨部门,甚至是跨企业的。与传统企业相比较,信息时代的企业为了适应信息时代的要求,应使三流合为一流,即都用信息流替代物流和资金流。信息技术的发展,促使企业对原有的组织和运作模式重塑,对传统的以组织功能为中心的企业进行以流程为中心的业务流程再造。

最后,利用信息技术改变企业文化。供应链管理作为一种企业文化,它要求企业的员工不断创新,不断学习,不断适应企业自身的环境和经济社会大环境,形成团体协作的精神,实现企业的目标并能有接受、适应新技术应用和企业转型的挑战的承受能力等。

2. 利用信息技术改变供应链上企业与企业之间的关系

在供应链管理的思想下,企业与企业之间的关系不同于传统企业双方之间的对立关系,而是一种具有利益相关的战略合作伙伴的关系。每个企业都处在信息时代的社会变革中,企业的资源是有限的,包括人力资源、财力资源、物力资源、信息资源等。为了在有限资源的情况下,使企业能够满足市场的变化和用户的多样化需求,以及企业达到降低成本、获取利润、缩短周期、服务用户和快速响应市场这样的目标,企业不能只把目光放在企业内部,而是应该着眼于企业之外的其他企业。然而,在传统的思想指导下,供应链中的各职能部门只是单纯地追求自己部门的利益,各个部门之间缺少有效的沟通和集成,或者是信息不能达到共享,常常会出现一种"牛鞭效应"的现象,即用户需求发生微小的波动,零售商和批发商对该波动进行放大,反映到制造商处波动又被再一次放大。显然,这种现象会给企业带来严重的后果,如产品积压、成本过高、质量低劣和流动资金相对减少和敏捷性差等。这样,必然造成企业的竞争力下降。利用信息技术,通过 Internet/Extranet 使企业之间能够实现信息的共享,减少信息的重叠和冗余。

利用信息技术,供应链上采购商、制造商、生产商、销售商和用户之间达到信息的共享。从原料的采购,制造生产,通过网络进行销售,直到用户手中,供应链上的企业与企业都可以利用网络进行信息的查询。例如,不仅可以在线查询相关企业的信息,包括该企业的信誉、人力、物力、技术实力,还可以在线查询货物的库存状态、货物的运输情况等。从而缩短了时间,提高了效率,为供应链的各个企业创造了价值。利用信息技术能够使货物在整个供应链中的库存下降。缩短从生产到消费的周期,提高产品的质量,提高企业的服务水平和生产效率。

由于企业之间是要靠信息系统来联系的,从而涉及了信息系统的集成、重构和协调问题。信息时代要求供应链中的各个企业所形成的利益联盟必须快速地组成或解散，那么，必须采取有效的技术和方法快速地完成信息系统的重构以及协调。

3. 使信息技术与供应链管理真正做到相辅相成

首先，通过信息技术为供应链管理提供技术支持。随着信息技术的快速发展，经济、社会环境都发生了巨大的变化，用户的需求日益多样化、个性化以及市场的不确定性，从而使需求的不确定性大大增加。传统的生产模式已不能满足用户和市场需求，因而，管理学者们不断地寻求新的管理模式，供应链管理思想就在信息技术的大环境下应运而生了。企业不再把眼光局限于企业内部的供应链，而是考虑所有相关的内外部联系体，并把整个供应链看成一个整体。然而，要使供应链的运作效率得到较大提高，并且进行供应链每个企业的业务流程的撤销和整合、物流成本及费用水平的降低、库存下降及整体的优化、实施和效率的提高，这在没有信息技术条件的情况下基本是不可能的。

第二节　供应链管理信息平台

一、以 Intranet 为核心的内部信息平台

要实现企业供应链管理信息化的建设，关键要实现企业信息的集成和共享，包括不同部门之间、企业内部与外部之间，以及供应链上企业同企业之间的信息集成和共享，包括消灭企业"信息孤岛"。

实现供应链信息的集成和共享，解决供应链管理信息化的瓶颈问题，标准化技术是必须考虑的关键问题，如何实现数据访问/传递控制的标准、如何实现数据交换的标准、如何规定统一的数据格式等标准都是企业必须认真考虑的，因为信息平台与文件格式的互异性已经成为"信息孤岛"的最大障碍。所以，信息集成的核心问题是数据格式标准化问题。

Intranet 是一种新的企业内部信息管理和交换的基础设施，对信息处理表示方式和相关的技术进行了变革，可以方便地集成其他已有的系统，如查询检索、电子表格、各种数据应用、电视会议、电子邮件等，并与外部信息环境紧密结合起来。同传统企业内部网相比，用 Intranet 作为供应链上企业实施管理信息系统的平台，具有十分明显的优势。

1. 实现跨平台应用

由 TCP/IP 的跨平台特性，企业内无论何种硬件和操作系统，只要支持 TCP/IP 协议，就可以集成到内部网络中来。由于 Intranet 采用的是 Internet 技术，因此很容易实现与 Internet 的互联。企业网络与公共网络相连接，不但利用了 Internet 丰富的信息资源，也使得企业旧有的投资焕发新的生机，实现了资产增值。

2. 实现无缝过渡

通过 ISAPI、NSAPI 或 ODBC 等技术，原有应用软件及数据库信息可以方便地

整合到 Intranet 中，避免了重复开发，也保护了这些企业多年来信息投资积累的成果，维持系统正常运转。Intranet 尽可能地保留了现有系统，并且企业可根据自身情况，逐步实现 Internet，就使得系统的升级趋于平稳过渡。

3. 提供高效信息

Intranet 运用 Web 的发布技术以及电子邮件、新闻组等技术使得企业内信息的传递与收集更加方便，易于信息的管理。信息流通刺激创意的产生，也使得跨功能与跨企业的沟通协调更容易进行。基于 Intranet 的信息系统能够为员工提供更多的可访问的信息，而其在费用方面也较传统的信息提供方式便宜。此外，由于 Intranet 实现了与 Internet 的互联，使得企业的信息获得和传输渠道极大地扩展。

4. 具有高度灵活性

Intranet 是具有高度开放性的系统平台架构。在 Intranet 的观念中，系统平台在软件功能方面是属于三层分立的主从架构，客户端的功能主要局限于提供多媒体用户界面，所有信息处理的逻辑几乎全部集中在第二层的应用软件服务器上，至于大量信息的储存管理则由第二层的数据库服务器负责，而每一层所用的硬件设备则具有很大的选择空间。这样的软硬件结构，使得企业在实施管理信息系统的过程中享有很大的灵活性，可以将注意力投放在应用方面，而不用顾虑无关的其他因素。

5. 用户界面友好

Intranet 的客户端采用统一的浏览器方式，超文本链接以逻辑文件结构方式给企业员工提供清晰、简明的信息，员工上网查找信息的过程将更为简易、快捷，也节省了在员工培训方面的经费和时间。根据许多用户的经验，Intranet 的浏览器界面甚至比包括 Windows 在内的其他图形用户界面更加自然、方便。

二、以 Internet 为核心的外部商务平台

Internet 是当今世界上覆盖面积最广、用户最多、使用最为成功的计算机互联网络，面对的是全球的用户，是企业走向全球市场的"桥梁"，随着 Internet 作为信息沟通渠道的商业使用，Internet 的商用潜力被挖掘出来，显现出巨大的威力和发展前景，并产生了电子商务。

电子商务的出现和发展是经济全球化与网络技术创新的结果，它改变了供应链运行中原有的商流、物流、信息流和资金流的交互方式与实现手段，充分优化了资源利用，提高了供应链运行的效率，降低了成本和提高了服务质量。在快速发展的电子商务的支持和带动下，供应链管理也得到了极大的发展，并充分利用其资源和功能，实现供应链管理的创新、运行的优化和应用的扩展。

一般来说，一个供应链的通畅程度决定了这个供应链自身和链上成员的经营效益。一个供应链从订单接收到销售以及售后服务的全过程，都是同供应链管理及相关辅助管理系统控制的，包括最佳资源的获取、库存优化与管理、各种计划的制订与执行、生产制造过程、优化的配送和运输的方式、自动补货和销售以及令客户满意的服务等。在网络经济环境下，供应链的目标是在基于 Internet 技术的网络上，更好地完成上述操作，将商品(包括

供应链管理

服务)供应和需求有机地联系起来,实现在准确的时间、准确的地点,以恰当的价格和方式把准确数量的商品(包括服务)从供应商经由生产商、分销商和零售商等,转移到最终客户的手中。可见,两者存在着相互支持、相互协调的互动并进的关系。

具体来说,供应链管理协调与 Internet 的关系还表现在以下几个方面。

(1) 从技术上讲,电子商务综合了 Internet 和网络技术能达到的广泛领域,Internet 是动态和交互式的,范围相当广泛,包括从企业内部网、外部网到公用网,它利用网络节点将供方和需方以一种前所未有的方式联系起来,使供应链上的成员可以借助 Internet 延伸和提高传统信息的价值。它为规模各异的企业提供用于管理复杂业务的环境,可以让不同年代的计算机系统和管理软件系统,在 Internet 上的私有和公共信息源中获取和传递近乎实时的信息,使用者可以根据需要对数据点做客户化处理,数据也可以根据需要传送至任何的平台,如微机、便携机和掌上电脑等。面向 Internet 的供应链管理系统,还可处理不通过连接企业之间供应链管理信息系统的应急订单,允许客户通过 Web 检查供应商的库存,然后直接通过 Web 下订单,并随时通过 Web 浏览器查看供应商处理订单的状态信息,及时了解供应情况。而供应商通过 Web 与客户的连接可以更方便地向客户提供实时的信息。

(2) 从数据传送上讲,数据在 Internet 上以数据的形式传输。大大降低了技术难度和使用成本。数据包技术将数据在发送前封装起来可以避免数据被窃取或出差错。对于还没有实施供应链管理信息化的企业,同样也可以运用一个简单的数据界面直接产生标准格式的数据,通过数据发送程序发送。在收到数据的时候,也可以直接以报表的形式打印出来。弥补了使用供应链管理信息系统的企业和未使用供应链管理信息系统的企业之间的交流障碍。

(3) 从供应链管理体系结构上讲,新型供应链的目标是实现横向一体化的管理。这种供应链的结构可以通过 Internet 将商品的原材料供应商、生产商、零售商等联系在一起,建立起最大范围的供应链。通过这个供应链可以使链上成员实现真正的信息共享,使供方充分了解需方的需求信息,并按照这个信息去获取最佳的资源和组织生产来满足该需求。这种基于 Internet 的新型供应链具有以下优点:由于供、产、销直接互联,商品流转的中间环节大大减少,供应链条短,灵活性强,提高了商品的流转速度,由于提高了商品信息的流通速度,减少了流通之间的环节,使整个交易的成本大大降低,无论对于卖方还是买方都是非常有利的。

(4) 从信息流的角度来看,Internet 为供应链运行构建了一个连续、透明的链式信息流。例如在汽车制造业,目前很多整车厂都充分利用 Internet 平台,将对汽车部件的需求信息在第一时间内"推"向零部件供应商,并在该平台上与供应商进行信息交流和信息共享,以便及时获得所需部件。在这个平台上,供应商都拥有自己的企业标识,通过登录系统来查询当日交货计划和周交货计划,并根据实际库存情况和生产情况及时对交货计划加以确认。当零部件送交到整车厂的仓库或生产线后,相关的收货确认也会反映在该平台上。这样,从整车厂需要部件、供应商供货确认、供应商供货、整车厂收货确认的完整的链式信息流也就在 Internet 上形成了。

因此,基于 Internet 的供应链,甚至可以将整个世界连接成为一个巨大的价值链。Internet 的出现极大地推动了供应链中交易领域的业务发展,从根本上改变了 B2B 供应链模式。目前,每年通过 Internet 进行的 B2B 电子商务交易总值有数 10 亿美元,规模远远超过 Amazon、eBay 等领先供应商主导的 B2C 电子商务领域。预计未来数年中,这种基于

Internet 的供应链将继续给传统供应链领域带来巨大的冲击。许多大企业早已投入巨资部署了 Internet 的供应链解决方案,并将是否具有这种系统作为对供应商供货能力的衡量标准之一,部分企业甚至公然宣称"供应商与我们的所有交易必须通过 Internet 进行,不具备这种能力的供应商将不在我们的考虑范围之列"。

三、基于信息流的信息共享平台

在以 Intranet 为核心的内部信息平台和以 Internet 为核心的外部商务平台建设的过程中,需要用到一些关键技术,如数据库技术、数据仓库等,它们是支持企业平台建设的技术基础。在供应链管理系统中,先将底层事务处理系统所处理的、存放在数据库中的操作型数据经过抽取,在数据仓库中识别、整理、清洗和集成,转化为面向主题的分析型数据,再在数据仓库基础上建立各种分析。由于供应链管理还有一部分数据来自企业内部其他系统和企业外部,数据仓库也必须融合其他业务和系统的信息,然后为供应链管理系统提供服务。这样,数据库与数据仓库在供应链中各司其职,数据库为底层的事务处理和业务执行提供和存储数据,完成日常事务的处理和供应链计划的执行,而数据仓库则为供应链管理系统聚合和提供所需的数据,来完成分析、计划、优化和决策任务。

有了基于这种结构的数据仓库系统,就可以建立各种商业智能分析和应用,可以针对企业或供应链的各环节、各业务进行分析,如对供应商、客户、成本、财务、产品和服务等进行交叉多维分析,还可以进行一些高级的数据挖掘分析等,来完成供应链优化和决策,为企业或供应链创造竞争优势。

数据仓库对供应链管理的支持主要有以下几个方面。

(1) 数据仓库是供应链决策和优化的基础,为它们提供了数据支持。

(2) 数据仓库是客户关系管理(CRM)的基础,它可用来巩固客户数据、检验客户数据(如对真假货的辨别、对信用片真伪的鉴别等),为市场盈利和竞争的分析、产品重新配置的分析、利润核心的发掘以及公共资产的管理等提供高质量的数据。

(3) 数据仓库是产品设计的基础,数据仓库可以为产品设计提供产品数据、市场数据和客户使用数据,使设计人员能够紧跟市场和客户的需求与偏好,对产品及其原材料和零部件以及其他因素进行设计分析,在尽量降低成本的情况下,为客户开发出一流的产品和服务。

(4) 数据仓库是企业理财的基础,它为企业的获利能力、产品的获利能力、市场区域的获利能力等,以及它们组合的综合获利能力分析提供有效数据,以实现企业资源的有效利用和低成本、高产出的运行;而成本分析也将借助它实现深层次的挖掘,进一步降低成本;它还支持财务业务的资金分析和风险分析,这些都将有利于企业更好地理财。

(5) 数据仓库为生产制造提供了强有力的支持,生产环节可以利用数据仓库的有效数据来对过去几年的生产情况、生产进度、工艺路线和流水线运行以及产品的质量进行比较和分析,找出是什么因素能导致生产率提高、成本的下降和质量提高,研究出它们的变化趋势,以及这些变化趋势对整个的利润有什么效果等,以此改进生产和质量控制过程,提高质量、降低成本。

四、防止外部入侵的安全平台

企业实施供应链管理信息化建设,必须要考虑的一个关键环节就是信息安全平台的搭建。由于供应链管理完全依赖于信息系统的运行,因此任何有关信息系统方面的安全问题都会对供应链的正常运行造成极大的危害。

目前主要安全隐患有:系统的中断、信息被窃听、信息被篡改、信息被伪造、对交易行为的抵赖。相应地,安全机制也已经在技术上经过可靠性、有效性的证明,正在逐渐形成国际行业规范。构成安全机制的主要技术有防火墙技术、加解密技术、数字签名技术及身份认证技术等。

(1) 防火墙技术。防火墙是内部网与外部网之间实施安全防范的系统,被认为是一种访问控制机制。用于确定哪些内部服务允许外部访问,以及哪些外部应用允许访问内部服务。

(2) 加解密技术。加密的主要目的是防止信息的非授权泄露。加密可用于传输信息和存储信息。从分析的角度看,加密把声音变成噪声,把图像变成雪花,把计算机数据变成一堆无规律的、杂乱无章的字符。因此,加密可以有效地对抗截收、非法访问数据库窃取信息等威胁。解密是加密的反向过程,即将加密后的信息还原成原来的可读信息。

(3) 数据签名技术。数字签名是公开密钥加密技术的另一类应用。通过数字签名能够实现对原始报文完整性的鉴别和不可抵赖性。

(4) 身份认证技术。认证就是确定用户的身份。目前主要的认证方法是使用口令,这种方法简单、易用,但不够安全。要实现安全认证就需要使用数字证书进行验证。

知识链接

SaaS 供应链云服务平台

SaaS 是 Software-as-a-Service(软件即服务)的简写。SaaS 是一种在 21 世纪开始兴起的完全创新的软件应用模式,是软件科技发展的最新趋势。SaaS 在业内的叫法是软件运营,或称软营。SaaS 提供商为企业搭建信息化所需要的所有网络基础设施及软件、硬件运作平台,并负责所有前期的实施、后期的维护等一系列服务,企业无须购买软硬件、建设机房、招聘 IT 人员,即可通过互联网使用信息系统。就像打开自来水的水龙头就能用水一样,企业根据实际需要,向 SaaS 提供商租赁软件服务。

SaaS 模式包括基础设施即服务(IaaS)、平台即服务(PaaS)、系统软件即服务(SaaS)和客户端四部分(图 6.1)。

随着 ERP 在企业的普及应用,企业对自身资源已经能够较好地控制,然而要想在动态的市场环境下保持竞争优势,必须与上、下游合作伙伴建立良好的协同合作关系,做到信息互通、共享,实现一体化的供应链管理。这需要两个最基本的条件,一是实施好企业自己的 ERP 系统,提高企业内部信息沟通能力;二是建立公共的商务交易平台,提升企业外部信息沟通能力。目前,这两个条件对多数大企业没有问题,而对正在成长的中小企业,既要建立企业内部的 ERP,又要完成外部的供应链管理,无论是从人才、资金还是管理水平来看,都是不可能的。

基于 SaaS 的供应链平台上,可提供 3 类信息服务。

(1) 在线需求计划管理。当龙头完成企业内部的 MRP 运算后,便输出"采购需求计划";该计划作为供应链管理平台,中心工厂(或称虚拟企业)运算的输入,此刻供应链管理平台可以动态地挖掘供应商 ERP 的"库存可用量",并计算出"可供应量",该数据可提供给龙头企业编制"采购订单"。

(2) 联动的订单管理。传统的 ERP 应用,在采购订单确认后,复制出来,由人工传递给供应商;供应商再将其订单数据输入自己的 ERP 系统作为销售订单使用。然而供应链管理平台可以自动获取龙头企业被确认的采购订单,并转换为供应商的销售订单。

(3) 准确无误的商务交易。依据商务规则：供应商按照销售订单发货，龙头企业按照采购订单入库。由于供应商依据销售订单发货，而发货单(在订单转换时)遗传了龙头企业的采购订单号。这样当物流公司送货至龙头企业后，龙头企业可按回采购订单入库。此时应该完成一个完整的、由龙头企业拉动的业务过程了。但是供应链管理平台还可以自动抓取采购入库信息与转换前的采购订单对账，在供应链管理平台上发布商务交易处理信息，通过该信息平台上的所有供应商都可以掌握，准确无误地进行商务交易。

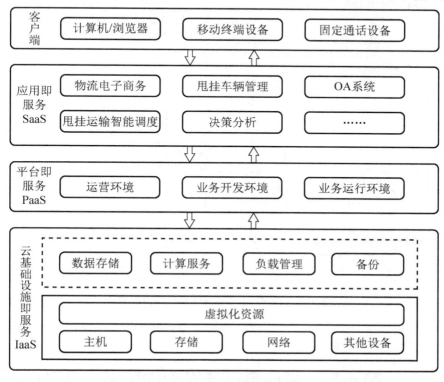

图 6.1 基于 SaaS 的甩挂运输公共信息平台

SaaS 供应链管理平台应用模式如图 6.2 所示。

SaaS 敏捷供应链管理平台应用的价值主要有以下几个方面。

(1) 改变传统分散的供应商的购销环节，将企业之间的购销关系锁定在特定的公共的供应链平台上，即通过 SaaS 供应链管理平台，有机地、相互依赖地链接在一起，协同共赢实现真正意义上的电子商务交易。

(2) 改变传统的由制造业龙头企业牵头搭建融合上、下游企业的供应链管理平台，建立公共的 SaaS 平台，即第三方供应链管理平台有效地保障了供应链上各企业之间的合作。

(3) 有利于企业标准管理模式的建立与复制。由标准的应用复制出多个供应链群和供应链网，从而形成规范的市场规则，形成生态的供应链网。

(4) 有助于企业供应链结构转型，形成以龙头企业带动其上游供应商发展的动态联盟。通过 SaaS 供应链管理平台，实现"由供应商、制造商、仓库、配送中心和渠道商等构成的物流网络"，使供应链上所有的企业相互作用，互相依赖，协同作业，共同发展，强调平台服务社会化。从而创新高端服务行业，帮助企业进步。

(5) 提高供应链的管理水平。实现"在满足一定的客户服务水平的条件下，为了使整个供应链系统成本达到最小，而把供应商、制造商、仓库、配送中心和渠道商等有效地组织在一起来进行的产品制造、转运、分销及销售的管理方法"，强调提升客户的服务质量，将对客户的服务落实在产品完整的供应链系统中，直至落实到每一个节点上。

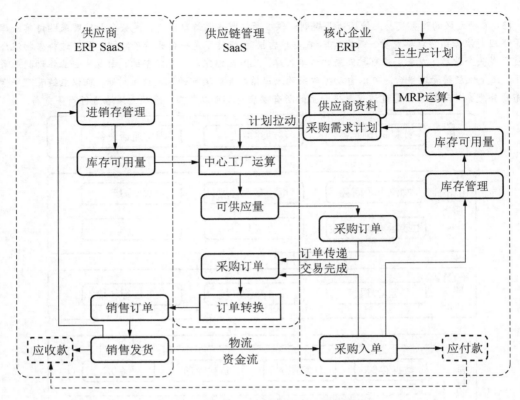

图 6.2　SaaS 供应链管理平台应用模式

(资料来源：http://articles.e-works.net.cn/scm/article85971.htm)

第三节　供应链信息管理的新技术及软件

一、供应链信息管理技术

信息共享是实现供应链管理的基础。供应链的协调运行建立在各个节点企业高质量的信息传递与共享的基础之上，因此，有效的供应链管理离不开信息技术系统提供的支持。目前，EDI、RFID、GPS、供应链信息系统集成和物联网技术是供应链信息化管理的新兴 IT 技术。

1. EDI 技术

电子数据交换(Electronic Date Interchange，EDI)在供应链管理的应用中，是供应链企业信息集成的一种重要工具，一种在合作伙伴企业之间交互信息的有效技术手段，特别是在全球进行合作贸易时，它是在供应链中连接节点企业的商业应用系统的媒介(图 6.3)。

供应商和用户(分销商、批发商)一起协商确定标准报文，首先用户(分销商、批发商)提供商品的数据结构，然后由 EDI 标准专业人员在相应标准中选取相关的报文、段和数据元。电子数据交换的优点是由甲电脑提交的"乙文件"内的数据，可以由丙电脑接收，其相关数据可以出现在"丁文件"内，避免了由人工重新输入电脑的时间和成本及误差。目前广泛采用的是联合国贸易数据交换标准——UN/EDIFACT。

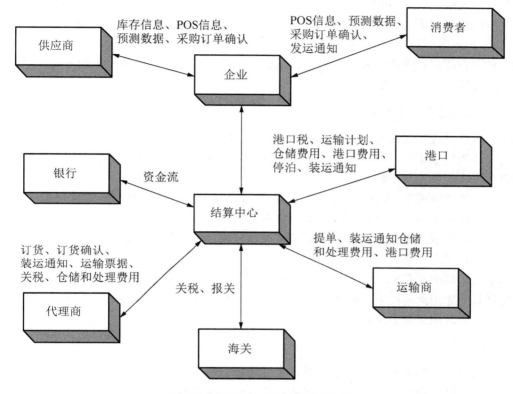

图 6.3 基于 EDI 的信息组织模式

制造业在供应链上应用 EDI 技术使传输发票、订单过程中达到了很高的效率，制造业企业所采用的 EDI 应用主要是发票和订单处理，而这些业务代表了他们的核心业务活动：采购和销售。EDI 在密切贸易伙伴关系方面有潜在的优势。

2. RFID 技术

射频识别技术(Radio Frequency Identification，RFID)是利用无线电波对记录媒体进行读写。射频识别的距离可达几十厘米至几米，且根据读写的方式，可以输入数千字节的信息，同时，还具有极高的保密性。射频识别技术适用领域：物料跟踪、运载工具和货架识别等要求非接触数据采集和交换的场合，要求频繁改变数据内容的场合尤为适用。

RFID 系统一般由信号发射机、信号接收机、发射接收天线三部分组成。RFID 系统能够清楚地获知托盘上货箱甚至单独货品的各自位置、身份、储运历史、目的地、有效期及其他有用的信息。RFID 能够彻底实施"源头"追踪以及在供应链中提供完全透明度的能力，从而实现快速供货并最大限度地减少储存成本。

3. GPS 技术

全球卫星定位系统(Global Positioning System，GPS)是通过系统测定用户至卫星的距离来达到定位的效果。运用 GPS 技术，GPS 车载终端中的 GPS 接收器通过接收并处理 GPS 信号，定位车辆而得到车辆信息，包括车辆的动态坐标位置(经度、纬度和高度)、时间、状态等。

GPS 技术在供应链管理中被广泛应用在运输管理中，包括车辆跟踪、车辆导航、调度指挥、防盗报警和车队管理等。

4. 供应链信息系统集成技术

供应链信息系统集成技术是利用 Internet 的"标准化"技术，以更加方便、更低成本的方式来集成各类信息系统，更容易达到数据库的无缝连接，使企业通过供应链管理软件使内外部信息环境集成为一个统一的整体。

在供应链管理环境下，集成化物流信息系统的体系结构可以用一个二维的模型来表示。第一维是按将供应链各层次进行集成，即对供应链执行层和供应链计划层之间的系统进行贯通。第二维是将供应链上涉及的功能和领域进行贯通，如将采购、仓储、计划、运输等环节打通，实施信息共享。

信息系统的集成不是人员、产品和设备的简单叠加，也不是一劳永逸的事情，事实上一次性地就某个应用问题把若干应用系统集成到一起已不是难事，难的是要做到随时跟上需求的变化，适时地支持系统动态集成。

5. 物联网技术

物联网是通过射频识别、红外感应器、全球定位系统、激光扫描器等信息传感设备，按约定的协议，把任何物品与互联网相连接，进行信息交换和通信，以实现智能化识别、定位、跟踪、监控和管理的一种网络概念。

目前物联网技术还未被大规模地应用，但未来物联网技术在供应链运输环节、仓储环节、生产环节、配送/分销环节和零售环节中应用的潜力很大。

6. 大数据处理技术

在企业运营的过程中积累了大量数据战略资产，如市场趋势数据、用户行为数据、流量数据、订单数据、采购数据、库存数据等。利用大数据处理技术，对未来销量计划及库存等可预测、可跟踪、可量化，从而提升整体供应链效率。同时企业也会抓取其他领域数据，包括微信、微博等社交数据，通过跨领域数据的融合产生乘法效应，发挥出最大的商业价值。以大数据为根本驱动力，用户数据将走向供应链前台，形成用户需求驱动的、更加灵敏的供应链管理模式。

二、供应链管理软件

供应链管理软件是伴随供应链的发展应运而生的，近年随着供应链管理的重要性在中国被逐渐认知，由于供应链管理环节众多，目前的供应链管理软件包括供应链执行层面和供应链计划与规划层面两类。供应链执行指的是供应链实际的操作和运营管理，如库存管理、运输管理和配送管理，包括 WMS(仓库管理系统)、TMS(运输管理系统)、DMS(配送管理系统)；供应链计划包括供应链网络优化、需求计划、配送计划、制造计划、排程计划等。

国际上对供应链管理软件大致分为以下 4 类：①供应链网络设计(Supply Chain Strategy Design)；②供应链计划(Supply Chain Planning)；③供应链执行(Supply Chain Execution)；④供应链数据整合(EDI & B2B Gateway)。

基于以上软件分类，国际主要供应链管理软件商又分为以下两大阵营：

(1) 专注于供应链管理软件市场的厂商。

<u>JDA</u>：提供专业的供应链计划软件，至 2010 年收购 I2 软件后，其在供应链优化和供应链计划的能力突出，尤为以零售分销领域见长；

Manhattan、Redprairie、Highjump、百沃(BravoSolution)以及国内的软件厂家如明基逐鹿、科箭、唯智、领道等：提供供应链执行软件如 WMS、TMS 和采购管理。其中，国内的厂商多关注各制造行业的企业内部供应链执行，而 Manhattan、Redprairie、Highjump 则重点关注分销物流领域的供应链执行。

Seeburger、Covisint、GXS、德艾科技(Dicentral)等：专注 EDI 软件及服务。EDI 的传输方式包括专用 VAN 网(Value Added Network)和 Internet 两类，在 Internet 中传输模式中，一些中小型供应商内部没有安装专用的 EDI 软件，则通过大型 OEM 厂商的 Web-EDI 门户实现基本的 EDI 应用。在众多 EDI 厂商中，Covisint 是全球最大的汽车工业领域 EDI 提供商之一，为 AIAG 在亚太地区汽车供应链中建立传统 EDI 或 Web-EDI 标准提供支持。Seeburger 的解决方案支持所有国际 EDI 标准，支持点对点、VAN、Internet EDI 和 Web EDI 等多种应用模式，与 SAP、Oracle EBS、QAD、Infor BAAN、Oracle JDE、IFS、微软 Dynamics 等国际主流的 ERP 软件建立了实现信息集成的适配器，支持将 ERP 系统生成的各类信息。

以上众多独立供应链管理软件提供商的优势是擅长供应链细分领域或环节，专注和深耕提供供应链专业领域的解决方案。

(2) 通过并购而逐渐扩展全面的供应链解决方案的管理软件厂商，如 SAP、IBM、Oracle、QAD、Epicor、Infor 以及国内的用友、金蝶等这些管理软件巨头。它们利用资金和规模优势，通过并购供应链专业软件的方式，对传统 ERP 功能进行供应链环节的延展。它们拥有广泛的 ERP 客户作为基础，所以发展较快，占据整个供应链管理软件市场很大的份额。其解决方案涵盖了从供应链网络设计、计划、一直到供应链执行层，应用层面广，但缺乏供应链细分领域或环节的专业深度。

在这些软件巨头的众多收购中，影响较大的并购案有：2006 年 Infor 收购的 SSA(SSA 之前收购的 EXE)使其成为主流的供应链管理软件提供商；2005 年 Oracle 收购专业的物流与运输管理软件 G-Log 使其 ERP 与供应链应用产品结合，提供更加全面的管理软件解决方案；2010 年 JDA 收购当时顶级的供应链管理软件提供商 I2，使其供应链优化与供应链计划能力突出；2012 年 IBM 耗费 14 亿收购沐雷软件(Emptoris)，增加其供应链中的采购管理的解决方案；SAP 收购 Ariba 和 Crossgate 拓展其在供应链环节中的采购和 EDI 的软件功能。

这些供应链管理软件公司都重点关注拥有大量客户的行业，如流通零售业；其次是流程制造业中如快速消费品(如案例中的太古可乐)、食品、制药(生命科学)、饮料(如青岛啤酒)行业等；接下来的是第三方物流；最后关注离散制造如：汽车(如比亚迪)和电子高科技等。各大供应链管理软件在这些行业也各有侧重。

世界上主要的供应链管理软件厂商如表 6.1 所示。

表 6.1 主要供应链管理软件厂商

软件厂商	公司介绍	解决方案的特点
SAP	企业管理和协同化商务解决方案供应商	同步规划、分销、运输和物流等流程，实现 24/7 全天候不间断运营
IBM	具有百年历史的全球信息产业领先企业	打造从设计、规划、采购、流程创新一直到物流和分销的一体化方案
Oracle	世界领先的信息管理软件供应商	涵盖价值链规划、供应链规划、产品生命周期管理、运输管理范围
QAD	全球著名的企业管理软件提供商	支持高级可见性的供应链网络，促进利润和成本改善，缩短交付周期，提高库存周转率
Infor	国际知名的企业管理软件提供商，聚焦"高增长"企业	帮助控制和自动化重复的流程，有效地执行供应链策略和销售运营计划
Epicor	全球领先的商业软件解决方案提供商	基于 SOA 架构的供应链解决方案
IFS	开发、提供和实施以 SOA 技术为核心的国际软件提供商	一款独立的集成的产品，支持针对服务与资产、制造、项目和供应链 4 个核心流程的管理
用友	国内知名的企业管理软件供应商	能够管理供应链协同和供应链执行
金蝶	国内知名的企业管理软件供应商	供应链协同、采购和分销
JDA	国际知名专注于供应链解决方案的软件提供商	专注于供应链，提供整体供应链解决方案
美国寰通(Oval)	企业级整体供应链管理和电子商务解决方案的供应商和 SaaS 服务商	一套基于 Internet 技术的电子商务套件
Atos	一家从事咨询和 IT 服务的国际性公司	为客户提供适用于制造物流和供应链管理的业务流程解决方案
Manhattan	一家全球领先的 SCM 软件和 WMS 供应商	是一整套的供应链解决方案和技术组合
Redprairie	国外专业的供应链执行系统提供商	具有全面优化生产能力和设施的仓储管理(WMS)
Highjump	国外知名的库存管理提供商	以仓储管理为核心，实现库存优化(WMS)
百沃(BravoSolution)	全球领先的电子采购和竞价解决方案供应商	专业的电子采购、协同采购和开支分析解决方案
Seeburger	国外业务集成领域和文件传输解决方案的市场领先供应商	基于 SOA 架构，将供应商与制造商数据无缝整合
GXS	全球领先的 B2B 电子商务解决方案供应商	一套高性能、端对端供应链网络，实现内部应用架构与外部贸易伙伴业务流程的无缝整合

续表

软件厂商	公司介绍	解决方案的特点
Covisint	国际知名的专注于汽车行业上下游供应链管理解决方案提供商	支持全球采购、工程、设计、生产、材料管理、物流和财务流程
德艾科技(Dicentral)	提供创新型 EDI、进出口贸易平台提供商	"服务式软件"使贸易中的买方，供应商和物流服务供应商能够无间断地交换数据
Supplyon	是全球汽车及制造业界最大的网站式供应链管理解决方案的提供商	帮助同业务伙伴开展透明的合作，以便在整个供应网络中进行协作策划、实施和协调
明基逐鹿(BENQ)	国内领先的IT技术、顾问服务、业务流程外包解决方案提供商	一套完整的供应链采购端解决方案
科箭	国内领先的物流软件解决方案供应商	国内自主研发的 WMS、TMS 产品
唯智	国内知名的供应链执行系统提供商	包括 WMS、TMS 和供应链网络优化方案
领道	国内知名供应链执行系统提供商	综合的供应链作业执行管理
锐特	国内知名的供应链系统及解决方案提供商	分销物流的供应链执行系统和企业级数据交换(EDI)的解决方案突出
南北软件	国内面向外贸管理的信息系统提供商	以具体业务为支撑，结算平台为桥梁，使供应链上的业务、财务一体化

三、供应链管理信息化的发展趋势

在未来，流程和基础信息的标准化是供应链信息化管理的基础，网络优化是供应链管理的推动力，成本与利润的量化是目标，信息流分析的精细化运作是信息系统的生命，先进技术与智能的分析工具是供应链信息化的有力保证，打造一体化的供应链信息管理平台将打通供应链管理的关键。供应链管理信息化应用将围绕标准化、精细化、移动化、一体化和智能化方向发展。

1. 新技术应用提升供应链标准化水平

RFID、射频技术、GPS、自动立体化仓库等新技术设备的广泛应用，将为供应链信息化基础水平带来质的飞跃。中国目前在供应链基础信息化、标准化的应用层次还处于较低水平，对于新技术的应用，中国的制造业有非常大的上升空间。

2. 精准的供应链计划需求

供应链计划包括需求计划、库存优化和采购计划三个部分，目前由于市场复杂和计划难度的影响，一方面软件厂商提供的供应链计划模型欠缺，另一方面制造业自身信息化基础的局限性，使供应链计划未能被广泛地使用。然而，精准的供应链计划是消除供应链"牛鞭效应"的最主要的手段,对供应链管理有着重要影响。随着未来软件厂商的能力提升,制造业信息化水平的提高,精准的供应链计划将建立更加高效和敏捷的供应链。

3. 不同行业的一体化解决方案

目前供应链信息化软件多集中在汽车、食品、电子、服装、制药和家电行业,并且缺乏整体的一体化解决方案,企业系统集成的工作量大。不同行业的一体化解决方案,将是未来制造业供应链信息化管理的需求之一。

4. 移动互联

移动设备的客户端如今越来越热门,这种移动的互联方式,将打破时间和空间上对物理静态设备操作的显示。手持订单处理终端、移动化的流程审批等设备和系统的应用,加速信息流高效流通。未来供应链信息化对此方面有着更为广阔的需求。

5. 智能的供应链数据挖掘

目前,大部分中小型企业的信息系统还远远谈不上决策支持,只能起到部分辅助决策的作用。在供应链管理中,管理者会遭遇数据和信息泛滥的情况,如果只经过简单的收集整理,无法从中获得有用的信息。理想的供应链信息系统应该能够协助企业进行信息的收集整理,将有用的、准确的、及时的信息,以可利用的形式呈现给不同层面的决策者。以精确的数据构建起企业数据仓库,开展数据挖掘和知识挖掘工作,将是未来供应链决策管理的新课题。

第四节　EPC 在供应链管理中的应用

随着全球经济一体化,信息网络化进程的加快,产品电子代码(EPC)的概念被提了出来。它将成为继条码技术之后,再次变革商品零售结算、物流配送及产品跟踪管理模式的一项新技术,是条码技术应用的延伸和拓展,被誉为全球物品编码工作的未来,将会给人类社会生活带来巨大的变革。以 EPC 软硬件技术构成的 EPC 系统能够使所有商品的生产、仓储、采购、运输、销售及消费的全过程,发生根本性的变化,实现全程跟踪查询,从而大大提高全球供应链的性能。

一、EPC 的概念

EAN.UCC 编码提高了供应链管理的生产效率,并且成为全球最通用的标准之一。近年来,人们逐渐发现在产品识别时使用射频技术代替条码的光电识别技术好处多多,射频识别技术无须可视传输,具有较好的抗干扰性,读取速度快,能存储产品标识以外的更多信息等。基于此种认识,美国麻省理工学院 Auto ID 中心在美国统一代码委员会(UCC)的支持下,提出了产品电子代码的概念。随后由国际物品编码协会(原来 EAN,现在 GSI)和美国统一代码委员会(UCC)主导,实现了全球统一标识系统中的 GTIN 编码体系与 EPC 概念的完美结合,将 EPC 纳入了全球统一标识系统。

EPC 概念的提出源于射频识别和计算机网络技术的发展。射频识别技术的优点在于可以无接触的方式实现远距离、多标签甚至在快速移动的状态下进行自动识别。计算机网络技术的发展，尤其是互联网技术的发展使得全球信息传递的即时性得到了基本保证。在此基础上，人们大胆设想将这两项技术结合起来应用于物品标识和物流供应链的自动追踪管理，由此诞生了EPC。人们设想为世界上的任何一件物品都赋予一个唯一的编号，EPC标签即是这一编号的载体，当EPC标签贴在物品上或内嵌在物品中的时候，即将该物品与EPC标签中的唯一编号建立了一对一的对应关系。EPC标签从本质上来说是一个电子标签，通过射频识别系统的电子标签读写器可以实现对EPC标签内存信息的读取。读写器获取的EPC标签信息源源不断地汇入互联网EPC系统的PML服务器中。EPC标签无所不在，数量巨大，定位于一次赋予物品伴随物品终生；EPC标签读写器无所不在，但数量远少于EPC标签，定位于数据采集设备工具；EPC标签与读写器遵循尽可能统一的国际标准，以大限度地满足兼容性和低成本的要求。

二、EPC的工作流程

在由EPC标签、读写器、EPC中间件、Internet、ONS服务器、EPC信息服务(EPC IS)以及众多数据库组成的物联网中，读写器读出的EPC只是一个信息参考，由这个信息参考从Internet找到IP地址并获取该地址中存放的相关的物品信息，并采用分布式的EPC中间件处理由读写器读取的一连串EPC信息。由于在标签上只有一个EPC代码，计算机需要知道与该EPC匹配的其他信息，这就需要ONS来提供一种自动化的网络数据库服务，EPC中间件将EPC代码传给ONS，ONS指示EPC中间件到一个保存着产品文件的服务器(EPC IS)查找，该文件可由EPC中间件复制，因而文件中的产品信息就能传到供应链上，EPC系统的工作流程如图6.4所示。

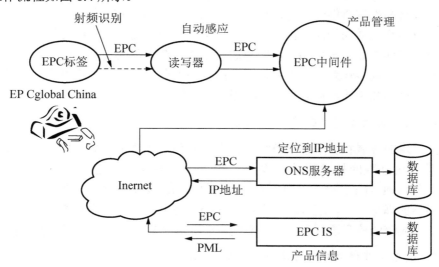

图6.4 EPC的工作流程示意图

三、EPC在供应链管理过程优化中的作用

EPC在供应链管理当中的应用，包括应用于采购环节，可实现自动订货、快速验货等功能应用于存储环节，可实现自动盘点、商品快速入库(出库)等功能应用于生产制造环节，可以完成自动化生产线运作，实现在整个生产线上对原材料、零部件、半成品和产成品的

识别与跟踪，减少人工识别成本和出错率，提高效率和效益与准确应用于运输环节，可实现对在途货物的监控、运输车辆的自动收费和运输工具的识别应用于销售环节，可实现商品防盗、货物有效期监控、快速结账或自动结账应用于反向物流中，可追踪每件商品从原材料采购、生产、加工、流通到消费的全过程，可全程追溯产品的质量问题等。

1. EPC 的应用可以更有效地利用资源

EPC 不需要人工去识别标签，读卡器直接从射频标签中读出商品相关数据。一些读卡器可以每秒读取 200 个标签的数据，这比传统扫描方式要快 1 000 倍，节省了货物验收、装运、意外处理等劳动力资源。以库存管理为例，在一个 EPC 良好集成的供应链环境中，由于信息的高度共享，物料信息被放在整个供应链中，可以被所有参与者访问。因此，单个企业内部的不可用资源，在整个供应链中则可能是可利用资源。该资源会被集成功能的同步计划自动利用。

2. EPC 的应用可以有效地促成供应链结构的优化

在高度协调集成的供应链环境中，信息流可以和实际的物流分开以实现更灵活的业务处理，但如何把信息流与物流紧密联系起来成为关键。通过跨组织实施 EPC 技术，上游供应商和制造商会同下游的分销和零售商，可以采用货箱、托盘、包装标记来跟踪供应链中的产品，从而降低存货量以减少流动资金的占用，更精确高效地存储产品并增加销售。

3. EPC 的应用可以真正做到实时管理

通过 EPC 集成的信息系统平台，库存或运输途中的货物都能清晰准确的表现出来，各供应链中的成员洞悉整个供应链的销售、供应状态。整个供应链的反应速度、准确性提高，从而减少了反向物流逆向物流的出现。市场需求在一个高度实时集成的供应链环境中被所有的参与者协同地完成。全面的供应链集成就好像一个大型的虚拟企业组织，组织里的每个成员共享信息、同步计划、使用协调一致的业务处理流程，共同应对复杂多变的市场，为最终用户提供高效快捷、灵活的支持和服务，从而在竞争中获得优势。

4. EPC 的应用能提高供应链的信息透明度

从目前技术的发展状况来看，EPC 技术是一项综合了物品编码规则、射频识别(RFID)技术以及计算机互联网技术的综合体系。EPC 物联网的目标是为人们提供在任何时间(Anytime)、任何地点(Anywhere)、任何一件物品(Anything)的信息服务功能。这一点与现代物流业所倡导的理念一致。现代物流发展的核心就是以信息技术为支撑，整合复杂的产品信息，提高供应链的信息透明度，使供应链内企业展开良好协作，共同降低物流成本。

5. EPC 的应用能使供应链管理方法得到真正应用

物联网技术的应用将给物流业带来革命性影响，它能够将供应链管理系统上的制造、运输、包装、仓储、销售等主要环节集成起来，实现产品的智能跟踪、信息查询、产品物流控制和管理，从而使供应链管理方法能得到真正应用。据国际商用机器公司的专家分析，应用 EPC 物联网技术能将公司的库存平均减少 5%～25%，大大节省了公司的库存成本；同时有 50%的英国供应商和制造商正考虑采用 EPC 物联网技术方案来改进供应链效率。

6. EPC 的应用可以大大提升物流管理的准确性

EPC 在现实的企业运作当中应用，能够大大节约成本。以物流中心的成本组成来看，人工成本占总成本的 70%，是主要的支出成本。因此如果要想降低成本，增加竞争力，最好的方式便是降低人工成本，在物流中心各项活动中，所需要的人力分布上，有 40%～50%的人力在做分拣的工作，EPC 可以取代人工分拣的大部分工作；EPC 可以免除传统的检查、查账作业，不需要逐一清点货品的数量、存放位置，从而提升物流管理的准确性；例如 EPC 可以确保收货过程中作业处理的正确性，减少在分拣过程中的作业错误。EPC 的应用能确保产品质量在仓储物流过程中可以有效控制产品的生产日期、有效日期以及相关的货品质量。

EPC 在供应链管理领域的应用，企业能轻易地构建一个包括采购、存储、生产、包装、装卸、运输、加工、配送、销售和服务活动于一身的供应链管理集成系统，从而实现企业管理从传统的物流管理向现代化的智能供应链管理的转变，使管理过程中的信息获取与采集真正实现自动化，信息处理的速度更快，准确度更高。

本 章 小 结

应用信息技术一方面能够将分散在企业各个部门的片段化的信息或流程衔接起来，另一方面，能够推动供应链管理环境下的企业组织变革和业务流程再造。信息技术是强大的使能器，驱动供应链管理流程的运行，并为管理者决策提供有力支持。本章首先介绍了信息技术对供应链的影响，提出供应链信息化的要求。其次，从内部信息、外部商务、信息共享和信息安全等方面，阐述了供应链管理信息平台的功能特点。然后，介绍了供应链管理应用的新技术，总结了现有供应链管理软件的特点。最后，介绍了 EPC 的概念、工作流程和应用。

 关键术语

物流 Logistics
信息 Information
信息技术 Information Technology
物联网 Internet of Things (Machine to Machine)
GSM (Global System for Mobile Communication)
数据仓库 Data Warehouse
联机分析处理 On-line Analytical Processing
管理信息系统 Management Information System
高管支持系统 Executive Support Systems

决策支持系统 Decision Support Systems
供应链管理 Supply Chain Management
射频识别 Radio Frequency Identification
数据库管理系统 Database Management System

数据挖掘 Data Mining
业务处理系统 Transaction Processing Systems
物流信息系统 Logistics Information Systems

习 题

一、选择题

1. RFID 是一种( )的自动识别技术,他通过射频信号自动识别目标对象并获取相关数据,识别工作无须人工干预,可工作于各种恶劣环境。
   A. 非接触式　　　B. 接触式　　　C. 自动　　　D. 非自动
2. 电子数据交换(EDI)是通过电子方式,采用( ),利用计算机网络进行结构化数据传输和交换,俗称"无纸化交易"。
   A. 电子格式　　　B. 纸质的格式　　　C. 标准化的格式
3. RFID 系统由( )组成。
   A. 阅读器　　　　　　　　　　B. 标签
   C. 数据库、应用软件、中间件　　D. 计算机设备及数据传输线
4. 关于 EPC 的工作流程描述正确的是( )。
   A. EPC 标签可以独立工作
   B. 阅读器将数据传递给 ONS
   C. 读取的 EPC 标签信息需要编码处理
   D. EPC IS 存储的是产品文件信息
5. 通过( )可以实现对原始报文完整性的鉴别和不可抵赖性。
   A. 防火墙技术　　　　B. 加密技术
   C. 数字签名技术　　　D. 身份认证技术
6. 关于 GPS 技术描述正确的是( )。
   A. GPS 接收端与卫星通信是双向的
   B. 通过测定接收端至地面基站距离来定位
   C. GPS 接收端通过无线基站发送位置信息
   D. 可与 GIS、RFID 技术结合实现动态监控

二、思考题

1. 物流信息技术包括哪些内容?
2. 在供应链中信息流有哪些特点?
3. EPC 有哪些作用?
4. 分析 RFID 的应用。

案例分析

基于 RFID 技术的畜产品追溯管理

一、RFID 系统原理及特点

RFID 是一种非接触的自动识别技术,其基本原理是利用射频信号和空间耦合(电感或电磁耦合)或雷

达反射的传输特性，实现对被识别物体的自动识别。其系统构成如图 6.5 所示。

RFID 系统具有以下特点。

(1) 数据可读可写。

(2) 无接触识别、非可视性阅读。

(3) 可在高温、高湿和户外等恶劣条件下使用。

(4) 与条码相比其成本还是较高。

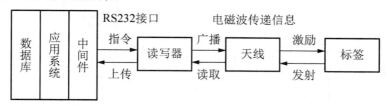

图 6.5　RFID 系统构成

二、EAN-UCC 二维条码

(1) 二维条码——牲畜耳标。加施于牲畜耳部，用于证明牲畜身份，承载牲畜个体信息的标志物。牲畜耳标编码由畜禽种类代码、县级行政区域代码、标识顺序号共 15 位数字及专用条码组。

(2) 二维条码的识别手段——条码阅读器。

三、耳标

对于活体动物而言，采用 RFID 动物耳标，既具有其标识的全球唯一性，又具有标识的防破坏性，已经被广泛地发到国家所采用。

(1) 畜禽标识：耳标、电子标签、脚环以及其他承载畜禽信息的标识物。

(2) 耳标：加施于牲畜耳部，用于证明牲畜身份，承载牲畜个体信息的标志物。由畜禽种类代码、县级行政区域代码、标识顺序号共 15 位数字及专用条码(二维条码)组成。

四、饲养过程记录

对牲畜饲养的全部过程进行记录。并可以利用记录信息对牲畜的饲养过程能进行追溯。

(1) 追溯对象：单个牲畜。

(2) 对单个牲畜进行标识。

《畜禽标识和养殖档案管理办法》(2006 年农业部令第 67 号)规定：新出生畜禽，在出生后 30 天内加施畜禽标识；30 天内离开饲养地的，在离开饲养地前加施畜禽标识；从国外引进畜禽，在畜禽到达目的地 10 日内加施畜禽标识。

猪、牛、羊在左耳中部加施畜禽标识，需要再次加施畜禽标识的，在右耳中部加施。

(3) 建立牲畜的养殖记录档案。

① 畜禽的品种、数量、繁殖记录、标识情况、来源和进(出)场日期。

② 饲料、饲料添加剂等投入品和兽药的来源、名称、使用对象、时间和用量等有关情况。

③ 检疫、免疫、监测、消毒情况。

④ 畜禽发病、诊疗、死亡和无害化处理情况。

⑤ 畜禽养殖代码：由 6 位县级行政区域代码和 4 位顺序号组成畜禽养殖代码由县级人民政府畜牧兽医行政主管部门按照备案顺序统一编号，每个畜禽养殖场、养殖小区只有一个畜禽养殖代码。

五、肉食品可追溯

1. 肉食品供应链(图 6.6)

2. 肉食品的追溯方案

1) 可追溯单元

(1) 以屠宰加工的生产批次为追溯单元。

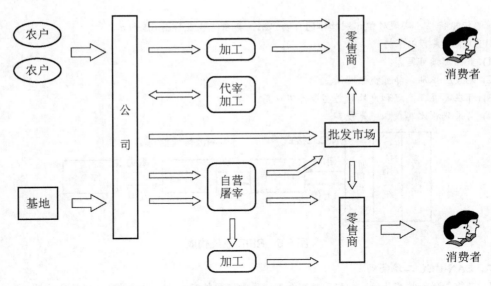

图 6.6 肉食品供应链

(2) 以单体的牲畜原料确定屠宰加工的生产批次。

批次和准确的个体标识，这取决于系统的投资成本。

2) 技术手段和信息记录

(1) 饲养环节。

(2) 屠宰环节。

① 活体动物供应信息。

② 屠宰场过程信息。

③ 卫生检疫信息("瘦肉精"检出等)。

④ 胴体及对应的脏器信息。

⑤ 卫生检验信息。

⑥ 胴体数字喷码编号信息。

⑦ 屠宰后的销售与加工信息等。

3) 分割加工环节

利用 RFID 电子标签可读写的功能，根据分割加工的工序需要，先读取对应胴体的 RFID 标签唯一标识编码，再复制和增加下级识别编码，写入对应该胴体的分割肉的 RFID 电子标签内，确保分割加工肉的标识与其被分割加工的母体的标识一一对应。

针对需要分割成可以满足市场零售要求的小块分割肉，先读取其 RFID 标识标签，在转换成 UCC/EAN-128 的条形码标识，并将 UCC/EAN-128 条形码标识粘贴于小块分割肉的包装上，以便零售。EAN128 规格的条形码标识与胴体的标识形成一一准确对应的关系。

4) 销售环节

(1) 分销：在有些城市设立有政府监管的肉类批发市场的批发业务。生猪交易商将屠宰场杀好的"白条猪"送进批发市场时，全部用专用挂钩挂上轨道，每一个专用挂钩上都有一个 RFID 电子标签，其编码与"白条猪"身上的数字编码完全一一对应。

(2) 零售：GTIN + 批号。

3. 肉食品追溯系统

肉食品追溯系统如图 6.7 所示。

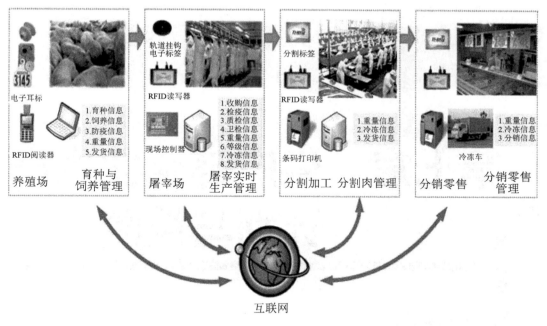

图 6.7　肉食品供应链管理及信息追溯系统

讨论题：
1. 思考 RFID 技术如何与条码技术结合使用？
2. 在本系统中 RFID 标签选用什么频率的比较合适？
3. 简述建设农产品供应链数字化管理平台对于全面推进乡村振兴有何意义？

第七章 供应链企业生产计划与控制

【学习目标】
- 了解 ERP 的四个发展阶段;
- 理解并掌握 MRP、CRP 的运算原理,并能够进行运算;
- 理解供应链管理下企业生产计划与控制的特点;
- 理解供应链管理模式下精益生产、大量定制、敏捷制造的内涵。

【知识架构】

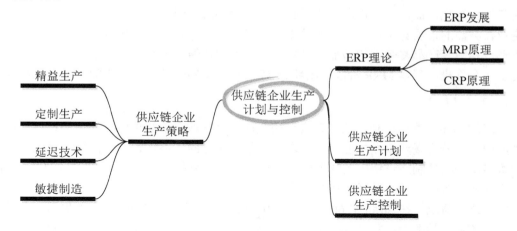

戴尔的生产计划与控制体系

戴尔有一套较完善的 I2 Trade Matrix 套件，它包括供应商关系管理、供应链管理、客户关系管理几个特殊应用模块，而供应链管理中的工厂生产计划更是发挥了很大的作用，它使戴尔的市场反应很快，能够每 3 天就做一个计划，并能实现自己基于直销方式的及时生产(JIT)。戴尔公司从接到订单开始，就根据订单制订生产进度计划，并将物料需求信息传达给自己的供应商或者是自己的后勤供应中心，并给工厂下达基于供应商的生产进度计划表，而供应商和后勤供应中心在指定的时间准时将材料运送到工厂去，从而实现自己的实时生产。

戴尔的生产计划信息模块在最初就集成了 5 个方面的应用，并体现了企业对信息的实时跟踪与反馈。通过企业的工程材料加工和成本跟踪的应用，跟踪企业的小批量订单，并将信息传入企业的运行数据仓库，它实时地支持生产决策，这主要是因为库中汇集了各种数据，并集成了历史数据用以预测分析。而同时，企业的订单管理系统将订单信息发给加工工厂，而加工进度跟踪编码系统会创建一个唯一的标签号，用以对订单的完成情况进行实时追踪。运行数据仓库与加工进度跟踪系统之间也不断进行信息数据的交换，两者也将生产的报告传至工厂的管理部，而他们同时会将调整的生产计划传回加工进度跟踪系统中。在整个信息系统中能够实现对订单的实时跟踪反馈，使企业的生产更符合最终客户的需要，从而使生产更加有效。

生产流程的规范性与信息技术的有效使用，使得戴尔的生产计划更贴近市场的需求，从而减少库存，提高企业的竞争力。

(资料来源：http://wenku.baidu.com)

第一节　ERP 理论基础

一、ERP 理论的形成与发展

ERP 是由美国 Gartner Group Inc.咨询公司首先提出。它是当今国际上先进的企业管理模式,其主要宗旨是对企业所拥有的人、财、物、信息、时间和空间等综合资源进行综合平衡和优化管理,面向全球市场,协调企业并管理部门,围绕市场导向开展业务活动,使得企业在激烈的市场竞争中全方位地发挥足够的能力,从而取得最好的经济效益。ERP 理论的形成是随着产品复杂性的增加,市场竞争的加剧及信息全球化中产生的。其形成大致经历了 4 个阶段:基本 MRP 阶段、闭环 MRP 阶段、MRPII 阶段以及 ERP 的形成阶段。

1. 基本 MRP

传统的库存管理与控制方法是订货点法。订货点法适合于需求比较稳定的物料,在实际生产中,随着市场环境发生变化,需求常常是不稳定的、不均匀的,在这种情况下,使用订货点法来处理制造过程中的物料便暴露出了一些明显的缺陷。缺陷表现在:①盲目性;②高库存和低服务水平;③形成块状需求。

针对这些情况,在 20 世纪 60 年代,美国 IBM 公司的 J. Orlicky 博士首先提出了独立需求和相关需求的概念,将企业内部的物料分成独立需求物流和相关需求物料两种类型,并在此基础上总结出了物流需求计划(Material Requirement Planning,MRP)理论,也成基本 MRP。其与传统库存理论和方法不同之处在于,引入了时间分段和反映产品结构的物料清单(Bill of Materials,BOM),保证在需要的时间得到需求数量的物料,从而较好地解决了库存管理和生产控制的难题。

MRP 的基本思想分为以下 5 点。

(1) 根据产品出产计划倒推出相关物料的需求。
(2) 围绕物料转化组织制造资源,实现按需要准时生产。
(3) MRP 处理的是相关需求。
(4) 强调以物料为中心组织生产,体现了为顾客服务的宗旨和按需定产的思想。
(5) 将产品制造过程看作是从成品大批原材料的一系列订货过程。

在图 7.1 所示圆珠笔产品结构中,若客户订单是 150 支圆珠笔,则独立需求是 150 支圆珠笔,由这 150 支圆珠笔产生的相关需求是 150 支笔芯,由 150 支笔芯产生的相关需求是 300 毫升的油墨。假设该产品生产的各部件的制造时间用期如表 7.1 所示。圆珠笔加工时间顺序如图 7.2 所示。

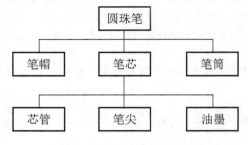

图 7.1　圆珠笔产品结构组成

表 7.1　圆珠笔加工制造时间

物料名称	结构层次	构成数量	采购提前期(h)	单件加工期(h)	总加工期(h)	总提前期(h)
油墨	2	5g	6			
芯头	2	1个	6			

续表

物料名称	结构层次	构成数量	采购提前期(h)	单件加工期(h)	总加工期(h)	总提前期(h)
芯杆	2	1支	8			
笔芯	1	1支		3	3	11
笔筒	1	1个	8			
笔帽	1	1个	8			
成品	1	1支		5	8	16

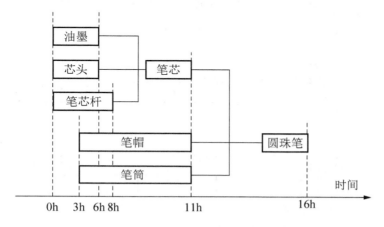

图 7.2 圆珠笔加工时间顺序

从表 7.1 与图 7.2 中可以看出，要完成该产品，必须提前 16h 确定采购计划，也就是产品的累计提前期为 16h(但不是产品的工时)。可以看出，由于产品各层次需求时间不同，这就要求"在需要的时候提供需要的数量"。产品结构是多层次和树状结构的，其最长的一条加工路线就决定了产品的加工周期。这个原理也就是网络计划中的关键线路法原理。在对产品及各层次安排生产时，应按照产品需求的时间往低层次安排，也就是倒排计划，即从确定各层次物料的最迟完工和最迟开工时间开始。因此，在制订物料需求计划时，需要考虑产品的结构，再得出需求后，才考虑物料的库存(含在制品)数量，再得出各层次物料的实际需求量。其中最终原材料就是采购的需求量，中间件就形成了生产加工计划，可以用简化的逻辑流程图(图 7.3)表示。

但是，值得一提的是，20 世纪 60 年代初发展起来的 MRP 仅是一种物料需求计算器，它只能根据对产品的需求、产品结构和物料库存数据来计算各种物料的需求，将产品出产计划变成零部件投入出产计划和外购件、原材料的需求计划，从而解决生产过程中需要什么、何时需要、需要多少的问题。随着制造业企业面临的更加激烈的竞争，MRP 需要进行新的变革。

2. 闭环 MRP

基本 MRP 是开环控制系统，在此系统中，制订主生产计划时，不考虑企业的实际加工能力。因此，在基本 MRP 系统中，制订的主生产计划有可能与实际情况不符。闭环 MRP 理论认为主生产计划与物料需求计划(MRP)应该是可行的，即考虑能力的约束，或者对能力提出需求计划,在满足能力需求的前提下,才能保证物料需求计划的执行和实现。在这种思想要求下,企业必须对投入与产出进行控制,也就是对企业的能力进行校检、执行和控制。

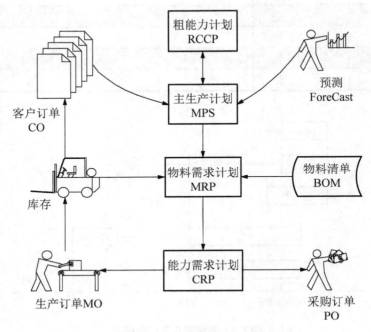

图7.3　MRP 逻辑流程图

因此,闭环 MRP 在基本 MRP 的基础上补充了两项功能。
(1) 编制能力需求计划。
(2) 建立信息反馈机制。这样,把财务子系统和生产子系统结合为一体,采用计划→执行→反馈的管理逻辑,有效地对生产各项资源进行规划和控制。其逻辑流程如图7.4所示。

企业根据发展的需要与市场需求来制定企业生产规划;根据生产规划制订主生产计划,同时进行生产能力与负荷的分析。该过程主要是针对关键资源的能力与负荷的分析过程,从而使主产计划基本可靠。

再根据主生产计划、企业的物料库存信息、产品结构清单等信息来制订物料需求计划;由物料需求计划、产品生产工艺路线和车间各加工工序能力数据(即工作中心能力)生产对能力的需求计划,通过对各加工工序的能力平衡,调整物料需求计划。如果这个阶段无法平衡能力,还有可能修改主生产计划。

采购与车间作业按照平衡能力后的物料需求计划执行,并进行能力的控制,即输入、输出控制,并根据作业执行结果反馈到计划层。

闭环 MRP 能较好地解决计划与控制问题,是计划理论的一次大飞跃。

3. 制造资源计划(MRP II)

20世纪80年代,企业的管理者们又认识到制造业要有一个集成的计划,以解决阻碍生产的各种问题,而不是以库存来弥补,或缓冲时间去补偿的方法来解决问题,要以生产与库存控制的集成方法来解决问题,于是 MRP II 即制造资源计划产生了。MRP II 是对制造业企业资源进行有效计划的一整套方法。它是一个围绕企业的基本经营目标,以生产计划为主线,将生产活动中的主要环节销售、财务、成本、工程技术等与闭环 MRP 集成为一个系统,对企业制造的各种资源进行统一的计划和控制,使企业的物流、信息流、资金流流动畅通的动态反馈系统。其逻辑流程如图 7.5 所示。

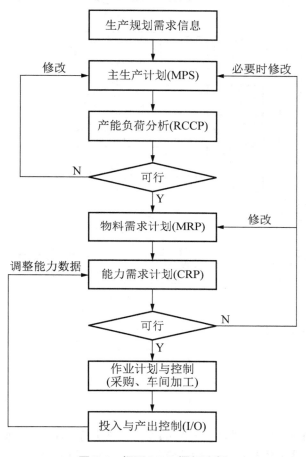

图 7.4 闭环 MRP 逻辑流程

MRP II 集成了应收、应付、成本及总账的财务管理。其采购作业根据采购单、供应商信息、收货单及入库单形成应付款信息(资金计划);销售商品后,会根据客户信息、销售订单信息及产品出库形成应收款信息(资金计划),可根据采购作业成本、生产作业信息、产品结构作息、库存领料信息等产生生产成本信息;能把应付款信息、应收款信息、生产成本信息和其他信息等计入总账。产品的整个制造过程都伴随着资金流通的过程。通过对企业生产成本和资金运作过程的掌握,调整企业的生产经营规划和生产计划,因而得到更为可行、可靠的生产计划。

企业在使用了 MPR II 后,可以在周密的计划下有效地利用各种制造资源,控制资金占用,缩短生产周期,降低成本,实现企业整体优化,以最佳的产品和服务占领市场。同时,使管理人员从复杂的事务中解脱出来,真正把精力放在提高管理水平上,以便更好地解决管理中的实质性问题。

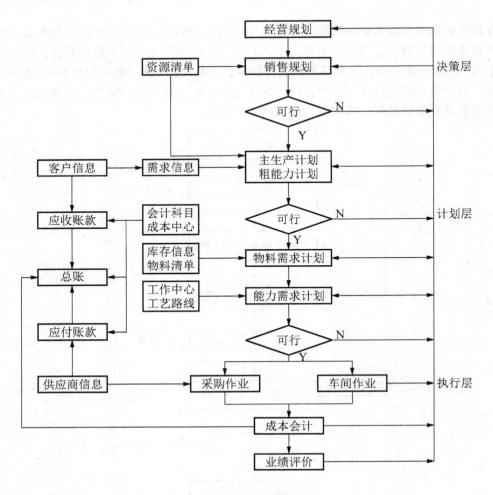

图 7.5 MRP II 逻辑流程

4. ERP 的形成

到了 20 世纪 90 年代，世界经济格局的变化，在复杂的竞争环境下，制造业企业面临着更加严峻的挑战，技术优势是制胜的法宝，企业必须对经营管理模式开始新一轮的变革，传统的 MRP II 无法满足企业去利用一切市场资源快速高效地进行生产经营，需要新一代的 MRP II 来满足他们的需求。首先，企业之间竞争范围的扩大，要求在企业管理的各个方面加强管理，要求企业的信息化建设应该有更高的集成度同时，企业信息管理的范畴要求扩大到对企业的整个资源集成管理而不单单是对企业的制造资源的集成管理。其次，企业规模扩大化、多集团、多工厂要求协同作战，统一部署，这已经超出了 MRP II 的管理范围。最后，信息全球化趋势的发展要求企业之间加强信息交流与信息共享，企业之间即是竞争对手，又是合作伙伴，信息管理要求扩大到整个供应链的管理，这些更是 MRP II 所不能解决的。这个时候，ERP 应运而生。

企业的所有资源简要地说包括三大流：物流、资金流、信息流，ERP 也就是对这三种资源进行全面集成管理的管理信息系统。概括地说，ERP 是建立在信息技术基础上，利用现代企业的先进管理思想，全面地继承了企业所有资源信息，为企业提供决策、计划、控制与经营业绩评估的全方位和系统化的管理平台。

ERP 的扩充点大概分为下面几个部分。

(1) ERP 更加面向市场、面向经营、面向销售，能够对市场快速响应；它将供应链管理功能包含了进来，强调了供应商、制造商与分销商间的新的伙伴关系；并且支持企业后勤管理。

(2) ERP 更强调企业流程与工作流，通过工作流实现企业的人员、财务、制造与分销之间的集成，支持企业过程重组。

(3) ERP 纳入了产品数据管理 PDM 功能，增加了对设计数据与过程的管理，并进一步加强了生产管理系统与 CAD、CAM 系统的集成。

(4) ERP 更多地强调财务，具有较完善的企业财务管理体系，这使价值管理概念得以实施，资金流与物流、信息流更加有机地结合。

(5) ERP 较多地考虑人的因素作为资源在生产经营规划中的作用，也考虑了人的培训成本等。

(6) 在生产制造计划中，ERP 支持 MRP 与 JIT 混合管理模式，也支持多种生产方式(离散制造、连续流程制造等)的管理模式。

(7) ERP 采用了最新的计算机技术，如客户/服务器分布式结构、面向对象技术、基于 WEB 技术的电子数据交换 EDI、多数据库集成、数据仓库、图形用户界面、第四代语言及辅助工具等。

ERP 系统的总流程图如图 7.6 所示。

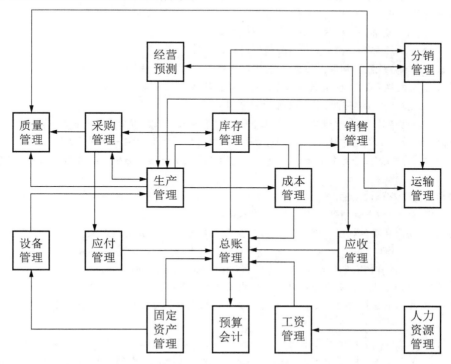

图 7.6 ERP 系统的总流程

但是，这些是远远不够的，随着信息技术的不断发展，市场竞争日益激烈，新的现代管理技术呼之欲出。在供应链管理环境下，ERP 系统管理范围有扩大的趋势，企业办公系统、企业之间的协调商务，如电子商务、客户关系管理、库存管理等都不断融入 ERP 系统中。其次，ERP 的发展要适应企业组织结构调整和流程重组的趋势；最后，现代信息技术的发展，如 RFID、云计算、大数据技术等为 ERP 发展提供了广阔的前景。

案例 7-1

什么是 ERP

一天中午，丈夫在外给家里打电话："亲爱的老婆，晚上我想带几个同事回家吃饭，可以吗？"(订货意向)

妻子："当然可以，来几个人，几点来，想吃什么菜？"

丈夫："6 个人，我们 7 点左右回来，准备些酒、烤鸭、番茄炒蛋、凉菜、蛋花汤，你看可以吗？"(商务沟通)

妻子："没问题，我会准备好的。"(订单确认)

妻子记录下需要做的菜单(MPS 计划)。

具体要准备的菜：鸭、酒、番茄、鸡蛋、香油(BOM 物料清单)。

发现需要：1 只鸭，5 瓶酒，4 个番茄，……(BOM 展开)，鸡蛋需要 6 个鸡蛋，蛋花汤需要 4 个鸡蛋(共用物料)。

打开冰箱一看(库房)，只剩下 2 个鸡蛋(缺料)。

来到自由市场，妻子："请问鸡蛋怎么卖？"(采购询价)

小贩："1 个 1 元，半打 5 元，1 打 9 元。"

妻子："我只需要 8 个，但这次买 1 打。"(经济批量采购)

妻子："这有一个坏的，换一个。"(验收、退料、换料)

回到家中，准备洗菜、切菜、炒菜……(工艺路线)，厨房中有燃气灶、微波炉、电饭煲……(工作中心)。妻子发现拔鸭毛最费时间(瓶颈工序、关键工艺路线)，用微波炉自己做烤鸭可能就来不及(产能不足)，于是决定在楼下的餐厅里买现成的(产品委外)。

下午 4 点，电话铃又响："妈妈，晚上几个同学想来家里吃饭，你帮准备一下。"(紧急订单)

"好的，儿子，你们想吃什么，爸爸晚上也有客人，你愿意和他们一起吃吗？"

"菜你看着办吧，但一定要有番茄炒鸡蛋。我们不和大人一起吃，6:30 左右回家。"(不能并单处理)

"好的，肯定让你们满意。"(订单确认)

鸡蛋又不够了，打电话叫便利店送来。(紧急采购)

6:30，一切准备就绪，可烤鸭还没送来，急忙打电话询问："我是李太太，订的烤鸭怎么还没送来。"(采购委外单跟催)

"不好意思，送货的人已经走了，可能是堵车吧，马上就会到的。"

门铃响了，"李太太，这是您要的烤鸭。请在单上签一个字。"(验收、入库、转应付账款)

6:45，女儿的电话："妈妈，我想现在带几个朋友回家吃饭可以吗？"(又是紧急订购意向，要求现货)

"不行呀，女儿，今天妈妈已经需要准备两桌饭了，时间实在是来不及，真的非常抱歉，下次早点说，一定给你们准备好。"(哈哈，这就是 ERP 的使用局限，稳定的外部环境，要有一个起码的提前期)

送走了所有客人，疲惫的妻子坐在沙发上对丈夫说："亲爱的，现在咱们家请客的频率非常高，应该要买些厨房用品了(设备采购)，最好能再请一个小保姆(连人力资源系统也有接口了)。"

丈夫："家里你做主，需要什么你就去办吧。"(通过审核)

妻子："还有，最近家里花销太大，用你的私房钱来补贴一下，好吗？"(最后就是应收货款的催要)

现在还有人不理解 ERP 吗？记住，每一个合格的家庭主妇都是生产厂长的有力竞争者！

思考题：
(1) 简述基本 MRP 的计划逻辑。
(2) 闭环 MRP 计划理论与基本 MRP 计划理论有什么异同？
(3) MRP Ⅱ 计划理论与闭环 MRP 计划理论有何异同？
(4) ERP 与 MRP Ⅱ 有何异同？

二、物料需求计划

1. 概念与作用

物料需求计划(MRP)是对主生产计划的各个项目所需的全部制造件和全部采购件的网络支持计划和时间进度计划。

物料需求计划主要解决以下 5 个问题：
(1) 要生产什么？生产多少？(来源于 MPS)
(2) 要用到什么？(根据 BOM 展开)
(3) 已经有了什么？(根据物品库存信息、即将到货或产出信息)
(4) 还缺什么？(计算出结果)
(5) 何时安排？(计算出结果)

2. MRP 运算原理及依据

1) MRP 运算基本原理
(1) 由最终产品的推算出相关物料的需求量和需求时间。
(2) 根据物料的提前期确定投产或订货时间。

MRP 所需要的需求数据来源有以下两个：一个是主生产计划数据，要从 MPS 中得到在何时、应产生何种产品及数量是多少；另一个是独立需求数据。在极少数情况下，由于一些原因，对零部件的独立需求不包括在 MPS 中，如维修、服务用的备件与特殊目的的需要等。

2) MRP 的计算依据
(1) MPS：MRP 是由 MPS 推动。
(2) BOM：MRP 根据 BOM 展开。
(3) 库存信息：根据库存信息确定各个物料的需求量。

生产 MRP 的逻辑流程如图 7.7 所示。

3. MRP 运算方法

1) MRP 生成方式
(1) 再生式：每次计算都是重新计算，并覆盖原来的 MRP 数据。此方式一般是周期进行，现行 ERP 系统多采用此方式。

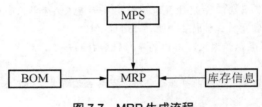

图 7.7 MRP 生成流程

(2) 净改变式：当生成 MRP 的条件发生变化(MPS 变化、提前期变化等)时，需要相应的改变 MRP 的相关数据。这种计算方法较复杂，生成时间较长，适用于环境变化较大的企业。

2) MRP 运算模型

低层码概念。它是指系统分配给物料清单上的每个物品的一个从 0 到 N 的数字码。在产品结构中，最上层的层级码为 0，下一层部件的层级码则为 1，依此类推。而一个物品只能有一个 MRP 低层码，当一个物品在多个产品中所处的产品结构层次不同或即使处于同一产品结构中但却处于不同产品结构层次时，则取处在最底层的层级码作为该物品的低层码，也即取数字最大层级码。

以图 7.8 所示物料 A 的需求计算为例，在展开 MPS 进行物料需求计算时，计算的顺序是从上而下进行的，当计算到该产品的某一层次(如 1 层)，但低层码不同时(物料 A 的低层码为 2)，只计算低层码数字小的其他物料(按顺序，即不展开计算 A)，低层码数字大于计算的产品层次的物料的计算结果暂时存储起来，但不进行 MRP 需求计算与原材料(或构成的组件)的库存分配。

这样可用的库存量优先分配给了处于最底层的物料，保证了时间上最先需求的物料先得到库存分配，避免了后需求的物品提前下达计划，并占用库存。因此，低层码是 MRP 的计算顺序。

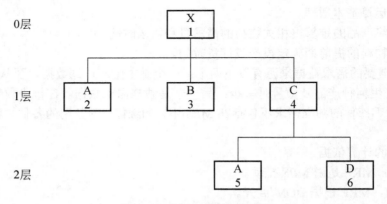

图 7.8 物料 A 的计算顺序

【例 7-1】 已知某产品 Y1、Y2 的 BOM 结构如图 7.9 所示，已经得到 Y1、Y2 的主生产计划如表 7.2、表 7.3 所示。部件 B 由制造商生产和管理，提前期为 1 周，批量为 120，生产质量合格率为 95%，本计划期计划接受 120，当前库存为 20，安全库存为 15；制造商对所需零件 D 由由两个供应商甲和乙直送生产线，供应数量比为 2:3。假设供应商甲生产零件 D 的生产批量为 30，提前期为 1 周，质量合格率为 90%，本计划期计划接受 40，当前库存量为 10，安全库存为 15，。请根据以上信息，编制部件 B 的生产计划以及供应商甲生产零件 D 的计划。

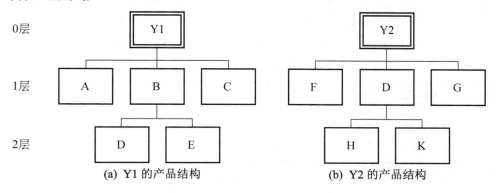

(a) Y1 的产品结构　　　　　　(b) Y2 的产品结构

图 7.9　Y1、Y2 的产品结构

表 7.2　Y1 的主生产计划，提前期为 1 周

周	1	2	3	4	5	6	7	8
计划产出		100		120		100		

表 7.3　Y2 的主生产计划，提前期为 1 周

周	1	2	3	4	5	6	7	8
计划产出			50		60			

解：

(1) 毛需求由主生产计划 MPS 产出确定。

(2) 本时段预计可用库存=前时段预计可用库存+本时段计划接受量−毛需求。当可用库存小于安全库存，需要补充库存。

(3) 净需求=毛需求−前时段预计可用量+安全库存−计划接受量。

(4) 计划产出量=净需求×产品合格率。

(5) 再计算该计划产出量的计划投入量。具体资料如表 7.4～表 7.7 所示。

表 7.4　部件 B 的物料需求计划，提前期为 1 周，批量为 120

	期初	1	2	3	4	5	6	7
毛需求		100		120		100		
计划接受		120						
预计可用库存	20	40	40	−80/34	34	−66/48	48	48
净需求				95		81		
计划产出				114		114		
计划投入			120		120			

表 7.5　部件 B 对 D 的物料需求计划

期初	1	2	3	4	5	6	7
		120		120			

表 7.6　Y2 对零件 D 的物料需求计划

周	1	2	3	4	5	6	7
		50		60			

表 7.7　供应商甲生产零件 D 的计划，提前期为 1 周，批量为 30

	期初	1	2	3	4	5	6	7
毛需求			170		180			
计划接受		50						
预计可用库存	10	60	−110/25	25	−155/34	34	34	34
净需求			125		170			
计划产出			135		189			
计划投入		150		210				

4. 确认 MRP

生产 MRP 后，进行能为计划运算，要通过能力需求计划校验其可执行性。进行能力平衡后，要对 MRP 进行确认。企业应该按照确认的 MRP 执行，下达制造订单和采购订单。在下达订单前，计划人员检查：物料的需求日期是否有变化；工作中心的能力是否有效；必要的工装夹具是否齐备等。如发现问题，计划人员应及时采取措施解决。将通过检查的计划订单(MRP)直接下达到采购部门和车间去执行(见图 7.10)。

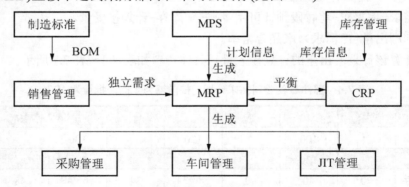

图 7.10　MRP 子系统与其他子系统的关系

三、能力需求计划

1. 概念与作用

能力需求计划(Capacity Requirement Planning，CRP)是对各生产阶段、各工作中心(工序)所需的各种资源进行精确计算，得出人力负荷、设备负荷等资源负荷情况，并做好生产能力与生产负荷的平衡工作，制订出能力需求计划。

能力需求计划解决以下问题：①各个物料经过哪些工作中心加工？②各工作中心的可用能力是多少，负荷是多少？③工作中心的各个时段的可用能力与负荷是多少？

CRP与粗能力需求计划(RCCP)同属于对以上问题的求解，都是为了平衡工作中心的能力与负荷，实现计划的可执行性与可靠性。但CRP与RCCP又有区别，如表7.8所示。

表7.8 CRP与RCCP的比较

对比项目	区别	
	粗能力需求计划	能力需求计划
计划阶段	MPS制定阶段	MRP与FCS(有限能力计划)阶段
能力计划对象	关键工作中心	各个工作中心
负荷计算对象	独立需求件	相关需求件
计划的订单类型	计划及确认的订单	全部订单(含已下达订单)
工作日历	工厂工作日历或工作中心日历	工作中心日历
计划提前期	偏置天数	开始和完工时间，有时精确到小时

CRP子系统能帮助企业在分析主生产计划及物料需求计划后产生出一个切实可行的能力执行计划，进而在企业现有生产能力的基础上，及早发现能力的瓶颈所在，提出切实可行的解决方案，为实现企业的生产任务而提供能力方面的保证。

2. CRP运行流程

CRP运行流程如图7.11所示。

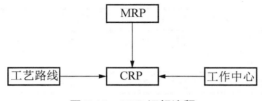

图7.11 CRP运行流程

CRP的运算过程是根据MRP和各物料的工艺路线，对在各个工作中心加工的所有物料，计算出加工这些物料在各时间段上要占用该工作中心的负荷小时数，并与工作中心的能力(即可能提供的能力，如工时、台时)进行比较，生产能力计划需求。CRP中能力是指在一定条件下(如人力、设备、面积、资金等)单位时间内企业能持续保持的最大产出。CRP 的对象是工作中心。

3. CRP 计算方法

ERP 求解 CRP 的方式有无限能力计划和有限能力计划两种。

无限能力计划是在作物料需求计划时不考虑生产能力的限制，而后对各个工作中心的能力、负荷进行计算得出工作中心的负荷情况，产生能力报告。当负荷大于能力时，对超负荷的工作中心进行负荷调整。

有限能力计划是认为工作中心的能力是不变的，计划的安排按照优先级安排，先把能力分配给优先级高的物料，当工作中心负荷已满时，优先级别低的物料被推迟加工，即订单被推迟。该方法计算出的计划可以不进行负荷与能力平衡。

(1) 计算逻辑流程。CRP 计算逻辑流程如图 7.12 所示。

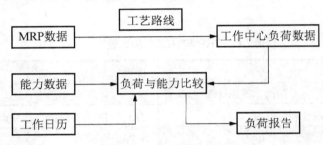

图 7.12　CRP 计算流程

(2) 计算步骤。收集数据：任务单数据、工作中心数据、工艺路线数据、工厂生产日历将所有任务单分派到有关的工作中心(不考虑有效的能力和限制)，然后确定有关工作中心的负荷，并从任务单的工艺路线记录中计算每个有关工作中心的负荷。当不同的任务单使用同一个工作中心时，将时间段合并计算。

将每个工作中心的负荷与工作中心记录中存储的额定能力数据进行比较，得出工作中心的负荷(需求)和能力需求之间的对比以及工作中心的利用率。

【例 7-2】 工作中心任务与能力基本数据如表 7.9 所示。

WC01 物料需求计划如表 7.10 和表 7.11 所示。

表 7.9　工作中心能力基本数据

工 艺 路 线				
工作中心	物　料	能力类别	能力数据	能力单位
WC01	物料 A	工时	10	小时
WC01	物料 B	工时	5	小时

表 7.10　WC01 物料需求计划——下达及确认

周	1	2	3	4	5
物料 A	10		5	10	
物料 B		10	6		5

表 7.11　WC01 物料需求计划——计划

周	1	2	3	4	5
物料 A	5		10		
物料 B		5		10	

解：

(1) 计算过去需求负荷(根据已下达的 MRP)。
(2) 计算计划需求负荷。
(3) 计算总负荷及确定平均能力。
(4) 计算余/欠能力及累计能力。具体如表 7.12 所示。

表 7.12　负荷能力计算

周	1	2	3	4	5
过去需求负荷	100	50	80	100	25
计划需求负荷	50	25	100	50	
总负荷	150	75	180	150	25
平均能力	100	100	100	100	100
余/欠能力	−50	25	−80	−50	75
累计余/欠能力	−50	−25	−105	−155	−80

(5) 能力与负荷的平衡

调整能力的方法有：加班；增加人员、设备；提高工作效率；更改工艺路线；增加外协处理等。

调整负荷的方法有：修改计划；调整生产批量；推迟交货期；撤销订单；交叉作业等。

具体调整措施：第一时段改变能力，加班 50 工时；第三时段部分物料提前到第二时段加工，再加班 55 工时；第四时段物料调整负荷，推迟在第五时段加工。

计算结果如表 7.13 所示。

表 7.13　负荷能力平衡

周	1	2	3	4	5
过去需求负荷	100	50	80	100	25
计划需求负荷	50	25	100	50	
总负荷	150	75+25	180−25	150−50	25+50
平均能力	100+50	100	100+55	100	100
余/欠能力	0	0	0	0	25
累计余/欠能力	0	0	0	0	25

(6) 输出

经过上述调整后，将调整结果以图形或报表形式输出(图 7.13)。

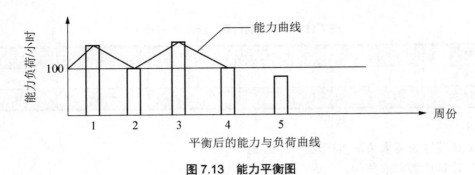

平衡后的能力与负荷曲线

图 7.13 能力平衡图

第二节 供应链企业生产计划与控制

一、供应链企业生产计划的问题

供应链管理环境下的生产计划与传统生产计划有显著的不同,这是因为在供应链管理下,与企业具有战略伙伴关系的企业的资源通过物流、信息流和资金流的紧密合作而成为企业制造资源的拓展。在制订生产计划的过程中,主要面临以下 3 方面的问题。

1. 柔性约束

柔性实际上的对承诺的一种完善。承诺是企业对合作伙伴的保证,只有在这基础上企业间才能具有基本的信任,合作伙伴也因此获得了相对稳定的需求信息。然而,由于承诺的下达在时间上超前于承诺本身付诸实施的时间,因此,尽管承诺方一般来讲都尽力使承诺与未来的实际情况接近,但误差却是难以避免的。柔性的提出为承诺方缓解了这一矛盾,使承诺方有可能修正原有的承诺。可见,承诺与柔性是供应合同签订的关键要素。

对生产计划而言,柔性具有多重含义。

(1) 显而易见,如果仅仅根据承诺的数量来制订计划是容易的。但是,柔性的存在使这一过程变得复杂了。柔性是双方共同制定的一个合同要素,对于需方而言,它代表着对未来变化的预期;而对供方而言,它是对自身所能承受的需求波动的估计。本质上供应合同使用有限的可预知的需求波动代替了可以预测但不可控制的需求波动。

(2) 下游企业的柔性对企业的计划产量造成的影响在于:企业必须选择一个在已知的需求波动下最为合理的产量。企业的产量不可能覆盖整个需求的变化区域,否则会造成不可避免的库存费用。在库存费用与缺货费用之间取得一个均衡点是确定产量的一个标准。

(3) 供应链是首尾相通的,企业在确定生产计划时还必须考虑上游企业的利益。在与上游企业的供应合同之中,上游企业表达的含义除了对自身所能承受的需求波动的估计外,还表达了对自身生产能力的权衡。可以认为,上游企业合同中反映的是相对于该下游企业的最优产量。之所以提出是相对于该下游企业,是因为上游企业可能同时为多家企业提供产品。因此,下游企业在制订生产计划时应该尽量使需求与合同的承诺量接近,帮助供应企业达到最优产量。

2. 生产进度

生产进度信息是企业检查生产计划执行状况的重要依据，也是滚动制订生产计划过程中用于修正原有计划和制订新计划的重要信息。在供应链管理环境下，生产进度计划属于共享的信息。这一信息具有以下作用。

(1) 供应链上游企业通过了解对方的生产进度情况实现准时供应。企业的生产计划是在对未来需求做出预测的基础上制定的，它与生产过程的实际进度一般是不同的，生产计划信息不可能实时反映物流的运动状态。供应链企业可以借助现代网络技术，使实时的生产进度信息能为合作方所共享。上游企业可以通过网络和双方通用的软件了解下游企业的真实需求信息，并准时提供物资。这种情况下，下游企业可以避免不必要的库存，而上游企业可以灵活主动地安排生产和调拨物资。

(2) 原材料和零部件的供应是企业进行生产的首要条件之一，供应链上游企业修正原有计划时应该考虑到下游企业的生产状况。在供应链管理下，企业可以了解到上游企业的生产进度，然后适当调节生产计划，使供应链上的各个环节紧密地衔接在一直。其意义在于可以避免企业与企业之间出现供需脱节的现象，从而保证了供应链上的整体利益。

3. 生产能力

企业完成一份订单不能脱离上游企业的支持，因此，在制订生产计划时要尽可能借助外部资源，有必要考虑如何利用上游企业的生产能力。任何企业在现有的技术水平和组织条件下都具有一个最大的生产能力，但最大的生产能力并不等于最优生产负荷。在上、下游企业之间稳定的供应关系形成后，上游企业从自身利益出发，更希望所有与之相关的下游企业在同一时期的总需求与自身的生产能力相匹配。上游企业的这种对生产负荷量的期望可以通过合同、协议等形式反映出来，即上游企业提供给每一个相关下游企业的生产能力，并允许一定程度上的浮动。这样，在下游企业编制生产计划时就必须考虑到上游企业的这一能力上的约束。

二、供应链企业生产计划的制订

在供应链管理下，企业的生产计划编制过程有了较大的变动，在原有的生产计划制订过程的基础上增添了新的特点。

1. 具有纵向和横向的信息集成过程

这里的纵向是指供应链由下游向上游的信息集成，而横向是指生产相同或类似产品的企业之间的信息共享。

在生产计划过程中上游企业的生产能力信息在生产计划的能力分析中独立发挥作用。通过在主生产计划和投入出产计划中分别进行的粗、细能力平衡，上游企业承接订单的能力和意愿都反映到了下游企业的生产计划中。同时，上游企业的生产进度信息也和下游企业的生产进度信息一道作为滚动编制计划的依据，其目的在于保持上下游企业间生产活动的同步。

2. 丰富了能力平衡在计划中的作用

在通常的概念中，能力平衡只是一种分析生产任务与生产能力之间差距的手段，再根据能力平衡的结果可以对计划进行修正。在供应链管理下制订生产计划过程中,能力平衡发挥了以下作用。

(1) 为修正生产计划和投入出产计划提供依据,这也是能力平衡的传统作用。

(2) 能力平衡是进行外包决策和零部件(原材料)急件外购的决策依据。

(3) 在主生产计划和投入出产计划中所使用的上游企业能力数据,反映了其在合作中所愿意承担的生产负荷,可以为供应链管理的高效运作提供保证。

(4) 在信息技术的支持下,对本企业和上游企业的能力状态的实时更新使生产计划具有较高的可行性。

3. 计划的循环过程突破了企业的限制

在企业独立运行生产计划系统时,一般有 3 个信息流的闭环,而且都在企业内部:
① 主生产计划→粗能力平衡→主生产计划;
② 投入出产计划→能力需求分析(细能力平衡)→投入出产计划;
③ 投入出产计划→车间作业计划→生产进度状态→投入出产计划。

在供应链管理下生产计划的信息流跨越了企业,从而增添了新的内容:
① 主生产计划→供应链企业粗能力平衡→主生产计划;
② 主生产计划→外包工程计划→外包工程进度→主生产计划;
③ 外包工程计划→主生产计划→供应链企业生产能力平衡→外包工程计划;
④ 投入出产计划→供应链企业能力需求分析(细能力平衡)→投入出产计划;
⑤ 投入出产计划→上游企业生产进度分析→投入出产计划;
⑥ 投入出产计划→车间作业计划→生产进度状态→投入出产计划。

需要说明的是,以上各循环中的信息流都只是各自循环所必需的信息流的一部分,但可对计划的某个方面起决定性的作用。

三、供应链企业生产控制的特点

供应链环境下的企业生产控制和传统的企业生产控制模式不同。前者需要更多的协调机制(企业内部和企业之间的协调),体现了供应链的战略伙伴关系原则。供应链环境下的生产协调控制包括如下几个方面的内容。

1. 生产进度控制

生产进度控制的目的在于依据生产作业计划,检查零部件的投入和出产数量、出产时间与配套性,保证产品能准时装配出厂。供应链环境下的进度控制与传统生产模式的进度控制不同,因为许多产品是协作生产的和转包的业务,和传统的企业内部的进度控制比较来说,其控制的难度更大,必须建立一种有效的跟踪机制进行生产进度信息的跟踪和反馈。生产进度控制在供应链管理中有重要作用,因此必须研究解决供应链企业之间的信息跟踪机制和快速反应机制。

2. 供应链的生产节奏控制

供应链的同步化计划需要解决供应链企业之间的生产同步化问题,只有各供应链企业之间以及企业内部各部门之间保持步调一致时，供应链的同步化才能实现。供应链形成的准时生产系统，要求上游企业准时为下游企业提供必需的零部件。如果供应链中任何一个企业不能准时交货，都会导致供应链不稳定或中断，导致供应链对用户的响应性下降，因此严格控制供应链的生产节奏对供应链的敏捷性是十分重要的。

3. 提前期管理

基于时间的竞争是20世纪90年代一种新的竞争战略，具体到企业的运作层，主要体现为提前期的管理，这是实现QR、ECR策略的重要内容。供应链环境下的生产控制中，提前期管理是实现快速响应用户需求的有效途径。缩小提前期，提高交货期的准时性是保证供应链获得柔性和敏捷性的关键。缺乏对供应商不确定性有效控制是供应链提前期管理中的一大难点，因此，建立有效的供应提前期的管理模式和交货期的设置系统，是供应链提前期管理中值得研究的问题。

4. 库存控制和在制品管理

库存在应付需求不确定时有其积极的作用，但是库存又是一种资源浪费。在供应链管理模式下，实施多极、多点、多方管理库存的策略，对提高供应链环境下的库存管理水平、降低制造成本有着重要意义。这种库存管理模式涉及的部门不仅仅是企业内部。基于JIT的供应与采购、供应商管理库存(VMI)、协调规划、预测和补给(CPFR)等是供应链库存管理的新方法，对降低库存都有重要作用。因此，建立供应链管理环境下的库存控制体系和运作模式对提高供应链的库存管理水平有重要作用，是供应链企业生产控制的重要手段。

案例 7-2

"美的"集团生产计划的变革

MRPⅡ实施前，"美的"集团一直用手工制订生产计划的方式，即生产科生产计划、车间生产计划和产品销售计划的生产作业三级计划，这些计划对迅速变化的市场已经显然不能胜任，并且易造成产品积压或供不应求。广东省"美的"集团风扇厂年产量将近1 100万台，如此大的产量，所需物料多达上万种之多，同时生产和经营机构也是庞大的。

"美的"集团的领导清楚地意识到若想保持企业的可持续发展的能力，管理思想和手段必须上一个新的台阶。决定大规模投资上千万元全面实施MRPⅡ工程。实践证明，"美的"集团风扇厂通过MRPⅡ工程不仅在企业内部实施了一级计划，即以市场为导向、销售计划为龙头的控制生产计划，解决传统生产制造系统与分销系统的供求矛盾。

1. 确立现代企业管理理念

MRPⅡ项目在刚开始实施时，遇到的第一个阻力就是人传统理念和不良习惯。针对这一情况，"美的"集团风扇厂为此确立了"以科学为本，以实用为主"的实施策略，将对MRPⅡ基础上的实施贯彻纳入中高层领导的考核，并表示了"宁可停产，也要把不良习惯扭转过来"的决心。在"美的"集团领导的充分重视和有力支持下，"美的"集团内部迅速打破传统观念，统一思想，对项目的成功实施起到了关键的作用。

2. 保证生产销售的快速反应能力

与Oracle公司合作实施的MRPⅡ项目从根本上解决了"美的"集团在这个方面的难题。系统的供应链管理模块拥有多种灵活的计划和执行能力，能对企业的生产进行配套的供求管理，Oracle系统中的供应链计划则利用分销清单和来源准则同步计划整个生产流程，使生产和采购随时响应市场的需求，避免了生产采购的盲目性，解决了新订单不能及时交货、库存产品积压和库存资金占用太多等一系列问题，令企业能对市场迅速反应，从而及时调整产品结构，缩短了生产周期，提高了企业的生产率。Oracle 的销售订单管理功能还能为每个销售渠道建立相应的服务策略，使各销售点能通过查询存货、调拨可能等信息确认订单的可行性，以确保一些复杂订单的可行和正确。

3. 完善物料的控制

由于"美的"集团生产所需物料达上万种之多，项目实施之前，物料和账物管理十分烦琐，容易出现错误，原材料采购也随意性较大，从而造成计划不能贯彻执行、物料短缺或不配套，给采购、生产及销售环节都造成损失。Oracle 的物料管理系统支持用户按自己的需要定义仓库结构并进行控制，还可以灵活地按批次、系列号和版本号管理物料。Oracle Inventory 通过 ABC 分类管理法和严格的周期性盘点使库存保持准确无误，企业还可以随时运用产品提供的自动数据采集功能来捕获所有的物料处理信息，为企业提供精确度更高的物料管理信息。项目实施后，"美的"集团能通过市场所提供的信息来确定物料的需求时间和需求量，并结合国内外市场的物料供应情况和企业自身的生产经营信息，最终确定物料的采购提前期、最佳订货批量和制品定额，使企业的物流、资金流和信息流得到了统一的管理。

4. 建立科学的生产作业流程

灵活的生产方式是减少成本、缩短生产周期和可持续发展的关键，Oracle 的生产制造管理系统采用新方法优化了企业的生产过程。它不仅同时支持高度混合式生产制造的流程处理，还能将设计、生产、市场和用户多方面协调统一，通过先进的模拟能力，使企业得以先行评测整个企业流程，再根据预测结果配置灵活的生产计划。它的供给管理、生产管理、成本管理和质量管理的协调配合工作，不仅保证了产品的质量、控制了成本，还大大缩短了产品开发周期和制造周期，令企业生产流程的管理具备高度的灵活性和可靠性。

5. 取得阶段性成果

项目的实施工作主要分为原始数据的整理、财务与制造连接及生产作业计划切实指导生产3个阶段。实施中的主要问题和难点是基础数据的准确采集和整理、生产业务流程的调整以及软件思想与管理模式的适应和匹配。由于项目实施前许多基础数据如产品工艺要求等没有规范的原始资料，而将这些资料搜集整理并转入应用系统的准确数据需要专业人士的支持，"美的"集团管理人员同 Oracle 公司的专业顾问通过不懈的努力将完整、准确的基础数据移至应用系统，顺利完成了整个项目实施。

Oracle MRP Ⅱ 系统的实施使"美的"集团在企业管理的效率方面得到了显著的改善，通过 Oracle 应用产品建立起来的集生产、销售、供应、项目以及财务为一体的综合企业资源管理系统，对企业的人、财、物、产、供、销实行了全面、准确、实时的动态信息，不仅杜绝了管理过程中人为主观意识对企业决策造成的风险，还大大提高了企业对市场的灵敏度，显著增加了企业的竞争力，取得了明显的效益。

讨论：
1. "美的"集团在实施 MRP Ⅱ 前，生产作业计划采用三级计划模式，这样做有什么风险？
2. 在实施 MRP Ⅱ 过程中，"美的"集团遇到了哪些问题？
3. "美的"集团是怎样完善生产作业流程和物料控制的？

第三节 供应链生产计划与控制系统总体模型

一、供应链企业生产计划与控制总体模型

供应链的生产计划与控制跟传统的生产计划与控制相比，其制订十分复杂。传统的企

业生产计划是以某个企业的物料需求为中心展开的,缺乏与供应商之间的协调,企业的计划制订没有考虑供应商以及分销商的实际情况,不确定性对库存和服务水平影响较大,库存控制策略也难以发挥作用。而在供应链环境下,一个企业的生产计划和控制涉及位于供应链中的多家企业,不仅要考虑某企业内部,更要从供应链的整体出发,进行全面的优化控制,跳出以某个企业物料需求为中心的生产管理界限,充分了解用户需求并与供应商在经营上协调一致,实现信息的共享与集成,以面向客户的需求驱动面向客户的生产计划,获得柔性敏捷的市场响应能力。

由于企业之间比企业内部协调的难度大,因此在进行计划制订和实施控制时不能按照传统的信息模式来集成,需要在整体考虑供应链上各企业特征的基础上,围绕客户的需求进行信息集成。同时,为了保证生产的同步性和实时响应性,还应有一套生产协调机制和控制系统对供应链上的各企业进行实时跟踪和信息反馈。因此,建立适应供应链管理环境下的生产计划与控制总体模型(图 7.14)是适应全球化制造环境下的全球供应链管理企业生产管理模式的要求。

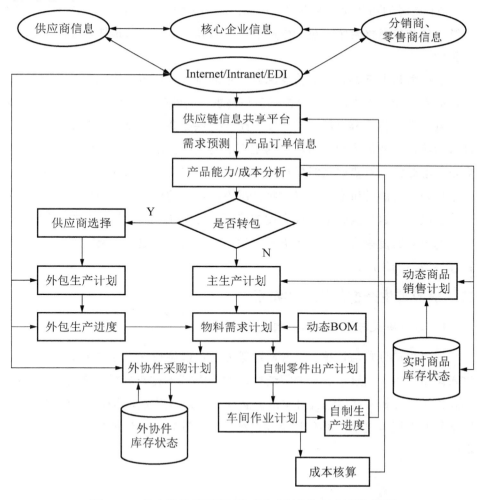

图 7.14 供应链管理环境下集成生产计划与控制总体模型

该模型体现了将供应链上供应商信息、零售商和分销商信息以及核心企业信息集成起来，共同作用于企业生产计划与控制。其主要任务如下：

(1) 核心企业与供应商、零售商和分销商通过 Internet/Intranet/EDI 进行信息共享、集成和数据交换。企业可自行生产，否则外包给合适的供应商生产。外包企业将其生产计划和生产进度反馈到供应链的信息共享平台上，传递给核心企业。

(2) 当企业决定自行生产时，企业应根据自身的能力状态，生成自己的主生产计划。再由主生产计划、外协件生产进度和动态的物料清单制订企业物料需求计划，再据此生成企业的车间作业计划，并进行成本核算，将得到的信息返回到成本分析处；自制生产进度的信息将反馈到供应链的共享信息平台，供上、下游企业共享。外协件的采购计划是由物料需求计划、外协件的库存状态共同制订的，并反馈给外协件供应商，供应商据此修改外协件的生产进度。

(3) 实时的商品库存状态生成动态的产品销售计划,将这些实时的信息集成到供应链的集成信息平台中，进行生产的监控与调整，并将其最快地反映到企业的生产计划中去。

该模型将上下游企业的信息深入计划的每一个环节，将这些信息有效地应用于企业的生产计划中去，实时监控供应与需求之间的差异，减少两者之间的波动幅度，从而减少整个供应链上的波动幅度。企业的供应商的供货能力对企业生产计划的制订有影响，企业需要根据供应商的生产能力制订自己的生产计划，而当企业的客户需求变动时，企业需要及时做出响应，减少需求变动带来的波动扩大化，并且需要马上反映给上游的供应商，在这种情况下，实时的监控与调整是不能少的。在信息化的基础上，这种实时的监控和调整能够实现，使生产计划与控制系统更能适应以客户为导向的复杂多变的市场需要。生产计划与控制更加灵活、有效地适应供应链管理环境下的生产。

二、供应链生产控制模式的特点

1. 订货决策与订单分解控制

在对用户订货与订单分解控制决策方面，模型设立了订单控制系统，用户订单进入该系统后，要进行 3 个决策过程：①价格/成本比较分析；②交货期比较分析；③能力比较分析。最后进行订单的分解决策，分解产生出两种订单(如在管理软件中用不同的工程号表示)：外包订单和自制订单。图 7.15 为订单决策与订单分解控制示意图。

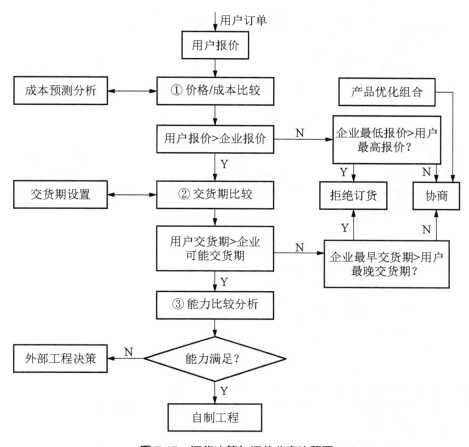

图 7.15 订货决策与订单分离流程图

2. 面向对象的、分布式、协调生产作业控制模式

从宏观上讲,企业是这样的对象体:它既是信息流、物流、资金流的起始点,也是三者的终点。对生产型企业对象作进一步分析可知,企业对象由产品、设备、材料、人员、订单、发票、合同等各种对象组成,企业之间最重要的联系纽带是"订单"。企业内部及企业间的一切经营活动都是围绕着订单而动作,通过订单驱动其他企业活动,如采购部门围绕采购订单而动,制造部门围绕制造订单而运作,装配部门围绕装配订单而运作,这就是供应链的订单驱动原理。

面向对象的生产作业控制模式从订单概念的形成开始,就考虑了物流系统各目标之间的关系,形成面向订单对象的控制系统。订单在控制过程中,主要完成以下几个方面作用和任务。

(1) 对整个供应链过程(产供销)进行面向订单的监督和协调检查。
(2) 规划一个订单工程的计划完成日期和完成工作量指标。
(3) 对订单工程对象的运行状态进行跟踪监控。
(4) 分析订单工程完成情况,与计划进行比较分析。
(5) 根据顾客需求变化和订单工程完成情况提出切实可行的改进措施。

订单控制过程可以用订单运行图简要说明,如图 7.16 所示。

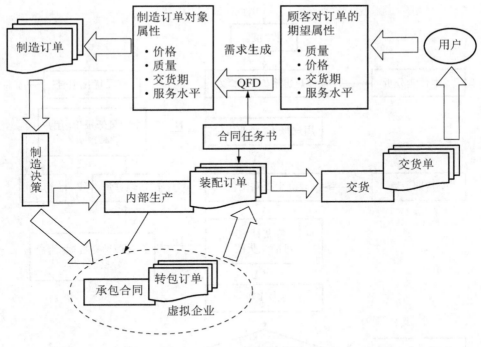

图7.16 订单运行流程

面向对象、分布式、协调生产作业控制模式具有以下特点。

(1) 体现了供应链的集成观点,从用户订单输入到订单完成,供应链各部门的工作紧紧围绕订单来运作。

(2) 业务流程和信息流保持一致,有利于供应链信息跟踪与维护。

(3) 资源的配置原则更为明确统一,有利于资源的合理利用和管理。

(4) 采用模糊预测理论和 QFD 相结合,将顾客需求订单转化为生产计划订单使生产计划更靠近顾客需求。

⑤ 体现"X"模式的纵横一体化企业集成思想,在供应链的横向以订单驱动的方式,而在纵向则采用 MRP/OPT 基于资源约束的生产控制方法。

供应链环境下这种分布式、面向对象的、协调生产作业控制模式,最主要的特点是信息的相互沟通与共享。建立供应链信息集成平台(协调信息的发布与接受),及时反馈生产进度有关数据,修正生产计划,以保持供应链各企业都能同步执行。

案例 7-3

生产工序较多的车间计划与控制

C公司是一家电子元器件制造企业,具有卓越的专业制造技术与能力,产品主要包括导电橡胶按键、塑料射出零件(单/双射射出)、定制化键盘组装等,产品质量享誉国际,深获国际大厂肯定,已跻身为世界一流的零件供货商行列。为更近一步延伸电子元器件制造核心专长,C公司于2002年成立软性印刷电路板事业部门,生产高技术细线路软板。

> 问题描述：C 公司产品从原物料投入到成品须经过 20 多个工序，部分工序需同时考虑厂内生产与委外生产，且生产基地分布于全球多个地区；多年来不断地开发模块化产品，寻求逐步发展多元产品，实行客源共享与交叉营销的利基市场战略，致力于提供给客户高端的技术、精良的工艺及专业的服务，以维持长期竞争优势。
>
> 解决方案：该公司积极寻找在生产管理方面的有效解决方案，最后决定采用先进规划与排程解决方案(APS)，利用 APS 解决方案的生产管理及物料控制能力，及需求异动的应变弹性，务求做到下列功能：
>
> 在业务方面，用强大的计算和仿真手段保障订单如期交付，提高订单准时交付率，确实履行对客户的承诺；
>
> 在物料方面，对生产管理及采购单位实时提供正确的物料调整对策，有效降低库存，减少呆滞料造成的损失；
>
> 在产能方面，以有限产能来规划，决定执行各订单任务的最适合的生产设备数量。
>
> 在信息部门与 APS 顾问的通力合作下，APS 系统于 2010 年上线，2011 年整体效益逐渐显现。C 公司管理人员表示，运行 APS 后，利用其强大并快速的仿真运算能力，对需求及库存的变化，可及时提供调整对策，不但可以有效提升客户订单及库存料况查询的信息质量，而且大幅缩短生产计划拟定及变更所耗用的人力及时间。生产管理人员每天对于生产设备的产能运用更加清楚，知道瓶颈产能在哪里，促使工厂妥善运用瓶颈产能，并能够依据瓶颈产能的需求，计算出适当的物料供应计划，使其有效的降低存货。
>
> 讨论：
> 1. APS 系统具有怎样的功能？
> 2. 分析 APS 对于供应链企业进行生产计划和控制的意义？

第四节　供应链企业的生产策略

一、精益生产体系与策略

精益生产(Lean Production，LP)源于日本的丰田准时生产制(Just In Time，JIT)的生产方式，经美国学者与制造商全力研究，于 20 世纪 90 年代形成一套新的生产方式理论方法体系。

1. 精益思想

精益思想的核心就是以越来越少的投入、较少的人力、较少的设备、较短的时间和较小的场地创造出尽可能多的价值，同时也越来越接近用户，提供他们确实需要的东西。因此，要确定每个产品(或在某些情况下确定每一产品系列)的全部价值流，将保留下来的、创造价值的各个步骤运转起来，使需要若干天才能办完的订货手续，在几个小时内办完，使传统生产完成时间由几个月或几周减少到几天或几分钟，就要及时跟上不断变化着的顾客需求。一旦具备了在用户真正需要的时候就能设计、安排生产和制造出用户真正需要的产品的能力，就意味着可以抛开销售，直接按用户告知的实际要求进行生产。即按用户需要拉动产品，而不是把用户不想要的产品硬推给用户。

2. 精益生产的目标体系

制造企业是以最大限度地获取利润为企业的基本目标。精益生产是采用灵活的生产组织形式，根据市场需求的变化，及时、快速地调整生产，依靠严格细致的管理，力图通过"彻底排除浪费"，防止过量生产来实现企业的利润目标的。因此，精益生产的基本目的是要在一个企业里，同时获得极高的生产率、极佳的产品质量和很大的生产柔性。为实现这一基本目的，精益生产必须能很好地实现以下 3 个子目标：零库存、高柔性(多品种)、无缺陷。

(1) 零库存。在传统生产系统中，在制品库存和成品库存被视为资产，期末库存与期初库存之差代表这一周期流动资产的增值，用以表示该部门效益的提高。当由不确定的供应者供应原材料和外购件时，原材料和外购件的库存可视为缓冲器。所以，原材料、外购件和成品的库存能作为供应商不能近期供货增加的缓冲。工厂的效率是用车间设备利用率来考核满负荷工作，即使设备加工的零件并不是现在订单所需的，继续生产会加大库存也在所不惜。库存往往是生产系统设计不合理、生产过程不协调、生产操作不良的证明，"零库存"是精益生产追求的主要目标。

(2) 高柔性。高柔性是指企业的生产组织形式灵活多变，能适应市场需求多样化的要求，及时组织多品种生产，以提高企业的竞争能力。在大量生产方式中，高柔性和生产率是相互矛盾的。而精益生产方式以高柔性为目标，实现高柔性与高生产率的统一，因此，必须在组织、人力、设备三方面表现出较高的柔性特点。

① 组织柔性。在精益生产方式中，决策权力是分散下放的，而不是集中在指挥环节上，它不采用以职能部门为基础的静态组织结构，而是采用以项目小组为基础的动态组织结构。

② 人力柔性。市场需求波动时，要求人力也作相应调整。精益生产方式的劳动力是具有多面手技能的操作者，在需求发生变化时，可通过适当调整操作人员的操作来适应短期的变化。

③ 设备柔性。精准生产采用适度的柔性自动化技术(数控机床与多功能的普通机床并存)，以工序相对集中，没有固定节拍以及物料的非顺序输送的生产组织方式，使精益生产在中小批量生产的条件下，接近大量生产方式由于刚性自动化所达到的高效率和低成本，同时具有刚性自动化所没有的灵活性。

(3) 无缺陷。精益生产的目标是消除各种引起不合作品的原因，在加工过程中每一工序都要求达到最好水平。产品若出现疵点，返修得花费更多的金钱、时间与精力，因此追求产品质量要有预防缺陷的观念，凡事第一次就要做好，建立无缺陷质量控制体系。过去一般企业问题对花在预防缺陷上的费用能省则省，结果却造成很多浪费，如材料、加工、检验费用、返修费用等。必须认识到，事后的检验是消极的、被动的、滞后的，由于各种错误造成需要重做零件的成本，常常是几十倍的预防费用。精益生产所追求的目标不是"尽可能好一些"，而是"零缺陷"，即最低的成本，最好的质量。一个企业永无止境地去追求这一目标，将会使企业发生惊人的变化，这是支撑个人与企业生命的精神动力。

3. 精益生产体系的支柱

精益生产体系基础就是计算机网络支持下的小组工作方式。在此基础上的三根支柱就是准时生产(JIT)、成组技术(Group Technology，GT)和全面质量管理(Total Quality Management，

TQM) (从 20 世纪 60 年代的 TQC 到 80 年代的 TQM)广泛地采用新技术方法。

(1) 准时生产(JIT)。所谓准时生产是缩短生命周期,加快资金周转和降低成本,实现零库存的主要方法。准时制的基本含义是:在需要的时候,按需要的量生产所需的产品。对于企业来说,各种产品的产量必须能够灵活地适应市场需求量的变化,否则由于生产过剩会引起人员、设备、库存费用等一系列的浪费。而避免这些浪费的手段就是实施准时生产,只在市场需要的时候生产市场需要的产品。所以 JIT 是实现零库存目标,避免浪费的有效手段。

它以准时生产为出发点,首先暴露出生产过量的浪费,进而暴露出其他方面的浪费(如设备布局不当、人员过多等),然后对设备、人员等资源进行调整。如此不断循环,使成本不断降低,计划和控制水平也随之不断简化与提高。

(2) 成组技术(GT)。成组技术是实现多品种、小批量、低成本、高柔性,按顾客订单组织生产的技术手段;通过不同品种的产品增加生产过程的柔性,适应现代市场需求。通过成组技术加工对象的结构、加工工艺、生产组织等的相似性,形成叠加批量等方式提高生产过程的规模,具体形式有成组加工中心、成组生产线、成组流水线等。成组技术是提高生产柔性,实现高柔性目标的有效手段。

(3) 全面质量管理。全面质量管理的核心思想是,企业的一切活动都围绕着质量来进行。全面质量管理强调包括产品质量、工程质量和工作质量在内的全面质量,要求用优秀的工作质量保障工程质量,即把影响质量的人、机器设备、材料、工艺、检测手段、环境等全部纳入控制范畴,强调用优秀的工程质量和工作质量保障产品和服务质量,强调全员应用一切可以运用的方法进行质量管理活动,通过全过程质量控制最终使顾客满意。所谓全面质量控制活动包括从市场调研、产品规划、产品开发、制造、检测到售后服务等整个产品寿命周期全过程;全员参加意味着质量控制由少数质量管理人员扩展到企业的所有人员。全面质量管理体现了全员参加、全过程运用一切有效方法、全面控制质量因素,力求全面提高经济效益的质量管理模式。全面质量管理强调用户第一的观点,并将用户的概念扩充到企业内部,即下道工序就是上道工序的用户,不将问题留给用户;强调预防为主的观点,在设计和加工过程中消除质量隐患;强调定量分析的观点,只有定量化才能获得质量控制的最佳效果;强调 PDCA 循环的观点,全面质量管理按计划(Plan)、执行(Do)、检查(Check)、处理(Action)进行循环。

以过程为基础的质量管理体系模式运作方式是全面质量管理体系运作的基本模式,如图 7.17 所示。

为了贯彻全面质量管理的思想,就必须有一套行之有效的组织管理机构和全面严格的规章制度,ISO 9000 国际质量标准为实现全面质量管理提供了十分有效的手段。目前使用的是 ISO 9000 系列 2000 版质量认证标准,其目的是最终导致质量管理和质量保证的国际化,使供方能够以最低造价确保长期、稳定地生产出质量好的产品,使顾客建立起对组织的信任。ISO 9000 标准的实施,要求企业建立一套全面的、完整的、详尽的、严格的有关质量管理和质量保障的规章制度和质量保障文件。这些规章制度和文件要求企业从组织机构、人员管理和培训、产品寿命周期质量控制活动都必须适应质量管理的需要,也是提高企业总体效益和满足柔性要求的重要方法。

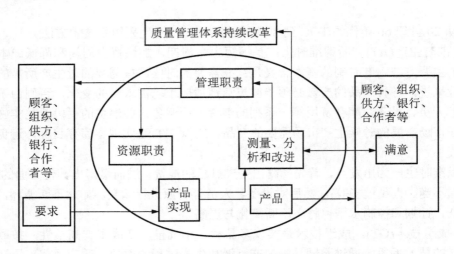

图 7.17 以过程为基础的质量管理体系模式

4. 精益生产体系的特征

综上所述,精益生产的特征可以总结为:以用户为导向,以人员为本位,以精简生产过程为手段,以产品零缺陷为最终目标。

以用户为导向是指不仅要向用户提供服务,而且要了解用户的要求,以最快的速度和适宜的价格,以高质量的适销新产品去抢占市场。

以人员为本位是指现代企业在不断技术进步的过程中,以人员为本位,大力推行更适应市场竞争的小组工作方式。让每一个人在工作中都有一定程度的制订计划、判断决策、分析复杂问题的权利,都有不断学习新的生产技术的机会,培养职工相互合作的团队品质。同时对职工素质的提高不断进行投资,提高职工的技术,充分发挥他们的积极性与创造性。此外,企业一方面要为职工创造工作条件和晋升途径,另一方面又给予一定的工作压力和自主权,以同时满足人们学习新知识和实现自我价值的愿望,从而形成独特的、有竞争意识的企业文件。

以精简生产过程为手段是指精益生产将去除生产过程的一切多余的环节实行精简化运作。在组织结构上,纵向减少层次,横向打破部门壁垒,将多层次、细分工的管理模式转化为分布式平行网络的管理结构。在生产过程中,采用先进的设备(例如采用加工中心,实行工序集中,尽可能在一个工作地完整地加工零件),减少非直接生产工人,使每个工人的工作都真正对产品进行增值。精简还包括在减少产品的复杂性的同时,提供多样化的产品。采用成组技术是实现精简化和提高柔性化双重目标的关键。

二、大量定制生产及延迟技术应用

1. 大量定制的基本思想

正是网络技术的广泛应用,为社会经济模式的核心流程从大量生产(Mass Production)转变为大量定制(Mass Customization)奠定了厂家与用户沟通的基础,以保持批量生产、批量销售带来的规模效应。大量定制的基本思想体现在,通过产品结构和制造过程的重组,运用现代信息技术、新材料技术、柔性制造技术等一系列高新技术,把产品的定制生产问题全部或部分转化为批量生产,以大量生产的成本和速度,为单个客户或小批量、多品种市场定制任意数量的产品。

采用大量定制方式需要将企业产品中的各种零部件分类,一类是通用零部件,另一类是定制零部件。产品优化方向是减少定制零部件数量。还需将产品的生产环节分成两部分,一部分是大量生产环节,另一部分是定制环节,过程优化方向是减少定制环节数。

2. 大量定制的含义

大量定制生产模式是指对定制的产品和服务进行个别的大量生产,它是通过把大量生产和定制生产这两种生产模式的优势有机结合起来,在不牺牲企业经济效益的前提下,了解并满足单个客户的需要。

3. 延迟技术在大量定制中的应用

(1) 延迟技术的基本应用。延迟技术策略(Postponement Technology,PT)可以运用到大量定制生产模式中去,从而尽可能解决供应链过程中大量定制生产中成本和速度的两大问题,在总成本控制下实现产品多样化,以快捷地满足市场个性化需求的需要。在大量定制生产模式中应用延迟技术的关键内容是:在生产制造过程中,利用延迟技术推迟定制和物流活动的时间,采用模块化设计的思想,尽量采用标准化的模块、零部件和标准的生产环节,减少定制零部件、定制模块的数量和定制环节,使之在不同产品需求中,相同程序制造过程尽可能最大化,而体现个性化定制需求或最终需求部分的差异化过程尽可能被延迟。

(2) 应用延迟技术的供应链模型。应用延迟技术的供应链模型包括生产、装配、包装和等在内的延迟策略应用。应用延迟技术的供应链模型是将从原料供应、产品制造、产品配送整个供应链过程由延迟分界线划分为需求推动和产品拉动两个阶段。与实施延迟策略有关的几个重要概念是:重新排序、标准化、通用化、模块化。

模块化是一种有效地组织复杂产品和过程的战略,模块系统由单元(模块)组成,这些单元可进行独立设计,也可作为一个整体运转。供应链需求推动阶段是指生产的通用化过程,处于供应链流程的前段制造过程,是所有客户需求的产品都要经过的流程部分,按照长期预测进行计划、生产和运送基本功能单元,从事通用零部件生产组装,以推动方式经营为主。在通用生产、装配、包装过程中进行通用模块或通用部件的组装。

供应链拉动阶段是生产的定制化过程,处于供应链流程的后段制造过程,重点是从事产品差异化生产,对产品特殊功能单元进行生产、装配、包装及运送,这一过程以拉动方式经营为主。按照订单生产,根据确实掌握的订单资讯,进行快速且具弹性的执行,满足用户个性化需求。若有可能的话,尽可能使非常专门化或高度限制规模经济的部件并不存在于生产制造中,产品的定制化可能在最接近客户终点市场的地方被授权和完成。在特殊生产、装配、包装过程中,根据订单需求对前一阶段较通用的部件和模块加以修改,并与特殊的部件和模块进行有效的组合,实现定制化服务。

在延迟分界线处设立缓冲区,制品到达缓冲区并不立即下单制造或往下游移动,而是利用延迟技术,等到确实掌握了订单,再将在制品根据个性化需求加以修改,与特殊的部件和模块进行有效的组合,实现定制化服务。在此过程中能自动地减少或消除不合适的或错误的生产、库存、配送,降低成本和缩短交货期。为确保该模型的效果,推动阶段中的产品流程设计,借助于标准化、模块化、通用化等技术在制品到达延迟技术边界之前,尽量减少在制品构造的差异性,尽可能延长通用化过程,形成规模经济。同时,也尽可能使通用的部件和模块向供应链下游运动,推迟特殊生产、装配、包装过程的时间,直到获得足够市场需求信息再安排生产。由于集中需求的信息总比分散数据更准确，这样既能获取风险分担和资源共享的好处，同时也降低了系统的库存成本，提高了供应链运作的稳定性和同步性(图 7.18)。

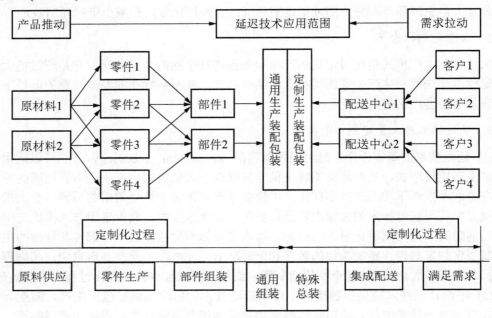

图 7.18 应用延迟技术的供应链模型

可见，应用延迟技术的供应链运行的基本思路是：通过对产品构造差异点的分析，将产品构成单元分成不变的即通用的部分和为实现差异化(即定制)的部分，应用生产延迟策略延迟产品差异点部分的生产，应用物流延迟策略延迟在制品向第二阶段的移动和，直到获得市场足够的需求信息才向下游移动，通过加工制造形成产成品。通过运用延迟策略进行产品最后的生产和集中装配，将定制产品的生产问题转化或部分转化为指生产问题。

4. 延迟技术策略的运作

供应链管理是通过物流、信息流和资金流将供应商、制造商、分销商、零售商等主体集成为一个网络，供应链网络主体运用延迟技术策略对不同目标的主体之间的行为活动进行计划、协调、操作、控制和优化，能够提高供应链的敏捷性，使企业能够以最低的成本在准确的时间(Right Time)和准确的地点(Right Place)将合格的产品送到顾客手中，借此可以获得较强的竞争优势。为了降低供应链的不确定性，增加供应链的总体效能和企业之间的协调性，使物流、信息流、资金流在供应链中的运行畅通，提高相互间的服务水平，保证延迟技术策略的高效运用，还应注意以下几个方面。

(1) 优化产品和工艺设计，寻找制造流程中实施延迟技术策略的最佳分界线。延迟分界确定的合理与否，直接影响延迟技术策略实施的效果，在产品和工艺设计时，必须从产品产生变化的根源着手，对产品差异点进行研究，主要运用"以不变应万变，以变制变"的思想，借助于通用化、模组化设计和再工程等技术方法，使前期制造过程尽可能相似，并且尽可能延长，形成规模经济；若有可能的话，使通用化过程的一些最后步骤在配送中心或第三方物流系统中完成，而不是在工厂里完成，这样使产品更靠近需求点进行差异化。

(2) 建立一个集成化的信息共享系统。供应链企业之间要建立一个基于 Internet、Intranet 的集成信息共享系统，加快信息传递的速度和真实可靠性，提高供应链中各主体之间的协调性，提高供应链总体性能和服务水平，使物流、资金流在供应链中流动更加畅通。

(3) 建立业务外包的集成配送系统。采用延迟技术策略的供应链中，企业在拉动阶段必须面对小批量、频繁再供给的现实，由于运输、配送成本问题，传统的运输战略适应需要，要求供应链中企业必须更新传统的运输配送系统，企业可采用业务外包等方式建立第三方物流商运作的集成配送系统。

三、敏捷制造

1. 敏捷制造提出的背景

从20世纪70年代到80年代初，由于片面强调第三产业的重要性而忽视了制造业对国民经济健康发展的保障作用，美国的制造业严重地衰退，逐步丧失了其世界霸主的地位，出现巨额的贸易赤字。1986年，在科学基金会(NSF)和企业界支持下，美国麻省理工学院的"工业生产率委员会"开始深入研究衰退原因和振兴对策。研究的结论是"一个国家要生产得好，必须生产得好"，重申作为人类社会赖以生存的物质生产基础产业制造业的社会功能，提出以技术先进、有强大竞争力的国内制造业夺回生产优势，振兴制造业的对策。在所提出的一系列制造业发展战略中，1988年由美国通用汽车公司和美国理海大学工业工程系共同提出的一种新的制造企业战略——"敏捷制造"最受重视，为此成立了国家制造科学中心和制造资源中心，得到国家科学基金会、国防部、商业部和许多公司的支持，经国会听证后向联邦政府提出建议，现已成为政府部门主持，企业和大学共同参与，有重要影响的研究、开发和应用领域，被称为"21世纪制造业企业战略"。

2. 敏捷制造的实质

敏捷制造是美国针对当前各项技术迅速发展、渗透，国际市场竞争日益激烈的形势，为维护其世界第一大国地位，维持美国人们的高生活水准而提出的一种制造生产组织模式和战略计划。敏捷制造思想的出发点是基于对市场发展和未来产品以及自身状况的分析。一方面，随着生活水平的不断提高，人们对产品的需求和评价标准将从质量、功能的角度转为最大客户满意、资源保护、污染控制等，产品市场总的发展趋势将从当今的标准化和大批量到未来的多元化和个人化；另一方面，在工业界存在一个普遍而重要的问题，那就是商务环境变化的速度超过了企业跟踪、调整的能力；再有，美国的信息技术系统比较发达。因此，提出敏捷制造这一思想应用于制造业，旨在以变应变。

3. 敏捷制造的内涵

敏捷性指企业在不断变化、不可预测的经营环境中善于应变的能力，它是企业在市场中生存和领先能力的综合表现。敏捷制造是指制造企业采用现代通信手段，通过快速配置各种资源(包括技术、管理和人)，以有效和协调的方式响应用户需求，实现制造的敏捷性。敏捷制造依赖于各种现代技术和方法，而最具代表性的是敏捷虚拟企业(简称虚拟企业)的组织方式和拟实制造的开发手段。

虚拟企业(也叫动态联盟)：竞争环境快速变化，要求作出快速反应。而现在产品越来越复杂，对某些产品一个企业已不可能快速、经济地独立开发和制造其全部。因此，根据

供应链管理

任务,由一个公司内部某些部门或不同公司按照资源、技术和人员的最优配置,快速组成临时性企业即虚拟企业,才有可能迅速完成既定目标。这种动态联盟的虚拟企业组织方式可以降低企业风险,使生产能力前所未有地提高,从而缩短产品的上市时间,减少相关的开发工作量,降低生产成本。组成虚拟企业,利用各方的资源优势,迅速响应用户需求是21世纪生产方式——社会级集成的具体表现。实际上,敏捷虚拟企业并不限于制造,但制造却是最令人感兴趣又是最困难的领域,清晰地体现了过程的集成,且控制概念在运行结构中占有重要地位,使虚拟企业的形成更具挑战性。

拟实制造,亦称拟实产品开发。它综合运用仿真、建模、虚拟现实等技术,提供三维可视交互环境,对从产品概念产生、设计到制造的全过程进行模拟实现,以期在真实制造之前,预估产品的功能及可制造性,获取产品的实现方法,从而大大缩短产品的上市时间,降低产品开发、制造成本。其组织方式是由从事产品设计、分析、仿真、制造和支持等方面的人员组成"虚拟"产品设计小组,通过网络合作并行工作;其应用过程是用数字形式"虚拟"地创造产品,即完全在计算机上建立产品数字模型,并在计算机上对这一模型产生的形式、配合和功能进行评审、修改,这样常常只需作一次最终的实物原形,并可使新产品开发一次获得成功。

可以说,以上两项方法和技术是敏捷制造区别于其他生产方式的显著特征。但敏捷制造的精髓在于提高企业的应变能力,所以对于一个具体的应用,并不是说必须具备这两方面的内容才算在实施敏捷制造,而是理解为只要通过各种途径提高企业响应能力都是在向敏捷制造前进。

本 章 小 结

ERP作为当今国际上先进的企业管理模式,通过对企业所拥有的人、财、物、信息、时间和空间等综合资源进行综合平衡和优化管理,最终使企业在激烈的市场竞争中全方位地发挥足够的能力,取得最好的经济效益。ERP理论的形成经历了基本MRP阶段、闭环MRP阶段、MRP II阶段及ERP的形成阶段四个阶段,并逐渐变得完善。

供应链管理环境下的生产计划与传统生产计划有显著不同,其在制订生产计划的过程中主要面临柔性约束、生产进度、生产能力三方面的问题。供应链管理环境下的生产计划的制订具有纵向和横向的信息集成过程的功能,丰富了能力平衡在计划中的作用以及在计划的循环过程突破了企业自身的限制,向供应链的上、下游进行了延展。

供应链管理模式下的生产策略现在主要分为三个部分,即精益生产体系与策略、大量定制生产及延迟技术应用及敏捷制造,每一种技术策略在生产中的应用都在追求着供应链体系的整体最优,提高链条的效率,降低整体的运作成本。

 关键术语

企业资源计划 Enterprise Resource Planning   准时制 Just In Time
物料需求计划 Material Requirement Planning   全面质量管理 Total Quality Management
物料清单 Bill of Materials   大量生产 Mass Production

能力需求计划 Capacity Requirement Planning　　大量定制 Mass Customization
成组技术 Group Technology　　延迟技术策略 Postponement Strategy
精益生产 Lean Production　　敏捷制造 Agile Manufacture

习　题

一、选择题

1. 闭环 MRP 在时段 MRP 基础上添加了(　　)。
   A．库存需求计划　　　　　　B．生产计划
   C．采购需求计划　　　　　　D．能力需求计划
2. 企业最基本的生产特征是(　　)。
   A．按库存生产和按订单装配　　B．按订单装配和按订单设计
   C．按库存生产和按订单生产　　D．按订单生产和按订单设计
3. 在展开 MPS 进行物料需求计算时，计算的顺序是(　　)进行的。
   A．从左到右　　B．从右到左　　C．从上而下　　D．从下往上
4. JIT 与传统生产系统对库存存在不同的认识，体现在(　　)。
   A．JIT 将库存视为缓冲器　　　B．JIT 将库存视为资产
   C．JIT 认为库存占用资金和时间　D．JIT 认为库存掩盖了生产管理的问题
5. 在供应链管理环境下，生产计划制订过程中主要面临的问题是生产进度、生产能力和(　　)。
   A．生产负荷　　B．柔性约束　　C．生产节奏　　D．生产质量
6. 精益生产的目标体系包括(　　)。
   A．零库存　　　B．高柔性　　　C．无缺陷
7. 关于大量定制生产模式描述不正确的是(　　)。
   A．产品零部件模块化　　　　B．应用延迟技术
   C．针对定制产品大量生产　　D．增大定制零件数量
8. 关于敏捷制造的内涵描述不正确的是(　　)。
   A．组建企业联盟　　　　　　B．网络化设计、制造
   C．依靠企业自身资源灵活调整

二、思考题

1. MRP 运算的原理是什么？
2. 供应链管理环境下，企业在制订生产计划的过程中，主要面临哪些方面的问题？
3. 企业生产控制模式的特点有哪些？
4. 什么是大量定制生产？为什么要实施大量定制策略？
5. 延迟技术在制造过程供应链管理应当注意什么因素？

三、计算题

已知某产品 A 和 Y 的 BOM 结构如图 7.19 所示，B 的提前期为 1 周，批量为 20，当前

库存为 20；C 的提前期为 3 周，批量为 30；D 的批量为 15，提前期为 1 周，当前库存量为 10。假设已经得到 A 和 Y 的主生产计划分别如表 7.14 和表 7.15 所示，请计算 D 的物料需求计划。

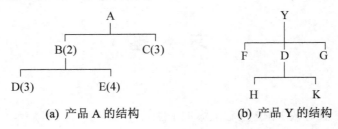

图 7.19　产品 A 和 Y 的 BOM 结构

表 7.14　A 的主生产计划

周	1	2	3	4	5	6	7	8
计划投入			10	10			10	

表 7.15　Y 的主生产计划

周	1	2	3	4	5	6	7	8
计划投入				10	20		10	

案例分析

美国 Ingersoll-R 公司敏捷制造实践

美国 Ingersoll-R 公司主要生产工业压缩机，原来开发新产品仅设计就耗时 8~12 个月，从样机制造到试验评定需要 1 年到 1 年半，耗资 50 万美元。1988 年建立动态公司采用敏捷制造过程后中，开发技术水平更高的压缩机只需原来的 1/3~1/2 时间，花费资金 12.5 万~25 万美元。

美国康柏公司 1996 年启动虚拟生产计划，与中国制造商形成合作关系，由中国制造商在其深圳分厂附近建设新厂，其产品质量、技术、研究开发、运送、存货都要符合康柏公司全球统一的标准，连员工的技术水平和工作态度也要达到其要求。这种虚拟生产方式使其计算机产品每台成本平均降低 57 美元。这种虚拟生产、全球运筹的策略使这些财力大、品牌知名度高、市场基础成熟、分销渠道完善的大公司更成功地经营，而没有品牌行销能力但能有效生产的计算机制造商得到巨额订单，赚取稳定可观的利润。这正是敏捷制造所提倡的优势集成组织原则的应用。

遥测装置生产的敏捷制造示范项目，该项目采用虚拟企业方式，联盟了联合信号公司堪萨斯城分部、加利福尼亚的圣地亚国家实验室和新墨西哥的圣地亚国家实验室以及机械主箱、印刷电路板供应商。这些联盟企业为产品的实现提供了技术设备原料等支持，弥补了单一企业资源的不足，使生产时间减少 50%，生产效益提高了好几倍。

讨论题：
1. 什么是精益生产？精益生产与 JIT 生产有什么关系？
2. 党的二十大提出加快建设制造强国，请结合所学简述我国制造企业怎样实现敏捷制造？

第八章 供应链库存管理

【学习目标】

- ➢ 理解库存的定义、种类、作用等基本理论;
- ➢ 掌握独立需求库存控制、确定型库存控制以及随机型库存控制模型;
- ➢ 理解并掌握供应商管理库存、集配中心模式等库存管理模式和实施方法;
- ➢ 了解多级库存优化与控制的含义与有关方法。

供应链管理

【知识架构】

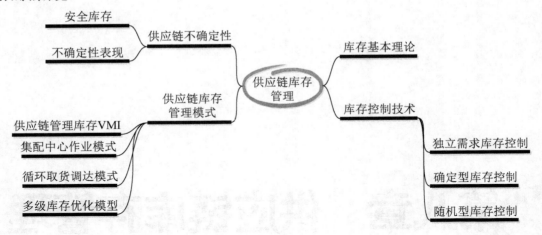

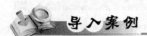 导入案例

李宁公司的库存管理问题

过去几年国内体育用品行业为沉重的库存所累。其中一大症结在于粗放式经营的批发销售模式：提前18个月规划未来的售卖款式、举办订货会获取订单、组织生产实现订单交付。这样生意做完了，就直接到港交所汇报销售业绩了。产品高度同质化、大批量、低成本冲击市场的恶果，即大量货运积压在渠道，库存高企，只能打折处理。

那么如何准确捕捉市场需求以及销售信息，实现供应链的快速反应呢？李宁公司2012年年底开始告别传统的订货会形式，采用"有指导性的订货会订单+快速补货+快速反应"为特色的零售模式，省级企业规划系统和市场数据分析系统，推出快速反应产品线和最佳SKU组合产品。以"快速反应"产品为例，原本可能按正常上市周期的产品，现在加上测试期和真正上市周期总共只需要2～4个月。事先只进行少量铺货，用两周左右时间测试市场反应，随时监控销售额，如产品热销，则迅速组织生产大规模铺货，否则，就减少甚至暂停订单生产。

精细化的操作模式，对于数据收集、分析以及内部协作无疑提出了更高的要求。因此，李宁公司开始着力打造供应链基础平台。借助激励机制、门店示范等多种手段，李宁公司终端门店POS机覆盖率已达85%左右。销售实时数据汇总以后，数据分析团队对不同地区市场数据进行分析，向该地区分销商推荐订购最佳SKU组合，这样产品组合更符合当地消费者习惯，使分销更顺利。

但是，令人吃惊的是，公司的库存状态不但没有得到根本性的改善，反而使该公司库存周转率呈现出明显的下降趋势，库存持有天数明显增加。

(资料来源：程晓华. 全面库存管理. 新浪微博)

企业要有效地缓解供需矛盾，尽可能均匀地保持生产，都必须持有一定的库存。但由于库存的过量积压，许多企业无法及时获得资金回流，由此引发经营困难。如何有效地进行库存管理成为几乎所有企业关注的焦点。因此企业必须要尽力使库存保持在合理的范围内，从而提高其经营管理水平和快速应变能力。

第一节　供应链管理环境下的库存问题

库存以原材料、在制品、半成品、成品各种形式存在于供应链的各个环节。由于库存费用占库存物品的价格的 20%～40%，因此供应链中的库存控制是十分重要的。

供应链的库存管理不是简单的需求预测与补给，而是要通过库存管理，获得用户服务与利润的优化。其主要内容包括评价库存策略、提前期和运输变化的准确效果；决定经济订货批量时考虑对供应链企业各方面的影响；在充分了解库存状态的前提下确定适当的服务水平。

传统的企业库存管理侧重于优化单一的库存成本，以存储成本和订货成本为基准，确定经济订货批量和订货点。从单一的库存角度看，这种库存管理方法有一定的适用性，但是从供应链整体的角度看，单一企业库存管理的方法显然难以适应。

目前，供应链中的库存控制存在的主要问题有三大类：信息类问题；供应链的运作问题；供应链的战略与规划问题。这些问题可综合成以下几个方面来论述。

1. 没有供应链的整体观念

虽然供应链的整体绩效有赖于各个供应链的节点绩效，但是各个部门都是独立的单元，都有各自独立的目标，有些目标和供应链的整体目标是不相干的，有的则可能导致冲突。

例如，美国北加利福尼亚的计算机制造两电路板组装作业以每笔订货费作为其压倒一切的绩效评价指标，该企业集中精力于减少订货成本。这种做法本身并没有不妥，但是它没有考虑这样做会对供应链上的其他制造商和分销商有何影响，结果该企业不得不维持过高的库存以保证大批量订货生产，反而增加了库存成本。

一般都没有针对全局供应链的绩效评价指标，这是普遍存在的问题。有的企业采用库存周转率作为供应链库存管理的绩效评价指标，却没有考虑对用户的反应时间与服务水平，用户满意应该成为供应链库存管理的一项重要指标。

2. 对用户服务的理解不恰当

对用户的服务的理解与定义各不相同，导致对用户服务水平的差异。许多企业采用订货满足率来衡量用户服务水平，但是用户满足率不等于用户满意率。比如一家计算机工作站的制造商要满足一份包含多产品的订单要求，产品来自各供应商，用户的要求是一次性交货，而制造商要把各个供应商的产品都收齐后才一次性装运给用户。由于时间拖延，用户不一定满意。

传统的订货满足率评价指标也不能评价订货的延迟程度。两条同样具有 90%的订货满足率的供应链，在如何迅速补给余下的 10%订货要求方面差别很大。其他的服务指标也常常被忽视，如总订货周转时间、平均回头订货时间、平均延迟时间、提前或延迟交货时间等。

3. 不及时的交货状态数据

当顾客下订单时，他们总想确定什么时候能交货。在等待交货过程中，还可能会对订单交货状态进行修改,特别是当交货被延迟以后。我们必须看到,许多企业并没有及时把推迟的订单交货的修改数据提供给用户,其结果当然是造成用户不满。交货的数据不及时、不准确,主要是信息传递系统的问题。

4. 低效率的信息传递系统

在供应链中,各个企业的需求预测、库存状态、生产计划等都是供应链管理的重要数据,这些数据分布于不同的供应链组织,要有效而快速地响应用户需求,必须实时地传递,为此需要通过系统集成的办法,使供应链中的库存数据能够实时、快速地传递。但是目前许多企业的信息系统并没有实现网络化,当供应商需要用户的需求信息时,常常得到的是延迟的或不准确的信息。由于延迟会影响库存量的精确度,同时,短期生产计划的实施也会遇到困难。企业为了制订一个生产计划,需要获得关于需求预测、当前库存状态、订货的运输能力、生产能力等信息,这些信息需从供应链节点企业数据库存获得,数据调用的工作量很大。然后,根据数据制订主生产计划,并运用相关管理软件制订物料需求计划(MRP),这样一个过程一般需很长时间。时间越长,预测误差越大,信息有效性也就越小,生产出过时的产品造成过高的库存也就不奇怪了。

5. 忽视不确定性对库存的影响

供应链运作中存在诸多的不确定因素,如订货提前期、货物运输状况、原材料的质量、生产过程的时间、运输时间、需求的变化等。为减少不确定性对供应链的影响,首先应了解不确定性的来源和影响,错误估计供应链中物料的流动时间(提前期),造成有的物品库存增加,而有的物品库存不足的现象。

6. 库存控制策略简单化

无论是生产性企业还是物流企业,库存控制目的都是为了应付不确定需求。了解和跟踪不确定性状态的因素是第一步,第二步是制定相应的库存控制策略。这是一个动态的过程,因为不确定性也在不断地变化。有些供应商在交货与质量方面可靠性好,有些则相对差些;有些物品的需求可预测性大,有些物品的可预测性则小一些;库存控制策略应能处理这些情况。

许多公司对所有物品采用统一的库存控制策略,没有反映不同物品供应与需求中的不确定性。在传统的库存控制策略中,多数是面向单一企业的,信息基本上来自企业内部,其库存控制没有体现供应链管理的思想,所以,体现供应链管理的思想,是供应链库存管理的重要内容。

7. 缺乏协调性

供应链是一个整体,需要协调各方活动,才能取得最佳的运作效果。协调可以使满足一定服务质量要求的信息在供应链中流畅地传递,从而整个供应链能够根据用户的要求步调一致,形成合理的供需关系,适应复杂多变的市场环境。例如,当用户的订货由多种产品组成,而各产品又是由不同的供应商提供时,如用户要求一次性交货,这时企业必须对不同供应商的交货期进行协调。如果组织间缺乏协调与合作,会导致交货期延迟,同时库存水平也由此而增加。

供应链的各个节点企业为了应付不确定性，都有一定的安全库存，这是企业采取的一种应急措施。但是，多厂商特别是全球化的供应链中，组织的协调涉及更多的利益群体，相互之间的信息透明度不高。这样，企业不得不维持一个较高的安全库存，从而付出了较高的代价。

要进行有效的合作与协调，各个组织需要一种有效的激励机制。在企业内部一般有各种激励机制以加强部门间的合作与协调，但是当涉及企业和企业之间，困难就大得多，并且信任风险的存在更加深了问题的严重性，相互之间缺乏有效的监督机制和激励机制，是供应链企业之间合作不稳固的原因。

8. 产品设计没有考虑供应链库存

现代产品设计与制造技术的出现，使产品的生产效率大幅度提高，但是，供应链库存的复杂性却常常被忽视。结果，所有节省下来的成本都被供应链上的分销与库存成本抵消了。同样，在引进新产品时，如果不注意供应链的规划，也会由于运输时间过长、库存成本高等原因而无法获得成功。例如，美国的一家计算机外围设备制造商，为各国分销商生产打印机，但是随着时间的推移，当打印机到达各地区分销中心时，需求已经发生了动变。由于打印机是为特定国家而生产的，分销商难以应付需求的变化，也就是说，供应链缺乏柔性，其结果是造成产品积压，产生了高库存。后来，重新设计了供应链结构，工厂只生产打印机的通用组件，让分销中心再根据所在国家的需求特点加入相应的特色组件，这样，大量的库存就减少了。这就是产品"为供应链管理而设计"的思想。在这里，分销中心参与了产品的设计活动，这里面涉及组织之间的协调与合作问题，因此合作关系非常重要。

第二节　供应链的不确定性与安全库存

一、供应链的不确定性

供应链的库存与供应链的不确定性有很密切的关系。从供应链整体看，供应链上的库存有两种：一种是生产制造过程中的库存，另一种是物流过程中的库存。

物流是在信息流的引导下进行的，在企业内部这种信息流所体现的是企业的计划，而在企业之间则体现的是相互间的合同和约定。不确定性的作用使物流的运动偏离了信息流的引导，此时库存就产生了。因此，库存存在的客观原因是为了应付不确定性，保持供应链系统的稳定性。但是库存另一方面也同时产生和掩盖了管理中的问题。

1. 不确定性的表现形式

供应链的不确定性表现形式有以下两种。

(1) 衔接不确定性(Uncertainty of Interface)。企业之间(或部门之间)不确定性，可以说是供应链的衔接不确定性，这种不确定性主要表现在合作性上，为了消除衔接不确定性，需要增加企业间或部门间的合作性。

(2) 运作不确定性(Uncertainty of Operation)。系统运行不稳定是组织内部缺乏有效的控制机制所致，为了消除运行中的不确定性，需要增加组织的控制，提高系统的可靠性。

企业作为一个系统是无法避免受到外界环境影响的。企业生产控制系统的处理对象实际上是处于多种不确定性的共同作用之下。企业间的衔接不确定性在数量尺度和时间尺度上都远大于企业本身的运作不确定性,因此前者在生产上所产生的影响也远远超过后者。由于任何生产控制系统的调节和校正功能都是有限的,因此前者实际上对后者起到了掩护作用,占用了生产控制系统的能力。

2. 不确定性的来源

供应链的不确定性的来源主要有以下 3 个方面。

(1) 供应商不确定性。供应商的不确定性主要表现在提前期的不确定性,订货批量的不确定性等。供应不确定性的原因是多方面的,包括供应商的生产系统发生故障延迟生产,供应商的延迟,意外的交通事故导致的运输延迟等。

(2) 生产企业不确定性。生产企业的不确定性主要缘于制造商本身的生产系统的不可靠、机器的故障、计划执行的偏差等。造成生产者生产过程中在制品库存的原因也在于其对需求的处理方式。生产过程的复杂性使生产计划并不能精确地反映企业的实际生产条件和生产环境的改变,不可避免地造成计划与实际执行的偏差。生产控制能够对生产的偏差给以一定的修补,但是生产控制必须建立在对信息的实时采集与处理上。

(3) 顾客不确定性。顾客的不确定性原因主要有:需求预测的偏差,购买力的波动,从众心理和个性特征等。通常,需求预测的方法都有一定假设条件,但假设始终是假设,所以任何需求预测方法都存在这样或那样的缺陷,无法确切地预测需求的波动和顾客心理。

3. 不确定性的原因

供应链上的不确定性由以下 3 个方面原因决定。

(1) 需求预测水平造成的不确定性。预测水平与预测时间的长度有关,预测时间越长,预测精度越差。另外,预测的方法对预测也有影响。

(2) 决策信息的可获得性、透明性、可靠性。信息的准确性对预测同样造成影响,下游企业与顾客接触的机会多,可获得的有用信息多;远离顾客,信息可获性和准确性差,因而预测的可靠性差。

(3) 决策过程特别是决策人心理的影响。个人的心理偏好对需求计划的取舍与修订和信息的要求与共享会产生一定的影响。

二、供应链的不确定性与库存的关系

供应链运行中的两种不确定性对供应链库存产生影响:衔接不确定性和运作不确定性对库存的影响。

1. 衔接不确定性对库存的影响

传统供应链的衔接不确定性普遍存在,集中体现在企业之间的独立信息体系(信息孤岛)现象。为了竞争,企业总是倾向进行资源的自我封闭,其中包括那些完全可以提供给合作企业的信息。企业独立于由供应和需求关系而自然形成的供应链上,换而言之,相对于其中一方而言,另一方只是市场的一部分。在这里企业间的合作仅仅是贸易上的短时性合作,人为地增加了企业之间的信息壁垒,企业不得不为应付不测而建立库存,库存的存在主要是信息封闭的结果。虽然企业各个部门和企业之间都有信息的交流与沟通,但是企业的信息交流更多是在企业内部而非企业之间,信息共享程度差是传统的供应链不确定性增加的一个主要原因。

传统的供应链中,信息是逐级传递的,即上游企业依据下游企业的需求信息做生产或供应的决策。在集成的供应链系统中,每个供应链企业都能够共享顾客的需求信息,信息不再是线性的传递过程,而是网络的传递过程。建立合作伙伴关系的新型企业的合作模式以及跨组织的信息系统、为供应链的各个合作企业提供了共享的需求信息。企业有了确定的需求信息,在制订生产计划时,就可以减少为平缓需求波动而设立的库存,使生产计划更加精确、可行。对于下游企业,合作伙伴关系的供应链或供应链联盟可为企业提供综合的、最新的供应信息,无论上游企业能否按期交货,下游企业都能及时得到相关信息而采取相应的措施,这样企业就可以减少不必要的库存。

2. 运作不确定性对库存的影响

供应链企业间的衔接不确定性可以通过建立战略伙伴关系的供应链联盟或供应链协作体而消减,同样,这种合作关系还可以消除运作不确定性对库存的影响。当企业间的合作关系得以改善时,企业的内部生产管理也得以大大改善,因为当企业间的衔接不确定性因素减少时,企业的生产控制就能摆脱这种不确定性因素的影响,使生产的控制达到实时、准确的效果,这时,企业才能获得对生产系统有效控制的有利条件,消除生产过程中不必要的库存。

各个企业联合形成网络时,不确定性会像病毒一样在网络中传播,几乎所有的生产者都会以库存来应付本企业内外的不测变化,因为无法预测不确定性的大小和影响程度。

三、安全库存

对于企业来讲,不确定条件下的库存管理显得更为重要,面对变化的顾客需求和不确定的物流运输环境,企业必须保持适量的产品库存来满足顾客的需求,预防由于顾客需求增加和提前期延长所带来的缺货情况的发生。在这种情况下,如何确定合理的产品库存水平和准确的订货时间,就成为企业所面临的主要问题。

1. 安全库存的概念

安全库存是库存的一部分,它主要是为了应对在需求和订货点发生短期的随即变动而设置的。在这样的背景下,通过建立适当的安全库存,减少缺货的可能性,从而在一定程度上降低库存缺货成本。但安全库存的加大会使库存持有成本增加,因而,必须在缺货成本和库存成本两者之间进行权衡。

安全库存量的大小,主要由顾客服务水平(或订货满意度)来决定。所谓顾客服务水平,就是顾客需求情况的满足程度,用公式表示为

$$顾客服务水平 = \frac{年缺货次数}{年订货次数} \times 100\%$$

顾客服务水平(订货满意度)越高,说明缺货发生的情况越少,从而缺货成本就较少,

但因增加了安全库存量,导致库存的持有成本上升;而顾客人服务水平较低,说明缺货发生的情况较多,缺货成本较高,安全库存水平较低,库存持有成本较少。因而我们必须综合考虑顾客服务水平、缺货成本和库存持有成本三者之间的关系,最后确定一个合理的安全库存量。

2. 安全库存量的计算

对于安全库存量的计算,我们将借助于数理统计方面的知识,对顾客需求量的变化情况和提前期的变化作一些基本的假设。从而在顾客需求发生变化、提前期发生变化以及两者同时发生变化的情况下,分别求出各自的安全库存量。

(1) 需求发生变化,提前期为固定常数的情形。先假设需求的变化情况符合正态分布,由于提前期是固定的数值,因而我们可以直接求出在提前期内的需求分布的均值和标准差。或者可以通过直接的期望预测,以过去提前期内的需求情况为依据,从而确定需求的期望均值和标准差,这种方法的优点是能够让人容易理解。

当提前期内的需求状况的均值和标准差一旦被确定,利用下面的公式可以获得安全库存量 SS。

$$SS = z\sigma_d \sqrt{L}$$

式中:σ_d ——在提前期内,需求的标准方差;

L ——提前期;

z ——一定顾客服务水平下需求变化的安全系数,如图 8.1 所示。

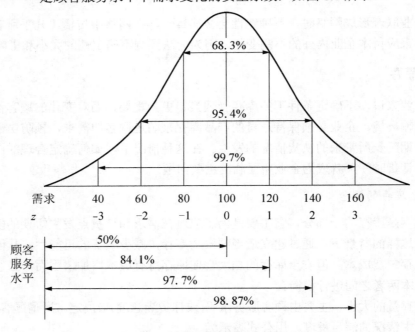

图 8.1 顾客服务水平与 z 的关系

从而,可以得出表 8.1。

表 8.1 顾客服务水平

顾客服务水平/(%)	z	顾客服务水平/(%)	z
84.1	1.0	98.9	2.3
90.3	1.3	99.5	2.6
94.5	1.6	99.9	3.0
97.7	2.0		

【例 8-1】 某饭店的啤酒平均日需求量为 10 加仑,并且啤酒需求情况服从标准方差是 2 加仑/天的正态分布,如果提前期是固定的常数 6 天,试求满足 95%的顾客满意度的安全库存的大小。

解:由题意知:$\sigma_d = 2$ 加仑/天,$L = 6$ 天,$F(z) = 95\%$,则 $z = 1.65$,从而
$$SS = z\sigma_d\sqrt{L} = 1.65 \times 2 \times \sqrt{6} = 8.08$$
即在满足 95%的顾客满意度的情况下,安全库存量是 8.08 加仑。

(2) 提前期发生变化,需求为固定常数的情形。如果提前期内的顾客需求情况是确定的常数,而提前期的长短是随机变化的,在这种情况下:
$$SS = zd\sigma_L$$
式中:z ——一定顾客服务水平下的安全系数;
σ_L ——提前期的标准方差;
d ——提前期内的日需求量。

【例 8-2】 如果在上例中,啤酒的日需求量为固定的常数 10 加仑,提前期是随即变化的,而且服从均值为 6 天,标准方差为 1.5 天的正态分布,试确定 95%的顾客满意度下的安全库存量。

解:由题意知 $\sigma_L = 1.5$ 天,$d = 10$ 加仑/天,$F(z) = 95\%$,则 $z = 1.65$,从而
$$SS = zd\sigma_L = 1.65 \times 10 \times 1.5 = 24.75$$
即在满足 95%的顾客满意度的情况下,安全库存量是 24.75 加仑。

(3) 需求情况和提前期都是随机变化的情形。在多数情况下,提前期和需求都是随机变化的。此时,我们假设顾客的需求和提前期是相互独立的,则
$$SS = z\sqrt{\sigma_d^2 \overline{L} + \overline{d}^2 \sigma_L^2}$$
式中:z ——一定顾客服务水平下的安全系数;
σ_L ——提前期的标准方差;
σ_d ——在提前期内,需求的标准方差;
$\overline{d}$ ——提前期内的平均日需求量;
$\overline{L}$ ——平均提前期水平。

3. 订货点的确定

订货点指库存量降低到某个水平时,就应该订货,再迟会发生缺货。

在需求和提前期都是确定的情况下,订货点的公式为

$$RL = dL$$

式中：RL——订货点的订货数量；
d——平均日需求量；
L——提前期。

这个公式说明在顾客需求和提前期均确定的条件下，订货点就是等于提前期内的需求量，即如果提前期的需求量是 50 个单位，则订货点就等于 50 个单位。但这种方法仅限于需求和提前期都是确定的情况下可以使用。

在实际的情况中，这样的情形是不常见的，更多的是会遇到各种各样的情形，当提前期或需求情况都是不确定时，由于不能完全确定在提前期内的需求量，因而就给库存增加了潜在的缺货可能。造成这种随即变化的原因可能仅来自需求一方的随即变化，或者仅来自提前期一方的随即变化，或者两者兼而有之。需求量的突然增加或者提前期的变化增加了库存物资的供应压力，从而可能导致缺货。显然，考虑了不确定因素后，还应该加上安全库存量。公式为

$$RL = 提前期内的期望需求量 + 安全库存量$$
$$= Q + SS$$
$$= \bar{d} \times \bar{L} + SS$$

式中：RL——订货点的订货数量；
$\bar{d}$——提前期内的平均日需求量；
$\bar{L}$——平均提前期水平；
SS——安全库存量。

第三节 供应商管理库存

供应链中的各个环节(如零售商、分销商和供应商等)拥有各自的库存，采取不同库存控制策略，因而不可避免地产生需求的扭曲现象，这使得供应商无法准确地获取需求信息，快速地响应用户的需求。因而需要一种能够统一管理供应链库存的运作策略，使供应链各个环节的活动同步地、协调地运行。供应商管理库存(Vendor Managed Inventory，VMI)在这样的要求下应运而生。

一、VMI 的概念

一般而言，库存设置与管理是由同一组织完成的。而这种库存管理模式并不总是最优的。关于 VMI，有人认为是一种在用户和供应商之间的合作性策略，以对方都是最低的成本来优化产品的可得性，并在一个达成共识的目标框架下由供应商来管理库存，这样的目标框架被经常性监督和修正以产生一种持续改进的环境。因此，VMI 就是供货方代替用户(需求方)管理库存，库存的管理职能转由供应商负责。

也有人认为，VMI 是一种库存管理方案，是以掌握零售商销售资料和库存量作为市场需求预测和库存补货的解决方法。经由销售资料得到市场消费需求信息，供应商可以更有效地计划、更快速地反映市场变化和消费者的需求。因此，VMI 可以用来作为降低库存量、改善库存周转，进而保持库存水平的最优化，而且供应商和用户分享重要信息，所以双方

都可以改善需求预测、补货计划、促销管理和装运计划等。VMI 把由传统通路产生订单作补货，改变为以实际的或预测的消费需求作补货依据。

例如，一个供应商用库存来应付不可预测的或某一用户不稳定的(这里的用户不是指最终用户，而是分销商或批发商)需求，用户也设立库存来应付不稳定的内部需求或供应链的不确定性。虽然供应链中每一个组织独立地寻求保护其各自在供应链的利益不受意外干扰，这是可以理解的，但却是不可取的。因为这样做的结果影响了供应链的优化运行。供应链的各个不同组织根据各自的需要独立运作，导致重复建立库存，因而无法达到供应链全局的最低成本，整个供应链系统的库存会随着供应链长度的增加而发生需求扭曲。VMI 库存管理系统，突破传统的条块分割的库存管理模式，以系统的、集成的管理思想进行库存管理，使供应链系统能够获得同步化的运作。

二、VMI 的基本思想

供应链的各个组织根据各自的需要独立运作，各自设置和管理库存，这样会导致重复建立库存，因而无法达到供应链全局的最低成本，整个供应链系统的库存会随着供应链长度的增加而发生需求扭曲。VMI 库存管理系统就能够突破传统的条块分割的管理模式，以系统的、集成的管理思想进行库存管理，以使供应链系统能够获得同步化的运作。VMI 的主要思想是供应商在用户的允许下设立库存，决定库存水平和补给策略，拥有库存控制权。其好处在于可以客户提供更好的服务、增加公司的竞争力、提供更精确的预测、降低营运成本、计划生产进度、降低库存量与库存维持成本以及实施有效的配送。

归纳起来，VMI 体现了以下几项原则。

(1) 合作精神(合作性原则)。在实施该策略时，相互信任与信息透明是很重要的，供应商和用户都要有较好的合作精神，才能够相互保持较好的合作。

(2) 使双方成本最小(互惠原则)。VMI 不是关于成本如何分配或谁来支付的问题，而是通过该策略的实施减少整个供应链上的库存成本，使双方都能获益。

(3) 框架协议(目标一致性原则)。双方都明白各自的责任，观念上达成一致的目标。如库存放在哪里，什么时候支付，是否要管理费，要花费多少等问题都要回答，并且体现在框架协议中。

(4) 持续改进原则。使供需双方能共享利益和消除浪费。VMI 的主要思想是供应商在用户的允许下设立库存，确定库存水平和补给策略，拥有库存控制权。精心设计与开发的 VMI 系统，不仅可以降低供应链的库存水平，降低成本。而且，用户还可获得高水平的服务，改善资金流，与供应商共享需求变化的透明性和获得更高的用户信任度。

三、VMI 系统的构成

VMI 系统最主要可分成两个模块：第一个是需求计划模块，可以产生准确的需求预测；第二个是配销计划模块，可根据实际客户订单、运送方式，产生出客户满意度高及成本低的配送。

1. 需求预测计划模块

需求预测最主要的目的就是要协助供应商做库存管理决策。准确预测可明确让供应商了解应该销售何种商品、销售给谁、以何种价格销售、何时销售等。

预测所需参考的要素包括：客户订货历史资料，即客户平常的订货资料，可以作为未来预测的需求；非客户历史资料，即市场情报，如促销活动资料。

需求预测包括以下几个程序。

(1) 供应商收到用户最近的产品活动资料，紧接着 VMI 作需求历史分析。

(2) 使用统计分析方法，以客户的平均历史需求、客户的需求动向、客户需求的周期做考虑，产生最初的预测模式。

(3) 由统计工具可模拟不同的条件，如促销活动、市场动向、广告、价格异动等，产生出调整后的预测需求。

2. 配销计划模块

配销计划模块最主要是有效的管理库存量，利用 VMI 可以比较库存计划和实际库存量并得知目前库存量尚能维持多久。所产生的补货计划是依据需求预测模型得到的需求预测、与用户约定的补货规则(如最小订购量、配送提前期、安全库存)、配送规则等。至于补货订单方面，VMI 可以自动完成最符合经济效益的建议配送策略(如运送量、运输工具的承载量)及配送进度。

四、VMI 的技术支持

VMI 的支持技术主要包括：ID 代码、EDI/Internet、条码、条码应用标识符、连续补给程序等。

1. ID 代码

供应商要有效地管理用户的库存，必须对用户的商品进行正确识别，为此对供应链商品进行编码，通过获得商品的标识(ID)代码并与供应商的产品数据库相连，以实现对用户商品的正确识别。目前国外企业已建立了应用于供应链的 ID 代码的类标准系统，如 EAN-13(UCC-12)、EAN-14(SCC-14)、SSCC-18 以及位置码等，我国也建有关于物资分类编码的国家标准。

供应商应尽量使自己的产品按国际标准进行编码，以便在用户库存中对本企业的产品进行快速跟踪和分拣。因为用户(批发商、分销商)的商品多种多样，有来自不同的供应商的同类产品，也有来自同一供应商的不同产品。实现 ID 代码标准化有利于采用 EDI 系统进行数据交换与传送，提高了供应商对库存管理的效率。目前国际上通行的商品代码标准是国际物品编码协会(EAN)和美国统一代码委员会(UCC)共同编制的全球通用的 ID 代码标准。

2. EDI/Internet

EDI 是指电子数据处理，是一种在处理商业或行政事务时，按照一个公认的标准，形成结构化的事务处理或信息数据格式，借此完成从计算机到计算机的数据传输。

供应商要有效地对用户(分销商、批发商)的库存进行管理，采用 EDI 进行供应链的商品数据交换，是一种安全可靠的方法。为了能够实现供应商对用户的库存进行实时地测量，供应商必须每天都能了解用户的库存补给状态。因此，采用基于 EDIFACT(Electronic Data Interchange for Administration Commerce and Transport，商业和运输电子数据交换管理，是联合国所确认的全球电子数据交换的通信标准)的库存报告清单能够提高供应链的运作效率，每天的库存水平(或定期的库存检查报告)、最低的库存补给量都能自动地生成，这样大大提高了供应商对库存的监控效率。分销商(批发商)的库存状态也可以通过 EDI 报文的方式通知供应商。

在 VMI 管理系统中，供应商有关装运与发票等工作都不需要特殊的安排，主要的数据是顾客需求的物料信息记录、订货点水平和最小交货量等，需求一方(分销商、批发商)唯一需要做的是能够接受 EDI 订单确认和配送建议，以及利用该系统发放采购订单。

3. 条码

条码是 ID 代码的一种符号，是对 ID 代码进行自动识别且将数据自动输入计算机的方法和手段。条码技术的应用解决了数据录入与数据采集的瓶颈，为供应商管理用户库存提供了有力支持。

为有效实施 VMI 管理系统，应该尽可能地使供应商的产品条码化。条码技术对提高库存管理的效率是非常显著的，是实现库存管理的电子化的重要手段，它使供应商对产品的库存控制一直可以延伸到和销售商的 POS(销售时点信息系统)系统进行连接，实现用户库存的供应链网络化控制。

表 8.2 ID 代码与条码的对应关系

代码	国际条码标准	国家条码标准
EAN-13(UPC-12)	EAN-13	《商品条码 零售商品编码与条码表示》GB 12904—2008
EAN-14(SCC-14)	ITF-14	《商品条码 储运包装商品编码与条码表示》GB 16830—2008
	EAN/UCC-128	《商品条码 128 条码》GB 15425—2014
SSCC-18	EAN/UCC-128	《商品条码 128 条码》GB 15425—2014
条码应用标识符	EAN/UCC-128	《商品条码 128 条码》GB 15425—2014

4. 连续补给程序

连续补给程序策略将零售商向供应商发出订单的传统订货方式，变为供应商根据用户库存和销售信息决定商品的补给数量。这是一种实现 VMI 管理策略的有力工具和手段。为了快速响应用户"降低库存"的要求，供应商通过和用户(分销商、批发商或零售商)建立合作伙伴关系，主动提高向用户交货的频率，使供应商从过去单纯地执行用户的采购订单变为主动为用户分担补充库存的责任，在加快供应商响应用户需求的速度同时，也使需求方减少了库存水平。

五、VMI 的实施方法与步骤

1. VMI 的实施方法

(1) 改变订单的处理方式，建立基于标准的托付订单处理模式。由供应商和批发商一起确定供应商的订单业务处理过程所需要的信息和库存控制参数,然后建立一种订单的处理标准模式,如 EDI 标准报文。最后把订货、交货和票据处理各个业务功能集成在供应商一边。

(2) 库存状态透明性(对供应商)是实施供应商管理用户库存的关键。供应商能够随时跟踪和检查到销售商的库存状态,从而快速地、准确地做出补充库存的决策,对企业的生产供应状态做出相应的调整。为此需要建立一种能够使供应商和用户(分销商、批发商)的库存信息系统透明连接的方法。

VMI 使用 EDI 使供应商与客户彼此交换资料。交换的资料包括产品活动、计划进度及预测、订单确认、订单等。每个交换资料包含的主要项目见表 8.3。

表 8.3 供应商与客户交换资料项目

项 目	资 料 内 容
产品活动资料	可用产品、被定购产品、计划促销产品、零售产品
计划进度及预测资料	预测订单量、预定或指定的出货日期
订单确认资料	订单量、出货日期、配送地点
订单资料	订单量、出货日期、配送地点

2. VMI 的实施步骤

VMI 策略实施可以分以下几个步骤。

(1) 建立顾客情报信息系统。供应商要有效地管理销售库存,必须能及时获得顾客的有关信息。通过建立顾客的信息库,供应商能够及时掌握需求变化的有关情况,把以前由分销商进行的需求预测与分析功能集中到供应商的系统中来。

(2) 建立销售网络管理系统。供应商要能很好地管理库存,必须建立起完善的销售网络管理系统,保证自己的产品需求信息和物流畅通。所以必须做到:保证自己产品条码的可读性和唯一性;解决产品分类、编码的标准化问题;解决商品存储运输过程中的识别问题。

目前,已经有企业开始采用 MRP II 或 ERP 系统,这些软件系统都包括销售管理的功能。通过对这些功能的扩展,可以建立完善的销售网络管理系统。

(3) 建立供应商与分销商的合作框架协议。供应商和分销商一起协商,确定处理订单的业务流程和控制库存的有关参数(如订货点、最小库存水平等)、库存信息的传递方式(如 EDI 或 Internet)等。

(4) 组织机构的变革。供应商应该建立专门的职能机构用于管理客户库存,进行库存控制、库存补给和服务水平。

通常来说,下述情况适合实施 VMI 策略:零售商或批发商没有 IT 系统或基础设施来有效管理他们的库存;制造商实力雄厚并比零售商市场信息量要大;有较高的直接存储交货水平,因而制造商能够有效规划运输。

六、VMI 的实施形式

根据有关研究,供应商管理存货的形式主要有 4 种。

(1) 供应商提供包括所有产品的软件进行存货决策，用户使用软件执行存货决策，用户拥有存货所有权，管理存货。

(2) 供应商在用户的所在地，代表用户执行存货决策，管理存货，但是存货的所有权归用户。

(3) 供应商在用户的所在地，代表用户执行存货决策，管理存货，拥有存货所有权。

(4) 供应商不在用户的所在地，但是定期派人代表用户执行存货决策，管理存货，供应商拥有存货的所有权。

具体采用哪种形式，根据供需双方根据实际情况确定。

第四节 集配中心作业模式及其改进

VMI 本身对产品需求方来说已经是一种先进的库存控制技术，但用在零售、制造行业应用比较普遍。然而，该方式也存在很多局限性：首先，库存成本不过是从供应链核心企业转移到上游企业，供应链整体库存成本根本没有降低。其次，管理库存和实施及时配送并非供应商的核心竞争能力，因此供应商很难做到及时快速响应。最后，需求方需要处理与众多供应商的业务，管理难度大，会增加运作成本。此外，还存在信息共享不充分、供应风险控制问题。这些问题客观制约了整个供应链的竞争力和盈利能力的提升。

近年来在 VMI 基础上，入厂物流管理逐渐兴起一些新的模式，如集配中心模式(Supply-Hub)、循环取货调达模式(Milk Run)，在欧美以及国内汽车制造企业应用日益普遍。

一、集配中心作业模式

集配中心作业模式是借用集线器(Hub)的概念而形成，通过建立集配中心，负责集中供应商的零部件，然后按照看板方式或 JIT 方式向整机厂配送，如图 8.2 所示。

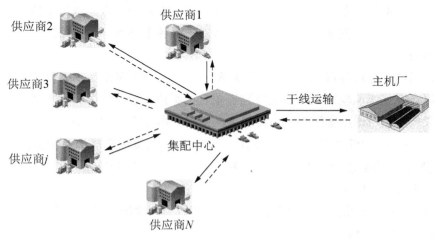

图 8.2 集配中心作业模式

注：——→ 表示零部件； ◄----- 表示集装器具。

供应链管理

案例 8-1

江铃发动机厂的集配中心模式

江铃发动机建厂时的供应链规划就用集配中心模式取代 VMI 方式。在江铃发动机厂附近设立由第三方物流企业(3PL)管理的集配中心,用于储存来自上游供应商的所有或部分供应物料,第三方物流企业再根据江铃发动机的日装配计划将物料分拣出来后直接送往江铃发动机的生产工位。该模式用信息化作为支撑点,供应商、集配中心和江铃发动机之间及时共享信息,共用一个信息平台,实现供应链同步运作。供应商能通过供应该平台清楚地看到自己每批配件的流向情况,从发运到第三方物流、质检、入库、在第三方物流的库存、再出库、上江铃的生产线、在生产线上的情况以及其工费和料费的情况,甚至配件损耗的情况,最后下线出厂的情况,无一不清楚掌握。这为供应商科学制订生产计划,最大限度减少库存风险提供了决策支持,为实现供应链上合作企业共赢提供保障。

这种模式具有以下两个优点。

(1) 3PL 推动了合作三方(供应商、制造商、3PL)之间的信息交换和整合 3PL 提供的信息是中立的,根据预先达成的框架协议,物料的转移标志了物权的转移;

(2) 3PL 能够提供库存管理、折包、配料、排序和交付,还可以代表制造商向供应商下达采购订单。由于供应商的物料提前集中在由 3PL 运营的仓库中,使得上游的众多供应商省去了仓储管理及末端配送的成本,从而大大地提高了供应链的响应性并同时降低了成本。

二、循环取货调达模式

虽然集配中心作业模式在入厂物流中发挥了重要作用,但其改进、优化也为业界和学者所重视。而循环取货方式为集配中心作业模式持续改善提供了可行性。循环取货起源于英国北部的牧场,是为解决牛奶运输问题而发明的一种运输方式,很多售点需要牛奶,每个售点需要得都不多,采用一个车配送,一条线路覆盖各个售点,给每个售点补货,卡车按照预先设计好的路线依次将装满牛奶的奶瓶运送到各个售点,待原路返回牛奶场时再将空奶瓶收集回去。

丰田、通用、福特等汽车制造企业在集配中心作业模式基础上引入循环取货,形成了循环取货调达模式。该模式是由第三方物流企业按照预先设计的循环取货路线,依次到供应商那里取货,然后送至集配中心,再由集配中心根据 JIT 方式配送到主机厂,如图 8.3 所示。它是一种配合 JIT 生产的物流模式,具有多频次(取货周期短)、小批量(取货批量小)、定时性(取货时间窗确定)和合拍性(取货计划与生产计划相吻合)的特点。

该模式主要具有以下几个优点。

(1) 物流过程可控性强。运输车辆的状态、驾驶员的素质和专业要求等可以得到保证。从而确保安全及时到货。

(2) 充分利用资源,降低物流成本。在同等产量下,运输效率大大提高。容积率可以事先计划并在实施过程中尽量提高,从而使运输总里程和运输成本大大下降。通过循环取货,还可以省去所有供应商空车返回的浪费。

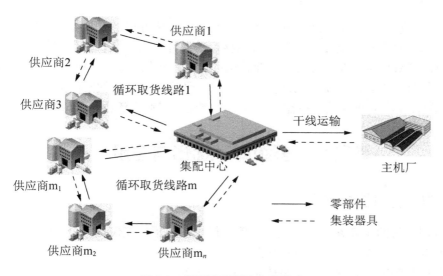

图 8.3 循环取货调达作业模式

(3) 作业标准化。通过推进作业标准化，对各物流公司的运输车辆、托盘、容器等实行标准化管理。同一种零部件、同一条线路、同一纳期、同一交货地，可精确到按小时进行取货和交货，窗口时间经过合理规划，取货和到货时间更精确。零部件库存更少、更合理。对所有的空容器的打包进行标准设定，大大加快了空容器的周转。

(4) 风险控制力度增强，货损率降低。调达物流将采购、取货、运输、交货、空容器回收等所有环节都纳入了交货管控，生产和运输组织合理有序，采购供应链更加顺畅。节省了大量人力、物力和资金占用。改善了供应链各环节的收益风险控制力度加强，货损率大大降低。

实践证明，循环取货调达模式能够产生良好的效益。TNT 公司在北美为福特汽车公司提供的循环取货物流服务，使送货时间压缩至 3 天、运输滞留时间减少 80%、过渡存货缩减了 50%。我国一些汽车制造企业以及产业链相关企业如上海汽车、东风汽车等先后效仿，取得了明显的成本改善。

三、基于甩挂运输和循环取货融合的入厂物流模式

在循环取货调达模式基础上，融合甩挂运输、越库作业模式，应用 LNG 新能源以及 RFID 技术，构建低碳、高效的新型入厂物流系统，可望为制造企业深入挖掘物流效益，实现精益物流管理提供有力的决策支持。该模式包括以下技术要点。

(1) 建立基于 RFID 技术的集装单元管理系统。分析汽车零部件品类和配送特点，建立料箱料架 RFID 编码体系，开发料箱料架管理系统，并可与供应商和汽车制造商的 ERP 衔接，形成自动周转通知(ASN)，以实现快速集装和配送的需要。

(2) 建立越库作业调度方法。针对汽车零部件集配中心作业特点，建立越库作业调度仿真模型，研究订货与库存策略、作业设施布局与任务的协调关系，形成越库作业调度方案，为零部件快速集配作业提供方法支持。

(3) 建立基于循环取货和甩挂运输协同的配送调度优化方法。根据零部件配送订单和供应商地理分布特性分析,建立以集配中心为核心的循环取货区域;根据零部件配送的频次、数量和时间窗等要求,并考虑道路交通管制等因素,以配送成本、碳排放为优化目标,研究考虑循环取货和甩挂运输协同的配送调度方法,形成行之有效的配送调度计划。

(4) 建立融合循环取货和甩挂运输的汽车入厂物流模式运作流程,形成规范化的体系。

第五节　多级库存优化与控制

一、多级库存优化与控制概述

供应链管理的目的是使整个供应链优质库存最小,但是,仅仅从一个企业内部的角度去考虑库存问题,并不能使供应链整体达到最优。

多级库存控制的方法有两种,一种是非中心化(分布式)策略,另一种是中心化(集中式)策略。非中心化策略指各个库存点独立地采取各自的库存策略,这种策略在管理上比较简单,但并不能保证整体上的供应链最优化,如果信息的共享度低,多数情况并不保证产生最优结果,因此非中心化策略需要更多的信息共享。对于中心化策略,所有库存点的控制参数是同时决定的。考虑了各个库存点的相互关系,通过协调可以获得库存的优化。但是中心化策略在管理上难度大,特别是供应链的层次比较多,更增加了协调控制的难度。

供应链的多级库存控制应考虑以下几个问题。

1. 明确库存优化目标

传统的库存优化问题不无例外地进行库存成本优化,在强调敏捷制造、基于时间的竞争下,这种成本优化策略是否适宜?供应链管理的两个策略 ECR 和 QR,都体现了顾客响应能力的基本要求,所以应重新考虑,在实施供应链库存优化时的目标是什么,是成本还是时间?成本是库存控制中必须考虑的因素,但是,在现代市场竞争的环境下,仅优化成本这样一个参数显然不够,应该把时间(库存周转时间)的优化也作为库存优化的主要目标来考虑。

2. 多级库存优化的效率问题

理论上讲,如果所有的信息都可获得,并把所有的管理策略都考虑到目标函数中去,中心化的多级库存优化要比非中心化策略要好。但是,事实未必如此,管理控制的幅度常常是下放给各个供应链的部门去独立进行,因为多级库存控制策略的好处也许会被组织与管理的耗费所抵消。简单的多级库存优化并不能真正产生优化的效果,还需要对供应链的组织、管理进行优化,否则,多级库存优化策略效率将是低下的。

3. 明确库存优化的边界

供应链库存管理的边界即供应链的范围。在库存优化中,一定要明确所优化的库存范围是什么。供应链的结构有各种各样的形式,有全局的供应链,包括供应商、制造商、分销商和零售商各个部门;有局部的供应链,其中又分为上游供应链和下游供应链。在传统的所谓多级库存优化模型中,绝大多数的库存优化模型是下游供应链,即关于制造商(产品供应商)—分销商(批发商)—零售商的三级库存优化。很少有关于零部件供应商—制造商之间的库存优化模型，在上游供应链中，只要考虑的问题是关于供应商的选择问题。

4. 明确采用的库存控制策略

在单库存点的控制策略中，一般采用周期性检查与连续性相结合的检查策略。这些库存控制策略对于多级库存控制仍然适用。但是，至今关于多级库存控制都是基于无限能力假设的单一产品的多级库存，对于有限能力的多产品的库存控制则是供应链多级库存控制的难点和有待解决的问题。

下面分别从时间优化和成本优化两个角度探讨多级库存的优化控制问题。

二、基于成本优化的多级库存控制

成本优化的多级库存控制，关键就是确定库存控制的有关参数：库存检查期、订货点、订货批量。

在传统的多级库存优化方法中，主要考虑的供应链模式是生产——分销模式。我们把问题推广到整个供应链的一般性情形，如图8.4所示的供应链模式。

在库存控制中，考虑集中式(中心化)和分布式(非中心化)两种库存控制策略。在分析之前，首先确定库存成本结构。

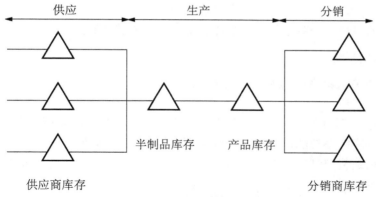

图8.4 多级供应链库存模型

1. 供应链的库存成本结构

(1) 维持库存费用(Holding Cost)C_h。供应链的每个阶段都需要维持一定的库存以保证生产、供应的连续性，这些库存维持费用包括资金成本、仓库和设备折旧费、税收、保险金等。维持库存费用与库存价值和库存量的多少有关，其沿着供应链从上游到下游有一个累积的过程，如图8.5所示。

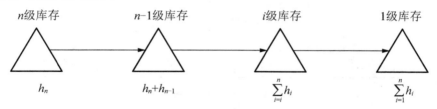

图8.5 供应链维持库存费用的累计过程

h_i 为单位周期内单位产品(零件)的维持库存费用。如果 v_i 表示 i 级库存量,则整个供应链的库存维持费用为

$$C_h = \sum_{i=1}^{n} h_i v_i$$

(2) 交易成本(Transaction Cost)C_t。即在供应链企业的交易合作过程中产生的各种费用,包括谈判费用、准备订单商品检验费用、佣金等。交易的平均成本随交易量的增加而减少。

交易成本与供应链企业之间的合作的亲密度有关。通过建立一种长期的互惠合作关系可以降低成本,战略伙伴关系的供应链企业之间,交易成本是最低的。

(3) 缺货损失成本(Shortage Cost)C_s。缺货损失成本是由于供不应求,即库存 v_i 小于需求量时,造成市场机会损失以及用户罚款等。

缺货损失成本与库存多少有关。库存量多,缺货损失成本小,反之,缺货损失成本高。为了减少缺货损失成本,维持一定量的库存是必要的,但是库存过多又会增加维持库存费用。

在多级供应链中,提高信息的共享程度、增加供需双方的协调与沟通有利于减少缺货损失。

总的库存成本为

$$C = C_h + C_t + C_s$$

多级库存控制的目标之一就是优化总的库存成本 C,使其达到最小。

2. 库存控制策略

多级库存的控制策略分为中心化控制策略和非中心化策略,以下对这两种策略分别加以说明。

(1) 中心化库存控制。现在关于多级库存的中心化控制的策略探讨不多,采用中心控制能够对整个供应链系统的运行有一个较全面的控制,能够协调各个节点企业的库存活动。

中心化控制是将控制中心放在核心企业上,由核心企业对供应链系统的库存进行把握,协调上游与下游企业的库存活动;这样,核心企业也就成了供应链上的数据中心(数据仓库),担负着数据的集成、协调功能,如图 8.6 所示。

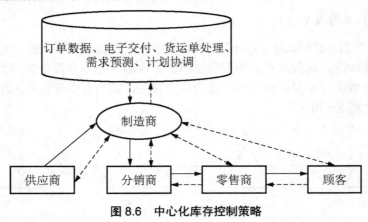

图 8.6 中心化库存控制策略

注: ——→ 表示物流; ----→ 表示信息流。

中心化库存优化控制的终极目标是使供应链上总的库存成本最低,即

$$\min TC = \sum_{i=1}^{m} \{C_{hi} + C_{ti} + C_{si}\}$$

理论上讲,供应链的层次是可以无限的,即从用户到原材料供应商、分一级供应商、二级供应商、…、k 级供应商,然后到核心企业(组装厂);分销商也可以是多层次的,可以有一级分销商、二级分销商、三级分销商等,最后才到用户。但是,现实的供应链的层次并非越多越好,而是越少越好,因此,实际供应链的层次不宜很长。采用供应—生产—分销这样的典型三层模式足以说明供应链的运作问题。图8.7为三级库存控制的供应链模式。

各个零售商的需求 D_{it} 是独立的,根据需求做出的订货批量为 Q_{it},各个零售商的订货汇总到分销中心,分销中心将订货单给制造商,制造商根据订货单决定生产计划,同时对上游供应商传递物料需求。整个供应链在制造商、分销商、零售商三个地方存在三个库存,这就是三级库存。这里假设各零售商的需求为独立需求,需求率 d_i 与提前期 LT_i 为同一分布的随机变量,同时系统销售单一产品,即为单一产品供应链。这个三级库存控制系统就是一个串行与并行相结合的混合型供应链模式,可以建立的控制模式为

$$\min\{C_{mfg} + C_{cd} + C_{rd}\}$$

其中,第一项为制造商的库存成本,第二项为分销商的库存成本,第三项为零售商的库存成本。

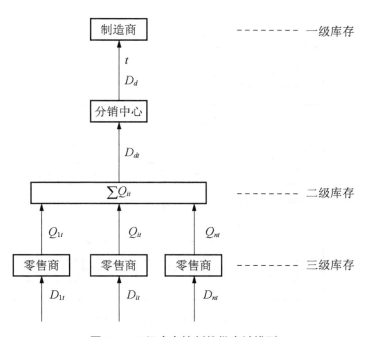

图 8.7 三级库存控制的供应链模型

至于订货策略采用连续检查还是周期性检查,原则上讲两者都是适用的,但各有特点。问题在于采用传统的订货策略的有关参数和供应链环境下的库存参数应有所不同,因此,不能按照传统的单点库存控制策略确定库存参数,必须寻找新的方法。

那么,到底如何体现供应链这种集成的控制思想呢?可以采用级库存取代点库存解决这个问题。由于点库存控制没有考虑多级供应链中相邻节点的库存信息,容易造成需求放大现象,采用级库存控制策略,每个库存点不再是仅检查本库存点的库存数据,还可以传递处于供应链整体环境下的某一级库存状态。

供应链级库存=某一库存节点现有库存+转移到或正在转移给其后续节点的库存

这样,检查库存状态时不但要检查本库存点的库存数据,而且还要检查其下游需求方的库存数据。这种库存决策是基于完全对其下游企业的库存状态掌握的基础上,因此避免了需求扭曲现象。建立在 Internet 和 EDI 技术基础上的全球供应链信息系统,为企业间的快速信息传递提供了保证。

(2) 非中心化的控制策略。非中心化库存控制将供应链的库存控制划分为三个成本归结中心,即制造商成本中心、分销商成本中心和零售商成本中心,三个中心各自做出优化的控制策略,如图 8.8 所示。非中心化的库存控制要取得整体的供应链优化效果,必须保证供应链的信息共享程度,使供应链的各个中心都共享统一的市场信息。非中心化多级库存控制策略能够使企业根据自己的实际情况独立做出快速决策,有利于发挥企业自身的自主性和机动性。

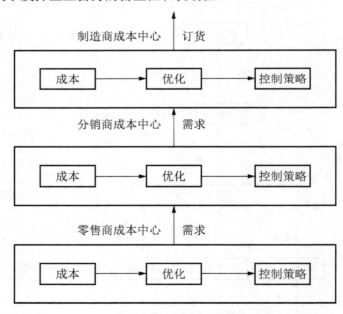

图 8.8 非中心化库存控制策略

非中心化库存订货点的确定,按照单点库存的订货策略进行,即每个库存点根据库存的变化,独立地决定库存控制策略;但同时要求企业之间的协调性比较好,如果协调性差，就与单点库存的订货策略无甚区别。

三、基于时间优化的多级库存控制

前面探讨的成本优化的多级库存优化方法，是传统的做法。随着市场变化，市场竞争已从传统的成本优先的竞争模式转为时间优先的竞争模式，这就是敏捷制造的思想。所以供应链的库存优化不能简单地仅优化成本，库存优化还应包括对时间的优化，比如库存周转率的优化、供应提前期优化、平均上市时间的优化等。库存时间过长对于产品的竞争力不利，可以从提高用户响应速度的角度提高供应链的库存管理水平。

为了说明时间优化在供应链库存控制中的作用，看下面一个例子。

某零售业统计测算了多年库存水平的有关数据，也统计了相应状态下的供应提前期有关数据。结果发现，在提前的时间分别为 0、2、4 个时间单位(天、月)(此为指数)，其分别对应的库存水平的变化呈现出一定的规律性。当提前期为 0 时，库存量的变化相对平缓；当提前期为 2 时，库存水平的波动幅度开始增大；当提前期为 4 时，库存水平的波动幅度变得更大。

图 8.9 显示了随着时间的推移，一个零售商从供应商获得的库存水平与变化的提前期的关系，从中可以看出，随着提前期的增加，库存量更大而且摆动更大。深入研究库存量的变化与供应提前期的关系，有着明显的经济意义。

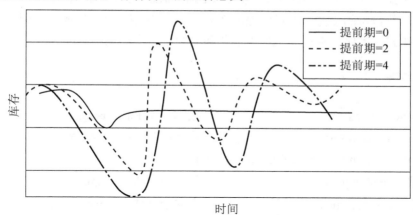

图 8.9　零售商库存水平与供应提前期的关系

高库存量意味着占压高额流动资金，会直接减缓企业资金流动速度，带来资金周转速度的降低；同时，库存增大时还要求仓库管理人员增加，库存减少时，由于劳动管理制度的限制，不便减少仓库管理人员，这些都会增加企业人员费用开支。这两个因素都会引起企业利润的减少。

也就是说，延长供货提前期，实际上会导致更大的库存，导致利润的减少；缩短提前期不但能够维持更少的库存，而且有利于库存控制，从而增加企业的利润。

本 章 小 结

　　库存控制的目的是在满足顾客服务要求的前提下通过对企业的库存水平进行控制，力求尽可能降低库存水平、提高物流系统的效率，以强化企业的竞争力。有效地管理库存、控制库存成本对于降低整个物流系统成本有非常重要的作用，对于企业的正常运作与发展有非常重要的意义。

　　独立需求库存控制模型根据其主要参数(如需求量、提前期等)确定与否，分为确定型和随机型两种，主要解决了监视现有库存量和优化库存订货批量两个方面问题。现有的库存控制模型分为定量订货模型和定期订货模型两大类别。在确定型库存模型中，根据发生情形的不同，分5种类型进行建模分析。随着库存控制概念的变化和通信信息技术的发展，如物料需求计划(MRP)、企业资源计划(ERP)、配送需求计划(DRP)、准时生产方式(JIT)、快速供应(QR)等行之有效的方法和技术在相关需求库存控制方面得到了大量的应用。

　　供应链的库存与供应链的不确定性有很密切的关系。为了使供应商获得准确地获取需求信息，快速地响应用户的需求，供应商管理库存(VMI)等管理方式应运而生。VMI系统由需求计划和配销计划两个模块组成，其在EDI/Internet、ID代码、条码、条码应用标识符、连续补给程序等技术的支持下得以快速的实施。在VMI基础上，形成了集配中心模式和循环取货调达模式。多级库存优化包括中心化和非中心化库存控制两种方式。

 关键术语

周期库存 Cycle Inventory　　　　　　　采购成本 Purchasing Cost
安全库存 Safety Inventory　　　　　　　订货成本 Ordering Cost
中转库存 In-transit Inventory or Pipeline Inventory
库存持有成本 Holding Cost　　　　　　　资金占用成本 Capital Cost
季节性库存 Seasonal Inventory　　　　　存储空间成本 Space Cost
物料需求计划 Material Requirement Planning　　库存服务成本 Inventory Service Cost
外生变量 Exogenous Variable　　　　　　库存风险成本 Inventory Risk Cost
内生变量 Endogenous Variable　　　　　缺货成本 Out of Stock Cost
订货水平 Order Point　　　　　　　　　损失成本 Lost Sales Cost
订货批量 Order Quantity　　　　　　　　延期交货成本 Back Order Cost
库存周转率 Inventory Turnover　　　　　定量订货模型 Fixed-Quantity System
满足率 Fill Rate　　　　　　　　　　　经济订货批量 Economic Order Quantity
产品满足率 Product Fill Rate　　　　　企业资源计划 Enterprise Resource Planning
订单满足率 Order Fill Rate　　　　　　加权平均满足率 Weighted Average Fill Rate
配送需求计划 Distribution Requirement Planning
周期服务水平 Cycle Service Level　　　准时生产方式 Just In Time

快速供应 Quick Response
有效客户反应 Efficient Customer Response
供应商管理库存 Vendor Managed Inventory
维持库存费用 Holding Cost

习 题

一、选择题

1. 闭环 MRP 与开环 MRP 不同在于(　　)。
   A．前者针对独立需求物料
   B．前者考虑物料需求与生产能力校核
   C．前者体现资金流管理
2. ERP 与 MRP Ⅱ 的不同在于(　　)。
   A．前者以物流为核心
   B．后者以物流为核心
   C．后者以成本为核心
3. 下列库存管理方式体现了风险分担的是(　　)。
   A．供应商管理库存
   B．联合库存管理
   C．非中心化多级库存管理

二、思考题

1. 对于整个供应链来说，举例说明什么是库存？
2. 试举例阐述目前企业在供应链管理环境下的库存管理存在的主要问题。
3. 供应链库存管理中涉及的成本主要包括哪些？
4. 解释什么是安全库存，为什么需要安全库存？
5. 供应链管理环境下库存问题的特征有哪些？

案例分析

协同多级库存控制优化模型

考虑有制造节点的网状供应链多级库存系统，其最终产品为多个品种，在按照订单组织生产的同时还需要满足动态连续市场需求，供应链结构为网状拓扑结构，如图 8.10 所示。在多企业联合的库存控制模式下，由决策协调中心统筹规划库存策略，由通过市场预测产生的需求具有不确定性，为了达到系统全局最优化，需要在协同考虑最高需求满足率、最短总流程时间和最小总成本等多个目标条件下，给出各企业节点的库存控制策略。

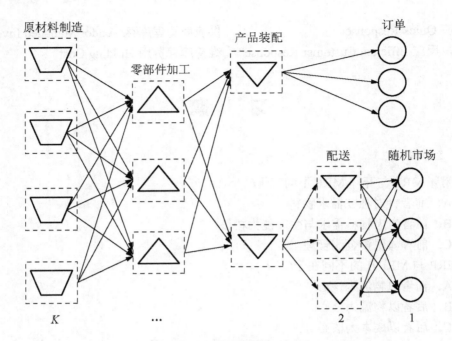

图 8.10 供应链多级库存系统

注：▭ 表示企业；▽ 表示原材料；△ 表示过程产品；▽ 表示最终产品；○ 表示市场或订单。

模型假设条件：

(1) 系统时间划分为基本时间段 t，$t=1,2,\cdots,T$，T 为系统计算总周期。

(2) 节点级别设为 k，$k=1,2,\cdots,K$，物流方向为 $(k+1)$ 级到 k 级，不存在逆向流动。每级节点数量为 N_k，单个节点记为 j_k。

(3) 连续盘点，系统库存控制策略为 (s,S)。

(4) 系统需求分为两种，批量订单需求 Q_l，订单数量为 l，随机市场需求 C_m，其需求源可能有多个，数量为 M，分别满足随机函数分布，订单和客户需求可以分解到不同的节点，分解策略由系统协调中心制定。在一个总周期 T 内，需求连续发生。

(5) 允许缺货，只在第 1 级产生缺货成本，系统内部各级间不计缺货损失。如果在第 1 级库存只能满足订单需求和市场需求的两者之一时，优先满足订单需求。在多级联合控制模式下，缺货补充只发生在上下级之间，同级库存不发生调拨关系。

(6) 各节点针对各品种产品的备货期包括运输时间和本级生产时间，不考虑订单的传输延迟和处理延迟。

(7) 库存能力有限，每个节点的最大允许库容设为 V_{j_k}。

(8) 各节点生产能力有限，在 t 时段，其供应能力为 $P_{j_k,t}$。

构造模型：

相对于成本而言，供应链在实际市场环境下的长期运作过程中，优先考虑保证高需求满足率尤为重要，根据模型假设，系统有两种需求源，我们把需求满足率定义为订单执行率与客户满意率之和。

定义订单执行率： 令 p_o 表示外部订单执行率，设 $I_{jk,t}^{(v)}$ 表示 t 时段节点 j_1 中产品 v 的初始盘点数量，$IQ_{j_1,t}^{(v)}$ 表示 t 时段节点 j_1 中产品 v 的运入数量，订单 Q_l 在 t 时段分配到 j_1 的需求量为 $D_{j_1,Q_l,t}^{(v)}$，定义符号 $(x_1,x_2)^{-}=\min\{x_1,x_2\}$，则有

$$p_o = avg\left\{\sum_{j_1}\sum_{v}\left[\frac{1}{T}\sum_{t=1}^{T}\left(\frac{I_{j_1,t}^{(v)} + IQ_{j_1,t}^{(v)}}{\sum_l D_{j_1,O_l,t}^{(v)}}, 1\right)^{-}\right]\right\} \qquad (1)$$

公式(1)表示各节点各品种在总周期内的订单满足率的平均值。

定义客户满足率：令 p_M 表示外部市场用户满足率，对于任一需求源 m，可能由一个节点单独满足，也可能由几个节点联合满足，其供应节点可表示为 j_1，其中 $j=1, \cdots, N_k$，$D_{m,t}^{(v)}$ 表示 t 时间段市场源 m 对品种 v 的需求量，在节点满足订单需求后，用 $IN_{j_1,t}^{(v)}$ 表示其剩余净库存，则有 $I_{j_1,t}^{(v)} + IQ_{j_1,t}^{(v)} - \sum_l D_{j_1,O_l,t}^{(v)} = IN_{j_1,t}^{(v)}$，若令 $\sum_{j_1} IN_{j_1,t}^{(v)} = I$，则 I 为所有供应 m 的节点的总净库存，则有

$$p_M = avg\left\{\sum_{m}\sum_{v}\left[\frac{1}{T}\sum_{t=1}^{T}\left(\frac{I}{D_{m,t}^{(v)}}, 1\right)^{-}\right]\right\} \qquad (2)$$

公式(2)表示 p_M 取各市场源所需各品种在总周期内的用户满足率的平均值。

总流程时间为 TT：根据模型假设条件，j_k 在接到 j_{k-1} 的订单后，如果输出库存大于下级需求，则立即运输，其备货期等于运输时间，若输出库存不足，则等待直至生产完成，若进一步生产原料(输入库存)不能满足制造所需，则等待时间增加输入库存的订购补充时间 W_{Ru}，所以 j_{k-1} 的备货期 $L_{j_{k-1}}$，最长包括运输时间、生产时间和输入库存补充时间 $W_{jk,Ru}$，$W_{jk,Ru}$ 需要根据网络运行情况来确定。设从节点 j_{k-1} 向上级节点 j_k 对于品种 v 在时间段 t 的订货数量为 $Q_{(j_k,j_{k-1}),t}^{(v)}$，$t$ 时段开始处置订单的生产时间为 $Q_{(j_k,j_{k-1}),t}^{(v)}(tp)$，各级别之间需求的运输时间为 $Q_{(j_k,j_{k-1}),t}^{(v)}(tT)$，周期 T 内的任务的总流程时间为 TT，则有

$$TT = \sum_{t=1}^{T}\sum_{k}\sum_{j}\sum_{v}\left\{Q_{(j_k,j_{k-1}),t}^{(v)}(tT) + Q_{(j_k,j_{k-1}),t}^{(v)}(tP) + W_{j_k,Ru}\right\} \qquad (3)$$

总订货成本：该库存系统中，总成本由订货成本、运输成本、存储成本和缺货成本构成，由于多级库存系统的特殊性，一方面要考虑各级别的生产成本，另一方面还要考虑产品购置费的逐级包含关系，避免重复计算传递的上级订货成本。所以模型中将订货成本分为两部分，订货交易费和本地生产成本(在第 K 级，本地生产成本为原料成本)，不考虑库存占用资金的利息。设品种 v 在第 k 级针对第 $k-1$ 级的单位订单处理成本为 $cA_{j_k,j_{k-1}}^{(v)}$，单位生产成本为 $cP_{j_k,j_{k-1}}^{(v)}$，c_a 表示系统总订货交易费，c_p 表示系统总生产成本，c_o 表示系统总订货成本，则有

$$c_o = c_a + c_p = \sum_{t=1}^{T}\sum_{k}\sum_{j}\sum_{v}\left\{cA_{j_k,j_{k-1}}^{(v)} Q_{(j_k,j_{k-1}),t}^{(v)} + cP_{j_k,j_{k-1}}^{(v)} Q_{(j_k,j_{k-1}),t}^{(v)}\right\} \qquad (4)$$

总运输成本：设从节点 j_k 向下级节点 j_{k-1} 对于品种 v 在时间段 t 的运输数量为 $OQ_{(j_k,j_{k-1}),t}^{(v)}$，其单位运输成本为 $cT_{(j_k,j_{k-1}),t}^{(v)}$，$c_t$ 表示周期 T 内的总运输成本，则有

$$c_t = \sum_{t=1}^{T}\left[\sum_{k}\sum_{l}\sum_{v}cT_{(j_k,j_{k-1}),t}^{(v)} OQ_{(j_k,j_{k-1}),t}^{(v)}\right] \qquad (5)$$

总存储成本：

计算节点存储成本时需要区分输入产品 u 和输出产品 v 的存储成本，设 $I_{j_k,t}^{(u)}$ 和 $I_{j_k,t}^{(v)}$ 表示 t 时段节点 j_k 中输入库存和输出库存的初始数量，物料 u 由前一层节点的运入数量为 $IQ_{(j_{k+1},j_k),t}^{(u)}$，该时段产品 v 的投产数量为 $P_{j_k,t}^{(v)}$，完工数量为 $\hat{P}_{j_k,t}^{(v)}$，因为物料与产品之间是多对多的关系，所以其存储数量等于初始数量与运入数量的和，减去所有产品 v 对物料 u 的用量之和；产品 v 运向后一层节点的数量为 $OQ_{(j_k,j_{k-1}),t}^{(v)}$，其单位存储成本为 $cH_{j_k,t}^{(u)}$ 和 $cH_{j_k,t}^{(v)}$，c_h 表示周期 T 内的总存储成本，则有

$$c_h = \sum_{t=1}^{T}\sum_{k}\sum_{j}\left\{\sum_{u}cH_{j_k,t}^{(u)}\left[I_{j_k,t}^{(u)} + \sum_{j_{k+1}=1}^{l(Ru)}IQ_{(j_{k+1},j_k),t}^{(u)} - \sum_{v}\eta(u,v)P_{j_k,t}^{(v)}\right] + \sum_{v}cH_{j_k,t}^{(v)}\left[I_{j_k,t}^{(v)} + \hat{P}_{j_k,t}^{(v)} - \sum_{j_{k-1}=1}^{l(Sv)}OQ_{(j_k,j_{k-1}),t}^{(v)}\right]\right\} \qquad (6)$$

由公式(6)可知,系统总存储成本由物料存储成本和产成品存储成本构成。

系统总缺货成本:

根据模型条件,缺货发生在系统第一层($k=1$),设订单 O_l 单位缺货成本为 $cS_{O_l}^{(v)}$,市场需求单位缺货成本为 $cS_m^{(v)}$,定义符号 $(x_1, x_2)^+ = \max\{x_1, x_2\}$,$c_{so}$ 表示总订单缺货成本,c_{sm} 表示总市场需求缺货成本,c_s 表示系统总缺货成本,则有

$$c_s = c_{so} + c_{sm} = \sum_{t=1}^{T}\left\{\sum_j\sum_v\left\{cS_{O_l}^{(v)}[(-1)IN_{j_1,t}^{(v)}, 0]^+\right\} + \sum_m\sum_v\left\{cS_m^{(v)}[(-1)(I - D_{m,t}^{(0)}), 0]^+\right\}\right\} \tag{7}$$

由公式(7)可知,系统优先满足订单需求,其次满足市场需求,在库存不足的情况下,可能同时带来两方面的惩罚成本。

根据系统控制目标,设系统总需求满足率为 TP,系统总成本为 TC,品种 u 和品种 v 所占单位库容为 $V^{(u)}$ 和 $V^{(v)}$,建立优化模型为

$$\max TP = (p_o + p_M)/2 \tag{8}$$

$$\min TT \tag{9}$$

$$\min TC = c_o + c_t + c_h + c_s \tag{10}$$

$$V^{(u)}\left(\sum_k\sum_j\sum_u I_{j_k,t+1}^{(u)}\right) + V^{(v)}\left(\sum_k\sum_j\sum_v I_{j_k,t+1}^{(v)}\right) \leq \sum_k\sum_j V_{j_k} \tag{11}$$

$$\sum_{t=1}^{T}\sum_j\sum_u Q_{(j_k,j_{k-1}),t}^{(u)} \leq \sum_{t=1}^{T}\sum_j P_{j_k,t}^{(u)} \tag{12}$$

$$\sum_{t=1}^{T} Q_{(j_{k+1},j_k),t}^{(u)} \leq \sum_{t=1}^{T}\eta(u,v)Q_{(j_k,j_{k-1}),t}^{(v)} \tag{13}$$

公式(8)表示需求满足率由订单满足率和市场用户满足率两部分构成,公式(10)表示系统总成本包含订货成本、运输成本、存储成本以及惩罚成本,模型目标函数使得决策变量能够对最大需求满足率、最短总流程时间和最小系统总成本三个目标协同选优。

约束条件(11)表示经过时间段 t 的系统运作,在时间段 $(t+1)$ 节点的初始库存不应超过系统总库容。约束条件(12)表示 $(k-1)$ 级的订货数量不应超过第 k 级的生产供应能力。约束条件(13)限定了节点内部连接的长期物料需求平衡关系。

模型求解:

该模型求解的关键是找到使得系统目标最优的合理物流数量,物流数量包括节点的下级需求数量、运出数量、订货数量和运入数量。实际上,在 t 时段,系统中任一节点发生的物流数量由后续节点订货数量和本地库存策略共同确定。

根据模型条件,设 $s_{j_k}^{(v)}$ 为节点 j_k 的订货点,$S_{j_k}^{(v)}$ 为其需要达到的存货水平,$AO_{j_k,t}^{(u)}$ 为已经订货但未到达的货物数量,$BO_{j_k,t}^{(v)}$ 为后续节点订货但未满足的货物数量,则有

$$AO_{j_k,t}^{(u)} = \sum_{t=1}^{T}\left\{\sum_{j_{k+1}=1}^{l(Ru)}\left[Q_{(j_{k+1},j_k),t}^{(u)} - IQ_{(j_{k+1},j_k),t}^{(u)}\right]\right\} \tag{14}$$

$$BO_{j_k,t}^{(v)} = \sum_{t=1}^{T}\left\{\sum_{j_{k-1}=1}^{l(Sv)}\left[Q_{(j_k,j_{k-1}),t}^{(v)} - OQ_{(j_k,j_{k-1}),t}^{(v)}\right]\right\} \tag{15}$$

公式(14)通过计算所有向上级节点发出的订货数量与运入数量的差额得到节点未达库存,公式(15)通过计算所有下级节点提交的订货需求与运出数量的差额得到节点未满足库存,则我们定义节点实有库存为:节点初始物料库存与未达库存经过物料系数转换得到节点可生产库存,计算可生产库存与初始产品库存之和得到节点可向下级提供的库存数量,其与当前未满足库存的差额即为节点实有库存,设 $I'^{(v)}_{j_k,t}$ 为节点实有库存,则有

$$I'^{(v)}_{j_k,t} = I_{j_k,t}^{(v)} + \sum_u[(AO_{j_k,t}^{(u)} + I_{j_k,t}^{(u)})/\eta(u,v)] - BO_{j_k,t}^{(v)} \tag{16}$$

由上式可知，实有库存 $I'^{(v)}_{j_k,t}$ 实际上反映了节点的向下供应能力。节点根据实有库存与订货点的比较情况确定是否向上级订货，若实有库存大于订货点，则不需要订货，否则订货。订货数量由库存水平与实有库存的差额转换为相应输入库存得到，则有

$$Q^{(u)}_{(j_k,j_{k+1}),t} = \sum_{v}[\eta(u,v)(S^{(v)}_{j_k} - I'^{(v)}_{j_k,t})](I'^{(v)}_{j_k,t} \leq s^{(v)}_{j_k}) \tag{17}$$

又由于系统运行于网状拓扑结构中，本级节点同时对应多个上级节点，订货数量需要在节点间进行分配，则有

$$Q^{(u)}_{(j_k,j_{k+1}),t} = \sum_{j_{k+1}=1}^{l(Ru)} Q^{(u)}_{(j_k,j'_{k+1}),t} \tag{18}$$

系统运输方案可以按照以下步骤确定：首先，新的需求计入 $BO^{(v)}_{j_k,t}$，按照先进先出原则，逐次比较初始盘点库存 $I^{(v)}_{j_k,t}$ 与 $BO^{(v)}_{j_k,t}$ 中按时间排序的订单数量，如果能够满足需求，则按需求数量起运，在 $BO^{(v)}_{j_k,t}$ 中减去该笔订单；否则，等待下一周期，运输发生时段由备货期 L_{j_k} 确定，则有

$$OQ^{(v)}_{(j_k,j_{k-1}),t} = Q^{(v)}_{(j_k,j_{k-1}),(t-L_{j_k})} \tag{19}$$

而节点运入库存 $IQ^{(u)}_{j_{k+1},t}$ 则可以由上级节点运出库存递推确定。

由以上分析可清楚知道，在确定了各节点库存策略 $(s^{(v)}_{j_k}, S^{(v)}_{j_k})$ 和分配关系的条件下，根据计算关系 (14)~(19)，由模型条件(11)~(13)约束，通过推演完整周期的物流运转仿真过程，可以得到网络中各节点随时间变化的物流数量，然后，按照公式(1)~(7)计算既定方案的性能指标，进而根据公式(8)~(10)获得模型各目标函数值。通过分析函数值在多目标意义下的排序关系，即能够比较不同优化方案的优劣。所以，模型的优化变量为 $(s^{(v)}_{j_k}, S^{(v)}_{j_k})$ 和各节点分配关系。

对于 $s^{(v)}_{j_k}, S^{(v)}_{j_k}$ 的求解，在单目标模型下，常用的方法是动态规划法，但是在多目标模型下，由于其目标函数未必具有凸性，另外，在网络结构中局部最优与全局最优是冲突的，系列结构中的动态规划最优性原理不能成立，所以，Zipkin 模型中的通用多级库存基本递推公式对本文模型并不适用。针对本文模型，基本方法是在处理物流分配关系的同时优化库存控制策的遍历方法，首先在给定仓库策略下搜索各节点最优分配方案，计算目标函数值，调整当前库存策略，重复搜索和计算过程，遍历全部库存策略，最后给出全局最优解。设系统节点数量为 $n_1, (s^{(v)}_{j_k}, S^{(v)}_{j_k})$ 取值规模 n_2 和 n_3，每节点的分配方案数量为 $\omega(j_k)$，则该问题计算复杂度为 $O(n_2 \times n_3 \times \omega(j_k))^{n_1}$，而是 $\omega(j_k)$ 与 $(s^{(v)}_{j_k}, S^{(v)}_{j_k})$，$Q^{(v)}_{(j_k,j_{k-1})}$ 相关的函数，对于大型分布式制造企业或供应链型集团企业，上述模型可能具有数百个节点和层叠分配关系，计算量大且复杂，用传统的松弛方法、分支定界法等求解该问题十分困难。

演化多目标优化方法是求解这一问题的有效方法，对于上述模型，由于网状结构的多级库存系统在优化仓库策略的同时，还需要同时优化一般形式物流结构下的分配关系，结合仿真方法，可以考虑用一种在外层对库存策略和内层对分配方案分别进行寻优的双层演化多目标搜索算法求解，算法过程略，读者可参考有关。

(资料来源：卫忠，徐晓飞，战德臣，等. 协同供应链多级库存控制的多目标优化模型及其求解方法[J]. 自动化学报，2007，33(2)：181-187)

第九章 供应链企业组织结构和业务流程再造

【学习目标】
- 掌握企业组织结构的基本类型,并了解不同组织结构的优、缺点;
- 理解业务流程再造的基本思想、目标、原则以及实施步骤;
- 理解 GSCF、SCOR 两种供应链业务流程管理框架的含义;
- 掌握供应链管理环境下业务流程的主要特征。

【知识架构】

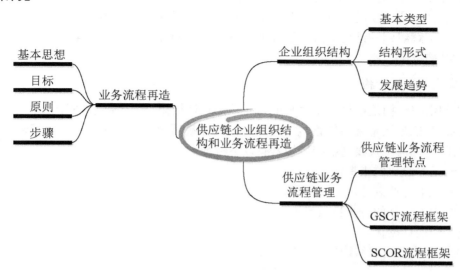

导入案例

班尼顿公司的服装生产流程再造

班尼顿公司是意大利的大型服装生产企业，其核心竞争力是服装款式齐全、色彩丰富，它的核心流程即从服装设计到最终销售的全过程。然而，从服装的款式及颜色策划到最终销售的周期比较长，而时装色彩的流行期却短，如果缺乏对市场的前瞻性把握，商品积压的风险较大。

公司改变了染色活动的顺序，过去是先把丝染成彩色，后织成布匹，然后剪裁、销售。现在是先织成白布，按照款式策划剪裁，根据当时的流行色进行染色，然后缝制成衣服进行销售。如此，公司能够跟上最新的流行色，销售业绩大幅度增加。

(资料来源：http://wenku.baidu.com/)

我们通常见到的企业组织是建立在传统管理模式下的，主要以劳动分工和职能专业化为基础，组织内的部门划分非常细，各部门的专业化程度较高。这种组织形式及与其相伴的业务流程适合于市场相对稳定的环境，而在当今市场需求突变、经营模式发生变化的情况下，则显现出不适应。因此，有人提出要建立适应供应链管理的企业组织结构和对业务流程进行重组。本章讨论传统组织模式和业务流程的缺陷，介绍企业流程重组(Business Process Reengineering，BPR)的基本含义，并结合供应链管理的特征，研究了供应链企业业务流程重组的原则、基本思路和方法。

第一节　企业的组织结构

一、组织结构的基本类型

从传统管理到现代管理，组织结构有多种模式。传统的组织结构模式主要有直线制、职能制、直线-职能制等。现代组织结构模式主要有事业部制、矩阵制等。虽然组织结构多种多样,但其中最主要的还是直线职能制和事业部制两种形式,其他的结构都与这两种有密切关系。了解组织的结构形式,选择适宜的组织结构形式,有利于建立具有企业自身特点的组织结构框架。

1. 直线制组织结构

直线制组织结构是最早使用也是最为简单的一种结构,是一种集权式的组织结构形式。组织中各种职位是按垂直系统直线排列的,各级行政领导人执行统一指挥和管理职能,不设专门的职能机构。直线制组织结构具有以下特征。

(1) 一条等级化的指挥链。
(2) 职能的专业划分。
(3) 权力和责任的一贯性政策。
(4) 工作的标准化。

直线制职能型组织结构如图 9.1 所示

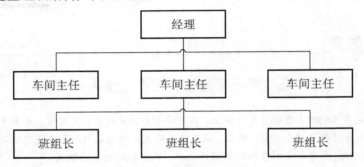

图 9.1　直线制职能型组织结构

中小企业、单一事业型的大企业多数采用了直线制组织结构。这种组织结构的优点是可以最大规模地实现专业化,比较容易达到规模经济。但也存在以下一些缺点。

(1) 对各部门业绩的评价基准不一,带来评价困难。
(2) 各职能部门往往仅从自己部门的角度思考问题,易引起各部门之间的对立,因此上层管理者的大量时间浪费在协调上。
(3) 难以培养具有全盘视野的管理者。

2. 职能制组织结构

职能制组织,亦称"U"形组织。这是以工作方法和技能作为部门划分的依据。现代企业中许多业务活动都需要有专门的知识和能力,通过将专业技能紧密联系的业务活动归类组合到一个单位内部,可以更有效地开发和使用技能,提高工作的效率。职能制组织结构如图 9.2 所示。当企业组织的外部环境相对稳定,而且组织内部不需要进行太多的跨越职能部门的协调时,这种组织结构模式对企业组织而言是最为有效的。对于只生产一种或少数几种产品的中小企业组织而言,职能式组织结构不失为一种最佳的选择。

职能制组织结构具有以下优点。

(1) 职能部门任务专业化,这样可以避免人力和物质资源的重复配置。

(2) 便于发挥职能专长，这点对许多职能人员颇有激发力。
(3) 可以降低管理费用，这主要来自于各项职能的规模经济效益。

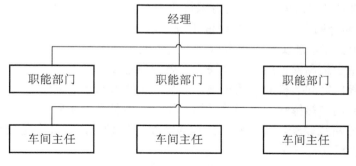

图 9.2 职能制组织

职能制组织结构具有以下缺点。
(1) 狭窄的职能眼光不利于企业满足迅速变化的顾客需要。
(2) 一个部门难以理解另一部门的目标和要求。
(3) 职能部门之间的协调性差。
(4) 不利于在管理队伍中培养全面的管理人才，因为每个人都力图向专业的纵深方向发展自己。

3. 直线-职能制组织形式

直线-职能制组织形式，是以直线制为基础，在各级行政领导下，设置相应的职能部门。即在直线制组织统一指挥的原则下，增加了参谋机构。直线-职能制组织结构如图 9.3 所示。目前，直线-职能制仍被我国绝大多数企业采用直线-职能制组织结构模式适合于复杂但相对来说比较稳定的企业组织，尤其是规模较大的企业组织。

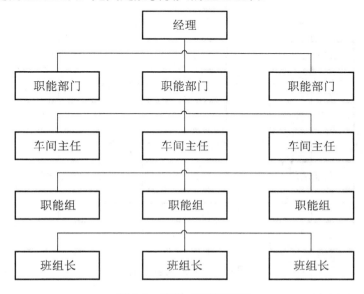

图 9.3 直线-职能制组织

直线-职能制组织结构模式与直线制组织结构模式相比，其最大的区别在于更为注重参谋人员在企业管理中的作用。直线-职能制组织结构模式既保留了直线制组织结构模式的集权特征，同时又吸收了职能制组织结构模式的职能部门化的优点，从而提高了管理工作的效率。直线-职能制组织结构的产生使组织管理大大前进了一步。所以，各国的组织中采用这种组织形式较为普遍，而且采用的时间也较长。

但直线-职能制在管理实践中也有以下不足之处。

(1) 权力集中于最高管理层，下级缺乏必要的自主权。

(2) 各职能部门之间的横向联系较差，容易产生脱节与矛盾。

(3) 各参谋部门与指挥部门之间的目标不统一，容易产生矛盾。

(4) 信息传递路线较长，反馈较慢，适应环境变化较难，实际上是典型的"集权式"管理组织结构。

4. 事业部制组织结构

事业部制是一种分权制的组织结构，是欧美、日本等国大型企业经常采用的典型的组织结构。在企业组织的具体运作中，事业部制又可以根据企业组织在构造事业部时所依据的基础的不同区分为地区事业部制、产品事业部制等类型，通过这种组织结构可以针对某个单一产品、服务、产品组合、主要工程或项目、地理分布、商务或利润中心来组织事业部。地区事业部制是按照企业组织的市场区域为基础来构建企业组织内部相对具有较大自主权的事业部门；而产品事业部制则依据企业组织所经营的产品的相似性对产品进行分类管理，并以产品大类为基础构建企业组织的事业部门。事业部制组织结构如图 9.4 所示。在事业部制组织设计中，重要决策可以在较低的组织层次做出，因此，与职能制组织相比，它有利于以一种分权的方式来开展管理工作。事业部制组织结构一般适合于在有比较复杂的产品类别或有较广泛的地区分布的企业中采用。

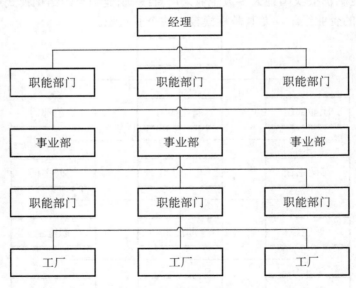

图9.4　事业部组织结构

事业部制组织结构具有以下优点。

(1) 提高了管理的灵活性和适应性。由于各事业部单独核算、自成体系，在生产经营上具有较大的自主权。这样，既有利于调动各事业部的积极性和主动性，有利于培养和训练高级管理人员工，又便于各事业部之间开展竞争，从而有利于增强企业对环境条件变化的适应能力。

(2) 有利于最高管理层摆脱日常行政事务，集中精力做好有关企业大政方针的决策。

(3) 便于组织专业化生产，便于采用流水作业和自动线等先进的生产组织形式，有利于提高生产效率，保证产品质量，降低产品成本。

事业部制组织结构具有以下缺点。

(1) 增加了管理层次，造成机构重叠，管理人员和管理费用增加。

(2) 由于各事业部独立经营，各事业部之间人员互换困难，相互支援较差。

(3) 各事业部经常从本部门出发，容易滋长不顾公司整体利益的本位主义和分散主义倾向。

5. 矩阵制组织结构

矩阵制组织结构，是由纵、横两套管理系统组成的组织结构，一套是纵向的职能领导系统，另一套是为完成某一任务而组成的横向项目系统。也就是既有按职能划分的垂直领导系统，又有按项目划分的横向领导系统的结构。有的企业同时有几个项目需要完成，每个项目要求配备不同专业的技术人员或其他资源。为了加强对项目的管理，每个项目在总经理领导下由专人负责。因此，在直线职能结构的纵向领导系统的基础上，又出现了一种横向项目系统，形成纵横交错的矩阵结构。其中，工作小组或项目小组一般是由拥有不同背景、不同技能、不同知识、分别选自不同部门的人员所组成的。组成工作小组后，大家为某个特定的项目而共同工作。矩阵制组织结构如图9.5所示。

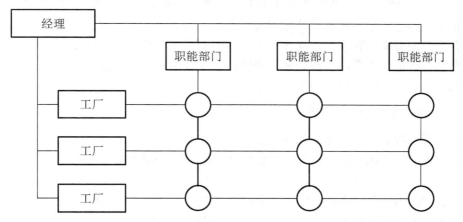

图9.5 矩阵制组织

矩阵制组织结构具有以下优点。

(1) 将组织的纵向联系和横向联系很好地结合起来，有利于加强各职能部门之间的协作和配合，及时沟通情况，解决问题。

(2) 具有较强的机动性，能根据特定需要和环境活动的变化，保持高度民主的适应性。

(3) 将不同部门、具有不同专长的专业人员组织在一起，有利于互相启发，集思广益，有利于攻克各种复杂的技术难题，更加圆满地完成工作任务。它在发挥人的才能方面具有很大的灵活性。

矩阵制组织结构具有以下缺点。

(1) 在资源管理方面存在复杂性。

(2) 稳定性差。小组成员是由各职能部门防时抽调的，任务完成以后，还要回到原职能部门工作，容易使小组成员产生临时观点，不安心工作，从而对工作产生一定影响。

(3) 权责不清。每个成员都要接受两个或两个以上的上级领导，潜伏着职权关系的混乱和冲突，造成管理秩序混乱，从而使组织工作过程容易丧失效率性。

矩阵制组织适合在需要对环境变化做出迅速反应的企业中使用。例如，咨询公司和广告代理商就经常采用矩阵型组织设计，以确保每个项目按计划要求准时完成。在复杂而动荡的环境中，由于采取了人员组成灵活的产品管理小组形式，大大增强了企业对外部环境变化的适应能力。

二、企业组织结构创新的基本趋势

早在 20 世纪 70 年代，著名管理学家彼得·德鲁克就谈到，以获取和利用知识作为竞争优势的知识型行业需要新的管理方式，在过去制造业的那一套组织结构和管理模式已经不适用了，思想的交流与传播难以从等级制的直线式渠道进行沟通，直线制的组织结构已经不能适应以知识为背景的组织机构的需要了。随着信息经济与知识经济的兴起和发展，全球化进程的加速，组织管理变革的任务越来越重要，越来越紧迫。人们做了许多有益的探索和试验，尽管寻求变革目标的名称不同，切入的路径各异，但期望和愿景却不约而同，目的在于找出一种能取代传统的、直线制的组织管理的新模式。在知识经济、经济全球化的推动下，企业组织创新主要呈现三大趋势：一是围绕提高企业应变能力、价值增值能力，进行企业流程再造、划小核算单位，使组织制度非层级化、组织规模小型化；二是努力降低管理层次，加强横向联系，建立虚拟企业和团队组织，使组织结构化、网络化；三是重新调整企业与市场的关系，调整企业供应链，建立战略联盟，使企业组织结构不断调整。企业组织结构创新具体表现在以下 5 个方面。

1. 企业组织结构的非层级化

企业组织结构的非层级化主要表现在以下几个方面。

(1) 金字塔组织中塔尖和塔底之间的地位差距和等级观念弱化，组织成员之间的直接交流增加。

(2) 同一层级从事不同职能工作的员工之间的横向交流增多，员工向多面手发展。

(3) 企业内部进行充分授权，个人或内部组织的自主性、独立性增强。

(4) 不同层级之间建立的跨层级小组或团队增多，增强了企业的应变能力。

(5) 企业内部组织之间的横向和纵向协调增加，严格的领导和被领导界限被打破，一个员工可以接受来自上级、同级和下级三方面的指令。

(6) 企业与企业之间的分工和协作关系进一步深化，以业务为核心在企业与企业之间的不同层级之间直接实现互动的协作关系加强，自主性加强。

从企业组织制度的角度来看，这些基本变化的本质特征是非层级化，是在企业员工决策自主权增加、员工之间借助于信息网络技术相互联系增加的情况下，打破金字塔组织严格的等级、部门和岗位界限所进行的企业组织的动态调整。

2. 企业组织结构的扁平化

传统的科层组织之所以机械、僵化、失灵，很重要的原因在于拥有庞大的中间层，扁平化就是精简中间管理层，压缩组织结构，尽量缩短指挥链，改善沟通，消除机构臃肿和人浮于事的现象。现代新管理理论如学习型组织理论、企业再造理论等都提出了建立扁平式的企业组织的主张。实现组织结构由垂直化到扁平化，首先要注重企业信息系统的建设，用以取代原来中层人员的上通下达及收集整理材料信息的功能，为扁平化组织结构的高效运行提供功能支持；其次要注重提高组织成员独立工作的能力，为扁平化组织结构的高效运行提供能力保障，同时构建扁平化组织要强调以过程为核心取代原来的以职能为核心的组织方式，如采用以流程为基础构建矩阵式的组织结构。

3. 企业组织结构的柔性化

组织结构的柔性化是指企业组织结构要具有对未来环境变化的实时响应能力。20世纪90年代以来，组织结构的柔性化主要体现在网络化、团队化和组织规模的小型化。随着企业管理信息系统和网络系统的应用、发展以及完善，员工的工作方式已经由等级制命令型转变为协商互动型，企业组织结构也变成了一个相对平等、自主、富于创新的小型经营单元、网络型组织。网络型企业是由一些独立的、彼此有一定纵横联系的经营单元组成的网络，网络成员是一种具备自我管理、自我组织和自我约束能力的经营单元。这些经营单元分别掌握着企业的经济要素资源，与企业内部其他经营单元、企业外部客户等保持着密切的联系，企业组织的活力和发展前景也主要取决于这些经营单元及所建立的各种关系。

简而言之，组织设计的柔性原则能够使得企业反应机敏，能够随时根据需要进行灵活调整，从而保证了企业各部门尤其是市场部门能够在环境变化的开始迅速伸出"触角"，强化了企业的反应敏捷性和综合实力，最终塑造企业竞争的核心能力。

4. 企业组织结构的网络化

长期以来，管理理论和实践一直强调，为了经营自主权和保护组织的核心活动不受环境的不确定性和易变性的影响，清楚界定个人的职权和责任是十分必要的。而未来的组织的基础是组织内部的个体、群体和次级单位之间以及它们与组织环境关键成分之间的相互依赖性。

从企业内部的角度来看，网络型企业是一个由若干独立的、彼此有一定纵横联系的经营单元组成的网络，网络成员之间形成比较松散的"联邦"关系，整个组织使内具有自我管理、自我组织和自我约束能力的经营单元组成，其特征是：①强调团队而不是个人的工作是各个活动领域中的基本活动单位；②运用把来自组织不同部门和科室的人员集合在一起的跨职能团队；③创造更广泛的、跨部门和跨职能的、横向的信息分享和合作。

从企业外部的角度来看，网络型组织利用互联网、产业供应链和资金市场，在企业之间建立了多种形式的合作关系，使企业自身成为企业外部网络的一个组成部分，成为外部产业供应链上的一个或多个核心"插件"。建立企业外部网络，通过企业之间的相互合作，使过去由单个企业来完成的工作现在能够以更好、更快、更经济的方式完成。网络化不但调整着企业内部的组织结构，而且改变着企业与企业之间的边界，并正向建立基于全球市场和资源的网络型企业发展。

5. 企业组织结构的多样化

尽管直线制、直线-职能制、事业部制等企业组织结构相对于不断变化的企业外部环境来讲有许多缺点，但这些组织形式仍然有继续存在下去的客观环境。在经营业务单一、不需要大量创新性工作的企业里，直线制或直线-职能制组织结构仍然有效，事业部制主要适用于产品品种较多、市场规模不断扩大的传统工业企业，而在那些下属单位或部门因为生产工艺的要求不能实现独立核算的大企业，可以实现模拟分权式事业部组织。在那些以创新为主的企业，建立团队组织最为适宜。大型高科技企业也可以将职能制组织和团队组织结合起来，在赋予员工一个基本职能的同时，按照完成某一任务或项目的要求，将不同职能部门的个人组织起来，形成合作团队。在那些市场变化快、知识更新换代快的行业，建立自律、自适应、自学习的学习型组织，不断提高组织自身的知识水平非常重要。在企业之间竞争非常激烈，各个企业又拥有其他企业难以取代的优势的行业，建立虚拟企业和战略联盟则有利于塑造企业新的竞争优势，深化企业之间的分工和协作。总之，那些在过去成功地组织了某种类型生产的企业组织结构，今天仍然有其存在的必要。与企业生产类型的多样化、市场需求的多样化相适应，企业的组织结构也趋于多样化。

第二节　企业业务流程再造

一、业务流程再造的提出

BPR(Business Process Reengineering)，即业务流程重组是 20 世纪 90 年代由美国麻省理工学院教授迈克尔·哈默和 CSC 管理顾问公司董事长詹姆斯·钱皮提出的。他们给 BPR 下的定义是："为了飞跃性地改善成本、质量、服务、速度等现代企业的主要运营基础，必须对工作流程进行根本性的重新思考并彻底改革。"它的基本思想就是必须彻底改变传统的工作方式，也就是彻底改变传统的自工业革命以来、按照分工原则把一项完整的工作分成不同部分、由各自相对独立的部门依次进行工作的工作方式。

BPR 强调以业务流程为改造对象和中心，以关心客户的需求和满意度为目标，对现有的业务流程进行再思考和再设计，利用先进的制造技术、信息技术以及现代化的管理手段，实现技术上的功能集成和管理上的职能集成，从而打破传统的职能型组织结构，建立起全新的过程型组织结构，最终实现企业经营在成本、质量、服务和速度等方面的巨大改善。BPR 的重组模式就是以作业流程为中心，打破金字塔状的组织结构，使企业能适应信息社会的高效率和快节奏，适合企业员工参与企业管理，实现企业内部全方位的有效沟通，具有较强的应变能力和较大的灵活性。

BPR 之所以能引起广泛的重视，与企业面临的竞争环境分不开。当前各国企业都处在一个科学技术飞速发展、产品生命周期越来越短、用户需求越来越趋于多样化的时期，都面临着竞争激烈、瞬息万变的市场环境。要想在这样的环境中生存和发展，企业就必须不断地采取各种管理措施来增强自身竞争能力。不少企业耗巨资引入计算机技术和信息技术，希望利用先进的信息技术来提高企业对外界变化的反应速度就是其中最具代表性的一例。在国外，有些企业把建立计算机化的管理信息系统称为企业业务流程工程化(Business Process Engineering，BPE)。BPE 实际上就是按照工程化的方法，在企业建立计算机管理信息系统，以提高企业的业务处理流程的效率。然而，长期的实践活动并没有使企业得到或没有完全得到采用新的信息处理技术所期望的结果。起初，人们认为产生这种现象的原因是计算机系统不够先进，因而，总在计算机硬件、软件上找原因，结果是促进了计算机、数据库、局域网等技术的飞速发展。但企业组织结构和业务流程并没发生大的变化。因此，一方面，信息技术越来越先进；另一方面，组织结构上的问题对企业提高应变能力的阻力越来越大。这对矛盾的加剧才使人们逐渐认识到，企业可否用信息技术来提高自身的竞争能力，在很大程度上取决于由谁来应用和如何应用这些技术。过去开发 MIS 没有取得成功的企业都处在原有的组织结构和管理方式之下，所改变的，只是用计算机模仿手工劳动的业务流程，造成了先进的信息技术迁就于落后的管理模式的结果。这样实施 MIS，当然难以达到预期目标。所以，就需要来一个 BPR，即重新构造管理的流程和与其相匹配的管理信息系统。于是，整个企业的业务流程重组思想产生了。

可见，BPR 是伴随管理信息系统在企业中的应用而产生的一个新思想，是企业实现高效益、高质量、高柔性、低成本的战略措施。BPR 的核心思想是要打破企业按职能设置部门的管理方式，代之以业务流程为中心，重新设计企业管理过程，因而受到了改革中企业的欢迎，得到了企业管理学术界的重视。而企业实践和学术研究的结果，又推进了 BPR 研究的发展。

二、业务流程再造的基本目标

企业业务流程再造的核心思想同时体现了再造的两个不同层次的目标。

(1) 通过对企业原有的业务流程的重新塑造，包括进行相应的资源结构调整和人力资源结构调整，使企业在赢利水平、生产效率、产品开发能力和速度以及顾客满意度等关键指标上有一个巨大的进步，最终提高企业整体竞争力。

(2) 通过对企业原有的业务流程的重新塑造，使企业不仅取得经营业绩上的巨大提高，更重要的是，使企业形态发生革命性的转变，其内容是：将企业形态转变为以流程为中心的新型流程导向型企业，实现企业经营和企业管理方式的根本转变。

流程再造的基本方向有以下几个。

(1) 在信息技术支持下，以流程为中心，大幅度地改善管理流程。

(2) 放弃陈旧的管理做法和程序。

(3) 评估管理流程的所有要素对于核心任务是否重要。专注于流程和结果，不注重组织功能。在方法上以结果为导向，以小组为基础，注重顾客，要求严格衡量绩效，详细分析绩效评估的变化。

三、业务流程再造的原则

BPR 是企业重构业务流程的方法论,实施 BPR 将会牵涉到企业的各个层面,是一项系统工程。在具体操作时,应针对企业的 KRA(支撑企业目标实现的关键结果领域:Key Result Area)选择相对薄弱的流程作为改革的切入点,并对组织作相应的调整。通常,IT 及制造型企业可以从核心业务流程着手,如产品开发流程、市场营销流程、订单履行流程、工程项目管理流程、供应链管理等业务流程。同时,企业的评价体系也应随之调整,保障流程的有效实施。从实践的角度出发,企业实施 BPR 应注意以下几个原则。

1. 实现从职能管理到流程管理的转变

BPR 强调管理要面向业务流程。因为,为顾客创造价值(最终为企业创造价值)的是流程,而不是互相割裂的部门。面向流程就是要打破部门之间的界限,以流程的产出和顾客(包括内部顾客)为中心,协调相关部门的资源和活动,减少无效劳动和重复劳动,降低无效支出,提高效率和对顾客的响应速度。

2. 着眼于整体流程最优

在传统的职能管理模式下,业务流程被分割为各种简单的任务,各职能部门只负责本部门相应的任务,势必造成职能经理们只关心本部门的局部效率,而忽视了流程的整体效率。BPR 强调的是流程全局最优,以及整个企业范围内核心业务流程的综合最优。

3. 实施 BPR 伴随着组织的调整

BPR 要求流程适应"3C"(顾客、竞争和变化)的需求,而不是适应原有组织运作的需求,组织只是流程有效运作的保证。因此,流程的建立或重建通常会引起组织的重新设计或调整。

4. 员工的评价体系是使流程高效的保障

再优秀的流程也需要人来操作,充分发挥个人的能动性和创造性无论何时都是至关重要的。面向流程管理需要落实到考评体系上,牵引员工为整个流程的效率负责,而不是局限于传统职能部门的有限的职责范围内。

5. 流程应涵盖客户和供应商

企业的活动总括起来就是整合内外部资源,通过高效的流程满足客户的需求。因此准确了解并定义客户的需求是流程的出发点。另外,企业的资源都是有限的,外部资源必不可少,同时,相对于内部资源来说外部资源(包括供应商、分包商及其他外部资源)是不可控的,更需要在流程中充分重视,重点控制。

6. 重视 IT/IS 支持

流程运作离不开信息的及时传递。高效的信息系统保证信息的及时采集、加工、传递,实现信息的合理、及时共享,提高流程的运行效率和对外部变化的响应速度。

四、基于流程的组织建设

1. 面向流程的组织结构

企业流程再造就是要通过组织和管理模式上的变革将这些被割裂的过程重新联结起来,使其成为一个连续的流程,通过对流程的整合和优化,实现对顾客服务、成本和效率的全局优化。在传统的面向职能管理的传统企业组织中,组织运营是围绕着职能及其分解以后的职能部门、工作或任务来组建的,而面向流程的管理则发生了革命性变化。表 9.1 对职能管理和流程管理的特征进行了比较。

表9.1 面向职能的组织结构和面向流程的组织结构对比

特 性	面向职能	面向流程
组织结构	层次状;关注焦点是职能	扁平化;关注焦点流程
运营机制	以职能为主;存在职能界限;不连续的流程;运营局部最优	以流程为主;针对顾客点对点管理;简单流程;以顾客服务成本和效率最优为目标
职工	按职能安排;专业技能分工;工作以个人为中心;对顾客关注有限	按流程来安排;技能综合多面手;工作以小组为中心;关注顾客
技术	由于职能界限而被分离评价以职能目标为主;计划和控制之间衔接松散	在流程中集成,评价以流程目标为主;针对流程进行计划和控制
沟通	垂直方向	水平方向
企业文化	职能为主;前线(市场)/后方(内部)隔开;专业术语	流程拥有主权;整个流程以顾客为焦点;传递服务的语言

在面向职能的管理组织中,人们关注和解决问题的焦点是职能、部门和任务。每个部门经理最关心的是自己的职能部门而不是整个企业,其业绩考评和升迁与其所在职能部门效益的好坏息息相关,员工一般都具有与职能相关的专业知识。他们讨论和关心的是某一项固定的活动或是支持目标的某种新技能,员工的职位是根据内部报告系统来确定的,这个系统将对本部门有用的信息封闭起来。

在面向流程的组织管理中,组织运营是围绕着企业的核心流程有关的问题。在这样的组织中,人们关心和解决问题的焦点在于企业整个运营流程。这些运营流程与顾客需求密切相关,直接体现企业的价值链及其关键性指标。企业的组织结构趋于扁平化,员工清楚地知道流程的结构及其与绩效指标的关系,他们对顾客的需求有高度的敏感性。在自我管理、分工协作的工作团队中,具备某些专业知识的员工注重其作为一个专家在团队中的作用,能通过发挥自身的创造性才能改善流程绩效,并有助于团队中其他成员专长的发挥与完善。采用先进的信息技术,开发和利用信息系统,将企业的内部组织与外部顾客联系起来,也使得组织内部的沟通变得容易。

2. 建设管理团队

(1) 确定流程负责人。流程负责人是负责某个特定流程再造的管理者。一般而言,他是企业中资深的高级管理者,拥有威信和业务管理经验,能从流程的层面上开展工作。流程负责人是对特定流程进行变革的发动者和推动者。首先,流程负责人必须同时具备流程观念和全局观念；其次，流程负责人必须具备高昂的热情和坚韧不拔的毅力；最后，流程负责人要有高超的沟通技巧。

流程负责人的首要职责是搞好流程设计，流程的设计以顾客和外部的需求为出发点。流程负责人需要考虑的问题包括：流程向顾客提供什么；顾客愿意为流程的产出支付什么样的报酬；顾客什么时候需要这些产品；对于精确度和灵活性，顾客有什么样的要求；等等。流程负责人必须对这些问题深思熟虑，并将答案融入流程设计的基本思想中去。除了满足顾客的需要之外，流程负责人还必须考虑到流程的产出和绩效对于企业生存与发展的影响，制定出利润率、资产回报率、生产增长率等指标，以满足公司成长与发展的需要。

(2) 组建再造小组。再造小组是企业流程再造的实际组织和实施人员，他们负责对现有流程进行分析，并设计和执行新的流程。再造小组的工作内容包括：①从分析原有流程和顾客的需求入手，确认现有流程的缺陷和新流程的绩效要求；②打破约定俗成的假设，重新设计一个新的流程；③构建新的流程，包括拟定流程运行的细节，确定与组织中其他方面的协作关系，培训流程的执行人员，建立必要的信息系统；④向整个组织推荐这种新的工作和生活方式，以争取各方面的认同和支持。

再造小组一般由5～10人组成，分为圈内人和局外人两种类型。所谓圈内人，是指原来的职务工作与正在改造的流程直接相关的人。圈内人应该是企业中最优秀、最聪明、最富有创新精神的人，他们十分熟悉原有流程，但也清楚地知道原有流程的弊端所在；他们既了解企业的既有规则，又懂得如何加以规避，以实现自己的意愿。由于圈内人往往是现有流程和职能部门的既得利益者。因此希望他们完全抛开原有流程的影响可能不现实。局外人是原有流程以外的人。由于局外人的自身利益并不因为提出的建议而发生改变，因此他们往往更愿意承担风险，并且他们没有限于原有流程的思维定势，从而更容易摆脱原有流程的影响，为改革小组带来更多客观的和新颖的观点，开阔思路，寻求设计新流程的最佳方案。

3. 重建人员激励机制

员工激励机制的好坏与企业的绩效息息相关。好的激励和考核制度可以充分调动员工的积极性和主动性，促进企业绩效目标的实现。

(1) 建立基于团队的激励方式。新的激励和考核指导思想是，员工的工资报酬不再以员工的工作量为衡量标准，而是取决于员工为顾客创造价值的多少。该改变使得工资这个传统的保健因素也具有了一定激励因素的特征。

(2) 创新设计企业的考核制度。企业的考核制度也要针对流程再造进行设计，一般由以下3个方面组成。

① 考核目标。对于再造领导者而言，真正的业绩绝不仅仅是一些财务数字，而应该既有利于顾客和员工，又能增加股东财富。

② 奖励制度。通常奖励的内容包括以下几个方面：奖金，员工的计酬标准不再是他们的工作时间或活动内容，而是员工活动的结果，即员工为顾客创造的价值；行为认可；个人职业发展。

③ 分配制度。分配制度就是对员工的工作成果和奖励内容之间联系方式的规定。企业的考核制度应该体现企业对员工的行为导向。

(3) 不断地再设计。取得企业绩效改善的短期成效较为容易些,而要保持业绩持续不断地改善,则困难得多。如果领导者想要继续发扬初期的成果,并且长期保持员工的工作热情,则需要付出更多的努力。要做到这一点,领导者必须时刻把握顾客和竞争对手的最新动态,并据此不断调整企业的业绩目标和实施措施,对于员工的激励机制和考核制度也要随之发生改变,通过不断地再设计,适应不断变化的外部环境。

五、业务流程再造的实施步骤

几乎每个实施 BPR 的公司和提供 BPR 咨询服务的公司都会提出一套自己的方法,这也意味着没有一套可以适用于任何企业和任何一个 BPR 项目的标准方法。一般来说,BPR 步骤都可由以下 7 个阶段的工作来概括。

1. 设计远景

企业高层主管应当从企业战略的高度来考虑 BPR。在信息化项目启动的第一阶段,高层主管就应当考虑到 BPR 的必要性。过去的流程是否需要做根本的改变?企业信息化要达到什么目标?只有对这些问题都有了清晰的认识,才能推动后续的流程改造有条不紊地进行。

2. 项目启动

在此阶段企业高层主管要确定哪些流程需要再造,设定清晰的流程再造目标、成立 BPR 项目领导小组并制订详细的项目规划。这里需要强调的是,企业一定要让了解企业业务的高层主管直接加入项目小组并担任主要领导,要防止让 IT 部门来主导项目小组。联想 ERP 成功的一条经验就是,他们曾经让 IT 人员主导业务流程改造,结果难以推动工程进展。后来他们决定让熟悉业务的企业高层主管来主导 ERP 项目小组,结果消除了 BPR 的障碍,推动了工程的顺利进行。

3. 流程诊断

对现有流程和子流程进行建模和分析,诊断现有流程,发现流程中的瓶颈,为业务流程再造定义基准。尽管一些专家认为 BPR 不应当拘泥于当前流程,但在实际工作中,忠实地描述现有流程,在此基础上寻找流程再造的突破口还是最直接的方法。此阶段的工作可以分为两步:首先表述现有流程,然后分析现有流程。联想在推行 BPR 时,就曾经画出了现有工作的 80 多个流程,在此基础上经过分析,发现了应当进行改造的流程。

4. 设计新流程

在分析原有流程的基础上,设计新的流程原型并且设计支持新流程的 IT 架构。此阶段的主要任务包括:定义新流程的概念模型、设计新流程原型和细节、设计与新流程相配套的人力资源结构、分析和设计新的信息系统。有许多业务流程分析工具如 ARIS、IDEF、BPWIN 等都可以在此阶段使用。

5. 实施新流程

新的流程是否可靠、方便、完善,还有待于这一阶段的检验。在 BPR 实践中得到的经验是:在此阶段,工作方式的变革容易产生一些困惑,需要通过管理层、项目组和员工之间的广泛沟通来消除矛盾。例如，一家烟草公司在实施BPR的过程中，由于改变了工作方式，引起了采购部门和财务部门的争议，双方都认为应当由对方来输入一类单据。最后，实施小组的负责人从物流的合理性考虑，决定由采购部门输入。经过一段时间的训练，终于使得员工熟悉了新系统，结果工作效率得到很大提高。

6. 流程评估

业务流程再造结束后，就可以根据项目开始时设定的目标对当前流程进行评估，看新的流程是否达到了预期目标。

7. 持续改善

一次BPR项目的实施并不代表公司改革的任务完成，整个企业的绩效需要持续改善才能实现。这种持续的改善实际上就是不断对流程的分析和改变。

按照这里提出的步骤，BPR可以有规划地进行。但是，这并非成功的保证。BPR类似一个乐队以一个全新的风格演奏一支乐曲，既要大胆创新，又要小心谨慎。不少企业却是大胆有余，谨慎不足，难怪哈默认为美国企业70%的BPR都是失败的。

六、实施流程再造应注意的问题

(1) 大量的研究与实践已经充分表明，企业实施流程再造与成功地应用ERP和推进信息化建设有必然的联系。然而，我们在研究和应用流程再造的核心思想时，认识不能仅仅停留在企业应用EBP和信息化建设的需要方面，而主要应着眼于面对新经济时代的竞争和挑战，切实提高企业管理水平和竞争力的需要方面。

(2) 根本性思考和彻底重组的思想能给企业带来戏剧性的改善和提高，因此在实行流程再造的过程中，要做到以下3点：①要立足于管理创新，首先是思想创新和观念创新；②要同步运用其他管理思想和方法，相辅相成，互为作用；③在制定流程再造目标时要切实可行，要对具体问题进行具体分析。

(3) 企业实施流程再造一定要从与业务流程的科学性和合理性有着紧密关联的企业的经营发展战略、营销体系、管理模式、管理方法、组织结构和员工评价体系等方面的改进和创新入手，为企业实施流程再造创造一个良好的基础。因此，整个流程再造过程要采取自上而下和自下而上相结合的重组原则，但首先是自上而下。

(4) 企业在实施流程再造过程中必须研究整个流程中输入、处理、输出三个环节的内容、形式和方法。此外，评价体系不但要有定性的评价内容，而且还要有各种用于定量分析的相关经济指标、管理过程评测指标及其指标值。只有这样才能使流程再造落到实处，才能实现流程再造的预期目标，从根本上提高企业的管理水平和竞争力。

(5) 选择重建的时机和条件。企业并不总需要进行彻底的重建。设施流程再造虽是高收益的项目，但也伴随着巨大的风险，因此必须明确企业重建的动机，选择好企业重建的最佳时机。以下3种情况通常是比较好的时机。

① 企业陷入困境，营业额和市场占有率大幅度下降，产生严重的亏损现象，面临生存危机，这时，员工配合意愿强，愿意为重建承担额外的工作负担。

② 趁主要竞争对手进行重建之际，进行本企业重建，以超过对手成为标杆。

③ 企业预感到某项新科技的产生足以改变市场的竞争规则时，运用此项新规则，进行流程重建，以创造竞争优势。

(6) 选择流程重建的环节。流程重建不能全线出击，必须首先分析全部作业流程，选择存在问题最突出的环节或核心环节进行重建，而如何确定这样的环节，是件艰苦的工作。在具体分析时，必须考虑以下问题。

① 这项流程是否已经成为企业发展的"瓶颈"？
② 这项流程重建后能否解决企业面临的危机？
③ 这项流程重建成功的概率有多大？
④ 这项流程重建失败的后果有多严重？

(7) 避免以下误区。

① 忽视自上而下的领导和自下而上的变革。企业重建，必须有权威领导，由他对整个过程负有自上而下的责任，同时，作为一个团队运作，除了需要有最高主管的领导之外，还需要全体员工主动的、创造性的合作。

② 错误理解 IT 在流程再造中扮演的角色。将流程再造等同于 IT 是错误的，而忽视 IT 的作用也是错误的。信息技术的真正价值在于它提供了必要的工具和手段，使得人们有能力打破传统的管理规则，创造出新的工作方式，从而给企业带来活力。

(8) 企业在实施流程再造的同时必须注意持续性改进。流程重组之后，必须经过一段时间的调整与改进，才能达到和谐统一。实施流程再造犹如完成一次质的飞跃，如何巩固该成果，还需量的积累。

第三节 供应链企业业务流程管理

一、供应链管理环境下的企业业务流程的主要特征

供应链管理环境下的业务流程有哪些特征，目前还是一个有待于进一步研究的问题。本节从企业内部业务的变化、制造商与供应商之间的业务关系的变化以及信息处理技术三个方面，讨论给企业业务流程带来的变化。

1. 制造商与供应商之间业务流程的变化

在供应链管理环境下，制造商与供应商、制造商与分销商、供应商与供应商之间一般要借助于因特网或 EDI 进行业务联系，由于实施了电子化商务交易，因此许多过去必须通过人工处理的业务环节，在信息技术的支持下变得更加简捷了，有的环节甚至不要了，从而引起业务流程的变化。例如，过去供应商企业总是在接到制造商的订货要求后，再进行生产准备等工作，等到零部件生产出来，已消耗很多的时间。这样一环一环地传递下去，导致产品生产周期很长。而在供应链管理环境下，合作企业间可以通过因特网方便地获得需求方生产进度的实时信息，从而可以主动地做好供应或出货工作。例如，供应商企业可以通过因特网了解提供给制造商配件的消耗情况，在库存量即将到达订货点时，就可以在没有接到制造商要货订单前主动做好准备工作，从而大大缩短供货周期。由于这种合作方式的出现，原来那些为处理订单而设置的部门、岗位和流程就可以考虑重新设计。

2. 企业内部业务流程的变化

供应链管理的应用，提高了企业管理信息计算机化的程度。从国外成功经验看，实施供应链管理的企业一般都有良好的计算机辅助管理基础，不管其规模是大还是小。借助于先进的信息技术和供应链管理思想，企业内部的业务流程也发生了很大的变化。以生产部门和采购部门的业务流程关系为例，过去在人工处理条件下，生产管理人员制订出生产计划后，再由物资供应部门编制采购计划，还要经过层层审核，才能向供应商发出订货。这是一种顺序工作方式的典型代表。由于流程较长，流经的部门较多，因而不免会出现脱节、停顿、反复等现象，导致一项业务要花费较多的时间才能完成。在供应链管理环境下，有一定的信息技术作为支持平台，数据可以实现共享，并且可以实现并发处理，因而使原有的顺序工作的方式有可能发生变化。举例来说，生产部门制订完生产计划后，采购供应部门就可以通过数据库读取计划内容，计算需要消耗的原材料、配套件的数量，迅速制订出采购计划。通过查询数据库的供应商档案，获得最佳的供应商信息，就可以迅速向有关厂家发出要货单。更进一步地，可以通过因特网或EDI直接将采购信息发布出去，直接由供应商接受处理。

3. 支持业务流程的技术手段的变化

供应链管理环境下企业内部业务流程和外部业务流程的变化也不是偶然出现的。我们认为至少有两方面的原因。一是"横向一体化"管理思想改变了管理人员的思维方式，把企业的资源概念扩展了，更倾向于与企业外部的资源建立配置联系，因此加强了对企业间业务流程的紧密性；二是供应链管理促进了信息技术在企业管理中的应用，使并行工作成为可能。在信息技术比较落后的情况下，企业之间或企业内部各部门之间的信息传递都要借助于纸质媒介，制约了并行处理的工作方式。即使能够复制多份文件发给不同部门，但一旦文件内容发生了变化则很难做到同步更新，难以保证信息的一致性。在这种落后的信息处理情况下，顺序处理就成了最可靠的工作方式。现在情况不同了。为了更好地发挥出供应链管理的潜力，人们开发了很多管理软件，借助于强大的数据库和网络系统，供应链企业可以快速交换各类信息。共享支持企业不同业务及其并行处理的相关数据库信息，为实现同步运作提供了可能。因此，实施了供应链管理的企业，其对内和对外的信息处理技术都发生了巨大变化，这一变化直接促使企业业务流程也不同程度地产生了变化。

二、两种供应链业务流程管理框架——GSCF和SCOR

1. GSCF供应链管理流程

全球供应链论坛(GSCF)将供应链定义为："供应链管理是对贯穿从最终用户到原始供应商的关键商业流程的整合。这些流程为存户以及其他利益相关者提供能够创造价值的产品、服务和信息。"实施工作是通过三个基本组成部分来完成的——供应链网络结构、商业流程和管理组元。GSCF框架如图9.6所示。

在全球供应链论坛框架中包括以下8种供应链管理流程。

(1) 客户关系管理——提供一个如何与客户建立并保持关系的结构。

(2) 客户服务管理——提供与客户之间进行接触的重要接口来监管产品及服务协议。

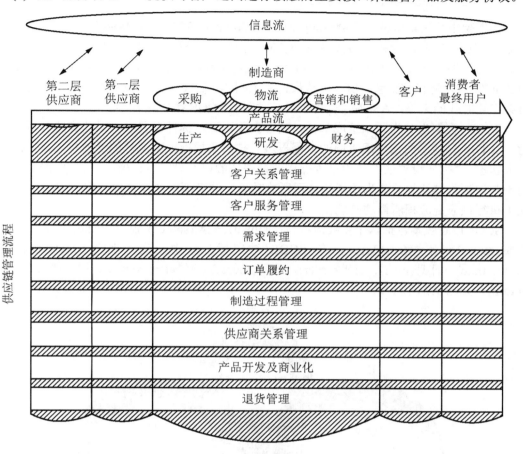

图 9.6　GSCF 流程框架

(3) 需求管理——提供一个用来平衡客户需求与供应链能力(包括降低需求的被动性及增强供应链的灵活性)的结构。

(4) 订单履约——包括定义客户需求、设计物流网络以及履行客户订单等所有必要的活动。

(5) 制造过程管理——包括用来获得、实施并管理制造灵活性,以及使产品走出供应链中制造商大门的所有必要的活动。

(6) 供应商关系管理——提供一个如何与供应商建立并保持关系的结构。

(7) 产品开发及商业化——提供一个与客户及供应商一起进行产品开发并将产品推向市场的结构。

(8) 退货管理——包括与退货、反向物流、退货查验及退货规避相关的一系列活动。

客户关系管理和供应商关系管理构成了供应链上最重要的链接,其他 6 个流程都将围绕它们进行协调。这 8 个流程中的任何一个都是跨部门、跨公司的,并可被分解成一连串的战略级子流程和一连串的运营级子流程。每一个子流程均是通过一组活动来体现的。跨部门的管理团队可以定义这样一个在战略层面上管理该流程并在运营层面上实施该流程的结构。

2. 供应链运营参考(SCOR)框架

该框架由美国供应链委员会(Supply Chain Council，SCC)在于 1996 年开发出来。之后，SCC 与美国生产与库存控制协会(APICS)2014 年合并为 APICS-SCC，然后 APICS-SCC2018 年又更名为供应链管理协会(Association for Supply Chain Management，ASCM)，至此 SCOR 由 ASCM 负责解释和更新。SCOR 从最初的 1.0 版本迭代到 12.0 版本用了二十年时间。随着数字化时代的来临，ASCM 在 2022 年又发布了 SCOR 数字化标准版。

SCOR 框架也分为四个组成部分：商业流程再造、标杆设置法、最佳实践分析以及人力。SCOR 描述了如何使用"商业流程再造"技术来捕捉一个流程的当前状态，并决定其未来状态。"标杆设置法"被用来为操作业绩评估的标准设定目标值。"最佳实践分析"被用于判识那些被业界公认为顶级的公司所成功采用的管理方法及软件方案。"人力"部分定义了执行供应链流程所需的技能。

SCOR12.0 版本包括六个主要流程：计划(plan)、采购(source)、制造(make)、交货(deliver)、退货(return)和使能(enable)。而在 SCOR 数字标准版中，变为七个主要流程：编排(Orchestrate)、计划(plan)、订购(order)、采购(source)、转换(transform)、履行(fufill)和回收(return)，如图 9.7 所示。

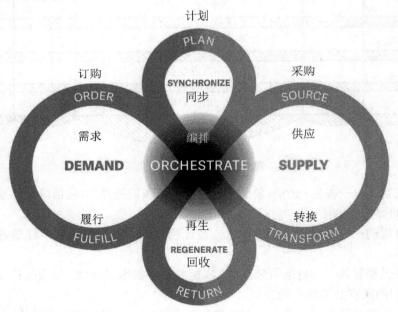

图 9.7　SCOR 数字化标准模型

(1) 编排——描述了与供应链战略的集成和启用相关的活动。这包括业务规则和企业业务规划、人力资源、网络设计和技术、数据分析、合同和协议、法规和合规性、风险缓解、环境、社会和治理举措、循环供应链活动以及绩效管理等等。

(2) 计划——描述了与制定供应链运营路线图相关的活动。订单、采购、转换、履行和退货流程要按计划执行，包括确定需求、收集有关可用资源的信息、平衡需求和资源以确定计划的能力以及需求或资源的差距，以及确定纠正这些差距的行动。

(3) 订购——描述了与客户购买产品和服务相关的活动，包括位置、付款方式、定价、履行状态和任何其他订单数据等属性。

(4) 采购——描述了与产品和服务的采购、订购、调度、交付、接收和转让相关的活动。

(5) 转换——转换描述了与产品的调度和创建相关的活动,包括生产、组装和拆卸、维护、维修和大修等等。

(6) 履行——描述了与执行客户订单或服务相关的活动,包括安排订单交付、拣货、包装、运输、安装、调试和开票。

(7) 退货——描述了与商品和服务相关的逆向流动,以及利用网络进行诊断、评估授权、回收或其他循环活动的任何客户服务。

每个流程在 4 个不同程度上被实施。第一层定义供应链的数量以及使用何种评估指标。第二层定义原材料流动中的计划和执行过程(见图 9.8)。第三层定义每个交易元素的输入、输出及流动方式。第四层定义诸过程的实施细节。

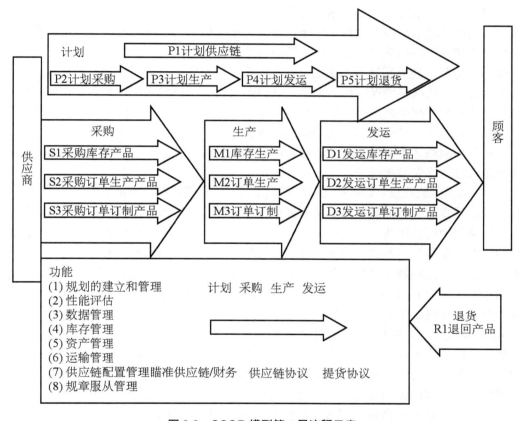

图 9.8　SCOR 模型第二层流程元素

3. 两种框架的优、缺点

每一个框架都有其自身的优、缺点。管理人员必须认识到这些优、缺点以理解它们将会给企业带来的价值以及在实施每个框架时所必须解决的潜在问题。

(1) 焦点。两个框架的焦点可被概括如下:SCOR 集中在交易的有效性上,而 GSCF 则集中在关系管理方面,尽管经理人员要着眼于每笔交易的效率,但是如果不管理那些关键的关系,在供应链范围内将交易成本最小化将是无法实现。没有认识到这种关系取向的价值将会限制供应链效率的发挥。

在一直协助开发 GSCF 框架的公司当中，有几家公司也在同时使用 SCOR 框架。它们当中的一些经理人员发现，SCOR 框架能够有效地判识哪些地方有取得快速回报的机会，因为这样做可以满足高层领导人对降低成本和提高资产利用率的愿望。

GSCF 框架则更侧重战略，它通过与供应链上的关键成员建立密切的、跨部门的关系来集中增加股东的长期价值。适合于实施 GSCF 框架的商业环境是这样一种环境，在那里识别、建立并保持商业关系的能力已经被认为是一种竞争优势。在许多公司里，管理层已经开始认识到无形资产公产品营销中的重要性，以及为了取得成功所必须具备的互动能力、沟通能力以及持久的关系。

(2) 战略对接。每一个 GSCF 流程都是直接地或间接地通过客户关系管理流程和供应商关系管理流程将整个公司战略以及相应的部门战略实现对接的。例如，制造过程管理流程首先将审查公司战略、制造战略、采购战略、行销战略及物流战略。为了确保上述对接及部门内部的诸项活动能对市场变化做出及时、正确的反应，在各流程与公司战略之间以及在各流程和各部门战略之间建立连接是必要的。

SCOR 流程则建立在运营战略之上。尽管运营战略应该建立在公司的整体战略之上，并与其他各部门的战略实现对接。但是，SCOR 却没有明确地考虑其他各部门的战略。这种部门战略与公司战略之间的割裂将会危及公司范围内的各项资源的对接。对那些准备采用 SCOR 框架并有兴趣最大限度地发挥该框架的潜能的管理人员来说，他们应当将 SCOR 置于公司整体战略之中。这将有助于对资源与目标对接，并有助于对因使用该框架而得出的实施建议进行优先等级排序。

(3) 活动范围的广度。GSCF 框架涉猎范围甚广，其活动包括产品开发、需求产生、关系管理及退货规避。该框架的核心是要提供一种能够使供应链的诸关系保持稳定的结构，所以该框架要为所有那些用来识别、开发并维护与客户和供应方合作的主要活动指明方向。这样的广度也正是为何各部门的参与对整个 GSCF 框架的实施如此重要的原因。这 8 个流程所涉及的活动已经触及管理各部门商务活动的各个方面。相比之下，SCOR 框架所涉及的范围是有局限性的。SCOR 框架所涵盖的活动仅局限于那些生产前后所涉及的产品流动，以及为有效地管理这些流动所需要的各项计划。

(4) 跨职能参与。SCOR 和 GSCF 的相似之处在于两者均提倡跨职能参与和协作，并都认识到商业流程将不会取代公司的职能部门。然而，每个框架所涉及的职能部门的数员是不相同的，所涉及的职能部门的类型也不尽相同。

因为 GSCF 框架涉及的是商业行为中的每个方面。所以关键的事情是每个流程小组要由来自所有职能部门的代表组成、这些职能部门将包括但不局限于营销、制造、金融、采购与物流。管理小组成员将提供他们在各自职能方面的知识专长，并确保任何决定都将对整个公司有益(图 9.9)。然而在一个跨职能的管理团队中工作是极为困难的。由于存在着历史悠久的"职能筒仓"(Function Silo)的倾向，对于管理层来说，要想成立一个具有协作精神的跨职能部门的管理团队，并使其具备所需的各项职能部门的专长，以便能成功地为其供应链开发并实施各种创新举措几乎是不可能的。高层管理人员必须对远景目标坚持不懈，并及时地表彰管理团队为赢得实施 GSCF 框架所必需的跨职能参与而采取的各项行功。

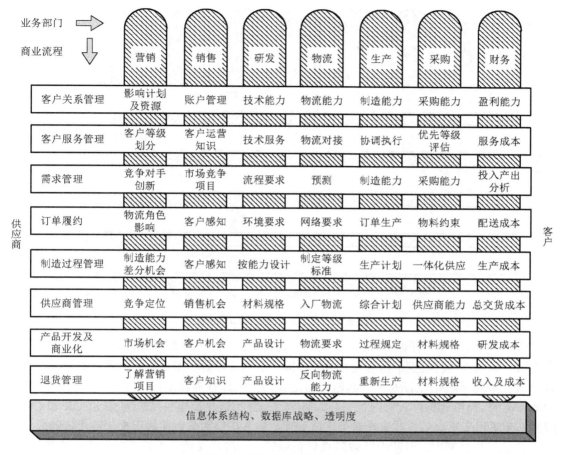

图 9.9　GSCF 框架下部门参与

在 SCOR 框架下，跨职能的参与主要是通过三个职能部门的参与来完成的。图 9.10 给出了每个职能部门为 SCOR 的各个流程所提供的输入信息。仅侧重于这三个职能部门能使实施 SCOR 框架变得更为简单方便，因为在许多公司里，与这 3 个职能部门相关的各项活动在某种程度来说很可能已经被整合到整个公司的组织结构之中了。但这样做的代价是管理层将在没有营销、财务及研发等职能部门提供重要信息的情况下去试图管理一个供应链。这种有局限性的部门参与将无法取得预期的经营业绩，甚至可能会导致某项创新建议的失败。

例如，一家耐用消费品的制造厂商实施了一个能在全美各地在 24～48h 之内送货上门的快速送货系统。该快速送货系统原本是设计成使零售商能在拥有较少库存的情况下来改善客户服务水平的。6 年后，该公司不但没有降低库存水平，反而将服务承诺降到了 48～72h。该快速送货系统之所以未能取得预期的效果，是因为营销环节一直在为客户提供某种能够使客户进行批量采购的激励机制。该例子清楚地表明，如果不将各个接触面都管理好，供应链创新举措所能带来的正面影响将会被削弱。没有使全部的职能部门参与进来是有代价的。那些没有参与的职能部门将有可能蓄意地或不可避免地削弱创新效果。使用 GSCF 框架会增强成功的可能性，因为所有的职能部门都将参与该创新举措的计划与实施。

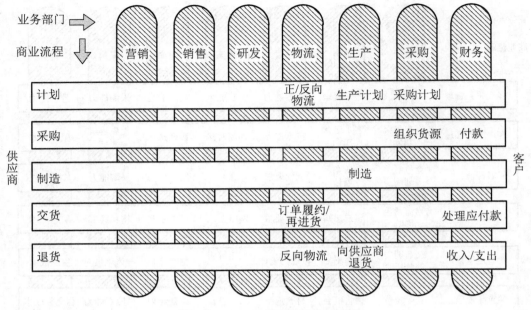

图 9.10 SCOR 框架下部门参与

(5) 流程与业绩标杆设置。标杆设置这一概念早已引起管理人员及科研机构的广泛注意。大多数人认为有两种类型的标杆设置方法,即业绩标杆设置和流程标杆设置。业绩标杆设置是学习竞争对手或相似行业中的其他公司是如何完成库存周转率或订单执行率等关键运营业绩指标的。而流程标杆设置则是关心如何学习及复制这些最佳实践的例子。SCOR 和 GSCF 两种框架采用了不同的方式来衡量供应链管理中的各项努力是如何被用来创造价值的。

在 GSCF 框架中,运营指标被联系到企业的"经济增加值"以及"客户及供应商赢利"上来。因此,成功地实施 GSCF 框架的核心是识别出那些因企业内部和供应链上其他成员公司所完成的全部活动而给收入带来的影响。GSCF 不单单可以被用来衡量成本的降低以及资产利用率的提高,它还可被用来识别由于管理客户以及供应商合作关系而带来的收入影响。例如,邀请客户参与产品开发及商业化流程管理将会缩短产品投放市场的时间,并能生产更加适应客户要求的产品,从而为企业带来更多的利润。

由于 SCOR 的目标是提高运营效率。所以创造价值的动机侧重于降低成本及提高资产利用率、这将使业绩评估工作变得简单,原因是衡量一个具体的项目能为企业节省多少钱要比衡量一个客户群体对服务改进、新的营销方案及新产品所做出的反应会更客观一些。此外,在企业存在着大量的低效运作时,降低成本的各项措施能为企业节省大量的开支。然而,当效率被提高到一定水平之后,逐步改善的幅度会越来越小。因此。在效率水平低下的企业中,管理人员或许还能够发现一些因实施 SCOR 框架所能带来的较大幅度的,甚至是立竿见影的成效。然而,对于那些已经提高了企业内部运营效率的企业管理人员来说,通过侧重于管理企业外部的关系可以挖掘更多的价值。GSCF 框架具备了同时考虑增加收入与降低成本的优势。为了取得长期的财务成功,企业必须侧重于提高收入。

尽管 GSCF 和 SCOR 两个框架均侧重于在供应商上实施跨部门的商业流程,但是 GSCF 框架却包含了更多的东西,原因是所有的业务部门都将参与管理,而且包括了更广泛的商业活动。

本 章 小 结

在当今信息化的时代,变化无处不在,面对日益残酷的市场竞争以及不稳定的市场需求,原有的企业组织结构已不能适应现在的市场环境,企业需要对自身的组织结构及业务流程进行变革,并结合供应链管理的特征,从供应链的视角来把握企业业务流程重组的原则、基本思路和方法。

企业组织结构的基本类型分为直线制、职能制、直线-职能制、事业部制、矩阵制等结构类型,并向着组织结构的非层级化、扁平化、柔性化、网络化、多样化等方向发展,以使企业更快、更好的响应并满足市场需求,促进企业的快速成长。业务流程再造是以业务流程为改造对象和中心、以关心客户的需求和满意度为目标、对现有的业务流程进行再思考和再设计,利用先进的制造技术、信息技术以及现代化的管理手段,实现技术上的功能集成和管理上的职能集成,从而打破传统的职能型组织结构,建立起全新的过程型组织结构,最终实现企业经营在成本、质量、服务和速度等方面的巨大改善。

企业业务流程的变化主要体现在企业内部业务的变化、制造商与供应商之间的业务关系的变化以及信息处理技术平台的变化三个方面。两种供应链业务流程管理框架——GSCF和SCOR均侧重于在供应商上实施跨部门的商业流程,各有所长。

 关键术语

企业流程重组 Business Process Reengineering
企业业务流程工程化 Business Process Engineering
供应链运作参考模型 Supply-Chain Operations Reference-model
关键结果领域 Key Result Area

习 题

一、选择题

1. SCOR 模型从( )方面供应链管理流程。
   A. plan、fulfill、control、feedback
   B. plan、source、make、deliver、return
2. 关于业务流程再造描述不正确的是( )。
   A. 按业务流程进行组织变革
   B. 原有企业业务的自动化
   C. 面向供应链构建业务流程
3. 下列对平衡计分卡描述不正确的是( )。
   A. 将财务评价与非财务方面经营评价结合

B. 主要涉及财务、客户、内部流程及学习与发展四个方面
C. 将长期目标与短期目标结合
D. 它是一种流程改进方法

4. 在物流管理组织结构的演变中,试图在一个高层经理的领导下,统一所有的物流功能和运作,目的是对所有原材料和制成品的运输和存储进行战略管理,以使企业产生最大利益。这种组织基本上是属于( )。

A. 传统物流管理组织结构　　B. 简单功能集合的物流组织形式
C. 物流功能独立的组织形式　　D. 一体化物流组织形式

二、简答题

1. 平衡计分卡方法的特点是什么?
2. 业务流程再造的基本思想是什么?
3. 信息化与流程、组织再造的关系是什么?

 案例分析

海尔以"市场链"为纽带的业务流程再造

一、以"市场链"为纽带的业务流程再造提出背景

以信息技术、网络技术为代表的高新技术正快速把企业带入一个新经济时代,企业经营国际化、全球经济一体化已成为一种主流趋势。在这种形势下,企业只有满足用户的个性化需求,才能从根本上赢得"市场"竞争的优势。这就要求企业员工的素质、生产能力、布局、组织结构必须适应个性化的市场要求。个性化不是一句空话,没有与个性化需求相适应的员工创新力和责任心的提升,企业就谈不上竞争力,更谈不上与国际化大企业的竞争,而解决这些问题的根本在于从组织层次上必须对原有的业务流程进行重新设计和再造,提升业务流程适应市场的速度,在流程上与国际接轨;从员工层次上提升责任心和创新能力,建立起员工的责任心和个性化需求有机联系的管理创新机制,海尔业务流程再造就是在这种背景下提出的。

二、以"市场链"为纽带的业务流程再造的内涵

1. "市场链"与业务流程再造的含义

"市场链"主要是指把市场经济中的利益调节机制引入企业内部,在集团的宏观调控下,把企业内部的上下流程、上下工序和岗位之间的业务关系由原来的单纯行政机制转变成平等的买卖关系、服务关系和契约关系,通过这些关系把外部市场订单转变成一系列内部市场订单,形成以"订单"为中心、上下工序和岗位之间相互咬合、自行调节运行的业务链就是"市场链"。

"业务流程再造"是指从根本上对原来的业务流程做彻底的重新设计,把直线职能型的结构转变成平行的流程网络结构,它强调以首尾相接的、完整连贯的整合性业务流程来取代过去的被各种职能部门割裂的、不易看见也难于管理的破碎性流程。每一个业务流程都有直接服务的顾客;领导面对的是市场和顾客,而每一位员工同样面对着市场和顾客;每一流程具有高度的决策自主权;每一个业务流程的经营效果都可以用货币计算;企业的产品质量、成本和周期等绩效指标取得了显著的改善。

2. 以"市场链"为纽带的业务流程再造的含义

以"市场链"为纽带的企业业务流程再造是指把"市场链"和业务流程再造有机集成,以索酬(S)、索赔(S)和跳闸(T)为手段,以流程再造为核心,以"订单"为凭据,重新整合管理资源与市场资源,在 OEC

管理平台上形成每一个人(流程)都有自己的顾客、每一个人(流程)都与市场零距离、每一个人(流程)的收入都由"市场"来支付的管理运营模式。

其具体有以下几个特征。

(1) 以 SST 为手段。所谓的 SST 是指索酬、索赔、跳闸的第一个拼音字母的缩写,其中跳闸是指在订单履行的过程当中出现问题时,由利益相关的第三方制约并解决问题。再造后形成的业务流程体系通过索酬、索赔和跳闸手段,形成业务流程"市场链",在每一流程内的上道工序岗位与下道工序岗通过索酬、索赔和跳闸手段,形成岗位之间的"市场链"。

(2) 以流程再造为核心。流程再造从根本上对原来的组织结构进行重新设计和整合,从原来直线职能型的结构转变成平行的流程网络结构,优化管理资源和市场资源的配置,实现组织结构的扁平化、信息化和网络化,从结构层次上提高企业管理系统的效率和柔性。

(3) 以"订单"为凭据。商流本部从外部客户获得订单开始,以完成客户订单为目标,根据业务流程顺序分解成一系列内部流程"订单",通过内部"订单"的履行达到完成终端客户的订单目标,流程之间以"订单"为凭据,形成市场契约关系。

(4) 以企业文化和 OEC 管理为平台。OEC 管理贯穿企业整个内部市场链,流程之间的内部"订单"履行以 OEC 管理为保障,通过索酬、索赔和跳闸手段,在规定的时间、地点、和条件下迅速完成"订单"的各项内容。

(5) 以追求顾客满意度最大化为目标。通过"市场链",把终端客户的满意度无差异地传递给每一个业务流程和岗位,使每一个流程都有自己的直接"顾客",每一个流程都与"市场"零距离。流程的工作方式是针对"顾客"的要求"主动做"而不是"等待向上级请示后再做",从而快速满足顾客的个性化要求。

(6) 价值分配市场化。再造后所有的业务流程与岗位的收益不再是大锅饭,而是全部由自己服务的"顾客"来支付。

三、以市场链为纽带的企业流程再造的主要内容与做法

(一) 构建内部业务流程及其经营关系

1. 集团内部的核心流程和支持流程的建立

组织结构调整以前,海尔集团为传统的事业本部制结构,集团下设 6 个产品本部,每个本部根据具体的产品不同分设产品事业部,各事业部内分别设有资材、规划、财务、劳人保、销售、法律、科研、质管、文化、设备、检验等职能处室。同时集团下设规划、财务、人力、法律、营销、技术、文化、保卫八大职能中心,它和事业部下属的职能处室是传统的行政关系;产品本部和事业部是行政隶属关系;产品事业部是独立核算单位,它和下属职能处室是行政隶属关系。在这种组织机构下,集团是投资决策中心,本部是经营决策中心,事业部是利润中心,分厂是成本中心,班组是质量中心。这样形成的业务流程是纵向一体化的结构。

海尔集团根据国际化发展思路对原来的事业本部制的组织机构进行战略性调整:第一步把原来分属于每个事业部的财务、采购、销售业务全部分离出来,整合成独立经营的商流推进本部、物流推进本部、资金流推进本部,实行全集团范围内统一营销、统一采购、统一结算;第二步把集团原来的职能管理资源进行整合,如人力资源开发、技术质量管理、信息管理、设备管理、法律、保卫等职能管理部门全部从各个事业本部分离出来,以集团的职能中心为主体,注册成立独立经营的服务公司;第三步把这些专业化的流程体系通过"市场链"连接起来,设计索酬、索赔、跳闸标准。整合后集团形成直接面对市场的、完整的物流、商流等核心流程体系和资金流、技术质量管理、人力资源、设备管理等支持流程体系。经过对原有的职能结构和事业部的重新设计,把原来的职能型的结构转变成流程型网络结构,垂直业务结构转变成水平业务流程,形成横向网络化的新业务流程。这种结构实现了企业内部和外部网络相连,使企业形成一个开放的而不是封闭的系统,这个开放的系统通过整合各方面的资源来达到满足用户需求的目的,从而实现

与用户零距离。

2. 核心流程和支持流程内部的流程的建立

核心流程内部的流程建立(以商流为例进行说明):

商流内部建立企划部、市场资源部、广告部和全国各地工贸公司。全国各地工贸公司设产品线和区域线。这样商流内部便形成以产品线、市场资源部、区域线为核心流程，以企划部和广告部为支持流程的横向网络化结构。在商流的核心流程当中产品线主要负责市场"订单"的获得和产品的直销工作；市场资源部主要负责营销渠道的建设和管理；区域线主要负责商业单位"订单"执行及回款的控制。在商流的支持流程中，企划部主要负责"订单"的分解及商流的总体规划；广告部主要负责集团广告的策划和媒体管理。

支持流程内部子流程的建立：(以人力资源开发中心为例进行说明)

人力资源开发中心内部设立生产效率组、市场效率组、培训部。这样人力资源开发中心内部形成以生产效率组和市场效率组为核心流程，以培训部和中心人力主管为支持流程的内部业务流程为例说明。生产效率组长和市场效率组长分别通过现状的调查研究，从"市场"(生产效率组的"市场"指各产品事业部，市场效率组的"市场"指商流、物流、资金流)获得需要提高效率的订单，将订单传递给人力主管和人事、分配、用工、培训管理员，由他们操作完成订单，满足顾客需求，从而获得报酬，这样就形成人力资源开发中心的核心流程。在核心流程的业务操作过程当中，人力主管、分配管理员、用工保险管理员、人事管理员要分别从中心主管(包括中心效率主管、分配主管、用工保险主管、和人事主管)获得信息、政策及平台等方面的支持；培训管理员需要从培训部获得培训课题、教材、设备等方面的支持，这样就形成了中心主管和培训部为主的支持流程。

3. 流程的岗位负债经营机制的确立

海尔提出了负债经营方式。负债经营的过程首先确定负债资源，建立负债经营计算平台，对比国际先进水平、本企业上一年度最高水平，确定资源增值的目标。通过竞标的形式确定经营自我的创新主体，然后创新主体与下一流程签订负债经营合同，明确 SST 标准，创新主体利用创新的工作方式去经营负债资源，最后达到资源增值的目标。负债经营思想可以用图 9.11 表示。

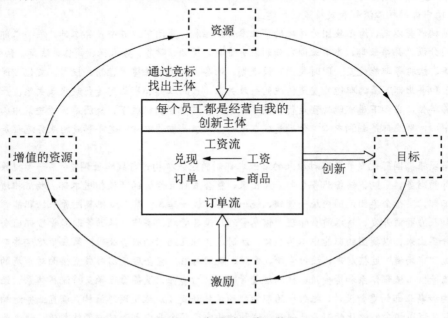

图 9.11　市场链负债经营图

4. 建立内部价格体系

以下仅列举几个主要流程之间的内部价格体系的建立，其他流程之间价格体系雷同。

产品事业部与商流的价格体系是根据整合前产品事业部的销售费用占销售额的比例作为基数(以后根据上年度的销售费用作为基数)，以此为标准，双方通过协商确定新的折扣比例，核算出商流从事业部采购价，即采购价=产品市场价格×(1-折扣比例)。

产品事业部与物流的价格体系是根据整合前产品事业部每批次采购物品所需的采购费用作为基数(以后根据上年度的采购费用作为基数)，以此为标准，双方通过协商确定新的折扣比例，核算出事业部从物流的采购价，即采购价=物流采购价×(1+折扣比例)。

人力资源中心与产品事业部的内部价格体系是根据由于人力资源中心的服务而提高生产效率从而降低的成本作为基数，双方经过协商确定一个比例和基数相乘得出的数额，作为人力资源中心应得的报酬。

研发中心与产品事业部的内部价格体系是根据研发的新产品带来的新增利润作为基数，然后双方经过协商确定一个比例和基数相乘得出的数额作为研发公司应得的报酬。

5. 建立流程(岗位)的业绩评价体系和价值分配体系——"市场"工资模式

流程再造前后业绩评价和分配体系截然不同，以海外出口举例如图9.12所示。

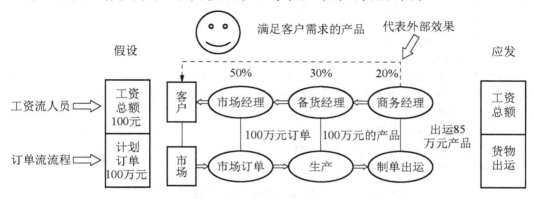

图9.12　原来分配体系

我们假设100万元的订单计划，对应酬劳为100元的订单流为例来描述整合前后的流程(岗位)业绩评价体系和价值分配体系的变化。

假设完成100万元订单的三个流程市场经理、备货经理、商务经理分别占工作的50%、30%、20%(此比例的分解在实际操作中主要依据海尔集团的计效联酬和点数工资方案中各岗位之间的计效货点数关系确定)。市场经理从市场获得了100万的订单把订单转化到备货经理；备货经理根据订单计划完成100万的备货；但是商务经理却由于自己的原因只完成85万元的订单出运。

在整合前三人的收入分别为：市场经理100元×50%=50元；备货经理100元×30%=30元；商务经理85元×20%=17元。合计企业支出97元工资，但是根据100万元订单对应100元的关系，根据实际市场效果企业只应该支付85元的工资，也就是说企业在这种评价体系和分配体系下多支出了12元的工资。

在整合后，三者成为一种"购买"关系，即市场经理向备货经理提供100万元的订单，备货经理应该支付市场经理酬劳50元；备货经理向商务经理提供100万元的货物，商务经理应该支付备货经理100万元的货物可获得100元的酬劳。根据以上的关系，商务经理实际出运85万元货物，应该获得85元酬劳，用来"购买"备货经理100万元的货物用掉80元，实际获得酬劳5元；备货经理得到80元酬劳，用来购买市场经理的100万元订单用掉50元，备货经理实际得到30元；市场经理得到50元酬劳。这些酬劳的关系可简单用图9.13所示。

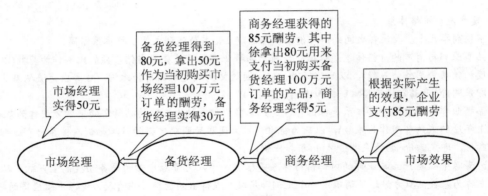

图 9.13 酬劳示意图

6. 以 OEC 作为业务流程的基础管理

OEC 管理是海尔集团业务流程再造的一个主要平台,无论是流程管理,还是岗位管理,无论是负债经营,还是市场链,都是以 OEC 为基础和保障的。OEC 的核心是体现在每一个岗位、每一流程都有一个 3E 卡。总之上述六个方面的实施都离不开 OEC 管理。

(二) 支持流程与核心流程的整合

1. 支持流程与核心流程的整合

支持流程必须要向核心流程提供信息、服务和有效的指导,核心流程才能在外部市场上取得更好的销售成绩,才能据此付费给支持流程,两个流程之间的关系是相互支持、相互制约、互为"市场"。它们之间的关系是契约关系。

业务流程再造前后职能管理业务发生了一系列变化,职能部门过去主要是行使管理职能,整合后职能部门变成独立核算的服务型公司,主要是行使服务职能。只有被服务单位对服务效果认可了,才能从被服务单位获得报酬。以人力资源部门为例,如表 9.2 所示。

表 9.2 人力资源开发中心和技术中心流程整合前后的对比

部门	对比内容	整 合 以 前	整 合 以 后
人力资源开发中心	职能	职能指导、监控作用:发现并纠正各单位劳动人事管理过程中出现的问题	职能服务作用:为各单位提供劳动人事管理、效率提高等服务,各单位在劳动人事管理过程中出现的问题是本部门内部的问题
	职责	(1) 负责各单位的劳动人事管理总体指导政策的制订; (2) 监控指导各单位进行劳动人事管理,发现管理过程中的问题并指导监督纠正,问题责任在事业部; (3) 监控指导各单位员工培训工作。	(1) 负责各单位效率的提高,效率提高得到单位的认可后从中索取酬劳; (2) 负责各单位劳动人事管理工作,如果管理中出现问题将受到各单位的索赔; (3) 负责依据各单位提出的培训要求,设计培训课题,并组织进行培训,培训效果达到各单位的要求,向被培训单位索酬,否则将被索赔
	经济关系	由集团支付所有费用开支,旱涝保收	中心对其他公司进行的效率提高得到认可,获得的酬劳支付所有的费用开支

2. 外部市场资源与内部流程的整合

海尔集团在 1999 年分别成立了物流本部和商流本部就是为了最大限度地整合市场资源,大幅度降低运营成本,取得整合的集成效益。其中最主要的部分,一是物流与分供方的"市场链"整合,纳入国际化供应商,实施全球化规模采购,借力整合邮政配送网络;二是商流与销售渠道的"市场链"整合,海尔集团提出了"商家设计,海尔制造"的与市场零距离营销模式。

(1) 物流与分供方的整合机制——以时间消灭空间。第一步就是整合采购,将集团的所有事业部的物资集中采购,通过规模优势,纳入国际化的供应商,在全球范围内采购质优价廉的零部件,既降低了产品成本和提高了产品的竞争力,又保持了产品质量的一致性。有的分供方还直接参与海尔的产品设计,通过与国际化分供方建立起密切合作的伙伴关系,实现了采购JIT。同时在内部实施了ERP管理系统,通过以ERP为后台的B2B网上采购与网上招标、网上支付,实现了集团内部生产、库存、销售、财务、人力资源与外部供应商和分销商信息的共享与共同计划,最大限度地缩短了采购周期。在储运方面,统一运输,优化运输网络,通过SST机制整合邮政的配送网络,为零距离销售提供了保证。在生产物资配送方面,实施JIT送料,加快了库存资金的周转速度,减少了呆滞物资。

(2) 商流与销售渠道的"市场链"整合——以空间消灭时间。海尔商流在内部业务流程整合的基础上,形成了海尔能满足用户个性化需求的开发设计系统、柔性制造系统、能使信息增值的电子商务系统,提出了基于电子商务平台的"商家设计,海尔制造"的与市场零距离的营销模式,最大限度地整合了企业外部市场资源。这种"商家设计、海尔制造"的营销模式实质上就是海尔商流充分整合营销渠道的市场优势和了解顾客的优势,把渠道的这种优势通过"市场链"的整合无差异的传递到海尔,实现海尔与市场的零距离销售。2000年3月10日海尔在家电企业中率先推出电子商务开放式交易平台,2000年4月18日,B2B采购、B2C系统对外试运行,并于2000年6月正式运行。海尔利用"一名两网"(名牌、配送网络、支付网络)的优势开展的B2C业务,一期推出13个门类456种产品在网上直接销售,除此之外,在海尔的网站上最大特色就是面对用户的四大模块:个性化定制、产品智能导购、新产品在线预定、用户设计建议。这些模块为用户提供了独到的信息服务,并使网站真正成为海尔与用户保持零距离的平台。

讨论题:
1. 供应链管理与业务流程重组有什么关系?
2. 供应链管理环境下企业业务流程重组的实施过程主要有哪些步骤?

第十章 供应链绩效评价

【学习目标】
➢ 理解供应链绩效评价的意义、特点、原则和基本内容;
➢ 了解供应链绩效评价的影响因素;
➢ 掌握供应链绩效评价指标体系的构建方法;
➢ 理解并掌握常用的几种供应链绩效评价模型。

【知识架构】

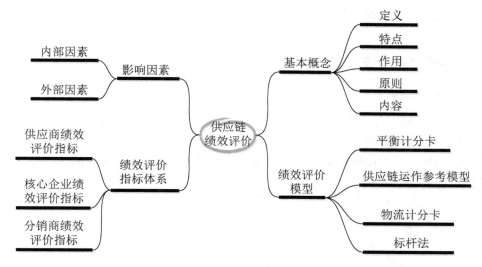

 导入案例

蚂蚁的故事——认识绩效考核的真正意义

小蚂蚁每天很早上工，而且一来就开始做事，他生产效率很高而且工作愉快。身为老板的狮子一直很奇怪为什么小蚂蚁能自行工作而不用监督。他认为在没有监督的情况小蚂蚁的生产效率是这么的好，如有人监督她的生产效率应该更好才对，因此他招募了有专家经验的蟑螂作为监督员，蟑螂以撰写优良报告而著称。

蟑螂的第一个决定是设立打卡计时系统。他需要一个秘书帮他键入报告。他招募了蜘蛛替他管理档案和监听电话，狮子对蟑螂的报告非常高兴，并要求他用图表来分析生产效率和变化趋势，以便他在董事会上做汇报。因此蟑螂必须买一台新的电脑和打印机，并招募苍蝇来管理咨询部门。

曾经很有生产效率和积极性的蚂蚁，恨透了这些占据他大部分时间的文件作业和会议。狮子做出决定应该是提名蚂蚁工作部门负责人的时候了。这个职位被赋予了蝉。蝉的第一个决定是为办公室新买了一张地毯和一把符合人工学的椅子。新的部门负责人蝉也需要一台电脑和一个从原来部门带过来的个人助理帮助他处理文件和预算控制优化计划。蚂蚁工作的部门现在是一个哀伤的地方，不再有人会笑，而且大家都变得很抓狂。

于是，蝉说服狮子开始进行组织氛围调查的绝对必要性。在检查了蝉的部门运作费用后，狮子发现生产效率大大下降。于是他决定招募有名望和眼界的顾问猫头鹰来执行稽核工作并建立解决之道。猫头鹰在部门待了三个月之后产生一份调查报告，结论是：部门人员过多。

于是狮子决定进行裁员。当然首选就是小蚂蚁，因为他进度缓慢而且态度消极。

(资料来源：http://doc.vsharing.com)

第一节 供应链绩效评价概述

任何管理工作都要通过对该工作产生的效果进行度量和评价，以此判断这项工作的绩效及其存在的问题。21世纪的竞争是供应链与供应链之间的竞争，因此供应链绩效成为关键。而供应链总体绩效评价既是判别供应链有效性的基本手段，也是供应链绩效改进的基本前提。

一、绩效评价的概念及特点

1. 绩效评价的概念

绩效评价(Performance Evaluation)是指运用一定的技术方法，采用特定的指标体系，依据统一的评价标准，按照一定的程序，通过定量、定性对比分析，对业绩和效益做出客观、标准的综合判断，真实反映现实状况，预测未来发展前景的管理控制系统。

绩效评价的过程主要包括绩效指标定义、分析和报告、评价和改进三个部分，三个阶段循环往复，不断提高。绩效评价模型如图10.1所示。

绩效评价的目的主要有两个：一是判断各方案是否达到了各项预定目标，能否在满足各种内外约束条件下实现系统的预定目标；二是按照预定指标体系评出参评方案的优劣，做好决策支持，为进行最优决策，选择好方案服务。供应链绩效评价应围绕供应链系统来进行。

具体来说，绩效评价包括以下几个步骤。

(1) 建立绩效评价体系。
(2) 选择评价指标集。
(3) 选定评价模型。
(4) 确定评价方法。
(5) 测量实际绩效，撰写评价报告。
(6) 根据评价建议对评价对象进行改进。

图 10.1 绩效评价模型

2. 供应链绩效评价的特点

根据供应链管理运行机制的基本特征和目的，供应链绩效评价指标应该能够恰当地反映供应链整体运营状况以及上下节点企业之间的运营关系，而不是孤立地评价某个供应商的运营情况。对于供应链上的某个供应商来说，该供应商所提供的某种原材料价格很低，如果孤立地对这一供应商进行评价，就会认为该供应商的运行绩效较好。如果其下游节点企业仅仅考虑原材料价格这一指标，而不考虑原材料的加工性能，就会选择该供应商所提供的原材料，而这种原材料的加工性能不能满足该节点企业生产工艺要求，势必要增加生产成本，从而使采购这种低价格原材料所节约的成本被后续生产增加的生产成本所抵消。所以，评价供应链运行绩效的指标，不仅要评价该节点企业(或供应商)的运营绩效，而且还要考虑该节点企业(或供应商)的运营绩效对其相邻节点企业或整个供应链的影响。

现行企业绩效评价主要是基于部门职能的绩效评价，不适用于对供应链运营绩效的评价。供应链绩效评价是基于业务流程的绩效评价。基于职能的绩效评价指标和基于供应链业务流程的绩效评价指标的构成情况分别如图10.2和图10.3所示。

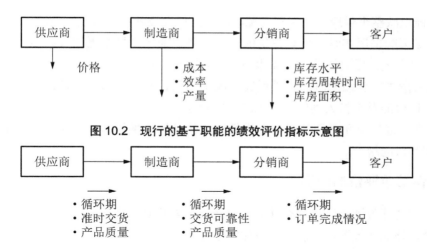

图 10.2 现行的基于职能的绩效评价指标示意图

图 10.3 基于供应链业务流程的绩效评价指标示意图

二、供应链绩效评价的作用及原则

1. 供应链绩效评价的作用

为了能够评价供应链的运营给企业群体带来的效益,就得对供应链的运营状况进行必要的度量,并根据度量的结果对供应链的运行绩效进行评价。供应链绩效评价在供应链管理中主要有以下作用。

(1) 供应链绩效评价具有统一客观的参照体系,有利于消除和减少由于主观因素带来的不公正、不全面、不客观现象。

(2) 通过供应链绩效评价,有利于及时发现供应链运作过程中存在的问题,为供应链管理的合理性和可行性提供依据。

(3) 通过供应链绩效评价,有利于帮助供应链节点企业树立正确的价值观和行为取向,尽可能减少供应链总成本。

(4) 通过供应链绩效评价,有利于监督和控制供应链运营的效率,充分发挥供应链管理的作用。

总之,供应链绩效评价是对供应链整体运营状况和供应链节点企业之间的运营关系进行评价。供应链绩效评价的最终目的不仅是要获得企业或供应链的运营状况,更重要的是优化企业或供应链的业务流程,它为供应链管理体系的优化提供了科学的依据。

2. 供应链绩效评价的原则

反映供应链绩效的评价指标有其自身的特点。其内容比现行的企业评价指标更广泛,它不仅仅代替财务数据,同时,还提出一些方法来测定供应链的上游企业是否有能力及时满足下游企业或市场的需求。还应该考查整个供应链的运营情况,在实际操作中,为了建立能有效评价供应链绩效的指标体系,应遵循以下原则。

(1) 应突出重点,要对关键绩效指标进行重点分析。

(2) 应采用能反映整个供应链业务流程的绩效指标体系。

(3) 要能反映整个供应链的运营情况，而不是仅仅反映单个节点企业的运营情况。

(4) 应尽可能采用实时分析与评价的方法，要把绩效度量范围扩大到能反映供应链实时运营的信息上去，因为这要比仅做事后分析要有价值得多。

(5) 在衡量供应链绩效时，要采用能反映供应商、制造商以及用户之间关系的绩效评价指标，把评价的对象扩大到供应链上的相关企业。

(6) 为供应链伙伴在平衡的机制上进行实际的操作提供依据，实现各节点企业间近期利益和远期利益的统一。

三、供应链绩效评价的内容

进行供应链绩效评价时，以企业为分界点，通常将具体评价内容分为以下三方面：内部绩效评价，外部绩效评价，供应链整体绩效评价。

1. 内部绩效评价

内部绩效的评价主要是对供应链中的企业内部绩效进行评价，主要评价内容包括：①完成特定运营目标所发生的成本。②供应链内部企业满足用户或下游企业需要的相对能力。由于难以定量的衡量，一般通过订单处理、服务反馈周期等指标作为补充指标。③产品的投入与产出之间的相对关系。④企业设施和设备的资产及流动资本的使用情况。⑤质量评价，主要用以确定供应链企业所发生物流活动的效率。通常根据"完美订货"衡量物流运作的质量。完美订货关注的是整体的物流绩效，而非单一功能，它代表着理想的绩效。

2. 绩效评价

外部绩效评价主要是对供应链上的企业之间运营状况的评价，主要包括：①用户满意程度。主要通过企业和行业组织调查或者系统的订货跟踪实现，由于难以精确地定量性衡量，一般以询问关于供应链企业与竞争者的绩效入手，如可靠性、订发货周期、信息的可用性、问题的解决和产品的支撑等指标作为补充。②最佳实施基准。主要用于衡量综合绩效评价。最佳的实施基准集中在对比组织指标上的实施和程序。越来越多的供应链企业应用最佳实施基准，将它作为企业运行与相关行业或者非相关行业的竞争对手或最佳企业比较的一种技术，特别是一些核心企业通常在重要的战略领域将基准作为检验供应链运营的工具。

3. 供应链整体绩效评价

供应链整体绩效评价主要包括以下内容。

(1) 评价供应链成本，与内部绩效评价中以完成特定运营目标所发生的成本所不同，供应链整体绩效评价中的成本是总成本，显然供应链整体所发生的成本均应纳入考虑范围，一般包括：订货完成成本、原材料取得成本、总的库存运输成本，以及与物流有关的财务和管理、信息系统成本、制造劳动力和库存的间接成本等。

(2) 评价供应链总体客户满意程度，主要包括完美订货、用户满意程度和产品质量，而此处的完美订货、用户满意程度、产品质量等指标都是供应链整体而言，因此对各企业此类指标的衡量是实意程度、产品质量等指标都是供应链整体而言，因此对各企业此类指标的衡量是实现整体评价的基础。

(3) 评价企业对用户要求的反应能力，即从顾客订货开始时间到顾客用到产品为止所需的时间，一般包括装运时间、送达顾客的运输时间和顾客接受时间。一般认为，时间和成本、顾客服务的关系密切，时间与这两类评价内容的目标通常矛盾，因此为保证供应链系统的绩效，需要实现各类指标的综合平衡。

(4) 评价企业设施和设备的资产及流动资本的使用情况，主要包括库存、设施及设备等相当大的资产负债，资产评价基本集中于在特定资产水平支持下的水平，一般测量资金周转时间、库存周转天数、销售额与总资产比率等资产绩效。

四、供应链绩效评价与企业绩效评价的异同

供应链管理环境下，企业的管理思想和侧重面发生了很大的变化。很多企业也都意识到供应链管理的潜力，但是由于缺少对集成供应链的全面理解，绩效评价的有效性较差。对于供应链指标而言，传统绩效评价方法的重视单个部门的绩效的思想难以推动供应链的生产力。供应链管理中，管理者将注意力从内部控制转移到外部监督，组织也从单一的独立个体发展为群体的企业群，那么对整个供应链的运作绩效评价也随着管理运作的方式而发生变化。

供应链绩效的侧重面比传统绩效评价发生了较大的变化。第一，关于运作的评价得以加强，不但对成本绩效有一定的要求，而且时间、地点、柔性也成为关注的中心。第二，扩展了企业产品以及运作的框架内涵，注重技术、人力资源的集成，流程改进和创新的关键。第三，注意到最优业绩是不断改进和发展的结果。

就绩效系统本身而言，现有的绩效评价系统过于侧重于成本指标的使用，全面性不足，与供应链管理的目标难以取得一致，同时较少地考虑不确定因素对于供应链绩效的影响。

传统上，企业绩效评价主要基于财务会计指标，财务会计提供了主要的评价指标用于提供企业经营状况和企业发展潜力的信息，并在现有的评价理论中占有绝对的优势。财务会计中的财务目标，股东利益最大化依然是企业经营的主要目标。但是对于整个供应链的绩效评价，单纯的财务指标的评价已经不能满足实际操作的需要，从财务指标的计算机理中我们可以得知以下几点。

(1) 财务指标的计算数据来自于历史的会计数据，通过过去的运营报表提供银行处理得出。这种历史导向的评价思想希望从历史的趋势中找出未来的经营和趋势，难以适应供应链管理的敏捷性和前瞻性的思想。

(2) 财务指标集中于评价企业的收益成本方面的绩效，忽略了重要的、战略性非财务指标，如顾客忠诚度、服务水平、产品质量等。同时财务指标缺乏实时性，不能随时提供反映生产经营状况的信息，使得战略执行的预警缺乏实效。

(3) 财务指标缺乏实时评估，不能直接提供生产运营过程中的物流、信息的状况。

供应链管理的条件使得不同行业的企业为了同一个目的结合在一个供应链，但是企业

生产经营的多样性，使得企业的经营可能跨度多个供应链。财务指建立在整个企业的经营状况基础上，使得介入供应链的各部门很难获得自身行的准确评价数据，不利于整个供应链的绩效准确性。还有绩效评价系统内部子系统之间缺少平衡关系。虽然现有的绩效评价系统已经或即将引入非财务指标，是他们缺少从一个相互制约的系统观的角度来理解指标，导致指标之间的关系重叠和评价效果与目标偏差较大。供应链的运营环境中，生产周期在扩展的企业范围中变长，对于制造、分销的日常控制使用非财务指标，而在战略决策时则多的用到财务指标。再者就是指标缺乏在不同的经营层次上的差异，供应链管理的战略目标和战术目标都是要通过各级指标的逐级反馈得到的，有必要将指标各级中进行分类。

供应链评价指标比传统的绩效评价指标更为集成化。这种方法使得评价企业好的从整个供应链的角度分析问题，而不是单独从一个企业分析，从而反映整供应链的优化，同时也可诊断单一企业内部与供应链有关的绩效问题。具体表现如下：①供应链绩效注重组织的未来发展性，加强了绩效评价的前瞻性。②绩效评价在除了对企业内部运作的基本评价外，更多的注意到了外部链的监控，以保证企业内、外在绩效上达到一致。③关注非财务指标和财务指标，关注供应链的长期发展和短期利润的有效组合，实现两者之间的有效传递。④供应链绩效评价系统注重指标之间的平衡。

第二节　供应链绩效评价的因素

一、供应链绩效评价的外部因素

1. 行业特征

供应链管理所涉及的行业特征使得供应链管理在绩效的考虑角度差别很大。例如，在制造业企业，其供应链管理的侧重点在于采购过程及物料管理，其管理的逻辑是传统内部行为扩展至企业外部，达到和战略合作伙伴的共同发展的目的。而在仓储、零售业，其供应链管理的侧重点则在于运输和物流管理，它将过去狭窄的企业物流部门扩展为从供应商到客户的物流价值链，有效的商品分销和物流组织是其业务流程的主要组成部分。这两种行业的供应链管理内容和方法都有所不同，因此，其绩效的侧重点也有所不同。

2. 竞争者

供应链的核心竞争力为供应链在竞争过程中保持特有的竞争优势。竞争者的技术优势、产品以及流程的革新、人力资源的整合都成为影响供应链绩效的因素。一般很难用模拟或数学分析的方法准确掌握竞争者的优势所在，但是作为供应链的运作影响因素，一般情况下都从客户角度分析起，利用标杆法，对供应链中的非增值活动进行分析，找出竞争者在可能领域对供应链的潜在威胁和机遇，从而提出自己改进的目标和方向。

3. 技术

技术的作用主要是在产品/服务以及信息流上对供应链的绩效产生影响。不断出现的先进开发技术对于产品的设计的影响很大，先进的管理技术也使得供应链管理不断适应环境变化而得以提高管理绩效，供应链伙伴之间的信息集成也将信息的滞后和扭曲问题降低到最小。此外，各项技术不断推进也使得以往实践中难以实施的绩效评价变得可行和容易。

4. 顾客

顾客作为供应链市场导向和利润来源，是供应链绩效评价的主要驱动因素。客户不断变化的个性化要求，不断降价的要求和消费者偏好，都增加了供应链的运作成本，增加了生产周期上的压力。当今的顾客越来越关注产品为自身带来的价值增值或成本节约，使得供应链要不断地提高管理水平和追求更好的运作绩效，否则将会失去供应链的竞争优势。

5. 经济及社会环境

它包括世界范围内的普遍经济前景和政治环境。经济压力通常会迫使供应链降低成本以面对世界范围的竞争，而良好的供应链管理可以帮助降低成本。社会环境的变化对于形成与供应商的伙伴关系也会产生重要的影响。另外，全球性供应链在不同的国家或地区的工业结构、经济发展阶段、顾客要求等因素的影响下，其构成和运作管理都会出现不同的绩效目标。

二、供应链绩效评价的内部因素

1. 流程机制

供应链运作的流程因其产品、服务和客户的分布性特点，在业务流程的设计上也有不同的策略。一般可分为分散采购集中制造和集中采购分散制造两种类型。但是，具体应该采用哪一种策略，则由该供应链系统所提供的产品/服务及客户的特点而定。此外，不同的市场层面也会使业务流程在设置上有相当大的差异。供应链绩效评价所关注的问题也是由于流程的不同而产生的差异。

2. 合作伙伴

过去，由于供应链内部各个企业缺乏战略性合作意识，他们之间的关系往往被认为是互不相关的。任何特定的供应链关系都被看作是临时的而不是永久的关系，注重短期的个体利益而忽视了长远的战略利益和整体利益。降低价格往往成为合作的唯一筹码。传统的交易对象都希望将自己的利益建立在别人损失的基础上，显然，这种合作是不可能长远的。而供应链管理实行的是要使所有参与者都赢的"双赢"战略，从而使整体供应链获得更大的利润，并且处于供应链上的所有企业都能够获取自己应得的那部分利润。

3. 组织结构

供应链在组织结构上有四种类型。首先考虑将供应链流程分为采购/供应、制造、交付三大环节，然后按照产品的模块化水平和流程的延迟原则分为四种类型，如图10.4所示。

4. 供应链战略

供应链绩效是战略执行的结果，绩效评价要求与战略目标相一致，以反映出供应链战略的执行效果。供应链战略因为供应链发展集成的层次阶段以及供应链经营方式不同对绩效提出了不同的要求。美国的史蒂文森(1989)将供应链集成归结为四个阶段：基础建设阶段、功能形成阶段、内部集成阶段、外部集成阶段，将供应链战略从单一组织向多组织协调集成，从市场反应型发展为市场导向型进行运作。供应链绩效也从内部单一测评扩展到了多方共同决策。供应链运作的方式的不同将导致战略管理重心的不同。

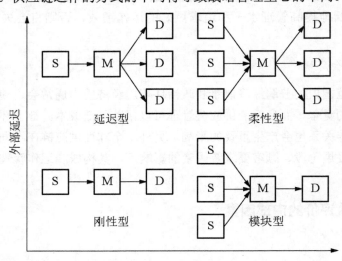

图10.4 供应链组织结构分类模型

5. 企业在供应链中的上、下游的位置

企业在整体供应链运作中所处的层次不同，对各种绩效的评价要求也是不一样的。如在供应链伙伴中，供应商可能更注重交货质量和交货的可靠性，地区分销商更注重于所提供的产品种类和价格，而当地分销商更注重产品送货速度和服务水平等。图10.5 给出了处于不同位置的企业对于绩效评价的不同追求。

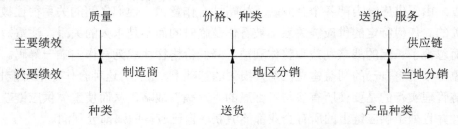

图10.5 供应链环节中对运作绩效的要求

三、供应链绩效评价的侧重角度

1. 供应链的物流角度评价

从这个角度分析，供应链和物流集成系统是统一的，人们已经提出了很多基于时间、

阶段的库存管理工具，如分销需求计划、物料需求计划、制造资源计划。物流的改进对于改进整个供应链的顾客服务水平、减少库存量、降低运输成本都起着很大的作用。供应链的物流角度评价主要包括以下几个方面。

(1) 速度。物流速度就是物流业务中相关行为的数据传递、计划变动以及执行的速度。其中，数据速度即指业务中关键数据信息如计划、预测、项目的联系传递速度；计划速度是指计划调整、重新制定的速度，以及运输能力和产品调整能够满足计划进度变动的能力；执行速度指通过减少制造、包装、运输的时间，减少提前期，以最少的时间满足客户服务的要求。

(2) 可变性。增加对客户需求变动的柔性处理以及客户定制化，运输要求变动的能力。

(3) 可视性。物流可视性描述了内部员工参与内部计划信息，与合作伙伴的信息相互共享，以及合作伙伴进入企业内部服务器获取相关信息，这样的目的是为了实现供应链整体运作。

2. 供应链的采购、供应角度评价

从这个角度分析，供应链管理与从传统采购物料部门演化而来的供应基集成战略是相同的。它的思想是扩展传统企业外的行为，通过达到一个共识的优化和效率目标建立交易伙伴，形成供应链战略伙伴关系。该角度评价主要包括以下内容。

(1) 提前期的评价。它是一种有效考虑整个组织经营的全面指标，仅降低提前期就可触及订货、设计蓝图的错误或问题，包括过长的调整准备期，频繁的停机时间，不协调的工作日程，不可靠的供应商，过长的运输时间以及大规模的存货等一系列问题。过长的提前期表示为供应链管理的运输、加工、储存的高额成本。

(2) 成本的评价。从采购—供应的角度来考虑供应商，供应链成本集中在供应链总运营成本指标，供应链总运营成本包括供应链通信成本、供应链库存费用及各节点企业外部运输总费用，用以反映供应链运营的效率。供应链通信成本包括各节点企业之间通信费用、供应链信息系统开发和维护费等。供应链库存费用包括各节点企业在制品库存和成品库存费用、各节点之间在途库存费用。各节点企业外部运输总费用是指供应链所有节点企业之间运输费用的总和。

3. 供应链的组织角度评价

供应链的组织角度和业务流程重组是相近的，在构建特定的供应链组织结构的基础上，评价供应链组织绩效提高整体重组效果是十分重要的，从该角度出发的评价主要包括以下内容。

(1) 柔性。供应链的组织形式就是为了能够更好地适应激烈竞争的市场，提高对用户的服务水平，及时满足用户的要求，如交货期、交货数量、商品质量等以及用户对产品/服务的某些特殊要求。为了提高供应链的柔性即灵活性，还需要 Internet、Intranet、EDI 等信息技术的支持，以提高市场信息在供应链中的反馈速度和供应链中各企业的响应速度。柔性的高低就成为评价供应链组织结构合理性的一个重要指标。因此，不同核心企业所构建的供应链组织结构也有所不同，即要求供应链的组织构建必须能适应市场需求为第一标准。

(2) 集成性。供应链不同于传统的单个企业之间的相互关系，它是将供应链中的企业加以集成，使得成员企业的资源能够共享，获得优势互补的整体效益。供应链集成包括：信息集成、物资集成、管理集成等。集成度的高低或者说整体优势发挥的大小，关键在于信息集成。

(3) 协调性。供应链是不同企业个体之间的集成网络，每个企业又是独立的利益个体，所以它比企业内部各部门之间的协调更加复杂，更加困难。供应链的协调包括利益协调和管理协调。利益协调必须在供应链组织结构构建时将链中各企业之间的利益分配加以明确，管理协调则要求适应供应链组织结构要求的计划和控制管理以及信息技术的支持，协调物流、信息流的有效流动，降低整个供应链的运行成本，提高供应链对市场的响应速度。

(4) 简洁性。供应链是物流链、信息链，也是一条增值链，它的构建并不是任意的。供应链中每一个环节都必须是价值增值的过程，非价值增值过程不仅增加了供应链管理的难度，增加了产品/服务的成本而且降低供应链的柔性，影响供应链中企业的竞争实力，因此在设计供应链的组织结构时，必须慎重选择供应链中企业，严格分析每一环节是否存在真正的价值增值活动。

(5) 稳定性。供应链是一种相对稳定的组织结构形式，影响供应链稳定的其中一个因素是供应链中的企业，它必须是具有优势的企业即要有竞争力，如果供应链中的企业不能在竞争中长期存在，必然影响到整个供应链的存在；另一个因素是供应链的组织结构，比如说供应链的长度，供应链的环节过多信息传递中就会存在扭曲信息，造成整个供应链的波动，稳定性相应地就差。

第三节　供应链绩效评价模型

供应链绩效评价模型是考虑从哪些方面评价供应链绩效，从而指导建立供应链绩效评价指标体系，是供应链绩效的核心部分。在供应链及企业中常用的绩效评价模型有平衡计分卡模型(Balanced Scorecard，BSC)、供应链运作参考模型(Supply Chain Operational Reference，SCOR)、标杆法(Benchmarking)、物流计分卡模型(The Logistics Scorecard，LS)等。

一、平衡计分卡

1. 平衡计分卡的概念

平衡计分卡源自于哈佛大学教授罗伯特·卡普兰与诺朗顿研究院执行长官大卫·诺顿于 1990 年所从事的"未来企业业绩评价方法"研究计划，该计划的目的在于找出超越传统的以财务会计测度为主的业绩评价模式。该方法不但完全改变了企业业绩评价思想，而且还推动企业自觉地建立实现目标的管理体系，在产品、流程、顾客和市场开发等关键领域使企业获得了突破性进展，从而带动了业绩评估及管理制度的一次革命。他们认为传统的财务指标只提供了业务绩效的较为狭窄而不完整的信息，依赖于历史数据，而这些数据又阻碍了未来商业价值的实现。因此，不能够单独用财务指标来评价绩效，还需要用能反映客户满意度，内部业务流程以及学习、成长性方面的指标来补充评价绩效。而平衡计分卡的设计结合了过去绩效的财务评价和未来绩效的驱动力。所以，平衡计分卡不仅是一种新的绩效衡量系统，更是一种以系统的过程来实施企业战略并获得反馈的管理系统，被称作一种革命性的评估和管理系统。

平衡计分卡是通过把企业四个方面各层次的绩效评价指标写在卡片上的方式，记录实际指标完成的情况，用财务指标衡量企业经营活动的结果，同时用一些重要的业务指标来补充财务指标。这些业务指标又是未来财务绩效的驱动力，使高层领导者从四个方面来观察企业。

2. 平衡计分法的内容

平衡计分卡四个方面之间的关系如图 10.6 所示。

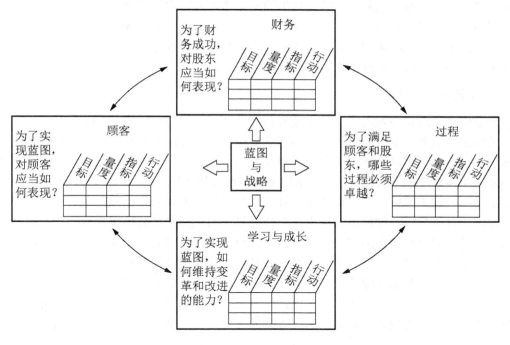

图 10.6 平衡计分卡四方面之间的关系图

(1) 财务方面。其目标是解决"股东如何看待我们？"这一类问题。财务指标可以体现股东的利益，在平衡计分卡里，其他三个方面的改善必须要反映到财务指标上。管理质量、客户满意、生产率的提高必须最终转化为市场份额的扩大、收入的增加、经营费用的降低等财务成果，否则做得再好也是无济于事。因此，财务方面是其他三个方面的出发点和归宿。平衡计分卡将财务方面作为所有目标评价的焦点。如果说每项评价方法是综合绩效评价制度这条纽带的一部分，那么因果链上的结果还是归于"提高财务绩效"。财务指标包括销售额、利润额、资产利用率等。

(2) 顾客方面。其目标是解决"客户如何看待我们"这一类问题。顾客方面体现了企业对外界变化的反映，只有了解顾客，不断地满足顾客的需求，产品的价值才能够得以实现，企业才能获得持续增长的经济源泉。顾客方面的指标包括顾客的满意程度、对顾客的挽留度、招揽新的顾客量、获利能力和在目标市场中所占的份额。此外，顾客方面还应包括顾客需求的具体评估，具体包括产品质量、交货时间、业务与服务、成本等方面。

(3) 内部业务流程方面。其目标是解决"我们擅长什么"这一类问题。内部业务流程是指企业从输入各种原材料和顾客需求到企业创造出对顾客有价值的产品或服务为终点的一系列活动。它是企业改善其经营绩效的重点，顾客满意度、股东价值的实现都要从内部业务流程中获得支持。指标包括生产率、生产周期、成本、合格品率、新产品开发速度等。

(4) 学习、成长性方面。其目标是解决"我们是在进步吗"这一类问题。学习和成长性是指公司创新、提高和学习的能力。公司只有不断地开发新产品，为顾客提供更多价值并提高经营效率，才能发展和壮大，从而增加股东价值。企业的学习来自三个主要的资源：员工、信息系统和企业的程序。强调员工的能力是以人为本的管理思想的结果。BSC 前三个方面的目标一般会揭示人才、系统和流程的现有能力和实现业绩突破所必需的能力之间的差距，为了弥补这些差距，企业必须投资于雇员培训，加强信息系统，理顺企业的日常工作流程，而这些目标都通过学习与成长得以实现。

3. 平衡计分卡的特点

为适应企业经营环境的变化，企业经营业绩评价的重心已从事后评价转到为实现企业战略经营目标服务，业绩评价已经成为企业战略管理过程的重要一环。而平衡计分卡的设计思路就充分体现了这一点，将企业战略置于中心位置，同时将战略转化为具体的、可测评的目标和指标。在平衡计分卡中，兼顾了长期目标与短期目标，财务目标与非财务目标，滞后型指标与领先型指标，内部绩效与外部绩效指标，既强调了结果，也对获得结果的动因、过程进行了分析，管理的注意力从短期的目标实现转移到战略目标实现，从对结果的反馈思考转向到对问题原因的实时分析，从而能够全面、客观、及时地反映企业经营绩效状况和战略实施的效果，同时为企业战略的制定、调整提供了依据，使企业的所有者能够快速、全面地了解掌握企业的现状和未来。同时企业的经营者能够将精力集中于那些对企业生存、发展有关键作用的信息和数据，并且迫使高层领导者将所有重要的绩效测评指标放在一起考评，从而使其注意到，某一方面的改进是否以牺牲另一方面为代价，防止了次优化行为。

平衡计分卡中的特点主要有以下几个方面。

(1) 财务与非财务的平衡。在平衡计分卡中，既包括了财务指标，如营业收入、利润、投资报酬率等指标，又包括了非财务指标，如客户保持率、合格品率、客户满意度等指标。传统的绩效评价体系主要是以财务指标(如利润、投资回报率)为主，它能够综合地反映公司的业绩，与营利组织的主要目标直接联系，故容易被公司和股东所接受。但财务指标也有不足之处：财务指标本身不能揭示绩效的动因或绩效改善的关键因素；另一方面，财务指标主要是偏重于公司内部评价，忽视了对外部环境(如顾客、市场)的分析。平衡计分卡则弥补了上述的不足，它兼顾财务、顾客、内部流程、学习与成长四个方面的内容，做到了财务指标和非财务指标的有机结合，实现了公司内部和外部之间、财务结果和这些结果的执行动因之间的平衡。这就体现了财务与非财务的平衡。

(2) 结果与动因的平衡。在平衡计分卡中，既包括了结果指标，又包括了动因指标。如客户满意度指标能够促使企业扩大销售，从而提高企业的利润。在这里，利润作为一种结果指标，而客户满意度指标就是动因指标。因此平衡计分法不仅仅是重要指标或重要成功要素的集合，并且包括一系列相互联系的目标和联系方法。这些目标和联系方法不仅是一致的，而且是相互补充的。计分法包括各种重要变量之间的一系列复杂的因果关系，同时包括对结果的衡量和对业绩的影响因素，而且这些因果关系描述了企业战略的轨道。一项战略就是关于因果的一系列设想。所采用的衡量系统应当明确规定各个不同方面的目标和衡量方法之间的关系，以便于管理它们和证明其合理性。

(3) 长期与短期的平衡。在平衡计分卡中，既包括了短期指标，如成本、利润等指标，又包括了长期指标，如客户满意度、雇员满意度、雇员培训次数等指标，平衡计分法不仅是控制行为和评估历史业绩的工具，而且可以用来阐明战略和传播企业战略，帮助衔接个人、组织及部门间的计划，以实现共同的目标。同时组织的所有成员均沿着创新学习、内部经营过程、客户、财务目标这条因果关系线不断修正自己的行动，使成员的日常工作与组织的战略保持一致。因此，平衡计分法成为联系长期战略和短期行为的桥梁，体现了长期与短期的平衡。

(4) 外部与内部的平衡。在平衡计分卡中，既包括了外部评价指标，又包括了内部评价指标。如客户满意度指标是通过客户的调查而得到的，反映了外部人员对本企业的评价，是外部评价指标。而合格品率、培训次数、成本、雇员满意度等指标是企业内部对本企业的评价，是内部评价指标。股东和顾客是外部群体，而员工和内部流程是内部群体，内部方面的战略是取得外部战略的驱动因素，高层管理者平衡计分卡倾向于外部战略，着重于最重要的战略性利益相关者的目标，即股东和顾客的目标，它主要用外部指标来指导和检验目标实现情况；而基层的员工平衡计分卡则关注内部战略，主要是用来诊断企业内部问题和实现内部过程的提高，从而达到战略目标的实现及内部指标的分解。每个外部指标的背后都有若干个内部指标的支持。这就体现了平衡计分卡外部与内部的平衡。

(5) 领先指标和滞后指标的平衡。财务指标描述的是已经完成了的事情，以财务指标为主的传统经营绩效评价体系，对于评价和指导信息时代的公司如何创造未来价值是远远不够的。通过平衡计分卡的四个角度的内容，经营管理者可以计量和控制公司及其内部各单位如何为现在和未来的顾客创造价值，如何建立和提高内部生产能力，以及如何为提高未来经营绩效而对企业进行投资。

4. 平衡计分卡在实施过程中存在的问题

(1) 平衡计分法是一种战略管理工具，是在战略明确的基础上，将目标按一定的关系层层分解到实施部门的。如果企业自身战略目标不十分明确，势必给平衡计分卡的实施带来一定困难。另外由于目前市场需求和供给变化迅速，企业的战略目标会有或大或小的改变，这使得平衡计分卡方法的实践效果打了折扣。

(2) 评价指标中定量数据过多，造成各部门为了达到考核指标，而不惜牺牲一切代价，从总体或长期来看，可能会伤害企业的形象、商誉和长远利益等。同时，评价指标太多太繁杂，重点不突出。

(3) 指标的可操作性不强,有些不太常用,有些很难得到。

(4) 指标的评价标准及计算方式有不合理的地方,造成指标的实现或未实现缺乏客观公正的判断标准和依据。

(5) 评价指标主要是定量指标的数据收集和计算,缺少定性指标的评价,无法对供应链进行综合评价。

(6) 没有考虑与竞争供应链的比较,评价主要是基于绩效绝对数值的计算和评估,没有提供评价方法计算相对绩效与竞争者比较。

(7) 没有充分考虑供应链中企业的利益的协调,不能有效协同供应链中企业的行动。

二、供应链运作参考模型

供应链运作参考模型 SCOR 将业务流程重组、标杆管理及最佳业务分析集成为多功能一体化的模型结构,为企业供应链管理提供了一个跨行业的普遍适用的共同标准。为了使我们更好地理解和管理供应链,SCOR 从 5 个维度衡量和测评供应链绩效,即可靠性、响应能力、灵活性、成本以及资产。其中可靠性、响应能力和灵活性是针对企业外部的服务顾客而言的,而成本和资产是针对企业内部绩效而言的。例如,在 SCOR 的第一层中,可靠性可表现为配送绩效、供应链饱和度以及完美订货的实施;资产可表现为资金流周转时间、供货的仓储天数和资产的周转。由此,对于供应链绩效应当进行多维的、全面的描述和测评,以最大限度地满足顾客的需求为出发点,在提高供应链可靠性、响应速度和灵活性的同时,权衡成本的增长、加速资产的流动,以提高整体供应链的绩效。

1. SCOR 模型应用的优点

(1) 提供了一个标准化模型对各行的供应链可以通用,提供了一个供应链绩效评价比较分析的平台。

(2) 给出基于业务流程的供应链绩效评价角度。

(3) 提供了业务流程的分解方法,在绩效目标及指标建立了相应的联系。

(4) 强调供应链绩效评价与供应链实践相结合。

(5) 为供应链绩效评价信息系统标准化做出了有益的尝试。

2. SCOR 模型应用的缺点

(1) 没有指出供应链绩效评价维度之间的因果关系。

(2) 没有对顾客满意度进行评价。

(3) 评价指标主要是定量指标,缺少定性指标的评价,无法对供应链进行综合评价。

(4) 没有从供应链未来的发展角度对供应链的可持续发展能力进行评价。

(5) 没有充分考虑供应链中企业的利益的分配改进与持续激励,不能有效协同和推动供应链中企业的行动。

三、标杆法

标杆法(Benchmarking)最早是美国施乐公司确立的经营分析方法。20世纪70年代末，施乐公司在复印机市场失去其领导地位，1979年开始对其制造成本施行标杆制度，并对制造质量及特性进行改进。在制造活动中标杆制度获得成功，之后将标杆制度运用于下属各企业，使其小型复印机在市场上居于优势地位。目前在日本和欧美国家的企业中，标杆制度已在计算机、医院、银行及物流企业中得到广泛的应用，在供应链构建中的作用也日趋明显，可以说，供应链标杆学习是传统标杆学习进一步衍化的结果，是一种新型的标杆学习方法。

1. 标杆法的构成

标杆制度的基本构成可以概括为两部分，即最佳实践和衡量标准。所谓最佳实践，即指行业中的领先企业在经营管理中所推行的最有效的措施和方法。所谓衡量标准则是指真实客观地反映经营管理者绩效的一套评价指标体系以及与之相适应的作为标杆的基准数据，如顾客满意程度、单位成本、周转时间以及资产计量指标。

供应链的标杆管理是一种新型的标杆管理方法。它是将标杆管理的思想贯穿于从供应商、制造商、分销商到第三方物流及最终用户整个供应链过程，是国外20世纪80年代发展起来的一种新型经营管理方法，是使一个组织不断学习、改进、维持企业竞争力的重要手段。标杆法经常用于竞争对手分析中的经营业绩评价，是查看一个企业取得比另一个企业更好的绩效时采用的流程及将彼此的绩效进行比较的方法。

2. 标杆法实施的过程

标杆法可以分为战略性标杆、操作性标杆和支持活动性标杆。标杆法有5个实施阶段：计划阶段－分析阶段－整合阶段－行动阶段－正常运作阶段，其实施过程如图10.7所示。

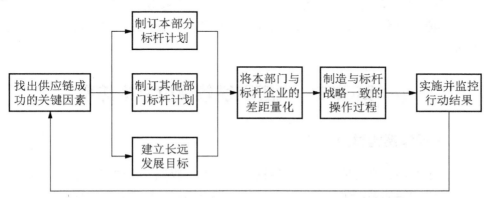

图10.7 标杆实施过程示意图

供应链的流程相当复杂，需要进行标杆管理的环节很多，必须抓住关键环节，就是确定标杆管理的优先环节。标杆对于评估一个企业的策略、运作方式和处理过程是十分有用的，它可以帮助企业检查自身的策略缺陷，明确物流过程的物流再造，以取得较好的结果，许多大的企业和一些有活力的企业用标杆估计他们竞争者的标准,以便持续改进他们的运作和过程处理。

3. 实施标杆法的不足

供应链的标杆绩效评价法有以下不足。

(1) 标杆法是将本企业尽可能多的业绩指标与竞争对手的业绩指标进行对比分析,因此竞争对手业绩指标的获得是该方法的关键。目前由于市场竞争激烈,各个竞争对手之间对资料和数据的交流较为敏感,有些关键数据很难得到。

(2) 将标杆法应用于竞争对手分析,很多企业在这一过程中不自觉地复制竞争对手的某些管理和操作程序而不是有所取舍的借鉴,这种做法通常并不能解决企业所面临的问题,每个企业都有与其他企业不同的发展经历和人员素质,企业应根据自身的实际情况和发展状况,选择合适自己的标杆企业。

企业必须有一个能应用于变化的管理方案,运用标杆法发现自身的不足和需要改进的地方,应该有较为灵活的管理模式使得改变其中的环节成为可能,否则标杆管理法只能发现不足而不能真正改进企业的管理。

四、物流计分卡模型

物流计分卡(The Logistics Scorecard)由国际物流资源公司(Logistics Resources International Inc.)开发。国际物流资源公司是专业从事供应链物流方面咨询、顾问的企业。物流计分卡推荐使用一套集成的绩效指标分成以下几个类别。

(1) 物流财务绩效指标(如投资回报率及开支等)。
(2) 物流生产率绩效指标(如每小时发送订购数及运输工具利用率等)。
(3) 物流质量绩效指标(如库存精确性及运输损毁率等)。
(4) 物流循环时间绩效指标(如运输时间及订单接收时间等)。

物流计分卡专门针对供应链物流分发管理的财务、生产力、质量及周转期等进行分析。

第四节 供应链绩效评价指标体系

一、指标体系构建的原则

为了科学、客观地反映供应链的运营情况,应该考虑建立与之相适应的供应链绩效评价指标体系。供应链的指标评价体系应当满足内容全面、科学实用、客观公正、可操作性强及适应性强等基本原则,从而保证为决策者提供准确的决策依据。

(1) 重点性原则,衡量供应链的绩效时,应突出重点,对反映供应链整体运转状况的关键绩效指标进行重点分析。

(2) 考虑通用性,不同类型或不同战略目标的供应链,其评价指标应该不尽相同,但有些指标对绝大多数供应链来说是通用的，这些指标应该重点考虑。

(3) 成长性原则，对供应链的绩效评价不仅要分析供应链过去和当前的水平，还要研究潜在的能力和未来的发展。

(4) 科学实用原则，供应链评价指标应准确地反映实际情况，评价内容与评价方法相适应，从而能够获得客观、真实的评价结果。

(5) 效益性原则，评价指标体系的设计应考虑到能以最少的投入创造最大的产出、经济效益在评价指标体系中应处于重要的位置，这要求指标体系的设计要尽量简化，突出重点，从而使指标体系在实践中易于操作、切实可行。

(6) 可操作性原则，评价指标应具有足够的灵活性，以使企业能根据自己的情况，对指标灵活运用。

二、指标选取的过程

供应链在不同的时期和不同的环境下有不同的战略目标，供应链绩效评价的指标必须与供应链战略目标一致或正相关，因为指标选取的依据是平衡计分卡，而平衡计分卡的主要特征之一是以战略为中心，它不仅提供了一种全新的绩效管理系统框架，同时也为企业战略管理与绩效考核之间建立系统的联系提供了思路与方法。因此指标选取的第一步要确定评价对象的战略目标，接下来将战略目标分解，根据供应链的核心竞争力确定绩效评价指标。供应链的核心竞争力即组织竞争力，也就是供应链的成功因素，将这一成功因素与供应链的战略目标相结合，从而确定评价的关键指标，确定评价指标的过程需要多方面搜集资料，结合本行业及企业性质、发展方向，然后对确定的指标进行归类、分层，最后是建立评价指标体系。该过程归纳如图 10.8 所示。

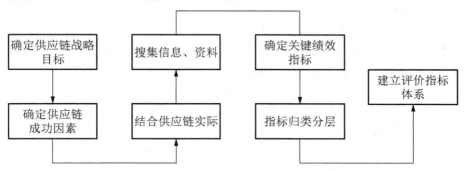

图 10.8　评价指标选取流程

三、供应商绩效评价指标

供应商处于供应链的上游，是供应链的起点，供应商提供的原材料的价格、质量以及交货期会直接影响产成品的价格和服务质量。2005 年肯德基发生的著名的"苏丹红"事件，直接原因就是因为供货商的原材料不合格，肯德基为此付出了沉重代价，可见供应商的绩效对核心企业乃至整个供应链的绩效都会产生重要影响。对核心企业来说，考察和评价供应商最注重的是交货质量和交货的可靠性，根据供应链平衡计分卡原理，供应商绩效评价指标包括：产品质量、产品价格、交货情况、财务状况、市场影响力和技术开发能力 6 个方面。

1. 产品质量

产品质量是从顾客角度出发对供应商绩效的考察。供应商提供的产品质量可以从产品合格率和返修退货比率两个定量指标和产品全面质量管理情况(TQM)和产品质量体系认证情况(ISO)两个定性指标进行评价。

(1) 产品合格率(Rate of Product Qualification，RPQ)。即一定时期内合格产品数占总采购量的百分比。设一段时期 T 内核心企业向某供应商采购产品 A 共 $TotalN$ 件，其中合格产品的数量为 $PurQ$，则该段时间内该供应商提供产品的合格率为

$$RPQ_A = \frac{PurQ}{TotalN} \times 100\%$$

(2) 返修退货比率(Percentage of Repairing and Exchanging Purchase，PRE)。返修退货率可采用一段时间内累计返修退货数量占产品总销量的比例表示。设核心企业在时段 T 内订购商品 A 共计 $TotalN$ 件，返修退货数量 ReN，则该产品在该时段内的返修退货比率为

$$P_{RE} = \frac{ReN}{TotalN} \times 100\%$$

(3) 产品全面质量管理情况(TQM)(定性)。

(4) 产品质量体系认证情况(ISO)(定性)。TQM 和 ISO 是企业产品质量稳定的保证，同时它们还有助于企业加强质量控制、提高质量管理水平。

2. 产品价格

供应商的价格会直接影响核心企业的成本，进而影响到产品价格，所以价格也是从顾客角度对供应商的评价。

(1) 价格竞争优势(Predominance of Price)。设某供应商提供的产品 A 的价格为 P_A，核心企业需要支付的变动费用为价格的 $S\%$，同行业中该产品的平均价格为 $\bar{P}_A$，估计的平均变动费用为平均价格的 $\bar{S}\%$，则该供应商的价格竞争优势为

$$P_{price} = \frac{P_A(1+S\%) - \bar{P}_A(1+\bar{S}\%)}{\bar{P}_A((1+\bar{S}\%))} \times 100\%$$

(2) 产品的运输费用率为

$$产品运输费用率 = \frac{一定数量产品的运费}{产品数量} \times 100\%$$

3. 产品交货情况

交货情况是供应商及时满足企业订单的能力，即从业务流程角度出发对供应商的考察，可通过准时交货比率、订货满足率、订货提前期定量指标和接受紧急订货的能力和应对突发事件的能力两个定性指标来描述。

(1) 准时交货率(Percentage of On-Time Delivery，PS_{OTD})，指在一定时间内供应商准时交货的次数与总交货次数的百分比。设一定时期内供应商准时交货次数为 VS_{OTD}，总交货次数为 VS_{TD}，则该段时间内供应商的准时交货率为

$$PS_{OTD} = \frac{VS_{OTD}}{VS_{TD}} \times 100\%$$

(2) 订货满足率(Order Fulfillment Rate, ROF_Q)。指一定时期内实际送达的订货数量占总订货数量的百分比。设时段 T 内核心企业向某供应商订购的产品 A 共计 n 次，其中第 j 次的订货数量为 $PurT_j$，实际送达数量为 $DeLT_j$，则该时间段内订货数量满足率为

$$ROF_Q = \frac{\sum_{j=1}^{n} Del T_j}{\sum_{j=1}^{n} Pur T_j} \times 100\%$$

(3) 接受紧急订货的能力(定性指标)。

(4) 应对突发事件的能力(定性指标)。产品在运输、交货过程中会由于客观条件及自然环境出现意料之外的突发事件，供应商对此类事件的处理也能反映出供应商的交货能力。

4. 供应商财务状况

评价财务状况的指标很多，主要考虑供应商是否有足够的流动资金采购原材料，并且从长期看，还要评价它的盈利能力和偿债能力。

(1) 流动比率(Liquidity Ratio)。

$$流动比率 = \frac{流动资产}{流动负债} \times 100\%$$

(2) 总资产回报率(Rate of Returns of Total Assets)。

$$总资产回报率 = \frac{利润总额 + 利息支出}{平均资产总额} \times 100\%$$

(3) 资产负债率(Asset Liability Ratio)。

$$资产负债率 = \frac{负债总额}{资产总额} \times 100\%$$

5. 市场影响度

(1) 销售增长率(Increase of sales, I_{sales})。指某段时期相对于上一时期销售额的增长情况。设时段 T 内某供应商供应的产品 A 的销售额为 $Sales_A$，在时段 $T-1$ 内销售额为 $\overline{Sales_A}$，则该产品的销售增长率为

$$I_{sales} = \frac{Sales_A - \overline{Sales_A}}{Sales_A} \times 100\%$$

(2) 市场占有率(Percentage Of Market Share, P_{MS})，指一定时段内某供应商提供的某产品的销售额占行业内同类产品销售总额的百分比。设时段 T 内某供应商供应的产品 A 的销售额为 $Sales_A$，行业内同类产品的销售额为 $SalesT_A$，则该供应商生产的产品 A 的市场占有率为：

$$P_{MS} = \frac{Sales_A}{SalesT_A} \times 100\%$$

6. 技术开发能力

市场影响度和技术开发能力都是从未来发展角度对供应商的考察。

(1) 科研费用率(Rate of Research and Development expense，R_{rd})，指一定时期内科研资金占销售收入的百分比。设某一时期供应商的科研经费为 E_{rd}，该段时间内的总销售收入为 T_{sales}，则该供应商的科研费用率 R_{rd} 为

$$R_{rd} = \frac{E_{rd}}{T_{sales}} \times 100\%$$

(2) 新产品销售比率(New Product Sale Ratio)。指一定时期内新产品的销售占总销售收入的百分比。设一定时期内某供应商的新产品销售收入为 N_{sales}，其他产品的销售收入为 O_{sales}，则该时间段内的新产品销售比率为

$$Ratio_{NPS} = \frac{N_{sales}}{N_{sales} + O_{sales}} \times 100\%$$

(3) 主要产品具有专业化的核心优势(定性指标)。

(4) 供应商企业的信息化水平(定性指标)。该评价指标体系结构中的目标层是供应商评价。主因素层包括：产品质量、产品价格、产品交货情况、财务状况、市场影响力和技术开发能力六个方面。将上述 6 个面的内容分解为 19 项具体指标，其中 6 项为定性指标，其余为定量指标。上述指标归纳为图 10.9。

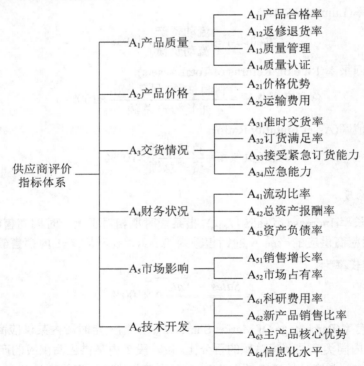

图 10.9 供应商评价指标体系结构

四、分销商绩效评价指标

1. 供应链中分销过程的特点

销售商连接供应链上游生产企业和末端用户，不但面对最终客户，而且还把客户对产

品的需求及时反映给供应链上游的供应商和核心企业，经过销售商的有效运作，可以提升整个供应链的竞争力。分销商对比供应商和核心企业，在产品价值转移和创造过程中，不通过产品本身使产品增值，而是通过提供物流配送、售后服务、送货上门、电话订购以及网络订购等优秀的服务创造价值。因此，分销过程有自身独有的特点。

(1) 销售商的选择和绩效评价，应以顾客为导向，全面考察零售商的企业形象、商业信誉和服务水平。销售商是最终顾客服务的直接提供者，与供应链中的制造商和供应商不同，销售商与最终顾客的联系最紧密，直接体现了供应链的服务水平，使影响顾客满意度的核心因素，进而影响供应链价值的实现。

(2) 销售商的特殊地位决定了在供应链中起着市场信息搜集中心的作用，对信息的敏感程度以及反应速度都间接甚至直接影响整个供应链对市场需求变化的响应时间，从而影响整个供应链的绩效水平。因此，销售商对市场信息的处理方式以及处理效率应该作为评价销售商绩效的重要指标。

(3) 销售商的财务状况对其销售的正常运转起着重要作用，因此，财务指标也应该作为评价标准之一。

(4) 销售商的商业信誉和企业形象会在很大程度上影响销售量，商业信誉高、企业形象好的销售商会拉动整个供应链的运营绩效，对销售商的绩效评价应该考虑到这个因素。

2. 建立销售商的评价指标体系

销售商绩效评价指标体系包括服务可靠性、市场营销能力、财务状况、信息处理能力、企业信誉5个方面。

(1) 服务可靠性。服务可靠性是针对顾客设计的考察角度，但准时交货比率这一指标既是从顾客角度出发，也是从流程角度出发对销售商的考察。

① 准时交货比率(Percentage of On-Time Delivery，PS_{OTD})。准时交货比率主要从时间角度考察销售商的送货能力，设一定时间内某销售商共发生 VS_{TD} 次交货，其中准时交货的次数为 VS_{OTD}，则该段时间内该销售商的准时交货率为

$$PS_{OTD} = \frac{VS_{OTD}}{VS_{TD}} \times 100\%$$

② 销售损失率(Percentage of Losing Sales，PS_{LS})。销售损失率反映了销售商无法满足既定需要的情况。如果顾客已经被承诺的要求经常得不到满足，就会使顾客缺乏对销售商和产品的信任。设一段时间内某销售商的总的销售额为 S_G，失去销售额为 S_{LS}，则该段时间内该销售商的失去销售比率为

$$PS_{LS} = \frac{S_{LS}}{S_G} \times 100\%$$

③ 顾客满意度(Percentage of Consumer Satisfaction，P_{CF})。顾客满意度是通过电话、邮件或者上门回访等方式得知的顾客对产品和服务的满意程度。设一定时期内对 N 个顾客进行了顾客满意度的回访，第 i 个客户对销售商的顾客满意度得分为 K_i，则顾客满意度为

$$P_{CF} = \frac{\sum_{i=1}^{N} K_i}{N} \times 100\%$$

④ 顾客抱怨比率(Percentage of Consumer Complain, P_{CC})。设一定时期内顾客的总的抱怨次数为 Q_t,总交易次数为 V_t,则顾客投诉率为

$$P_{CC} = \frac{Q_t}{V_t} \times 100\%$$

(2) 市场营销能力。
① 老顾客保有率。供应链利润持久的来源是核心顾客,保持现有的顾客的忠诚度是增加市场份额的主要手段,老顾客保有率是指重复购买的顾客数量与顾客总数量的比值。

$$老顾客保有率 = \frac{重复购买的顾客数量}{平均顾客总数} \times 100\%$$

② 新顾客增长率。新顾客的增长率反映的是产品或服务吸引新顾客的能力。

$$新顾客增长率 = \frac{新顾客数量}{平均顾客总数} \times 100\%$$

③ 市场份额。

$$市场份额 = \frac{产品销售量}{市场需求量} \times 100\%$$

(3) 财务状况。
① 总资产报酬率。总资产报酬率是衡量销售商资产运营绩效的指标,是指一定时期内获得的报酬与平均资产总额的比率。
② 总资产周转率。总资产周转率是综合评价销售商资产经营质量和利用效率的重要指标。计算公式为

$$总资产周转率 = \frac{销售收入}{平均资产总额} \times 100\%$$

③ 销售净利率。销售净利率是反映销售商盈利能力的重要指标,计算公式为

$$销售净利率 = \frac{利润}{销售收入} \times 100\%$$

④ 销售增长率。销售增长率反映的是销售商未来的发展能力,计算公式为

$$销售增长率 = \frac{本期销售收入 - 上期销售收入利润}{上期销售收入} \times 100\%$$

(4) 信息处理能力。
① 信息的实效性。信息的实效性是数据及时传递的次数占总传递次数的百分比。设销售商每天需向其供应链上游传递的次数有效数据 N 次,其中及时传递的次数是 n_t 次,考察期为 T 天,则该事件段内销售商传递信息的实效性 P 为

$$P = \frac{\sum_{t=1}^{T} n_i}{NT} \times 100\%$$

② 信息传递失真率(定性指标)。
(5) 企业信誉。
① 还贷信誉。主要指企业到期偿还贷款的比率,设一段时间 T 内,销售商贷款到期数为 N_{loan} 个,企业还清贷款数为 N_{Rloan},则还贷比率 RRL 为

$$RLL = \frac{N_{\text{loan}}}{N_{\text{Rloan}}} \times 100\%$$

② 履行合约率。主要评价销售商以前合约的执行、完成情况，设一段时间 T 内，销售商的合约数为 N_c，违约次数为 N_{vc}，则履行合约率 RPC 为

$$RPC = \left(1 - \frac{N_c}{N_{vc}}\right) \times 100\%$$

③ 行业地位(定性)。主要指销售商在行业内的影响度，取决于企业规模、企业实力、销售连锁店的位置等因素，属于定性指标。上述指标归纳为图 10.10。

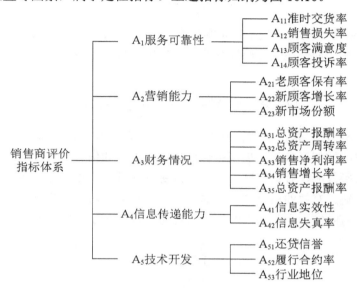

图 10.10　销售商评价指标体系结构

五、核心企业绩效评价指标

1. 核心企业绩效评价在供应链整体绩效评价中的地位

核心企业是供应链的协调中心，对整个供应链起着主导、控制、组织和协调的作用。在这一系统中，供应商会根据核心企业的要求生产一定数量、质量的产品，并按规定的时间运送到规定的地点，销售商会根据核心企业提供产品种类、特点制定相应的营销方案和营销手段，核心企业在其中需要控制各方面的供货和销货的数量以及物流的速度，以保证各个节点都能在正确的时间、正确的地点得到正确的零配件或者产成品，既不造成缺货，又不造成库存积压，把对供应链总成本的影响减至最低限度。良好的控制、组织和协调能力会使供应链的价值得到最大限度的体现。

2. 建立核心企业绩效评价指标体系

核心企业绩效评价包括与供应商的合作关系评价、与销售商的合作关系评价以及核心企业内部绩效评价 3 个方面。

1) 与供应商的合作关系评价

(1) 订单变动率。核心企业与供应商合作的主要依据是核心企业的订单,在供应链中信息流的传递过程中,供应商的获取信息主要来源于核心企业的传递。因此核心企业传递信息的准确性和及时性可以从订单反映出来。实际生产中,核心企业经常会因为计划的不确定性导致订单变动,而订单的变动将会给供应商带来生产计划上的困难。因此订单准确性是衡量核心企业信息水平的一个重要指标。设一段时间内,核心企业共发出了 pr 次订单,其中有 pr' 次订单因为核心企业的原因产生变动,则订单的变动率 r_{pc} 为

$$r_{pc} = \frac{pr'}{pr} \times 100\%$$

(2) 应付账款周转期。应收账款是衡量企业应付账款管理效率水平的财务指标。该指标反映了核心企业如期偿还供应商钱款的平均速度,核心企业的应付账款周期越长,对供应商的影响越大。

$$应收账款周转期 = \frac{平均应付账款}{赊销账款} \times 365$$

(3) 信息共享程度。供应链合作伙伴关系是基于双方利益共享基础上的一种合作关系,需要双方一定程度的相互参与。供应链合作者相互之间的信息交流和信息共享可以减少供应链管理中的长鞭效应,有助于链内企业做好更好的预测,更快地对供应问题做出反应。更为重要的是,缺乏有效的信息共享,这种生产组织方式将处于混乱状态。它可以通过供应商在一定时间内向核心企业提供的有效信息的次数来衡量。指标计算方法为

$$C_{ij} = \frac{\sum_{i=1}^{m} I_i}{\sum_{j=1}^{n} I_j} \times 100\%$$

式中:C_{ij}——信息共享程度;

I_i ——供应商第 i 次提供有效信息;

I_j ——供应商第 j 次提供信息。

2) 核心企业内部绩效评价

(1) 产品。产品是顾客对企业评价的主要认识来源,无论对于供应商还是核心企业来讲,产品的质量都是至关重要的,与销售商主要通过服务创造价值不同,供应商和核心企业通过对原材料和半成品的加工、分装和包装等程序获得价值增值,产品的质量的高低很大程度上影响产生利润的多少。和供应商相比,核心企业更加注重先进技术、先进设备对产品的增值作用。

① 产品合格率。

② 返修退货比率。以上两个指标在供应商的评价指标体系中已经说明,在此不再赘述。

③ 产品全面质量管理情况(TQM)(定性)。

④ 产品质量体系认证情况(ISO)(定性)。

TQM 和 ISO 是企业产品质量稳定的保证,同时它们还有助于企业加强质量控制、提高质量管理水平。

(2) 财务状况。企业的财务状况是衡量企业的经济收益的客观数据和标准。核心企业的经营情况会对整条供应链产生重大影响。主要有以下几个指标。

① 总资产报酬率。

② 总资产周转率。该指标是指销售收入与平均资产总额的比率,反映的是资产总额的周转速度,周转越快,则销售能力越强,反之说明企业存在资产闲置或现有设备老化、陈旧。

③ 存货周转率。该指标反映存货的周转速度。

④ 利润增长率。该指标反映企业净利润的增长速度。

$$利润增长率=\frac{本期利润-上期利润}{上期利润}\times 100\%$$

⑤ 资产负债率。该指标反映的是企业的偿债能力。

(3) 协调水平。前面已经提到,核心企业不仅制造产品,还要对供应链的整个流程起到组织和协调作用,以保证供应链高效运转。

① 资金周转时间。指在一定时期内,在供应链范围内从最初购买原材料,到最后将产品出售换回现金所用的时间。它反映了供应链资金的协调水平。资金流动越快,资金周转率越高,从而可把资金投入到更加有用的领域,提高资金的利用价值,发挥资金最大经济效益,其计算公式为

$$T=\frac{1}{N}\sum_{t=1}^{n}A_t+B_t-C_t$$

式中:T——资金周转时间;

N——供应链节点企业数量;

A_i——第 i 个节点企业平均存货天数;

B_i——第 i 个节点企业平均应收账款天数;

C_i——第 i 个节点企业平均应付账款天数。

② 产需率。产需率是指在一定时间内,核心企业已经生产的产品数量与其下游企业对该产品的需求量的比值,该指标反映核心企业与上下游企业之间的供需关系。产需率接近于1,说明上下游节点企业之间的供需关系协调,准时供应率高;反之,说明上下游节点企业之间准时供应率低或者核心企业综合管理水平低。

$$产需率=\frac{一定时间内核心企业生产产品数量}{一定时间内用户对该产品需求量库存总时间}\times 100\%$$

③ 库存闲置率。该指标是指供应链中库存闲置的时间占库存总时间的比率。库存总时间包括库存闲置时间和库存移动时间。该指标反映的是供应链的库存经营效率。计算公式为

$$库存闲置率=\frac{库存闲置时间}{库存总时间}\times 100\%$$

④ 有效提前期率(定性指标)。该指标反映了核心企业在完成客户订单过程中有效的增值活动时间在运作总时间中的比率,有效提前期率越高,说明企业的运作、协调能力越强。

$$有效提前期率 = \frac{有效增长活动时间}{运作总时间} \times 100\%$$

(4) 发展能力。企业未来发展的取决于企业的学习和创新能力,只有不断推出新的产品才能保持并扩大市场,在激烈的市场竞争中不断发展壮大。主要有以下几个评价指标。

① 员工平均培训费用。指一定时期内企业用于员工培训的费用与员工总数的比值。

$$员工平均培训费 = \frac{员工培训费用}{员工总数} \times 100\%$$

② 新产品销售比率。该指标是指在一定时期内由于引进新产品所获得的销售收入与产品总销售收入的比值,反映了供应链整体产品研发能力和对新产品的综合营销能力。

$$研究开发投资率 = \frac{研究开发费用}{销售额} \times 100\%$$

③ 研究开发投资率。该指标指的是企业研究开发的费用占总销售额的比率,反映的是企业对研究开发的投入程度。

$$研究开发投资率 = \frac{研究开发费用}{销售额} \times 100\%$$

3) 与销售商的关系

(1) 准时响应比率。它是指对零售商需求的实际响应时间不大于目标响应时间的次数占总次数的百分比。该指标越大,核心企业的柔性越大,服务能力越强。设核心企业有 m 个零售商供货,时段 T 内对零售商 j 需求的准确响应次数为 V_j^{AR};总响应次数为 V_j^{TAR},则准确响应率 P_{AR} 为

$$P_{AR} = \frac{\sum_{j=1}^{m} V_j^{AR}}{\sum_{j=1}^{m} V_j^{TAR}} \times 100\%$$

(2) 新产品柔性。新产品柔性是指一定时期内新产品种类数占总产品种类数的比率,该指标反映了核心企业在产品品种需求发生变化时的反应能力。在供应链协调中,销售商根据市场的变化不断调整向核心企业订购的产品种类,如果核心企业能够根据需求方的需求变化快速调整供应的品种,则供应链的响应能力强,协调水平高。其计算公式为

$$F_P = \frac{P_n}{T_P} \times 100\%$$

式中:F_P——产品柔性指标;

P_n——一定时期内新产品种类数;

T_P——一定时期内产品种类总数。

(3) 信息共享程度(同与供应商关系评价中信息共享程度指标)。

上述指标归纳为图 10.11。供应链绩效评价研究在国内外还不十分成熟,就供应链绩效评价指标体系中的指标选择还需进一步完善,以便更加确切地反映供应链的实际运行效果。

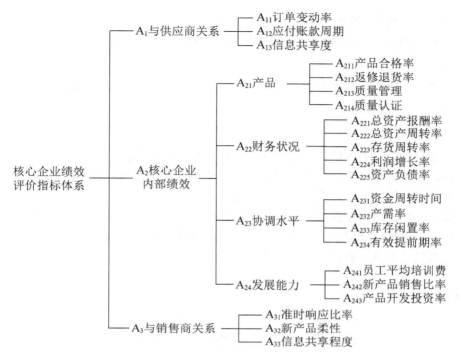

图 10.11 核心企业绩效评价指标体系

本 章 小 结

在这一章里面,我们介绍了供应链管理绩效评价的概念、特点、作用、原则以及内容,分析了供应链绩效评价的影响因素,总结了平衡计分卡、供应链运作参考模型、标杆法以及物流计分卡四种评价模型的原理和特点,从供应商、分销商以及核心企业角度,分别归纳了绩效评价指标体系。

 关键术语

绩效评价 Performance Evaluation　　　　　平衡计分卡方法 Balanced Scorecard Method
标杆法 Benchmarking Method　　　　　　　物流计分卡法 Logistics Scorecard Method
绩效评价指标体系 Performance Evaluation Index system
供应链运作参考模型 Supply Chain Operation Reference Model
供应链绩效评价 Supply Chain Performance Evaluation

习　　题

一、填空题

1. 供应链绩效评价可以从_____、_____、_____三个层面评价。

2. 平衡计分卡是一种战略性绩效评价方法，它将_____、_____方面评价相结合。
3. SCOR 提出了衡量和测评供应链绩效的五个维度，即_____、_____、_____、_____、_____。
4. 财务评价指标一般包括_____、_____、_____、_____、_____五个方面。

二、思考题

1. 传统企业的绩效评价指标与供应链管理企业的绩效评价指标之间有哪些区别？
2. 在供应使管理环境下，对企业进行绩效评价应该注意哪些原则？
3. 如何建立供应链企业的绩效评价指标体系？
4. 试比较传统运作模式和供应链管理运作模式下，企业绩效评价的区别。
5. 在供应链管理环境下，企业的绩效评价侧重面发生哪些具体变化？
6. 试描述平衡供应链计分卡评价的角度及其指标体系。

案例分析

B 公司供应链绩效指标体系实施策略

1. B 公司现状

B 公司是一家世界 500 强的化工企业，在亚太区的业务模式总体上可以被概括为两类，即直接进口销售模式和本地库存销售模式。在直接进口销售模式下：市场部门寻找合适的客户，在洽谈成功后和客户签署销售合同，并在电脑系统中制作销售订单；根据不同的付款条件，销售订单会由电脑系统自动审核放行或由财务部进行审核后放行；然后，市场部向集团供应商发出采购订单，由供应商直接向客户发运货物。在客户收到货物后，整个流程完成。在本地库存销售模式下：市场部门先通过电脑系统向集团供应商发出采购订单，货物到达本地后由物流部安排清关、进仓储存。同时市场部门寻找合适的客户，在洽谈成功后和客户签署销售合同，并在电脑系统中制作销售订单；根据不同的付款条件，销售订单会由电脑系统自动放行或由财务部进行审核后放行；物流部在看到放行的销售订单后，制作出货单，根据交货条款交由客户自己去仓库提货或安排送货。在客户收到货物后，整个流程完成。

2. B 公司的战略

B 公司提出的 2015 年四条战略原则是：利用我们的资金成本拔取头筹；协助我们的客户取得成功；建立行业最佳团队；确保可持续发展。然而，B 公司在实际运营过程中已经出现了一些不利于公司战略实现的问题：2000 年第 4 季度，B 公司中国地区销售公司进行了一次历史上最广泛的顾客满意度调查。调查的结果显示：客户认为 B 公司的优势在于重视客户和重视高品质、高质量的产品；待改进的地方有价格支付条款、解决问题的能力、准时交货、弹性的交货期等。而 2002 年另一项关于库存的调查表明，B 公司库存价值已经超过总资产的 9%，库存天数超过 80 天，也就是说大约平均 3 个月库存周转一次。

3. 已经使用的供应链指标

B 公司亚太区的地区销售公司和事业部不进行生产和研发，只进行销售，而销售过程全部都是围绕客户订单进行的；B 公司在供应链控制方面已经出现了诸如供货能力差，处理客户抱怨能力差和低库存周转率等问题；B 公司在亚太区的主要三个国家已有了一些衡量供应链绩效的指标(表 10.1)，但不全面，且指标定义、计算方法和运用工具都有所不同。基于这些现状，项目组需要在分析已有旧指标的基础上建立基于订单流程的供应链指标体系，统一各国的指标定义和计算方法，计算系统，尽可能使用已经投资的系统工具，降低成本。

表 10.1 B 公司在中国、日本和韩国应用的供应链评价指标

公司 角度	中国	日本		韩国
		管理层报告	事业部物料计划报告	
客户价值角度	1. 对客户反应的效率和效应； 2. 供货能力和可靠性； 3. 库存可靠性	1. 客户成长率	6. 供应商供货提前期变化率	1. 准时交货比率 2. 信用证开证/发货提前期 3. 客户抱怨比率
内部流程角度	4. 销售预测准确性 5. 生产计划更改率 6. 供应商可靠性 7. 紧急订单比率		7. 销售预测准确率 8. 由系统物料计划模块建议的订单比率	
财务角度	8. 库存周转天数 9. 库存寿命 10. 平均运费(每吨) 11. 息税前利润 12. 应收账款回收率	2. 平均仓储成本 3. 平均订单数量 4. 平均内陆运输成本 5. 息税前利润	9. 库存天数 10. 空运订单数 11. 安全库存利用率 12. 运输资源的充足分配	4. 库存寿命(原材料、产成品) 5. 息税前利润

4. B 公司供应链绩效评价指标体系推广和应用阶段的工作

项目组在推广期面临的重要任务就是挑选推广队伍。为了保证推广工作的顺利进行，项目组挑选了一些参与了项目实施阶段的，对新的绩效评价体系理解比较深刻的同事，这些同事和需要进行推广的部门的产品经理共同组成了项目推广小组。B 公司的产品经理负责协调与本部门产品供给有关的一切活动，对本部门的业务流程都很熟悉，并且具备一定的供应链知识，所以更易接受和掌握新的评价体系。在项目推广小组的努力下，项目推广工作于 2004 年中旬基本结束。

推广工作结束后，B 公司即按照设计好的评估流程对供应链绩效进行评估。为了帮助各事业部更好地运用新的供应链绩效评价体系，由 B 公司的供应链竞争力中心牵头，在 B 公司的每一个事业部成立了一个包括 B 公司供应链竞争力中心的顾问、产品经理、客户服务人员的供应链小组。供应链小组定期开会对供应链月度报告的数据进行分析、讨论，研究改进方法，探讨改进措施。年底时供应链小组还会就下一年度供应链指标的目标值设定提出建议。这样，通过供应链小组这样一个横向组织的定期活动，保证了新的供应链绩效指标评价体系可以在供应链管理中真正发挥推动供应链持续改进的作用。

在新的评价体系的应用阶段，对于一些评价结果偏低的指标，B 公司还陆续引进了其他一些辅助性的系统有针对性地对流程进行更深入地分析，找出评价结果低的原因，采取调整措施，并对实施后的评价结果进行持续监控，从而通过追踪供应链指标的评价结果实现供应链持续改进。例如，为了改进交货能力和可靠性这两个指标，B 公司引进了供应链事件管理系统，对整个订单流程进行跟踪。这样，通过对这些流程的改进，交货能力和交货可靠性得到了很大的提高；为了改进库存周转天数指标，B 公司引进了库存优化系统，对库存产品进行分类管理。所有产品按照产品销售额占总销售额的比率分为 ABC 三类，按照需求变动系数分为 XYZ 三类，然后对于 ABC 与 XYZ 的不同组合(如 AX, AZ, BX 等)分别采取不同的库存政策。此外，库存优化系统还可以根据销售和预测的历史数据计算出安全库存、订货点、订货批量的理论值，作为 B 公司制定库存政策的参考。库存优化系统的操作十分简便，可以随时进行 ABCXYZ 的重定义，这样也避免了在传统的 ERP 系统中因为调整不方便出现因为产品需求趋势变化导致库存政策不实用的情况。通过利用库存优化系统，B 公司的库存周转天数从 2002 年的八十几天下降到 2004 年年底的四十几天，大大节约了营运资金成本；为了改进销售预测准确率指标，B 公司引进了 SAP APO DP module(Advanced Planning Optimization, Demand Planning)，可以根据过去的销售历史趋势对未来的销售数据进行预测，需

求计划人员可以用这些系统的预测数据与销售人员输入的销售预测数据进行对比,对偏差较大的数据重新进行判断,这样就进一步增强了预测数据的可靠性。同时,对于由库存优化系统判断出的CX类的产品,即价值较小,需求变动不大的产品可以由APO DP模块直接计算出销售预测数据,这样既保证了预测的准确性又节约了销售人员的时间和精力。这样,通过运用这些辅助性的系统,通过供应链评价指标体系的定期评价、反馈、调整活动,B公司的供应链流程和绩效都得到了明显的改善。

推广期的工作在项目组和项目推广小组的共同努力下顺利结束。然而,关于完善供应链指标体系的工作并不能就此画上一个句号。随着公司战略、业务种类、产品生命周期以及所处环境的变化,供应链绩效指标评价体系也应该随之变化,并服务于新的评价目标。

讨论题:
1. 供应链绩效评价的特点有哪些?
2. 供应链整体绩效评价内容有哪些?
3. 从哪些角度评价供应链绩效?
4. 供应商绩效评价指标包括哪些?

第十一章 供应链风险管理

【学习目标】

- 理解供应链风险管理的有关概念、特征;
- 掌握供应链风险管理的主要内容;
- 掌握供应链风险识别、分析、评估以及防控的步骤和方法;
- 能够应用供应链风险管理知识分析解决实际供应链管理中的风险问题。

供应链管理

【知识架构】

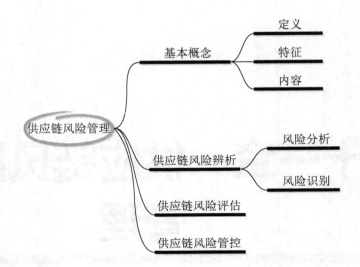

惠普供应链风险管理

2000 年惠普公司面临了一次供应链危机。由于迅猛发展的移动电话制造商们大量使用闪存，原本使用于打印机里面的数量就明显不够，惠普公司无法获得充足供应来满足利润颇丰的打印机生产需求。公司无法按计划生产出大约 250 000 台打印机，这意味着高达几千万美元收入损失。为了确保闪存的供应量，惠普公司被迫和供应商签订了为期三年的合同，合同中规定了固定供应数量和恒定价格。别忘了，闪存市场可是一个高度动荡的市场，价格差异变化很大。

这次危机促使了惠普公司建立了评估和管理供应链危机的框架，取名为采购风险管理框架（Procurement Risk Management，PRM）。该框架涵盖了相关流程和技术，运用于公司内部许多业务部门，每年涉及的费用支出为 560 亿美元上下。由于 PRM 的实施，迄今为止已为公司节省了 1 亿多美元。

（资料来源：http://www.doc88.com）

第一节 供应链风险管理的概念

一、供应链风险的概念

供应链的多参与主体、跨地域、多环节的特征，使供应链容易受到来自外部环境和链上各实体内部不利因素的影响，形成供应链风险。供应链风险是一种潜在威胁，它会利用供应链系统的脆弱性，对供应链系统造成破坏。从目标控制的角度出发，可以说供应链风险是供应链偏离预定目标的可能性。

供应链风险也就是供应链上存在的风险，由于目前对风险的定义还没有统一的看法，在现实中有以下几种含义。

1. 风险是事件未来可能结果发生的不确定性

有专家认为风险是事物可能结果的不确定性，可由收益分布的方差测度；通过量化风险的概念改变人们对风险的认识。由于方差计算的方便性，风险的这种定义在实际中使用较为广泛。

2. 风险是损失发生的不确定性

该观点认为风险意味着未来损失的不确定性，又分为主观学说和客观学说两类。主观学说认为不确定性是主观的、个人的和心理上的一种观念，是个人对客观事物的主观估计，而不能以客观的尺度予以衡量，不确定性的范围包括发生与否的不确定性、发生时间的不确定性、发生状况的不确定性以及发生结果严重程度的不确定性。客观学说则是以风险客观存在为前提，以风险事故观察为基础，以数学和统计学观点加以定义，认为风险可用客观的尺度来度量。

3. 风险是指可能发生损失的损害程度的大小

该观点认为风险可以引申定义为预期损失的不利偏差。哈里·马科维茨在别人质疑的基础上，排除可能收益率高于期望收益率的情况，提出了下方风险(Downside Risk)的概念，即实现的收益率低于期望收益率的风险，并用半方差(Semi-variance)来计量下方风险。

4. 风险是指损失的大小和发生的可能性

这种观点认为风险是指在一定条件下和一定时期内，由于各种结果发生的不确定性而导致行为主体遭受损失的大小以及这种损失发生可能性的大小，风险是一个二元概念，风险以损失发生的大小与损失发生的概率两个指标进行衡量。另外一些学者认为风险不仅包括损失的概率、可能损失的程度还包括损失的易变性，其中可能损失的程度处于最重要的位置。

5. 风险是风险构成要素相互作用的结果

风险因素、风险事件和风险结果是风险的基本构成要素，风险因素是风险形成的必要条件，是风险产生和存在的前提。风险事件是外界环境变量发生预料未及的变动从而导致风险结果的事件，它是风险存在的充分条件。风险事件是连接风险因素与风险结果的桥梁，是风险由可能性转化为现实性的媒介。根据风险的形成机理我们可以将风险定义为：风险是在一定时间内，以相应的风险因素为必要条件，以相应的风险事件为充分条件，有关行为主体承受相应的风险结果的可能性。

6. 利用不确定性的随机性特征来定义风险

风险的不确定性包括模糊性与随机性两类。模糊性的不确定性，主要取决于风险本身所固有的模糊属性，要采用模糊数学的方法来刻画与研究。而随机性的不确定性，主要是由于风险外部的多因性(即各种随机因素的影响)造成的必然反映，要采用概率论与数理统计的方法来刻画与研究。

借鉴以上定义，我们对供应链风险的定义是：供应链风险是指在特定客观条件下，在特定期间内，由风险因素引起的风险事件的发生，影响了供应链预期的正常运行，使供应链面临损失的可能性。其中，风险因素是指风险形成的必要条件，是供应链风险产生和存在的前提；风险事件是指供应链内外变量发生变化导致供应链损失的事件，它是供应链风险存在的充分条件，也是连接风险因素与损失的桥梁。

二、供应链风险的特征

尽管供应链能带来诸多好处，供应链环节中的企业仍是市场中的独立经济实体，彼此之间仍存有潜在利益冲突和信息不对称。在这种不稳定的系统内，各节点企业是通过不完全契约方式来实现企业之间的协调，因而供应链必然存在风险性，且这种风险与单个企业的风险有很大不同。与一般的企业风险相比，供应链风险有以下特征。

1. 传递性

传递性指的就是供应链风险在供应链节点企业之间的传递。传递性使供应链风险成为一种潜在的威胁，它会利用供应联系统的联动性，对供应链系统造成破坏，给上下游企业以及整个供应链带来损害和损失。"牛鞭效应"便是由这种传递性引起的。实践中，供应链生产源头和终点需求之间总会存在时间上的延迟，这种延迟导致反馈误解。由于供应链上的企业多依据相邻企业的需求进行决策，而并不探求其他成员信息，造成这种曲解传递到源头时出现不可思议的放大。供应链越长，中间非价值生产过程越多，"牛鞭效应"越严重，供应链效率越低下。

2. 复杂性

供应链中的企业相互之间是一种协作关系，企业对于外部企业的依赖性比以前增加了，并且依赖关系本身也比以前复杂，这增加了供应链风险管理的难度。例如一家美国企业从国外购进的某一种零件可能会有五六种运输方式组合，而制造这种零件也可能会有多个供应商和多种运输方式。这其中任何一个点的失败都可能引起供应链的中断，这时很难对风险进行分析与预防。

3. 可操作性

供应链风险在本质上是实际运作风险，因此对供应链风险研究必须要了解熟悉供应链的构建原理与操作过程。因此，供应链风险研究人员应该加强与实际运作供应链的人员交谈，和他们一起发现供应链的风险。

4. 多样性

供应链从构建之日起就面对许多风险，它不仅要面对普通单个企业所要面对的系统风险与非系统风险、实质资产风险、责任暴露风险与财务资产风险、人力资产风险、危害性风险与财务性风险，还要面对由于供应链的特有结构而形成的企业之间的合作风险、技术与信息资源传递风险、合作利润在不同企业中分配的风险、市场风险等。

5. 冲突性

供应链中的很多风险是此消彼长的，一种风险的减少会引起另一种风险的增加。在以前的企业管理中库存是防范风险的一种手段，但是保持过多的库存会引起供应链的营运风险，库存过多会引起资金的积压，库存物品陈旧损失。于是供应链中的企业纷纷寻找减少库存的方法。但是现在可以看到，供应链中断的许多因素是由于减少库存引起的，营运风险和中断风险是相互对立的。减少库存营运风险，中断风险相应增加；反之亦然。例如，在"非典"的影响下，我国许多 PC 厂商均在 4 月下旬"SARS"疫情开始加剧后，启动紧急应变措施，要求上游协力厂商提高库存，以确保供应链不会中断，减少了中断风险。但应变措施的启动，也相对提升了跌价损失的风险。由于全球 PC 市场需求仍相当疲弱，国际大厂如戴尔电脑、惠普为刺激需求，不断以降价、快速推出新机种的方式来促进销售，在此情形下，我国工厂的库存却相对升高，无异于增加了营运风险。因此在研究供应链风险，加强对供应链风险的控制时就要充分考虑风险的相互影响性，对冲突性的风险进行权衡以确保供应链整体风险最小。

三、供应链风险管理的内容

供应链风险管理旨在识别潜在的风险并采取适当的行动以规避或消除风险，可定义为"通过供应链成员之间协作，识别和管理供应链内部风险和外部风险，来降低整体供应链的脆弱性。"

供应链风险管理理论和方法是从一般风险管理理论中划分和发展出来的，其内容也和风险管理大体相似。借鉴在世界范围内影响较大，且被国际标准化组织(ISO)认可的国家性标准——澳大利亚风险管理标准(AS/NZS 4360：1995)，结合供应链管理实际情况，归纳出供应链风险管理体系应包括的内容，如图 11.1 所示。

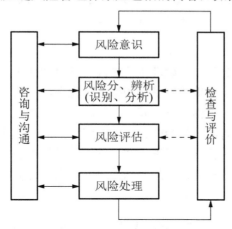

图 11.1　供应链风险管理过程

1. 风险意识

在供应链的各种活动中，风险并未受到人们的充分的认识，难以置信的结果可能令人手忙脚乱。其实，其中有些后果是可以避免的，这就要求将各种可能出现的风险能被系统地管理起来，识别风险并能确定其影响范围，也就是说供应链中的员工特别是管理者必须提高对风险的主动意识，对待风险及其影响要做到有目的、有计划、有预案、有措施。

2. 风险辨析

风险辨析分为风险识别和风险分析两个过程。风险识别是指通过调查与分析来识别供应链面临风险的存在；风险分析就是通过归类，掌握风险产生的原因和条件，以及风险具有的性质。

风险辨析的目的是在风险意识的基础上辨析存在于供应链内部的危险、起因和后果，对风险进行统一的分离，简化风险分析，并促进有效的风险处理。

辨析风险的前提是要将风险分类。从不同的角度、按照不同的标准，对供应链风险有不同的分类结果。根据供应链管理的目标，供应链风险可以分为时间风险、质量风险和成本风险。供应链是一个多参与主体、多环节的复杂系统，参与供应链活动的行为主体，包括提供原辅材料和服务的供应商、生产商、批发商、零售商及物流服务商等。按照行为主体的不同，供应链风险又可划分为供应商风险、生产商风险、批发商风险、零售商风险、物流服务商风险等。通过风险识别的过程，供应链管理者便可以对可能出现的风险有了初步的了解。

3. 风险评估

风险评估是指对可能引起风险的因素进行定性分析、定量计算，以测量可能发生风险的概率，为风险处理提供依据。其目的和任务是评价供应链已识别危险对供应链稳定性的影响程度。

4. 风险处理

其目标是通过适当的措施把风险造成的后果控制在可预料或可承受的范围内，通过系统方法，根据风险的起因与后果对其进行连贯一致地处理。

5. 检查及评价

风险管理是个定期重复的过程，但随着供应链内外环境的变化，原来的管理方法可能不再适用于新的管理环境。在风险管理决策贯彻和执行过程中，必须对其贯彻和执行情况不断进行检查、评价、指挥和协调。理由如下：其一，风险管理的过程是动态的，风险是在不断变化的，新的风险会产生，原有的风险会变大、变小或完全消失；其二，通过检查和评估来发现风险管理决策中可能存在的错误。对每一期的供应链风险管理效果进行评价，并将评价的结果反馈到下一期的风险管理中去，以期不断改进和提高供应链的风险管理水平。

6. 咨询和沟通

咨询和沟通是风险信息和分析结果双向多边的交换和传达，以便相互理解和采取有效管理措施，所有的风险管理步骤必须包括与内部及外部利益相关方沟通。

四、供应链风险管理与企业风险管理之间的区别

供应链风险管理体系是在企业风险管理体系基础上发展起来的，与企业风险管理体系有很多相同之处，例如程序上都包括风险识别、风险分析、风险处理和管理效果评价与反馈等几个步履，但同时两者还是有本质区别的。

(1) 管理对象不同。企业风险管理的对象是单个企业的风险，是指由于企业内外部环境的不确定性、生产经营活动的复杂性和企业能力的有限性而导致企业的实际收益达不到预期收益，甚至导致生产经营活动失败的风险，侧重于企业内部的风险管理。供应链风险管理的对象则是供应链的风险，这些风险包括供应链整体的信息流、资金流和物流所产生的风险，侧重整体以及节点企业之间的风险管理。

(2) 层次不同。供应链风险管理是建立在整个供应链层次上的,它的管理覆盖到供应链上各个节点环节,而企业风险管理仅涉及一个企业。

(3) 决策与执行方式不同。企业风险管理采用的风险决策方式是要是集中式,企业管理者说了算,通过行政手段执行。供应链风险管理采用的风险决策方式主要是集中与分散式,既有供应链风险管理统一协议,集中规范,共同决策又有各节点企业自主决策所属部分的风险管理,风险处理执行方式采灵活、实用的方法。

第二节 供应链风险辨析

风险辨析是供应链风险管理的首要步骤,它是指供应链风险管理主体在各类风险事件发生之前运用各种方法系统地认识所面临的各种风险以及分析风险事件发生的潜在原因。它分为风险识别和风险分析。风险识别是指通过调查与分析来识别供应链面临风险的存在,是风险分析的前提。只有感知风险的存在,才能进行风险分析,而在进行风险分析的同时,又会进一步加深对感知风险的认识,使风险识别具有准确性。风险分析就是通过归类,掌握风险产生的原因和条件,以及风险具有的性质。由于风险存在的客观性与普遍性及风险识别的主观性两者之间的差异,使正确识别和分析风险成为风险管理中最重要,也是最困难的工作。风险的识别和分析是一项连续性工作,新技术的应用、新产品的开发、成员企业的变动等都能改变供应链内外风险的性质和来源,如果没有连续的风险识别与分析,就难以发现供应链面临的潜在风险。

一、供应链风险识别

在风险事件发生之前,风险管理主体需要运用各种方法系统地、不间断地识别供应链的各种风险。风险识别与分析的工作就是通过调查了解和识别供应链面临的风险及其来源,并对其进行归类,掌握风险产生的原因和条件及其表现形式。对于风险管理主体来说,凭借其经验和一般知识便可识别和分析供应链面临的常见风险。但对于新的、潜在的风险,其识别和分析难度较大,需要按照一定的方法,在必要时还要借助外部力量,来进行识别与分析。其主要方法包括情景分析法、历史分析法、流程分析法、风险问卷法和财务报表法。

1. 情景分析法

情景分析法常常以头脑风暴会议的形式,来发现一系列经济、政治、技术、文化等方面的影响供应链表现的风险因素。这种方式可以识别世界将来发展的一个趋势。一旦某种趋势被识别出后,跟着就要分析这种趋势对企业对供应链将会产生怎样的影响,然后发现一系列存在的或潜在的风险因素。

从战略层次看,情景分析法对于识别由于新技术的出现、产业结构和动态,以及经济状况的变化等这些宏观环境所导致的风险特别有效。情景分析法也能被用在偏策略的层次来发现一些现存的风险因素,以及这些风险因素产生的影响。

2. 历史事件分析法

历史事件分析法通过分析历史风险事件来总结经验,进而识别将来可能发生的潜在风险。一般情况下，先收集一些产生不良后果的历史事件案例，然后分析总结导致这些事件发生的风险因素。而且这个分析过程也包括对那些在实际中没导致损失但却暗示着潜在危机的事件的分析。例如，零部件出现短缺、客户需求突然发生变化、生产和产品质量发现问题等。

历史事件分析法的缺点是重大风险事件是很少发生的，本供应链中并不存在足够的风险事例用来分析。面对这样的情况，对历史风险事例的收集就要扩大到其他有着相同行业特点的供应链，甚至其他行业的供应链。历史事件分析法的另一个问题是它只能识别那些已经发生过的事件风险因素，容易忽视一些新的还没有出现过的重要风险因素，特别是那些与技术更新、行业实践与产业动态相关却从没出现过的风险因素。

3. 流程分析法

供应链风险因素也可以通过分析供应链流程而识别出。这种方法首先绘制出展现不同功能的供应链流程图。而且这个流程图必须足够详尽，包括从起点到终点的整个可供分析的供应链流程。这个流程图里的每一步都代表一个独立的流程，要弄清楚关于这个流程的细节，包括它的目的、如何进行、由谁来进行以及所以可能导致的失误。供应链流程图完成后，它就可以被用来分析并发现控制缺陷、潜在失效环节以及其他的薄弱环节。要特别留意那些不同的部门或组织的交接处可能产生的潜在风险。这个分析可以识别出那些并没有展示在现有流程中的被遗漏的控制程序。另外它还可以识别出那些被错置的任务和职责，而它们可能导致流程错误或失控。

流程分析法对于识别那些与不良执行相关的风险因素特别有效。与历史事件分析法不同，流程分析法可以在损失实际发生之前就识别出那些潜在的风险。它也可以帮助弄清这些潜在风险对整个供应链运行可能会产生的影响大小。不同的风险识别方法适合于识别一定层次的风险。流程分析法和历史事件分析法可以用来识别操作层风险和与供应链整合相关的潜在风险。市场风险几乎都是通过历史事件分析法识别的。另外，虽然历史事件分析可能难于用来识别像名誉风险这样的无形风险，但它却可以估计出风险事件的频度和量度。最后，情景分析法可以被灵活的使用，识别战略层次的各种主要风险。

4. 风险问卷法

风险问卷又称为风险因素分析调查表。风险问卷法是以系统论的观点和方法来设计问卷，并送给供应链各组成企业内部各类员工去填写，由他们回答本单位所面临的风险和风险因素。一般来说，供应链各企业基层员工亲自参与到供应链运作的各环节，他们熟悉业务运作的细节情况，对供应链的影响因素和薄弱环节最为了解，可以为风险管理者提供许多有价值的、细节的有关局部的信息，帮助风险管理者来系统地识别风险，准确地分析各类风险。

5. 财务报表法

财务报表法就是根据企业的财务资料来识别和分析企业每项财产和经营活动可能遭遇到的风险。财务报表法是企业使用最普遍，也是最为有效的风险识别与分析方法，因为企业的各种业务流程、经营的好坏最终体现在企业资金流上，风险发生的损失以及企业实行风险管理的各种费用都会作为负面结果在财务报表上表现出来。因此，企业的资产负债表、损益表、财务状况变动表和各种详细附录就可以成为识别和分析各种风险的工具。供应链是由各企业组成的价值增值链,供应链风险的影响最终还是会落实到各成员企业中,并通过相应的财务报表反映出来。因此可借助财务报表法来识别和分析各企业中存在的风险。并通过归纳总结得到供应链的整体风险。

综上所述,由于以上5种风险识别方法各自的局限性以及供应链的广泛性和错综复杂性,供应链风险的识别与分析是一个综合运用各种方法、连续不间断的、工作量繁重的过程。

二、供应链风险分析

无论从理论,还是从实践来说,广义上任何与供应链有关的因素都有可能影响供应链的绩效,进而导致供应链风险的发生。但是,并不是所有因素都会对供应链绩效产生显著影响。因此,风险因素识别的关键是识别那些对供应链持续稳定运作和绩效有显著影响,即可能导致达不到供应链管理目标乃至造成供应链解体的关键风险因素。

按供应链所处的内、外部环境可以将供应链风险分为内生风险和外生风险。外生风险是指和供应链的外部宏观环境有关的风险,包括自然灾害风险、政治法律风险、宏观经济风险和市场环境风险等。内生风险则和供应链的内部环境有关,供应链内部环境是指供应链的设计和运行管理,包括计划控制风险、组织合作风险、供应风险和需求风险等,如图11.2所示。

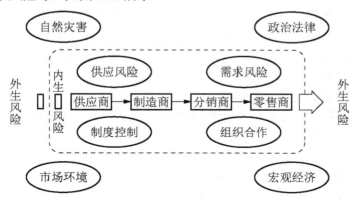

图11.2 供应链风险

1. 供应链外生风险分析

1) 自然灾害风险

自然灾害风险包括自然界的水灾、火灾、地震、台风等直接引起非常规性破坏的风险,和疾病、瘟疫等间接导致供应链经济损失的风险。供应链一端连接着资源,另一端连接着消费者,从供应商、制造商、分销商、零售商、直到最终用户,一般地域分布是非常广的,有些大的供应链甚至遍及全球,这样一个庞大的机构受自然环境的影响是非常大的。其中一环受到影响则整条供应链都将受其影响。例如2000年我国台湾地区发生大地震,造成全球计算机配件价格的上涨,同年美国新墨西哥州飞利浦公司第22号芯片厂发生火灾,爱立信为此损失了4亿美元的销售额,市场份额也由之前的 12%降至 9%，以至于最后不得不将业务外包。在 2003 年"非典"危机肆虐时候，供应链显现了一组灰色数据：交通运输业 4~6 月损失总额约 380 亿元人民币；批发及零售业收入损失 120 亿元；制造业收入增加值减少 270 亿元。

自然灾害作用于供应链中各个节点企业的经营活动，可能导致供应链中企业资金流动受阻或中断，使生产经营过程遭受损失，既定的经营目标、财务目标无法实现等。

2) 政治法律风险

(1) 国际政治格局的变化常常因为各种利益的重新布局和各种资源的重新分配，导致相应产业的供应链的经营目标发生变化，那些不适应这种变化的供应链将面临巨大的风险。另外，国内政局不稳定、政府的换届以及战争的爆发也会对供应链产生致命的影响，中东战争和南美部分国家的政局不稳定都使许多供应链面临中断运行的威胁。

(2) 法律环境的变化也会诱发供应链经营风险。为使市场经济有序进行，国家相继颁布和实施一系列法律法规，如企业组织法、税收法规、金融法规、财务法规和其他法规等，使国家的法制体系日益健全。但是，各种法律都有一个逐渐完善的过程，法律法规的调整、修订等不确定性，对经营者的理财活动有重大影响，形成供应链风险的外在发源地。另外，政府对行业的管制及政府关于产品和工艺质量、环境及安全标准等方面的广泛而严格的管制也是供应链的一个重要风险因素。

3) 宏观经济风险

供应链的"经济风险"来自包括国际经济环境和国内经济环境两个部分。

(1) 国际经济环境。国际金融秩序的变化及汇率的波动给供应链特别是跨国型的供应链带来风险。国际金融秩序的动荡往往会对供应链的资金筹集、投资及其他经营管理活动产生极大影响，使供应链的经营风险增加。而汇率的波动将会影响供应链间节点企业的利润分配。而利润分配的失衡会使某些节点企业承受损失，这个问题得不到解决最终会影响整条供应链的运行。采取什么币种付款，付款期限有多长，合约中汇率条款的有效期应该多久等都是预防汇率风险时要考虑的问题。

(2) 国内经济环境是指如经济体制、经济周期和通货膨胀等给供应链带来的风险。

第一，经济体制的变革，会给供应链节点企业经营管理的目标、内容等产生巨大的影响而带来更大的风险。为了在竞争中求得生存和发展，供应链各环节就必须面向市场独立决策，自主筹资，强化财务控制，保持合理的资金结构。经济体制的转变使财务管理的目标也发生了变化，使供应链在正常的经营管理中经营风险因素增加。

第二，经济周期对经营风险的产生也有重大影响。市场经济的运行轨迹具有明显的周期性，繁荣和衰退交替出现，这种宏观经济的周期性变化，使供应链的经营风险加大。在经济繁荣时期，供应链销售额上升，现金流入量增加，同时供应链需要增加存货、补充人力，相应地增加了现金流出量。而在经济衰退时期，供应链销售额下降，现金流入量减少，而未完成的固定资产投资仍需大量资金的继续投入。此时市场筹资环境不理想，筹资成本加大。这种资金流动性差的状况就增大了供应链的经营风险。

第三，通货膨胀的影响，通货膨胀的发生会使供应链理财出现风险。通货膨胀发生后，往往出现社会商品物价总水平的持续性上涨，由于原材料价格上升，保持存货所需的资金增加，人力成本和其他费用支出也会上升，加大了供应链挖掘内部潜力来降低成本的难度。同时，通货膨胀也会在一定程度上引起供应链会计信息失真，从而增加了供应链在预测、决策中的风险识别、风险评估、风险评价、风险决策中的难度,降低预测和决策的准确性。

4) 市场环境风险

(1) 整个行业的动荡将对归属该行业的供应链运行带来风险。行业市场不景气,产品需求下滑,这将不是某一条供应链合力所能解决的问题,而是由整个行业的生命周期所决定的。

(2) 供应链之间的竞争形势也会对供应链的运行产生极大的影响。供应链之间的竞赛包括产品的竞争和供应链管理能力的竞争。新技术或新方法的出现使生产流程发生变化,产品质量极大提高,生产周期将减少,在竞争中掌握新技术的供应链占有利地位,而竞争对手经营风险增加。另外,核心企业管理供应链的能力(如生产管理、库存管理、信息管理、快速反应等技术)也会对供应链的竞争优势产生关键的影响。供应链的管理能力决定着整条供应链的运行效率的运行成本,而这决定着整条供应链的竞争能力。当竞争对手的运行效率和成本优于自己时,则经营风险增加。

2. 供应链内生风险分析

1) 制度控制风险

内部控制包括控制设计和控制执行两方面。供应链的有效运行首先要有一个好的结构设计和运行机制,反映在物流、资金流和信息流各个方面。但有了好的结构和运行机制还不能保证供应链的有效运行,这还取决于那些结构和机制是否得到有效的实施和执行。内部控制就是要尽量保证供应链在有良好的控制政策和程序的情况下,这些政策和程序也得到了良好的执行。内部控制不当产生的风险因素包括库存控制风险、财税财务控制风险、信息控制风险、履行法律义务风险、作业安全控制、风险响应和应急控制风险等方面。上述供应链内部控制的不当都将使供应链管理达不到预期目标。

(1) 库存控制风险。指库存管理和采购程序设计及实施控制不当而产生的风险。库存控制程序的合理和有效性不仅直接影响到本企业的运营成本和效率,而且还将影响到与上下游节点企业和合作效率。

(2) 财税财务控制风险。指财务制度不健全,以及企业没有按规定交纳税收所导致的风险。财税财务制度的合理性直接影响到供应链的资金流及资本运作成本;某些企业在生产运营中可能会占用上下游企业大量的资金,如果其财务状况不够稳健,将随时导致对整条供应链的致命打击。长虹集团在2003年时就面临着这个问题。供应链中的上下游企业之间互相提供信用,各企业都需要在反应速度和效率之间进行权衡,一旦哪一家企业出现资金危机,上游提供品不能正常输出,下游则会因输入品供应不及时而影响生产,这就导致链条某一环的断裂。一环的断裂会以极快的速度传遍整个供应链,有如多米诺骨牌,整个供应链面临崩溃。

(3) 信息控制风险。指信息在传播过程中由于供应链内部控制的原因,使信息失真,机密信息外泄和数据丢失而产生的风险。有时就算供应链的信息技术及其结构设计是有效的,也不能完全保证避免信息的可获性、信息完整性、信息有效性等风险。一方面可能由于本身的信息控制制度不健全,另一方面有可能是好的制度并没有得到有力的执行或执行起来有偏差。不管如何,由于信息控制而导致的信息管理失败对供应链的影响是不可忽视的。

(4) 履行法律义务风险。内部控制的不力将可能导致企业没有有效履行法律业务。如果东窗事发将可能导致大量的罚金、企业名誉的受损,甚至经营权利的终止。

(5) 作业安全控制风险。指安全制度及运行规章没有得到效的贯彻从而发生作业安全事故而产生的风险。其风险后果包括赔偿金、完工时间及企业名誉的损失。

(6) 风险响应和应急控制风险等方面。指对风险的预测监控和无效,及发紧急事件后反应迟缓,控制不力而引发的供应链风险。缺乏风险响应机制和预警计划也是企业供应链管理的风险,企业供应链管理的风险准备措施的关键考验是平常有一套合理的风险管理的计划,能正常识别供应链运作发生的风险并有正确的措施应对。

2) 组织合作风险

由于供应链中不同成员都是独立的、自主经营的企业,其目标不可能完全相同甚至相互冲突。例如,供应商希望制造商的采购是大量而稳定的,但是制造商为了实现柔性生产,满足顾客的定制化需求,又希望供应商能够保持灵活的供应和高服务水平。虽然我们使用的是"供应链"的概念,但是通常指的是一个非常复杂的供应网络。这个网络往往包含着多条供销渠道,由于各自的目标不同,渠道之间的协调是非常困难的,这需要各环节之间具有极高的诚意和合作信心。核心企业的规模越大,形成的供应网络就越复杂,各个成员之间要想实现无缝隙链接与合作就越困难。供应链管理强调的是系统优化,但是由于目标的冲突,供应链各成员的利益必然出现矛盾。组织合作风险主要包括结构设计风险、成员战略偏差风险、合作关系风险和道德风险。

(1) 结构设计风险。供应链组织结构设计的缺陷将带来巨大的运营风险,如企业间节点和企业内节点的交接程序不合理,采购和配送的布点不合理导致成本的升高,信息技术方面的结构设计不合理所导致的风险等。

(2) 成员战略偏差风险。供应链的管理目标就是成员利益共享,风险共担。当成员企业为各自的利益目标努力而不能统一供应链的总体战略目标时,其自各战略目标相互之间偏离得越多,对成员企业相互之间的协作程度就影响越大,管理成本随之上升,供应链协作风险加大。

(3) 合作关系风险。供应链中具有关键资源和关键技术的企业,即核心企业在供应链管理中居于主导地位,它对关键资源的支配地位使供应链企业群体有了合作的规范和约束,为供应链的效益提供保证。同时我们看到核心企业的支配地位导致其他供应链成员企业处于不平等的地位,核心企业在追求自身利益的同时可能会损害其他成员企业的利益,影响成员企业参与的积极性,严重时有可能导致供应链成员退出风险。

(4) 道德风险。在整个供应链管理环境中,委托人往往比代理人处于一个更不利的位置。代理企业往往会通过增加信息的不对称,从委托合作伙伴那儿得到最大的收益。例如,制造商在选择供应商时,供应商掌握了一些制造商所不知道的信息,而这些信息可能是对制造商不利的,供应商因此与制造商签订了对自己有利的契约,致使制造商受到损害,也可能表现在供应商内部管理存在问题,这种信息不对称的决策导致了"逆向选择"——制造商误选了不适合自身实际情况的供应商。就算供应商与制造商在签订契约时各自拥有的信息是对称的,但签成契约后,制造商无法观察到供应商的某些行为,或者是由于外部环境的变化仅为供应商所观察到,在这种情况下,供应商在有契约保障之后,可能采取不利于制造商的一些行为,进而损害制造商的利益。当制造商集中精力对内部的生产管理、销售与服务、产品设计、市场调查控制时,它就不可能像原先那样全面、细致的了解供应商的运作全过程,那么供应商就可能给制造商带来不确定性,表现在供应商供货的推后或者产品质量的降低。这种隐藏行为导致了"败德行为"——供应商降低了服务水准,增加了制造商的潜在费用。

3) 供应风险

供应风险主要来自于供应商的不确定性及物流配送的不确定性,主要包括供应商生产能力风险、供货质量风险、采购成本风险、物流配送风险和关键供应商失效风险。

(1) 供应商生产能力风险。在需求拉动型供应链中,因为上游需求的不稳定,将导致对供应商订单量的波动,而供应商办了节约管理成本,在生产能力上会有一定的限制。这样当订单量的波动幅度超过一定水平时,就可能引起供应商生产能力不足的风险。对生产柔性的要求也是供应商选择中一个重要的因素。

(2) 供货质量风险。供应商的供货质量问题导致的风险会沿着供应链向下游方向不断放大。比如下游电脑生产商发现因为一个晶体管的质量问题使得整块电路板需要返销,因此产生的损失就不仅仅是那个晶体管的采购成本,而且还要包括误工成本和返修成本。

(3) 采购成本风险。由于供应商的生产技术、管理水平导致生产成本高,也可能由于地域的限制而使运输成本增高,从而可能导致下游企业采购成本过高的风险。

(4) 物流配送风险。生产过程和运输过程中的不稳定将会造成物流配送的延迟,甚至导致供应物流的中断,从而影响到供应链上、下游企业的运营。物流配送风险可能来自于现实供应链中上、下游企业在实际运行中的合作缝隙,导致在原料供应、原料运输、原料缓存、生产过程、产品缓存和产品销售等过程中的"合作"失误。这些"合作"失误都可能导致供应链物流不畅通而产生风险;物流风险也有可能来自于外部环境,如 2002 年 9 月,美国西海岸发生"工潮",港口关闭两周,大量集装箱船无法卸货返航,委托航运的供应链节点企业的也因此损失惨重。

(5) 关键供应商失效风险。关键供应商供应链中的地位是至关重要的。其关键地位的形成往往由于持有某一特定资源,而于垄断地位;或由于利益冲突形成的结果,即核心企业从降低建设成本的短期利益而不是规避风险的长期利益考虑,会觉得少数供应商制度较好:建设成本低,供应商关系管理费用低,维护成本低,供货也较稳定。而供应商从保护己方利益、打击竞争对手的立场出发,也会使用各种营销手段,要求核心企业建立少数几个关键供应商制度。关键供应商的极端是独家供应商制度。从爱立信案例可以看出,采取独家供应商政策存在巨大风险:一个环节出现问题,整个链条就会崩溃。

4) 需求风险

在拉动型的供应链中,需求决定着生产,需求过大和需求过小都将对整条供应链的运行甚至是生存问题产生至关重要的影响,如何解决供应链中需求的不稳定所带来的影响也是供应链管理中重要的议题。需求风险从其产生的性质方面又分为市场预测风险、需求波动风险、销售商选择风险和关键客户失败风险。

(1) 市场预测风险。与几十年前相比,今天的市场由于全球化、政府管制和技术更新等因素变得更复杂,同行竞争更激烈,人们对替代产品的选择不断增多,给市场预测带来越来越多的困难,导致越来越多的市场预测风险出现。同时季节性的需求波动也会给市场预测带来困难。市场预测做得不好就可能导致产品供大于求或供不应求，而这两种现象将分别给供应链带来潜在损失和直接损失。

(2) "牛鞭效应"风险。指的是供应链上最终用户的需求在传输过程中随着向供应链上游前进而变大的失真现象。牛鞭效应危害表现为：末端需求变化程度的增加导致了供应链中的无效率作业量增加，这种无效率作业表现在时间上的延期和数量上的夸大。牛鞭效应对供应链管理是很不利的，它造成批发、零售商的订单和生产商产量峰值远远高于实际客户需求量，进而造成产品积压，占用资金，使得整个供应链运作效率低下。随着供应链运作的环节越多，这种效应越加明显，整个供应链的管理会变得十分复杂、困难。

(3) 分销商选择风险。分销商选择和控制是形成供应链需求风险的一个重要环节。作为供应链系统的一个组成部分，要充分实施有效的供应链管理，分销商的选择是非常重要的。就营销本身来说，分销渠道就是事关成败的一个重要因素。在供应链中，一个环节的成败已不仅仅是其个体的成败，往往会影响到其他各成员的利益。如果分销商选择不当，会直接导致核心企业市场竞争的失败，也会导致供应链凝聚力的涣散，从而导致供应链的解体。在将分销商纳入供应链管理时，也需要考察长期合作的条件与可能性，而未来的不确定性，加大了分销商选择的难度。

(4) 关键客户失败风险。当供应链中核心企业的下游客户只依赖于少数几个关键客户时，就可能面临关键客户失败风险。其中任何一个客户的离开或其自身经营不善都可能给整条供应链带来严重的影响。

第三节　供应链风险评估

通过风险辨析，风险管理者发现了供应链中存在的风险因素，并对风险发生的原因和表现形式进行了深刻分析。在此基础上，风险管理者应寻找和确定各种可能的技术和方法评估这些风险因素对整个供应链稳定性的影响程度，并通过风险处理来应对这些风险。

一、供应链风险评价

1. 供应链的风险偏好

不一样的企业，具有不同的风险偏好。相同的风险对风险偏好不同的企业来说，它的风险等级是不一样的。企业对于风险的偏好程度一般可分为以下3类。

(1) 风险爱好(Risk-Love)型：对于这种供应链企业来说，它不顾可能发生的危险，仍实施某项行为和进行某项决策活动。期望效用必然小于概率事件的期望效用。风险爱好企业获随机收益比获取确定收益承担的风险要大，而机会则小。

(2) 风险厌恶(Risk-Averse，或叫风险规避)型：这种供应链企业较保守，回避可能发生的风险。期望效用必然大于概率事件的期望效用。风险厌恶型企业宁愿获取确定收益而不愿获取随机收益或不确定收益，即尽可能回避风险。

(3) 风险中性(Risk-Neutral)型：这种企业既不冒险也不保守，而是介于风险爱好与风险厌恶之间。

同样的风险，在风险爱好型供应链中可能被认为是可以接受的风险，而在风险厌恶型供应链中则可能被认为是非常严重的风险。因为风险偏好的存在，所以在进行供应链风险评价的时候，不同供应链对于同样的风险评价指标可能会有不同的判别结果。

2. 供应链风险的评价指标体系

以上对典型的供应链风险做出简单的识别和分类，由于供应链风险的复杂性，会有交叉，在管理过程中可以择其较大者。每种风险都有若干个度量指标，在结合实际情况下，综合给出度量的指标体系见表11.1。

表 11.1 供应链风险评价指标体系

一级风险因素		二级风险因素	发生概率估计指标
外生风险	自然灾害风险 E1	地震、火灾等	e11 发生可能性
		疾病、瘟疫等	e12 发生可能性
	政治法律风险 E2	社会动荡风险	e21 发生可能性
		政局稳定型	e22 稳定型
		新法律实施	e23 亲和度
		行业政策变动	e24 亲和度
	宏观经济风险 E3	汇率变动风险	e31 变动幅度
		经济周期	e32 增长幅度
		经济政策	e33 亲和度
		通货膨胀	e34 通胀指数
	市场风险 E4	行业风险	e41 增长幅度
		竞争风险	e42 替代可能性
内生风险	制度控制风险 E5	库存控制风险	e51 出错可能性
		财务控制风险	e52 控制有效性
		信息控制风险	e54 控制有效性
		法律履行风险	e54 违规可能性
		作业风险	e55 安全有效性
		风险响应	e56 控制有效性
	组织合作风险 E6	组织结构风险	e61 结构合理性
		成员战略风险	e62 战略偏差度
		合作关系风险	e63 满意度
		道德风险	e64 诚信度
	供应风险 E7	服务质量风险	e71 合格率
		采购成本风险	e72 成本领先性
		物流配送风险	e73 准时性
		关键供应商失效	e74 经营稳定型
	需求风险 E8	市场预测风险	e81 准确性
		分销商选择风险	e82 综合评价
		"牛鞭效应"风险	e83 信息真实性
		关键客户失效	e84 业务份额

3. 供应链风险评价指标分析

考虑到上表中的各风险指标估计的不确定性并难以量化，将各个指标的可能风险等级划分为统一的 5 个等级：$B=(b_1, b_2, b_3, b_4, b_5)$=(低风险，较低风险，中等风险，较高风险，高风险)。表 11.2 中给出了 e 与 B 的对应关系，以此作为风险水平估计的参考。

表 11.2　供应链风险等级评价标准

风险因素	评价指标	风 险 等 级				
		低	较低	中等	较高	很高
自然灾害风险 E1	e11	低可能	较低可能	中等可能	较低可能	很大可能
	e12	很低	较低	中等	较大	很大
政治法律风险 E2	e21	低可能	较低可能	中等可能	较低可能	很大可能
	e22	很稳定	较稳定	一般稳定	不太稳定	很不稳定
	e23	高亲和度	较高亲和	一般亲和	较相驳	很相驳
	e24	高亲和度	较高亲和	一般亲和	较相驳	很相驳
宏观经济风险 E3	e31	稳定	变化较小	变动小	变动较大	变动很大
	e32	高增长	较高增长	无增长	降低较大	大幅降低
	e33	高亲和度	较高亲和	一般亲和	较相驳	很相驳
	e34	指数很低	指数较低	指数中等	指数较高	指数很高
市场风险 E4	e41	高增长	较高增长	无增长	降幅较小	降幅很大
	e42	很低可能	较低可能	一般可能	较大可能	较高可能
制度控制风险 E5	e51	很低可能	较低可能	一般可能	较大可能	较高可能
	e52	很有效	较有效	一般有效	效果较低	效果很低
	e53	很高	较高	一般	较低	很低
	e54	很有效	较有效	一般有效	效果较低	效果很低
	e55	很有效	较有效	一般有效	效果较低	效果很低
	e56	很高	较高	一般	较低	很低
组织合作风险 E6	e61	很合理	较合理	一般	较低	很低
	e62	无差异	差异不大	一般差异	差异较大	差异很大
	e63	很满意	较满意	一般满意	不满意	很不满意
	e64	很高	较高	一般	较低	很低
供应风险 E7	e71	很高	较高	一般	较低	很低
	e72	低于行情	略低行情	相同行情	略高行情	高于行情
	e73	很准时	较准时	一般	较不准时	很不准时
	e74	很稳定	较稳定	一般稳定	较不稳定	很不稳定
需求风险 E8	e81	很准确	较准确	一般准确	较不准确	很不准确
	e82	评分很高	评分较高	评分中等	评分较低	评分很低
	e83	很高	较高	一般	较低	很低
	e84	很大	较大	平均水平	较低	很低

表 11.2 中各评估指标是相互关联、相互影响的。它们从各个侧面反映了供应链的期望收益与潜在风险,从而影响供应链的决策。另外,这些指标又是动态的变化的,大多难以描述,且表现出极大的模糊性。这是因为:首先,我们对各个风险指标的概率、可能的损失风险和投资收益变动等定量指标很难做出确切估计;其次,供应链的具体所处环境及风险偏好的不同,其中的评价标准可能会有不同;最后,供应链管理中各类风险的具体评估是在一种信息残缺的条件下进行的,由于信息残缺,使得我们很难直接去定量评价风险的大小,而主要只能靠定性的描述性语言来表达。

不管如何,以上的风险评价结果对供应链的经营与管理决策具有指导意义。而在风险评估具体处理过程中,还应根据供应链所处实际情况,借助专家的意见和知识选择风险评价方法。

二、供应链风险评估要注意的问题

1. 建立一个联盟管理委员会

调查发现,很少有企业设有一个类似风险管理的部门,也很少有企业将风险管理置于战略地位,虽然企业的部分高层领导有较强的风险意识,但大多数员工风险意识淡薄,在与企业访谈过程中明显感觉到这点。因此,应该由各成员企业协商,由根据自己的地位,共同派员,建立一个联盟管理委员会。其主要承担以下职责。

(1) 风险评估。各成员企业应将风险管理置于战略地位,以对供应链风险产生的原因及其影响进行周期性预计,设置一套统一的风险语言,根据评价标准要求、确定评价标准,并对其进行评级,以便能及时采取措施进行预防。它主要包括两个方面内容:一是对影响供应链运营的主要因素及其后果进行预测,如对经济波动和产业政策波动评估,自然灾害、战争和突发事件发生概率进行预测等;二是对供应链的能力进行评估,如供应商的供应能力、物流企业的运输能力、生产和销售企业的库存能力等。应该指出的是,风险评估是一个需要不断进行的过程,当出现薄弱环节,应该及时进行协调改进。

(2) 风险信息传递。风险评估后,委员会应该及时地将发生预期和影响大小等信息传递给供应链各主体,以能使它们做好风险防范准备。各主体也要及时地将有关准备情况反馈给第三方机构,使得供应链能够协调一致地行动。

(3) 供应链流程分析。对于不同原因产生的风险、影响范围、环节和后果都不尽相同。因此,联盟管理委员会必须要对供应链流程进行分析,考察的问题包括商品流通全过程的物流时间和滞留时间、仓库在库数量、在库配置等问题。识别出最容易遭到中断的环节,并及时通知相应的主体采取措施。当某主体由于能力限制或其他原因不能顺利执行应急措施时,管理机构必须协调其他主体给予帮助。

比如,2003 年 2 月份"非典"刚刚在广东现身,宝洁公司就已经在讨论应对措施。当时宝洁估计整个状况会分为两步,首先是一旦疫情扩散,人们对于清洁用品的需求会迅速增长,宝洁必须保证不得缺货。之后就是个人清洁用品市场受到 SARS 的影响,需求会出现大幅度上涨。于是宝洁适当调高一些城市的安全库存线,以适应正在上升的需求,并将供应链的紧急反应系统准备停当。这样做的结果是一旦市场对"舒肤佳"等产品的需求增加到一个数值,该系统启动,宝洁的整个生产线就可以根据计划满负荷生产。到时候上游供应商的材料准备、宝洁生产线的人员和设备只需要 1 天就可以达到这个要求。4 月,疫情大规模爆发。宝洁的供应链应急反应系统启动。结果,舒肤佳在北京、广州等疫情重点地区没有断货,供应链依然有效积极地运行。

2. 建立供应链风险管理信息系统

供应链风险最大来源之一就是信息传递不明确,信息不对称。而在企业实际运营中,各种信息都是在供应链的各个相邻环节之间进行的。而这种链式的信息流管理导致被传递信息扭曲,使整个供应链系统的信息误差大大增加。因此建立一种网络式的信息流模式。在这个网络中,每个节点都可以和其他节点直接地交换信息。供应链的成员为了共同的目标也可以利用各种科技手段实现最大程度的信息共享。

同时,建立统一的风险信息管理系统,通过贯穿于零售商、制造商、供应商、第三方物流的信息系统,可以随时监控库存周转、配送状态和需求变化,一旦发生危情,可以在第一时间作出协调反应,如调整安全库存,改变运输方式等。在合适的时间把合适的信息传递给需要此信息的企业和人员。这样的信息既包括风险及风险管理政策的信息,还包括企业外部可以给企业风险管理提供支持的信息,是一种全方位立体性的风险信息网络。笔者在调查中发现许多企业都有自己编写的风险管理手册,然而枯燥的手册一方面激不起员工学习的兴趣(往往被放入常年不动的书架中),另一方面也不能给予员工动态交互式的信息,这种信息实际上是被动的信息。而现代先进技术,特别是企业区域网络能以友好的用户界面给员工提供及时、最新的风险管理信息。建立有效的企业风险管理信息系统(Enterprise Risk Management Information System,ERMIS)是管理信息系统的一个新领域。

在此,联盟委员会设计和明确经销商、制造商、供应商,第三方物流的危机处理程序、接口、对应责任人和责任范围,建立适合各自特点的预警机制和危机信号指示系统,并依风险评估的程度召开不同等级的危机应对联盟会议。

例如,世界知名的微软公司有效地利用企业内部网络(Corporate Intranet)将风险管理信息直接传输到员工的桌面上,仅有6名员工的风险管理部门发现网页是协调风险管理活动及信息的最佳方法。企业区域网技术使得风险管理者可以提供丰富而翔实的信息网页。微软在网上给出每一种风险的定义,说明这一风险正面与反面的后果,而且可以告诉员工如何从谁那里获得风险管理方面的帮助,如何发现其他人管理风险的方法。这样,企业的风险管理战略、最佳的风险管理实践及风险评价工具都可以在网上获得。例如某员工要与客户签订合同,那么网上会提供一个逻辑的树状结构,一方面告诉合同中必须有哪些条款要列入以免遗漏,另一方面向员工提供可以就合同中某些特殊问题进行讨论的人员名单。在开始任何一项新项目之前,网络会给管理者提供一个基于网页的风险管理模板利用,给管理者指出在开始新工作前要和哪些人接触等。利用网络进行风险管理还有一个好处是所有风险管理的日常重复性工作(如处理保险等)可以放到网页上进行,减轻了风险管理者的工作量,使他们可以集中精力于需要更多创造性的难题上。企业风险渗透于企业整个过程,利用网络技术,微软风险管理组织增加了他们对整个公司的价值,并能使企业集成风险管理得以在企业推行。

3. 保持供应链的弹性

保持供应链的弹性是指整个供应链作为一个整体对用户需求变化的适应程度。一般说来,增加供应链的弹性与供应链的低成本运营存在一定的矛盾,关键的问题是如何在这两者之间取得一种平衡。通常情况下低成本运营所带来的利益是直接的、明显的。如库存费用的降低将直接增加企业的利润,而由此造成的顾客服务水准降低(比如出现缺货)所带来的负面影响,如市场份额丢失、商誉降低等对企业利益损失是潜在长远的。这便增加了弹性与低成本运营平衡的难度。但无论如何,顾客的需求总是变化的,富有弹性的供应链仍旧是降低供应链风险的有效手段。供应链的弹性一般包括以下几个方面。

(1) 合理的库存。供应链上成员企业合理的库存是防止短缺风险的最简单和有效的办法。尽管供应链上的每个企业在成本的压力下都在追求"零"库存,但如果因为个别节点的企业的短缺而造成整个供应链的中断,每个企业都将蒙受损失。因此建立合理的库存必不可少。合理库存的前提是首先确定一个适量的用户服务水准。用户服务水准的确立需综合考虑存储成本和缺货成本。一旦确立了供应链的服务水准,就可以综合供应链成员的特点,在联盟管理委员会的影响下,将供应链的服务水准分解为各成员的服务水准。然后检查哪个员企业按照自己应达到的服务水准,综合考虑如经济批量、工艺特点、生产周期等确定各自的库存,并根据运行的统计结果不断加以调整。如戴尔公司之所以能围绕直销实现 JIT 生产,就是因为它有一个组织严密的供应商网络。在它工厂外边有很多配套零部件厂家,戴尔公司 95%的物料来自这个供应网络,其中 75%来自 30 多家最大的供应商,另外 20%来自规模略小的 20 多家供应商。戴尔公司几乎每天都要与这 50 多家主要供应商分别交流一次或多次。在生产运营中,如果生产线上某一部件由于需求量突然增大导致原料不足,主管人员就会立刻联系供应商,确认对方是否可能增加下一次发货的数量。如果问题涉及硬盘之类的通用部件,主管人员就会立即与后备供应商协商。如果穷尽了可供选择的所有供应渠道后,仍然没有收获,主管人员就会与公司内部的销售和营销人员磋商,通过他们的"直线订购渠道"与客户联系,争取把客户对于某些短缺部件的需求转向那些备货充足的部件。所有这些操作,都能在几个小时内完成。

(2) 保持一定的生产能力冗余。供应链上的企业保持协调一致的生产能力冗余(包括运输能力等),一方面可减少由于"满负荷"运转带来的各自设施可靠性方面的风险,另一方面可提高对用户变化的适应性。因此,供应链联盟管理委员会,应不断重新评价合作伙伴,审视供应链的薄弱环节,即能力瓶颈,通过施加压力,加以改进或直接取消其成员资格。在这一点上,笔者所调查的百安居做得比较好,它们成立一个专门部门,为合格的供应商选择设定一套指标体系,考核的标准主要是看供应商能否源源不断地提供没有瑕疵的产品。考核的对象不仅包括产品,而且涵盖了产品生产的过程,也就是说,要求供应商具有符合标准的质量控制体系。要想成为百安居的供应商,企业必须证明其在成本、技术、服务和持续供应能力四个方面具有综合的优势,具体包括供应商的配合协调度、贡献指标(如供应商所供应的产品在公司销售额的百分比、毛利率等)、费用贡献(如进场费、促销费、推广费等)、付款条件、供货能力、返利情况和售后服务等内容。通过对这些指标的评价,百安居与供应链上的其他成员合作得比较默契,使供应链得以长期稳定的发展,到目前为止,百安居自进入中国以来延续到现在的合作伙伴超过 10 家。

(3) 提高供应链上的企业的柔性。整个供应链应该能够为客户提供多种产品或服务的选择,而且能随客户需求的变化不断进行快速调整。因此要求供应链上的企业,尽可能地提高自身的柔性，对产品或服务变型、工程变更等做出快速反应，以及缩短新产品投放市场的时间等，避免因不断重新选择供应商带来的风险和低效率，以提高供应链的整体竞争力。

4. 建立和发展伙伴信任关系

由于供应链上生产的产品及经营是由多个企业共同生产、经营的，每个企业都是供应链的关键环节，任何一个企业出现问题都会中断整个链条的运行。因此，合适的伙伴是保证供应链正常运转的必要条件。各企业通过建立良好的合作伙伴信任关系，可以方便地利用外部资源，共同解决问题，从而提高效率，获得竞争优势，降低企业失败的风险。

当双方相互信任时，他们能够共享信息，促进供应链企业间的合作，提高整个供应链企业的快速反应能力。信任关系的建立也可避免供应链企业中的管理僵化，有利于在供应链企业中形成正确稳定的、具有创造性的伙伴关系。从这个意义上来说，信任是合作的基础。一般地，建立信任关系主要应采取以下措施。

(1) 伙伴间应相互沟通。在合作过程中，如果能够始终在伙伴之间保持资源共享以及人员"面对面"的沟通，那么相互之间的信任度也会提高。双方可以交流对某一问题的看法和意见，进一步增进感情。因此，若伙伴间建立畅通的沟通渠道，则可以增进彼此的了解，增加彼此的信任程度。

此外，企业在制定与伙伴有关的规定及政策时，通过和有关的伙伴进行商讨，再做出最终决定。尽管这种方法可能会泄露公司的战略机密，但这种方法确实能赢得伙伴的绝对信任。事实上，企业也不要过分担心泄露机密，因为在供应链企业中的战略应该是一致或者是相互依赖的，让伙伴了解己方的战略能促使伙伴和己方合作，有利于实现供应链企业的战略。

(2) 充分了解伙伴的组织背景。如果一家企业对伙伴的目标、政策等了解得较清楚，知道对方正在寻求己方的合作以实现其战略，并且有能力进行合作来促进双方的绩效，这样自然而然就会对对方产生一种信任感。反过来说，要获得伙伴的信任，除了制定出合作战略之外，还必须想办法让伙伴了解自己的合作战略以为实施这些合作战略的意愿和能力。此时，双方企业之间交流就显得很重要了，必须注意互通有无。

(3) 建立"信誉机制"。依靠"信誉机制"也可以建立和维护供应链企业相互之间的信任关系。如果一方为了眼前利益而欺骗对方，那么会损害其信誉而影响到合作的利益，最终会失去伙伴的信任。

因此，供应链企业在其运行中必须建立必要的信誉机制，以防范机会主义倾向的发生。而信誉的建立需要社会和企业的共同努力，可从以下三方面着手：①建立社会信誉机制，即政府建立的信誉保障制度及法律体系等，其他社会中介机构的信息机制，包括企业的身份认证、信誉评价与咨询、质量认证、安全认证等；②建立企业自身信誉机制，包括在合作过程中正确运用合作策略建立信誉，并长期"投资"，保持良好的信誉记录；③加强供应链企业文化建设，与信誉机制建立有关的供应链企业文化建设，并使之成为供应链合作伙伴的共同价值观。

5. 重视社会制度对供应链企业间合作的调节作用

所谓社会制度，就是指正式及非正式的、以维护建设性的合作与经济社会环境的规则，它包括正式的与非正式的两种。正式的社会制度就是法律体系，包括立法机构、执法机构以及各个层次的法律条文。非正式的社会制度是指除了法律外的一些维护商业关系中道德行为的因素，如社会习俗、社会标准、商业协会、标准制定机构、解决争端的现行体系的成本与效果等。这些制度因素合起来对成员企业间的合作具有重要的作用，并促进供应链企业间的信任与合作。

社会制度对企业间合作关系的促进作用是通过法律法规的惩治和声誉机制来实现的。比如，企业出于自身发展的需要和社会制度的外在压力，会尽可能的努力合作，其诚实守信的声誉会不断提高，这种良好的声誉会在未来为其提高更多的市场机会。这些市场机会为其提供了进一步加强合作的可能。

另外，应重视各组织所共同遵守的规章制度规范和行业协会商会的活动。这些规章制度和协会商会可以加强企业间的融合，协调企业关系，甚至约束企业合作的制裁等。

案例 11-1

基于可拓物元评价的汽车制造供应链风险评估

1. 汽车制造企业供应链风险综合评价指标体系

在汽车制造企业风险分析的基础上，根据客观、科学和可操作性的原则，从汽车制造核心企业内部运作风险、合作伙伴风险以及供应链外部环境风险三个方面，建立汽车制造企业供应链风险综合评价指标体系，如表 11.3 所示。

表 11.3 汽车制造供应链风险评价指标体系

项目	风险范围	风险因素及权重		风险因素指标及权重		评价值
汽车制造供应链风险因素 A	核心企业内部运作风险 B_1 (0.5400)	技术风险 C_1	0.1064	研发费用投入 D_1	0.0498	2.432
				技术先进性 D_2	0.0240	1.826
				技术成熟度 D_3	0.0326	1.415
		财务风险 C_2	0.1784	资本效益状况 D_4	0.0344	2.856
				资本运营状况 D_5	0.0492	2.421
				偿债能力 D_6	0.0659	3.426
				发展能力 D_7	0.0289	1.312
		人力资源风险 C_3	0.1038	人工成本 D_8	0.0156	0.623
				员工素质 D_9	0.0330	1.426
				人才流失率 D_{10}	0.0552	3.276
		生产能力风险 C_4	0.1514	生产厂布局 D_{11}	0.0365	2.183
				生产节拍 D_{12}	0.0174	0.523
				生产柔性 D_{13}	0.0258	1.226
				库存水平 D_{14}	0.0547	3.268
				设备故障率 D_{15}	0.0170	0.547

续表

项目	风险范围	风险因素及权重		风险因素指标及权重		评价值
汽车制造供应链风险因素 A	外部环境风险 B_2 (0.2329)	自然灾害风险 C_5	0.0248	自然地理条件 D_{16}	0.0121	0.18
				历史状况 D_{17}	0.0127	0.216
		经济风险 C_6	0.0730	经济形势 D_{18}	0.0420	2.286
				产业政策 D_{19}	0.0310	1.631
		政治风险 C_7	0.0389	政治局势 D_{20}	0.0118	0.165
				法规限制 D_{21}	0.0271	1.262
		市场风险 C_8	0.0962	需求预测 D_{22}	0.0255	1.216
				需求波动 D_{23}	0.0359	2.827
				客户满意度 D_{24}	0.0227	1.138
				产品柔性 D_{25}	0.0121	0.822
	合作伙伴风险 B_3 (0.2271)	合作关系风险 C_9	0.1376	文化冲突 D_{26}	0.0271	1.262
				利益分配冲突 D_{27}	0.0366	2.185
				供应源选择 D_{28}	0.0274	1.272
				合作伙伴变动率 D_{29}	0.0291	1.318
				不良订单执行率 D_{30}	0.0174	0.525
		信息风险 C_{10}	0.0895	信息不对称 D_{31}	0.0455	2.352
				知识产权风险 D_{32}	0.0440	2.675

2. 汽车制造供应链风险物元评价模型

1) 物元定义

将所研究的事物记作 N，N 的特征记作 C，N 关于 C 的量值记作 V，则称三元有序数组 $R=(N, C, V)$ 为物元[9]。若事物有 n 个特征，即为 $C_1, C_2, \cdots, C_n$，对应的量值为 $V_1, V_2, \cdots, V_n$，则该事物可表示为 n 维物元阵列，即

$$R_j = \begin{bmatrix} N_j & C_1 & V_{1j} \\ & C_2 & V_{2j} \\ & \vdots & \vdots \\ & C_n & V_j \end{bmatrix} = \begin{bmatrix} N_j & C_1 & <a_{1j}, b_{1j}> \\ & C_2 & <a_{2j}, b_{2j}> \\ & \vdots & \vdots \\ & C_n & <a_{nj}, b_{nj}> \end{bmatrix} \tag{11.1}$$

2) 确定经典域和节域

由事物特征及其标准量值范围组成的物元矩阵称为经典域，记为 R_0。

$$R_0 = \begin{bmatrix} N & N_1 & N_2 & \cdots & N_m \\ C & V_1 & V_2 & \cdots & V_m \end{bmatrix} = \begin{bmatrix} N & N_1 & N_2 & \cdots & N_m \\ C_1 & V_{11} & V_{12} & \cdots & V_{1m} \\ C_2 & V_{21} & V_{22} & \cdots & V_{2m} \\ \vdots & \vdots & \vdots & \vdots & \vdots \\ C_n & V_{n1} & V_{n2} & \cdots & V_{nm} \end{bmatrix} \tag{11.2}$$

式中：$C_i(i=1, \cdots, n)$ 表示第 i 个汽车制造供应链风险因素指标，$N_j(j=1, \cdots, n)$ 表示汽车制造供应链的风险等级 j，$V_{ij}=<a_{ij}, b_{ij}>$ 表示汽车制造供应链风险等级为 j 时风险因素指标 C_i 的取值范围。

令

$$R_P = \begin{bmatrix} P & C_1 & V_{1P} \\ & C_2 & V_{2P} \\ & \vdots & \vdots \\ & C_n & V_P \end{bmatrix} = \begin{bmatrix} P & C_1 & <a_{1P}, b_{1P}> \\ & C_2 & <a_{2P}, b_{2P}> \\ & \vdots & \vdots \\ & C_n & <a_{nP}, b_{nP}> \end{bmatrix} \quad (11.3)$$

式中：P——风险评价等级全体；

$V_{iP}=<a_{iP}, b_{iP}>$——P 关于 C_i 的量值范围，即 P 的节域，且有 $V_{ij} \subset V_{iP}(i=1, \cdots, n; j=1, \cdots, m)$。

3) 确定待评定物元

待评估供应链风险物元矩阵可以表示为

$$R_G = \begin{bmatrix} G & C_1 & V_1 \\ & C_2 & V_2 \\ & \vdots & \vdots \\ & C_n & V_n \end{bmatrix} \quad (11.4)$$

式中：G——待评估汽车制造供应链风险；

$V_i(i=1, \cdots, n)$——G 关于 C_i 的评估值。

4) 确定评价指标权重

为使风险因素指标权重更具有客观性，根据风险因素指标评价量值所处风险级别大小赋以合适的权重。利用简单关联函数方法[10]确定各风险因素指标的权重 w_i，有 $\sum_{i=1}^{n} w_i = 1$。

5) 关联度计算

对 R_0 和 R_G 进行规格化，有

$$R_0' = \begin{bmatrix} N & N_1 & N_2 & \cdots & N_m \\ C_1 & V_{11}' & V_{12}' & \cdots & V_{1m}' \\ C_2 & V_{21}' & V_{22}' & \cdots & V_{2m}' \\ \vdots & \vdots & \vdots & \vdots & \vdots \\ C_n & V_{n1}' & V_{n2}' & \cdots & V_{nm}' \end{bmatrix} \quad (11.5)$$

其中 $V_{ij}' = V_{ij}/b_{ip}(i=1,2,\cdots,n; j=1,2,\cdots,m)$。

$$R_G' = \begin{bmatrix} G & C_1 & V_1' \\ & C_2 & V_2' \\ & \vdots & \vdots \\ & C_n & V_n' \end{bmatrix} \quad (11.6)$$

其中 $V_i' = V_i/b_{ip}(i=1,2,\cdots,n)$

$$令 D_j(V_i') = \rho(V_i', V_{ij}') \quad (11.7)$$

$$D_j(G) = \sum_{i=1}^{n} w_i D_j(V_i') \quad (11.8)$$

$$N_j(G) = 1 - D_j(G) = 1 - \sum_{i=1}^{n} w_i D_j(V_i'), \quad (j=1,2,\cdots,m) \quad (11.9)$$

其中 $\rho(V_i', V_{ij}') = \left| V_i' - \frac{a_{ij}' + b_{ij}'}{2} \right| - \frac{b_{ij}' - a_{ij}'}{2}$，$a_{ij}' = a_{ij}/b_{ip}$，$b_{ij}' = b_{ij}/b_{ip}$。

6) 风险等级评价

如果 $N_{j0}(G) = \max_{j} N_j(G)$，则可评定汽车制造供应链风险等级为 j_0。令

$$\overline{N}_j(G) = \frac{K_j(G_j) - \min\limits_{j} K_j(G_j)}{\max\limits_{j} K_j(G_j) - \min\limits_{j} K_j(G_j)} \qquad (11.10)$$

$$J^* = \frac{\sum\limits_{j=1}^{m} j\overline{K}_j(G)}{\sum\limits_{j=1}^{m} \overline{K}_j(G)} \qquad (11.11)$$

则称 J^* 为级别变量特征值，从其大小可以判断出汽车制造供应链风险级别偏向相邻级别的程度。

3. 实例分析

AA 是一家重卡制造企业，主要从事载重汽车、专用汽车、重型专用车底盘、客车底盘、汽车配件制造、销售等，产销规模已进入世界重卡行业前列。利用本文所述风险评价指标体系和物元评价模型对以该企业为核心的卡车制造供应链进行风险评估。

假定汽车制造企业供应链不存在零风险，令每个风险因素指标的取值范围为(0, 5]。为了更好地描述风险严重性程度，定义五个区间，即(0, 1)、[1, 2)、[2, 3)、[3, 4)、[4, 5]，分别对应五个等级，即{轻微风险、低风险、一般风险、较高风险、高风险}。由来自企业和学者组成的风险评价专家组，根据 ZQ 企业的供应链数据，对每一个风险因素指标 D_i 进行风险度评分，取其平均值作为该风险因素指标评价的量值，然后利用简单关联函数方法确定各风险因素指标的权重，如表 11.3 所示。

根据前面公式(11.1)～公式(11.11)，可计算出该供应链整体风险关联度及级别变量特征值，有：
$N(G)$=(0.7924, 0.9258, 0.9320, 0.8031, 0.6031)，j_0=3，j^*=2.518

因此，可以判定该供应链整体风险等级已从低风险进入到一般风险范围。类似地，可以计算出各风险因素的风险等级情况，如表 11.4 所示。

表 11.4 AA 汽车制造供应链风险等级

风 险 因 素	风 险 等 级
核心企业内部风险 B_1	一般风险
技术风险 C_1	一般风险
财务风险 C_2	一般风险
人力风险 C_3	一般风险
生产风险 C_4	一般风险
外部环境风险 B_2	低风险
自然灾害 C_5	轻微风险
经济风险 C_6	一般风险
政治风险 C_7	低风险
市场风险 C_8	低风险
合作伙伴风险 B_3	低风险
合作关系风险 C_9	低风险
信息风险 C_{10}	一般风险

该企业内部风险处于一般风险级别，主要原因在于：企业研发费用投入比例、技术水平相对于竞争对手还有待于提高；企业负债率高达 77%，同时受经济下滑影响销售收入下降；新入职员工流失比例较高；产能过剩，产品库存积压较多。外部环境处于低风险状态，但经济形势和市场需求波动的影

响需要谨慎对待。合作伙伴风险处于低风险，但需要重视由于信息共享而造成的知识产权或核心能力泄露风险。基于上述分析，AA 企业应建立人才激励机制，加大研发投入，增强技术创新能力，根据市场需求实施产品柔性策略，与供应商建立战略合作伙伴关系，为客户提供高质量的产品和服务，提高所在汽车制造供应链的竞争力。

第四节　供应链风险管控

一、供应链风险处理方式

识别供应链风险是为了有效地处理供应链风险，减少供应链风险发生的概率和造成的损失。对于供应链风险的控制应该是多层次、多渠道的。通常对风险的处理方式有以下几种。

1. 规避风险

在风险处理方法中，规避风险是理想的处理方法。有效地规避风险措施可以完全规避某一特定风险可能造成的损失，而其他的方法仅在于通过减少损失概率与损失程度，或减少风险的财务后果等途径，来减少企业所面临的各种风险的潜在影响。但是，风险规避方法在实际应用中会受到一定的限制，因为它往往涉及放弃经营活动，从而失去与这种活动相伴随的利益。

2. 减少风险

风险的减少包括两个方面的内容。一是减少风险因素，减少风险发生的可能性。二是减少风险发生时的损失程度。

(1) 减少风险的发生频率。减少风险发生频率，是整个风险管理的重要方法，一般采取下列措施：①预防性措施。如对管理人员及操作人员进行教育和培训，增强其工作责任心，熟练掌握操作技术；对有危险的机器配备安全保护装置，消除潜在的火灾隐患，加强道路交通管理等。②保护性或半预防性措施。如保护在风险中可能受到伤害的人和物。

(2) 减少损失程度。在采取上述措施的状况下，风险仍难免发生，这是风险的客观性决定的。当风险发生时应采取一切可能措施减少损失程度，使损失降到最低限度。主要包括：①抢救措施。尽可能保存受损财产值。如从洪水中抢运受灾物资，为减少火灾蔓延而拆除连带部分等。②清理整顿措施。对损余的物资及时进行整理，如对水渍物资进行晾晒等。

3. 接受风险

当某种风险不能避免或因冒险可获得较大利益时，企业应承担风险。风险的接受，有主动与被动之分。不知风险的存在而不加处理，或明知风险存在而疏忽怠慢，都是被动接受。知道存在风险但因无适当处理方法，或者因自己承担风险比其他处理方法更经济，或者因为风险较小，企业足以接受，都是主动接受风险。

承担风险通常在下列情况下采用。

(1) 处理风险的成本,大于承担危险所需付出的代价。

(2) 预计某一风险发生可能造成的最大损失,企业本身可以安全承担。如在企业经营中某种过小的风险,其发生时造成的损失可以从风险基金中支付。

(3) 不可能转移出去的风险,或者不可能防止的损失,即面临风险没有适当的处理方法,如战争。

(4) 缺乏处理风险的技术知识,或疏忽处理,或没有觉察到风险的存在,以至于自己承担风险所造成的损失。

(5) 自保。规模巨大的企业将所有风险性质相同的大量财产按照以往的准确记录或资料,预计发生损失的大小,衡量自己的承担能力,提取基金,在遭遇损失时,用该基金进行补偿。自保是接受风险的特殊情况。

4. 共担风险

供应链的优势之一就是节点企业之间可以合作,所以在利益共享的同时也应该共担风险。供应链风险管理的重点是设计合理的风险共担机制。

在供应链网络中,风险会从一个企业向另一个企业进行传递,并且具有放大效应,因此供应链企业对风险进行协作管理是非常必要的。有些风险只能控制减少,不能消除,系统内部接受风险是很必要的。处理供应链风险方法的选择是一种科学决策,要对供应链的企业内部情况、外部环境有充分的了解,同时还要注意方法的适用性和效果。

5. 保险转移风险

以合同形式将自然灾害、意外事故可能造成的损失、人身伤亡及对他人的经济赔偿责任造成的经济损失转移给保险公司。

6. 非保险转移风险

转移产生风险的活动,企业采取承包或雇佣形式,将具有特殊危险的工作让具有特殊技能的专业人员来承担。

二、供应链风险的具体应对措施

1. 充分利用先进的供应链技术

科学技术对供应链的发展有着深远的影响,很多供应链风险来自于技术的落后,所以要尽量使用各种先进的技术来减少风险。目前供应链技术落后主要有两个原因:①观念落后。在劳动密集型向知识密集型转型的过程中,我们仍旧有低廉的人力资源成本,很多企业决策者不愿意将资金投入耗资巨大的先进技术及设备上。②资金匮乏。每个行业里面只有少数几个企业有着雄厚的资金,大多数企业都势单力薄,即使已经意识到现代科学技术的重要性,却没有足够的能力采用现代科学技术。解决这个问题要通过学术界、企业界和政府等的多方努力,首先要改变观念,其次要做行业整合。

2. 优化供应链结构

不同的产品或服务的供应链结构也会有所不同,主要从以下几个方面考虑优化。

(1) 选择合适的供应链长度、宽度、深度。

(2) 确定合作伙伴的数量。
(3) 考核选择合作伙伴。
(4) 增大供应链的柔性。
(5) 充分发挥核心企业的作用。

以生鲜供应链为例，因为生鲜商品的新鲜度和食用安全性是其价值所在，生鲜商品为达到保鲜的目的，要求快速进入消费环节，流通中的环节越少越好。因此，合作伙伴数量越少越好，供应链越短越好。

3. 构建健全的供应链风险预警体系

风险预警是指利用一定的监管工具作媒介，采用科学的方法对有关指标进行分析，获得风险警示信号，促使决策者采取适当措施把风险扼杀在萌芽状态的一种信息系统。供应链所面临的环境复杂而不确定，企业为达到生存、发展和获利的目标，减少决策失误带来的影响，客观上要求企业建立风险预警系统，做到及时有效地预告、防范和控制各种风险，为领导决策提供可靠信息或依据。

风险预警体系的操作包括以下几个步骤。

(1) 编制预警方案，确定预警目标。首先应充分考虑整个国民经济的发展形势以及本行业的总体经营状态等因素；其次，预警指标体系中的临界值并不是唯一不变的确定值，在不同的时期，不同的企业，其临界值有可能不同。因此，应据本行业、本企业的具体情况，确定适当的临界值，然后，再依据预警统计指标体系对企业的经营状况进行监测预警。

由相关部门负责具体的风险预测预报工作，通过运用计算机设备，采用科学的风险预警方法，对获取的财务数据和信息进行加工和分析，向风险管理指挥中心及时提供风险预警决策信息。

(2) 健全企业数据资料库风险预警体系是建立在客观、准确的数据基础之上的。因此，构建企业风险预警系统必须建立、健全企业资料数据库，向预警系统提供全面的、准确的、客观的、及时的数据资料，以便企业风险预警系统生成更有价值的信息。

(3) 供应链是一个有机的整体，应当考虑不同企业间的数据传递和各企业对数据的不同要求，实现企业数据共享，使各部门之间的关系变得更加和谐。

4. 增强企业处理供应链突发事件的能力

对供应链中难以避免的风险，供应链节点企业要对风险事件的发生有充分的准备，提早预测各种风险的损失程度，制订应变措施和应对风险事件的工作流程，运用各种风险控制工具，对损失的后果及时进行补偿，以求尽快恢复。企业应做以下准备工作。

(1) 持有安全库存供应链上各节点企业应该有适当的库存，避免缺货风险。
(2) 保证一定的生产能力冗余供应链上各企业保持协调一致的生产能力冗余(广义的生产能力，包括运输能力、库存能力等)。
(3) 设计柔性的多头供应链与多地域的供应渠道，供应链各节点企业参加不只一条供应链，以保证在其中一条出现问题的情况下，企业不会陷入危机。
(4) 与合作伙伴签订柔性的契约借用金融学里面的思想，选择和合作伙伴共担风险，合理的分配风险，使节点企业都会尽力降低供应链风险。

5. 搭建安全、有效的信息共享平台

(1) 完善企业信息系统平台。供应链是一些独立的企业为了更好地满足市场的需要组成的一个松散的联盟，因此，运作良好的通信系统是保证供应链企业之间运作协调的重要条件。通信系统包括了供应链内部的一套电子商务系统。也就是电子化的采购、电子集市等。最重要的一个问题就是安全性。建立企业间的专有局域网，可以避免绝大多数风险，但成本较高，并非所有的供应链企业都能够承担。通过 Internet 是一个低成本的实施方案，但是对安全有特别的要求。目前，通过虚拟专用网(VPN)建立供应链企业间的通信系统是一个合适的选择。VPN 给企业提供了互联网上的一条专用通道，这一通道可以保证数据在通道上的安全传输，外部的其他计算机不能看到数据。使用 VPN 可以节省成本，而且也给供应链企业的联盟创造了一种竞争优势。供应链伙伴间通过完善企业信息系统平台，协调供应链企业间的信息系统的接口，实现信息的快速、准确传递，利用 EDI 模式和数据接口模式在供应链中分享 POS 和库存数据等信息。信息直接从提供方传递给需求方，需求方直接把对方企业传递来的信息存放在自己的数据库中。

(2) 架构第三方信息系统平台在供应链网络中引入第三方信息企业，架构第三方系统平台。由第三方信息企业建设公共数据库，收集外部信息资料，加工处理与供应链相关的信息，向供应链企业提供额外的信息服务，供应链成员通过信息平台共享信息，如电子公告系统、网上库存查询系统等。

(3) 建设公共平台，实现企业内部信息数据库和信息平台数据库间的数据传输和处理，由信息平台服务商只对平台运行进行维护或根据用户的需求开发新的功能模块，不提供具体的信息服务，共享信息的种类和要求由供应链相关企业商定。

在实现信息共享的过程中，不仅企业要从自身出发选择适合本企业的信息共享模式，行业和政府更应在新的环境下发挥自身的作用，推动企业供应链的整合。行业应整合本行业的资源，协调制定行业标准，努力促进行业内的信息共享。政府应制定有关信息安全方面的法律法规，规划信息管理，为信息共享创造一个良好的社会环境，鼓励企业信息化建设，推进供应链信息共享，资源整合。

6. 合理的利益共享、风险共担机制

供应链中的主导企业应积极推进信息共享，提高供应链整体的绩效。例如，对于制造商而言，一方面，可以对上游供应商实行价格激励，鼓励供应商们共享信息，从而获得稳定的原资料来源；另一方面，鼓励零售商共享需求信息和库存信息，缩短零售商的订货提前期，这样使得制造商和零售商的平均库存降低，使零售商订单预测更准确，更有利于制造商生产决策。

传统风险分担和利益共享的主要方法就是转移价格，它在以市场为导向，以交易为核心的商业关系中起着十分重要的作用。但是供应链管理要求的是更高水平的协同合作，这一点看似容易，但实际执行却是非常困难的。

很显然，没有适当的方法是不可能风险共担、利益共享的。即使有适当的方法，也必须经过仔细的规划和评估，从而使其得到真正的实现。

7. 促进供应链的标准化

供应链的标准化包括个节点企业的标准化，以及节点企业之间物流与信息技术的标准化。

(1) 企业生产标准化。企业生产的产品(服务)，按照国家标准、行业标准和地方标准，制定的企业产品标准；生产、经营活动中的管理标准和工作标准。

(2) 物流标准化。随着全球经济一体化进程的加快，标准化工作所涉及的领域越来越广泛，发挥的作用也越来越大，国际标准的使用已经十分普遍，标准化已成为企业竞争的重要手段。建立与物流业相关的国家标准，对已进入物流市场和即将进入物流市场的企业进行规范化、标准化管理，是确保物流业稳步发展的需要。主要包括：制定系统内部设施、机械设备、专用工具等各个分系统的技术标准；制定系统内各个分领域如包装、装卸、运输等方面的工作标准；研究各分系统与分领域中技术标准与工作标准的配合性，统一整个物流系统的标准；研究物流系统与相关其他系统的配合性，进一步谋求物流大系统的标准统一。

(3) 信息技术标准化。是围绕信息技术开发、信息产品的研制和信息系统建设、运行与管理而开展的一系列标准化工作。其中主要包括信息技术术语、信息表示、汉字信息处理技术、媒体、软件工程、数据库、网络通信、电子数据交换、办公自动化、电子卡、家庭信息系统、信息系统硬件、工业计算机辅助技术等方面标准化。

8. 减少员工流动率

供应链中，很多企业的员工流动率达到 30%，如此高的比例必然带来高的风险。出现这种现象的原因主要有两个：人才市场的信息不对称和企业激励机制的不完善。人才市场的信息不对称，使得在市场上只有低于市场价值的人才，企业难以找到合适的员工；激励机制的不完善使得员工认为自己和企业完全脱钩，没有足够的忠诚度。要改变这种情况，也要从这两点入手。

(1) 人才市场的完全信息规范的人才市场，企业和员工可以容易、低成本的获得对方真实信息，可以有效地减少因为信息不对称带来的错误选择。

(2) 有效的员工激励机制主要通过更新观念、企业文化、经济利益、人尽其才、正确处理员工的不满情绪等手段。

三、评价实施结果改善管理体系

在供应链风险的识别、度量和控制执行之后，就必须对结果进行评价，并改善原来的管理体系。这是一个供应链风险管理周期的结束，也是下一个周期的开始。

1. 评价实施结果的必要性

供应链风险管理的目的是要以最小的成本来获取最大的安全保障，而实施结果并不能直观地反映这一点，所以必须做一些后期的工作，评价实施结果，了解过去决策的结果是否与预期的相一致；更重要的是为下一个供应链风险管理周期做准备，这是因为供应链处于动态的社会中，本身也是一个复杂的系统，任何一个系统外或系统内因素的变化都会带来风险的变化。比如，有关法令规定可能已过时；节点企业可用的资源可能已产生变化；风险管理的成本和效益也可能发生变化。由此可见，定期评估风险管理绩效，进而调整既定的方法以适应新的环境，是相当重要且必要的工作。

2. 评价实施结果的主要内容

了解过去决策的结果是否与预期目标一致。

(1) 建立评估的标准。风险管理评估的标准有两个：一是行动标准，例如，每个月规定召开一次汇报会，一年检查一次消防系统等；二是结果标准，例如，员工可能遭受伤残的机会应由 5%降为 2%，火灾损失金额今年应缩小为 50 万元等。所有的评估标准应明确且具体，避免抽象，这样，有助于绩效评估和责任归属，主要考虑以下问题：

① 在风险管理的工作上，需要外界的支援，例如保险经纪人、保险人、原料供应商和风险管理顾问公司等。这些外界服务品质，应设定年度目标，未达年度目标的服务合约，应考虑到期予以更换。

② 订立具体标准时还应考虑：法律环境、同一产业的环境、公司整体目标、管理人员及员工态度等因素。

③ 良好的评估标准，应具体下列几点特性：客观性、弹性、经济效益件、能显示异常性、能引导改善行动。

(2) 衡量实际绩效与评估标准的差异程度。要完成此步骤应注意以下几点。

① 实际绩效本身应能客观的测度。

② 测度出来的实际绩效，要能被人所接受。

③ 衡量的尺度标准须具代表性。

④ 差异程度应具显著性。

(3) 调整差异程度。完成了第(2)步骤后，接着应设法调整差距，否则即失去控制绩效的目的。一般调整差距包括以下几个步骤。

① 先正确地辨认发生差距的原因。

② 了解差距的根源。

③ 与相关人员进行讨论。

④ 执行适当的调整计划。

⑤ 继续评估恢复标准所采取的调整行动。

3. 改善供应链风险管理体系

按照以上的评价结果，回到供应链风险管理周期的起点，对整个供应链风险管理过程进行调整：风险识别、风险度量、到风险管理决策，优化管理方法，更好的实施供应链风险管理。调整主要有两种：由于供应链外部或内部环境发生变化，所以要做出相应的调整；纠正原来的错误。

评价工作还要另外注意：确认所获取信息的精确性；尽量保持风险管理方案设计的简明化；如果工作程序合并简化有积极意义时，就该合并。

本 章 小 结

本章主要介绍了供应链风险管理的基本概念、特征及内容。归纳了供应链风险识别的常用方法，并从系统角度界定了供应链风险的类型。介绍了供应链风险评价指标体系和评估过程应注意的问题。最后，介绍了供应链风险处理的方式和应对措施。

 关键术语

供应链风险管理 Supply Chain Risk Management
风险识别 Risk Identification
风险分析 Risk Analysis
风险评估 Risk Evaluation

风险喜好 Risk-love
风险中性 Risk-neutral
风险厌恶 Risk-averse

习 题

一、选择题

1. (   )是一个或多个供应链成员产生不利影响或破坏供应链运行，使其达不到预期目标甚至导致供应链失败的不确定性因素或意外事件。
    A．供应链风险   B．风险   C．突发事件   D．供应链系统风险
2. 由于自然灾害给供应链运作带来中断的风险为(   )。
    A．延误风险   B．中断风险   C．系统风险   D．预测风险
3. (   )是指对风险发生的可能性或者损失的范围与程度进行估计与度量。
    A．供应链风险识别   B．供应链风险处理
    C．供应链风险度量   D．供应链风险监控
4. 供应链风险管理的主要目标是(   )。
    A．增加供应链柔性   B．放在牛鞭效应
    C．消除风险   D．规避和弱化供应链风险
5. (   )就是在风险发生之前运用各种方法系统地认识所面临的各种风险以及风险风险事件发生的潜在原因。
    A．供应链风险度量   B．供应链风险识别
    C．供应链风险处理   D．供应链风险监控
6. 下列(   )导致供应链的风险的因素不属于社会环境因素。
    A．经济政策变化   B．政治事变
    C．公共紧急事件   D．地震
7. (   )是由客户的财务实力问题带来的供应链应收账款回收风险。
    A．知识产权风险   B．采购风险
    C．应收账款风险   D．库存风险

8. 由于供应链结构本身的原因造成的供应链风险为( )。
   A. 系统风险　　　　　　　　　B. 预测风险
   C. 生产能力风险　　　　　　　D. 延误风险
9. 通过购买保险使得风险有保险公司来承担的风险处理方式为( )。
   A. 供应链风险自担　　　　　　B. 供应链风险转移
   C. 供应链风险控制　　　　　　D. 供应链风险识别
10. ( )是供应链日常风险预警的首要环节。
    A. 预测　　　　B. 预审　　　　C. 预报　　　　D. 预控

二、简答题

1. 如何理解供应链风险的含义及其存在的原因？
2. 供应链识别的一般程序是怎样的？
3. 如何选择合适的供应链风险应对策略和措施？
4. 举例说明如何构建弹性供应链。

 案例分析

宝供物流企业集团在降低供应链风险方面的措施

宝供物流企业集团有限公司创建于1994年，总部设于广州，1999年经国家工商局批准，成为国内第一家以物流名称注册的企业集团。企业拥有先进的物流信息平台，为全球500强中40多家大型跨国企业及国内一批大型制造企业提供物流服务，并与他们结成了密不可分的战略合作伙伴关系，是当今国内领先的第三方物流企业，也是我国现代物流示范基地之一。宝供在降低风险方面采取了以下措施。

1. 购买物流保险

(1) 货损带来的赔偿风险、延时配送带来的责任风险、串货带来的责任风险可以通过投保"物流责任保险"解决。除此之外，还可以根据自身风险情况，附加盗窃责任保险、提货不着责任保险、冷藏货物责任保险、串货费用损失保险、流通加工和包装责任保险等。

(2) 传递性风险，在签订分包合同时候尽量保持责任限额的一致性。另外，通过选择分包商以及加强管理等方面降低这类风险的出险概率。

(3) 至于诈骗风险，可以投保信用保证保险，即保险公司对分包商的信用承担保险责任。一旦发生诈骗风险，第三方物流企业可以从保险公司受偿。

(4) 发生环境污染事故往往责任巨大，一般保险产品均做责任免除处理。

(5) 道路交通肇事风险可以投保机动车第三者责任保险，转嫁因交通事故需向第三者承担的民事赔偿责任。

(6) 危险品责任风险可以单独投保道路危险货物承运人责任保险，也可以投保物流责任保险附加危险货物第三者责任保险。

2. 专业的物流信息管理系统

1996年夏天，宝供全国有近30万平方米的仓库。随着发运量的增大，宝供每天不得不花很多时间了解货物的运输情况：货物是否已经发出，是否能在保证时间内到达，破损率能否在控制范围之内，签收情况如何。一个月后，问题凸现：宝供不能准确、及时地获得信息，导致到货时间延误，货损率上升。1997年，宝供建成基于Internet/Intranet的全国联网的物流信息管理系统，使宝供总部、六大分公司、40多个运作点实现内部办公网络化、外部业务运作信息化，并实现仓储、运输等关键物流信息的网上实时跟踪。

到 2000 年，宝供已经构筑了基于联盟化、集成化、网络化的 VPN 物流综合服务信息平台，在通过 XML 技术与客户进行电子数据交换方面取得重大突破，使宝供的信息服务和业务运作向自动化、智能化方向迈出重要一步。

信息系统为宝供带来了一个新的营运模式，摆脱了过去传统的手工操作，通过数据库网络、网络传递等计算机辅助手段实现对数据的核对和整理，宝供的营运质量有了很大提高，在时间的可靠性方面，铁路从 90%上升到 95%以上，公路甚至可以达到 99%以上。

3. 遍布全国的物流网络

宝供集团构筑的覆盖全国的物流运作网络，从根本上改变了传统储运在存货、接货、发货、送货多头负责、责任相互推诿以及多环节、高费用、低效率、难以监控的被动局面，向客户提供"门到门"的全过程的服务；提供快速反应的服务，实现快速的市场反应，抢夺市场先机。目前形成了一个覆盖全国，并向美国、澳大利亚、泰国等地延伸的物流运作网络。

宝供还不断完善干线运输网络、配送网络及物流基地网络的建设。2004 年起，宝供与中铁行包联手打造了铁路运输新产品行邮专列。同时，宝供还与大连港合作开通了广州——大连的南北航线。最后将形成一个快速的干线运输网络。目前，宝供的产品配送范围已经到达了蒙古包、漠河边疆、哨所，以及乡镇、家庭。

4. 管理体系规范化、标准化

宝供建立了规范的业务运作管理系统，系统明确规定了业务运作管理机构的设置及职能、操作岗位及职责、作业分类及运作流程、各项作业的标准操作程序(SOP)以及各项作业的考核办法。而各项作业的标准操作程序非常具体明确，包括仓储、铁路发运、铁路到达、公路运输、空运、海运等的 SOP，对于新开发业务则严格按客户的要求制定相应的新业务运作流程和规定。以上这些已汇辑成《系统手册》，作为物流业务运作的工作准则，规范了业务运作，确保了物流服务的可靠性、稳定性，减少因操作不当而带来的风险。几年来，通过 SOP 的正确执行，公司的铁路运输货物缺损率控制在万分之一左右，公路运输和仓储缺损率为零，铁路运输时间达标率在 95%以上。

讨论题：

1. 供应链风险管理与企业风险管理之间的区别有哪些？
2. 党的二十大报告中明确提出坚定维护"重要产业链供应链安全"，简述我国先进制造业应该如何应对供应链风险。

参 考 文 献

[1] [美]道格拉斯·M. 兰伯特. 供应链管理：流程、伙伴和业绩[M]. 2 版. 王平, 译. 北京：电子工业出版社, 2012.

[2] 马士华, 林勇. 供应链管理[M]. 3 版. 北京：机械工业出版社, 2011.

[3] [美]Sunil Chopra, Peter Meindl. 供应链管理：战略、规划与动作(第 5 版)[M]. 刘曙光, 吴秀云, 等译. 北京：清华大学出版社, 2014.

[4] 马士华. 供应链管理[M]. 2 版. 武汉：华中科技大学出版社, 2014.

[5] [美]大卫·辛奇-利维, 菲利普·卡明斯基, 伊迪丝·辛奇-利维. 供应链设计与管理：概念、战略与案例研究[M]. 3 版. 季建华, 邵晓峰, 译. 北京：中国人民大学出版社, 2010.

[6] [美]Hartmut Stadtler, Christoph Kilger. 供应链管理与高级规划：概念、模型、软件与案例分析[M]. 王晓东, 胡瑞娟, 等译. 北京：机械工业出版社, 2005.

[7] 马金麟, 孟祥茹. 供应链管理[M]. 南京：东南大学出版社, 2008.

[8] 董千里, 等. 供应链管理[M]. 沈阳：东北财经大学出版社, 2009.

[9] 刘莉, 罗定提. 供应链协调契约设计及实证研究[M]. 北京：中国经济出版社, 2009.

[10] 罗鸿, 王忠民. ERP 原理·设计·实施[M]. 2 版. 北京：电子工业出版社, 2003.

[11] 肖旭, 赵宏, 梁莉丹. 现代企业组织管理创新[M]. 广州：中山大学出版社, 2007.

[12] 耿少辉, 曾敏刚. 东风日产的入厂物流运作[J]. 物流技术与应用, 2008, 13(10)：42-48.

[13] 白世贞, 张鹤冰. 供应链复杂系统建模与仿真[M]. 北京：科学出版社, 2014.

[14] 王道平, 李淼. 供应链设计理论与方法[M]. 北京：北京大学出版社, 2012.

[15] 赵道致. 供应链管理[M]. 北京：水利水电出版社, 2007.

[16] 林榕航. 供应链管理(SCM)教程(上、下)[M]. 厦门：厦门大学出版社, 2003.

[17] [英]戴维·泰勒. 全球物流与供应链管理案例[M]. 胡克, 等译. 北京：中信出版社, 2003.

[18] [瑞士]格哈特·克诺尔迈尔, [德]彼得·默滕斯, 亚历山大·泽埃尔. 供应链管理与 SAP 系统实现[M]. SAP 中国研究院, 译. 北京：机械工业出版社, 2004.

[19] [美]罗纳德·H. 巴罗. 企业物流管理：供应链的规划、组织和控制[M]. 王晓东, 等译. 北京：机械工业出版社, 2006.

[20] 蒋长兵, 吴承健. 现代物流理论与供应链管理实践[M]. 杭州：浙江大学出版社, 2006.

[21] 赵林度, 王海燕. 供应链与物流管理[M]. 北京：科学出版社, 2011.

[22] 孙明贵. 库存物流管理[M]. 北京：中国社会科学出版社, 2005.

[23] 朱道立, 等. 物流和供应链管理[M]. 上海：复旦大学出版社, 2001.

[24] 宋华. 物流与供应链管理机制[M]. 北京：经济管理出版社, 2002.

[25] 施先亮, 李伊松. 供应链管理原理及应用[M]. 北京：清华大学出版社, 2006.

[26] 王昭凤. 供应链管理[M]. 北京：电子工业出版社, 2006.

[27] 王忠敏. EPC 与物联网[M]. 北京：中国标准出版社, 2004.

[28] 陈建岭, 赵颖. 汽车制造供应链风险可拓物元评价[J]. 物流技术, 2013, 32(3)：410-412, 438.

[29] 卫忠, 徐晓飞, 战德臣, 等. 协同供应链多级库存控制的多目标优化模型及其求解方法[J]. 自动化学报, 2007, 33(2)：181-187.

北大社·物流专业规划教材

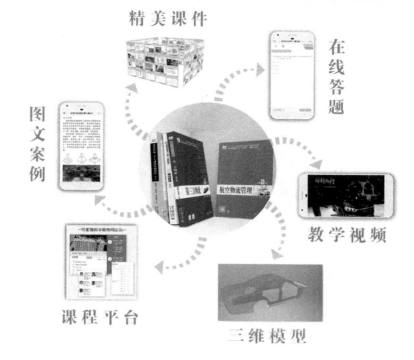

精美课件　在线答题　教学视频　三维模型　课程平台　图文案例

部分教材展示

扫码进入电子书架查看更多专业教材，如需申请样书、获取配套教学资源或在使用过程中遇到任何问题，请添加客服咨询。